国家建筑标准设计图集　FJ01～03

U0795880

防空地下室建筑设计

（2007年合订本）

批准部门：　中华人民共和国建设部
　　　　　　国家人民防空办公室
组织编制：　中国建筑标准设计研究院

中国计划出版社

图书在版编目（CIP）数据

国家建筑标准设计图集．防空地下室建筑设计．2007年合订本．FJ01～03/中国建筑标准设计研究院组织编制．—北京：中国计划出版社，2007.4
ISBN 978－7－80177－800－0

Ⅰ．国…　Ⅱ．中…　Ⅲ．①建筑设计—中国—图集②人防工程—地下室—建筑设计—中国—图集　Ⅳ．TU206　TU927－64

中国版本图书馆CIP数据核字（2007）第040131号

国家建筑标准设计图集
防空地下室建筑设计
（2007年合订本）
FJ01～03

中国建筑标准设计研究院　组织编制
（邮政编码：100048　电话：010－68799100）
广告发布登记号：京西市监广登字20170256号
☆
中国计划出版社出版
（地址：北京市西城区木樨地北里甲11号国宏大厦C座3层）
北京强华印刷厂印刷

787mm×1092mm　1/16　16.5印张　60千字
2007年4月第1版　2024年2月第17次印刷
☆
ISBN 978－7－80177－800－0
定价：78.00元

关于批准《防空地下室建筑设计》等十四项国家建筑标准设计的通知

建质[2007]50号

各省、自治区、直辖市建设厅（建委）、人民防空办公室：

经审查，批准由上海市地下建筑设计研究院等五个单位编制的《防空地下室建筑设计》等十四项国家建筑标准设计，自2007年5月1日起实行。原《防空地下室建筑设计》[FJ01～04(2004年合订本)]、《防空地下室结构设计》[FG01～03(2004年合订本)]、《防空地下室给排水设计》[FS01～02(2004年合订本)]、《防空地下室通风设计》[FK01～02(2004年合订本)]、《防空地下室电气设计》[FD01～02(2004年合订本)]标准设计同时废止。

附件：国家建筑标准设计名称及编号表

中华人民共和国建设部
国家人民防空办公室
二〇〇七年一月二十五日

"建质[2007]50号"文批准的十四项国家建筑标准设计图集号

序号	图集号	序号	图集号	序号	图集号	序号	图集号	序号	图集号	序号	图集号
1～3	FJ01～03 (2007年合订本)	4	07FJ05	5～9	FG01～05 (2007年合订本)	10	07FS02	11～12	FK01～02 (2007年合订本)	13～14	FD01～02 (2007年合订本)

总　目　录

GUOJIAJIANZHUBIAOZHUNSHEJI 07FJ01

国家建筑标准设计图集 07FJ01

防空地下室建筑设计示例

中国建筑标准设计研究院

防空地下室建筑设计示例

批准部门	中华人民共和国建设部 国家人民防空办公室	批准文号	建质[2007]50号
主编单位	上海市地下建筑设计研究院 中国建筑标准设计研究院	统一编号	GJBT-990
实行日期	二〇〇七年五月一日	图集号	07FJ01

主编单位负责人 （签名） （签名）
主编单位技术负责人 （签名） （签名）
技术审定人 （签名） （签名）
设计负责人 （签名） （签名）

目　　录

目录						图集号	07FJ01
审核 沈志红		校对 孙晓秋		设计 杨嘉伟		页	2

编制说明

1 编制依据

1.1 本图集根据建设部《2006年国家建筑标准设计编制工作计划》要求进行编制。

1.2 本图集依据下列相关规范、标准进行编制：

《人民防空地下室设计规范》GB50038—2005

《人民防空工程防化设计规范》RFJ1—97

《人民防空工程设计防火规范》GB50098—98(2001年版)

《建筑设计防火规范》GB50016—2006

《高层民用建筑设计防火规范》GB50045—95(2005年版)

《地下工程防水技术规范》GB50108—2001

《民用建筑设计通则》GB50352—2005

2 适用范围

2.1 本图集适用于核5级常5级、核6级常6级、核6B级常6级的甲类防空地下室和常5级、常6级的乙类防空地下室建筑设计。

2.2 本图集可用于以下各类功能的防空地下室设计：即战时为防空专业队队员掩蔽部、防空专业队装备掩蔽部、一等人员掩蔽所、二等人员掩蔽所、人防物资库、人防汽车库等功能的防空地下室，不适用于人防指挥所等有特殊要求的防空地下室。

2.3 本图集通过理想化的设计示例和平面布置，为设计人员提供一个直观、形象的参考图，使其能够快速准确地掌握防空地下室设计的基本要求。

3 编制内容

3.1 本图集分为工程设计示例和口部设计示例两部分。

3.2 工程设计示例部分编制了8个不同战时用途和防护级别的防空地下室建筑设计示例，并配有其相关的平、剖面布置，平、剖面布置图中配有相关的详图索引。每个工程设计示例均列出了本示例的设计要点一览表，分别按基本要求、主体和口部等三个方面给出了相关设计要求，用以指导平战结合防空地下室建筑设计。

3.3 口部设计示例部分编制了各类出入口9例、集气室4例和防火门图、防护密闭门保护措施构造图等内容，每项内容均给出了设计要点一览表，并对具体方案做出了说明。

4 设计原则和注意事项

4.1 本图集中设计示例及其建筑布置是按照现行规范要求进行的理想化设计。由于地面建筑形式的多样性，在防空地下室设计中，可根据工程具体情况参照执行。

4.2 本图集仅限于人防设计的相关内容，故侧重于战时功能的设计，不详细交代其他图集已有的内容和平时需要的其他特殊功能要求，如地下室防水措施、节能措施等。

5 其他

5.1 本图集所注尺寸以mm为单位，标高以m为单位。

5.2 本图集应与相关图集有机结合，配合使用。

编制说明								图集号	07FJ01
审核	沈志红	沈志红	校对	孙晓秋	孙晓秋	设计	杨嘉伟	页	3

工程设计示例说明

1 编制内容

1.1 本图集共提供了8个不同用途和抗力级别的防空地下室建筑设计示例(见表1.1)，并配有其相关的平、剖面布置图。在每个设计示例前，列出了设计要点一览表，对各类防空地下室的基本要求、主体和口部等三个方面提出了设计要求，用以指导平战结合防空地下室的建筑设计。平、剖面布置图中配有相关的详图索引。本图集的平面布置仅为理想化的设计示例，目的在于为使用者提供一个较直观的形象作参考及引出各类详图。

1.2 本图集中提供的8个示例均按海拔高度小于或等于200m的城市设计，故对于海拔高度大于200m的城市，甲类防空地下室的设计应根据规范的要求，满足相应的防早期核辐射要求(详见表4.1)。

1.3 限于篇幅关系，本图集没有提供两个以上相邻防护单元的工程示例，在设计两个或两个以上相邻防护单元的工程时，必须满足规范对以下几方面的要求：

1.3.1 人员掩蔽所两相邻防护单元共用的室外出入口通道和楼梯的净宽应满足两个单元掩蔽入口通过人数之和的每100人不小于0.3m的要求。

1.3.2 相邻防护单元间防护密闭隔墙上开设门洞时应在其两侧设置防护密闭门(人员掩蔽所与汽车库相邻防护单元间防护密闭隔墙上开设门洞时，宜设置密闭通道)。专业队队员掩蔽部与装备掩蔽部之间开设门洞时，宜设防毒通道和洗消间。

表1.1 防空地下室设计示例一览表

示例编号	抗力级别	建筑面积(m^2)	设防类别	战时用途	平时用途	地面建筑结构类型	战时主要出入口
1	核5 常5	≤1000	甲	防空专业队队员掩蔽部	办公室、招待所、活动室	砌体结构 钢筋混凝土结构	附壁式 室外出入口
2	核5 常5	≤4000	甲	防空专业队装备掩蔽部	汽车库	单建掘开式	直通 室外出入口
3	核5 常5	≤2000	甲	一等人员掩蔽所	商场、活动室	框架结构	独立式 室外出入口
4	核5 常5	≤2000	甲	二等人员掩蔽所	物业管理办公室	剪力墙结构	附壁式 室外出入口
5	核6 常6	≤2000	甲	二等人员掩蔽所	汽车库	框架结构	单向 室外出入口
6	常6	≤2000	乙	二等人员掩蔽所	自行车库	钢筋混凝土结构 钢结构	加强型 室内出入口
7	核6B 常6	≤4000	甲	人防物资库	汽车库	单建掘开式	单向 室外出入口
8	核6 常6	≤4000	甲	人防汽车库	汽车库	单建掘开式	直通 室外出入口

1.3.3 上、下层相邻防护单元间的共用楼梯，应满足两个掩蔽单元入口通过人员之和的每100人不小于0.30m的要求。

1.4 为了便于设计人员对8个示例的理解和设计时参照，我们对以下几方面做了理想化设计：

1.4.1 结构柱网和剪力墙布置的简化。

1.4.2 对地下室平时设备用房，特别是高层建筑地下室的设备用房和管道井等做了简化处理。在实际工程设计时，对上述部位可采取以下的防护措施：

专供上部建筑使用的设备房间宜设置在防护密闭区之外，临战时采取平时出入口的封堵措施，但必须为实施封堵的施工人员留有出路。

因条件限制战时必须划入人防区域内的设备用房，应按规范规定，对进入人防工程内的管线，采取平时预埋套管，临战完善防护密闭措施的方法。

2 口部设计

2.1 本图集每个设计示例中，多配有进、排风口的放大平面图，并标注了相关尺寸，使设计人员了解口部设计中常遇到的各级、各类防空地下室为满足不同防护要求所需的构造要求和相互关系。

2.2 平战结合的进、排风口宜在室外单独设置，并分设在建筑物的不同方向。人员掩蔽所的排风口应设在战时人员主要出入口附近，除人防汽车库外的防空地下室的进风口，宜选择室外单独设置。

进风口与排风口之间的水平距离不宜小于10m，进风口与柴油机排烟口之间的水平距离不宜小于15m，或高差不宜小于6m。

2.3 进、排风口部的房间组成及其功能关系

2.3.1 专业队队员掩蔽部和一等人员掩蔽所

(1) 进风口部，由扩散室、滤毒室和密闭通道组成。

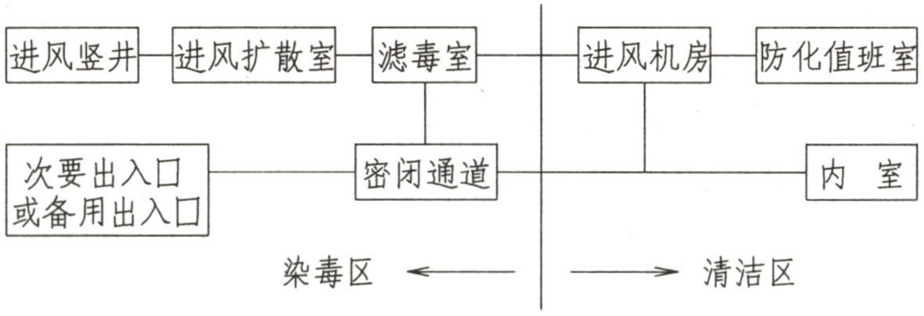

(2) 主要出入口（排风口部），由扩散室、两道防毒通道和洗消间（包括脱衣室、淋浴室、检查穿衣室）组成。

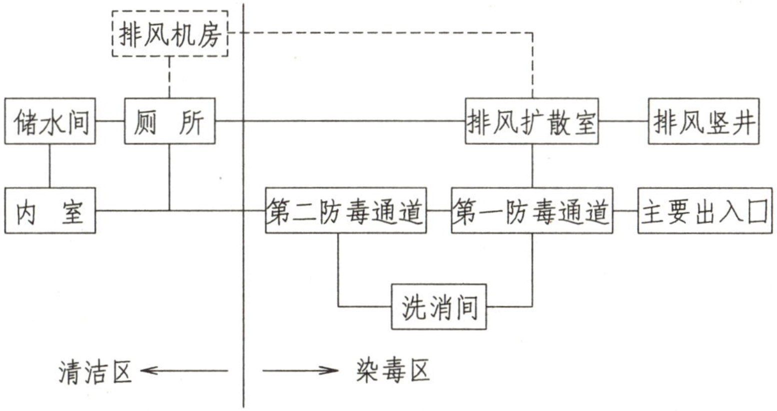

注：虚线表示排风机房可设可不设，不设时采用超压排风。

工程设计示例说明						图集号	07FJ01
审核 沈志红	沈志红	校对 孙晓秋	孙晓秋	设计 杨嘉伟	杨嘉伟	页	5

2.3.2 二等人员掩蔽所

进风口部的房间组成与专业队队员掩蔽部基本相同，主要出入口仅设一个防毒通道不设洗消间，只设简易洗消(并宜与防毒通道合并设置)。

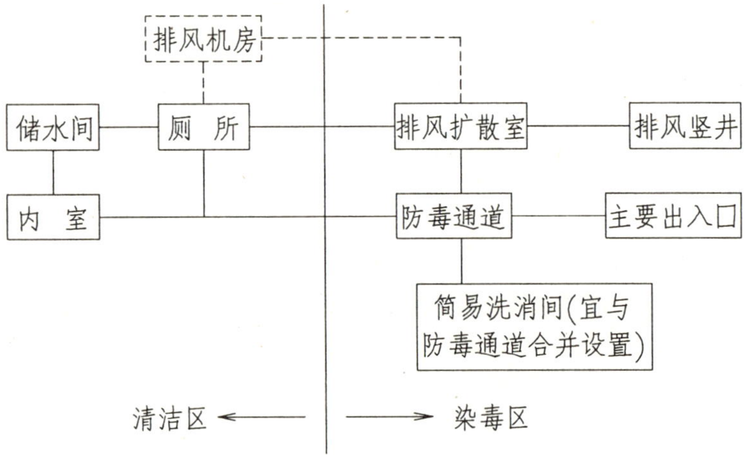

注：虚线表示排风机房可设可不设，不设时采用超压排风。

2.3.3 人防物资库

与人员掩蔽所相比，口部不设滤毒室、洗消间或简易洗消间，战时要求防毒，允许暂停通风，出入口设密闭通道，不设防毒通道。

2.3.4 装备掩蔽部、人防汽车库

平时通风量较大，战时主体允许轻微染毒，且空袭时允许暂停通风，各出入口和通风口可仅设一道防护密闭门，不设密闭通道和密闭门。

2.4 口部的其他设施

2.4.1 当电梯通至地下室时，电梯必须设置在防空地下室的防护密闭区以外。

2.4.2 仅供平时空调、除湿用的机房，可与战时通风机房合用，也可分开设置。

2.4.3 通风口部扩散室的选用见07FJ02《防空地下室建筑构造》；扩散箱的构造要求及用于消波系统的防爆波活门的选用见07FJ03《防空地下室防护设备选用》。

3 主体设计

3.1 各类工程的面积标准和室内净高必须满足规范所规定的标准。

3.2 防护单元和抗爆单元的划分

本图集在各类防空地下室典型示例中提出的防护单元、抗爆单元的面积指标均按上部建筑层数为九层或九层以下的工程来划分。对于上部建筑层数为十层或多于十层的防空地下室的防护单元面积指标及抗爆单元面积指标应严格按规范要求由单项工程自行确定。

3.3 变形缝处理

变形缝是人防工程在防护与密闭方面的薄弱环节，按规范要求，在防护单元内不宜设变形缝。在特殊情况下防护单元内必须设置伸缩缝或沉降缝时，应有可靠的防护密闭措施，见07FJ02《防空地下室建筑构造》。相邻防护单元之间设有变形缝时，一般应设置两道防护密闭隔墙，当需开设门洞时，应在两道防护密闭隔墙上分别设置防护密闭门。

3.4 顶板埋置深度的控制

上部建筑为钢筋混凝土结构的甲类防空地下室顶板底面不得高出室外地面；当上部建筑为砌体结构的甲类防空地下室时，其顶板底面可分别高出室外地面0.50m或1.00m[见《人民防空地下室设计规范》GB50038-2005(以下简称规范)第3.2.15条的要求]。乙类防空地下室的顶板底面高出室外地面的高度不得大于该地下室净高的1/2，且其高出室外底面的外墙必须满足战时防常规武器爆炸、密闭和墙体防护厚度等各项防护要求。

4 防早期核辐射和口部防常规武器的设计

4.1 各类防空地下室的防早期核辐射和口部防常规武器设计应满足以下各部位的防护要求(见表4.1)：

4.1.1 顶板最小防护厚度；

4.1.2 外墙顶部最小防护距离；

4.1.3 独立式室外出入口的通道形式和通道长度；

4.1.4 附壁式室外出入口内通道最小长度；

4.1.5 室外出入口(独立式、附壁式)临空墙最小防护厚度；

4.1.6 室内出入口的形式和内通道长度；

4.1.7 室内出入口临空墙最小防护厚度；

4.1.8 防护密闭门设置的要求(见本图集5.3)。

4.2 当顶板厚度小于最小防护厚度时，应在顶板上覆土，土层厚度应满足规范第3.2.2-3条规定。

对于顶板厚度不满足要求的5级防空地下室，当其上方设有管道层或普通地下室，且满足规范第3.2.3条的规定时，其顶板上可不覆土。

4.3 当钢筋混凝土临空墙厚度不能满足最小防护厚度时，可按规范第3.3.16条的要求处理。

5 建筑构造要求

5.1 结构类型

5.1.1 本图集全部采用现浇钢筋混凝土结构。

5.1.2 上部建筑为多层砌体结构时，地下室的内部承重纵横墙可采用素混凝土浇筑。

5.1.3 上部建筑为钢筋混凝土结构时，地下室柱网结构和纵横承重内墙的位置和构造形式应与上部承重结构相协调。

5.1.4 地下室内部非承重墙可采用砌块砌筑，其与钢筋混凝土墙、柱的拉结应满足抗震要求。

5.2 结构尺寸。结构构件最小厚度见表5.2。

5.3 出入口、通风口防护密闭门设置应符合下列规定：

5.3.1 当防护密闭门设置在直通式坡道中时，应采取防护密闭门不被常规武器(通道口外的)爆炸破片直接命中的措施(如适当弯曲或折转通道轴线等)。

5.3.2 当防护密闭门沿通道侧墙设置或设置于竖井内时，其门扇可采取以下两种方式之一加以保护：

(1) 防护密闭门门扇嵌入墙内设置，门扇的外表面不得突出内墙面。

(2) 在满足防护密闭门开启最小安装净尺寸的门框墙外侧设立保护门扇的门垛和门楣(宽X厚取值宜为250X门厚)。

工程设计示例说明							图集号	07FJ01
审核	沈志红	沈志红	校对	孙晓秋	孙晓秋	设计	杨嘉伟	杨嘉伟	页	7

表4.1　早期核辐射和口部常规武器防护设计要点一览表

城市海拔(m)	防空地下室类别	主体 顶板最小防护厚度(mm) 核6 核6B 常5 常6	主体 顶板最小防护厚度(mm) 核5级 有上部建筑	主体 顶板最小防护厚度(mm) 核5级 无上部建筑	主体 外墙顶部最小防护距离(mm) 核6 核6B 常5 常6	主体 外墙顶部最小防护距离(mm) 核5级	室外出入口(不宜采用直通式) 通道净宽不大于2m的防护密闭门外通道最小长度(m) 核6 核6B 常5 常6	同左 核5级宜具有一个90°拐弯 钢筋混凝土人防门	同左 核5级宜具有一个90°拐弯 钢结构人防门	同左 核5级直通式 钢筋混凝土人防门	同左 核5级直通式 钢结构人防门	室外出入口 附壁式内通道最小长度(m) 核6 核6B 常5 常6	同左 核5级 钢筋混凝土人防门	同左 核5级 钢结构人防门	室外出入口 临空墙最小防护厚度(mm) 核6 核6B 常5 常6	同左 核5级 附壁式	同左 核5级 独立式	室内出入口 按有无90°拐弯内通道最小长度(m) 核6B 常5 常6	同左 核6级 可无拐弯 钢筋混凝土人防门	同左 核6级 宜有一个90°拐弯 钢结构人防门	同左 核5级 宜有一个90°拐弯 钢筋混凝土人防门	同左 核5级 宜有一个90°拐弯 钢结构人防门	室内出入口 临空墙最小防护厚度(mm) 核6 核6B 常5 常6	同左 核5级
	医疗救护工程、专业队队员掩蔽部	250	460	640		460			7.0	5.5	9.5			4.0		650	250			2.0	2.0	4.0		300
≤200	一等人员掩蔽所、二等人员掩蔽所、人防物资库等有人员停留工程	250	360	540		360			6.0	5.0	7.0			3.0		550	250			*	*	3.0		250
	专业队装备掩蔽部、人防汽车库	200	200	200		250			5.0	5.0	5.0			*		250	250			*	*	*		250
	医疗救护工程、专业队队员掩蔽部	250	540	720		540			8.0	7.0	12.0			5.0		700	250			2.5	2.5	5.0		350
>200 ≤1200	一等人员掩蔽所、二等人员掩蔽所、人防物资库等有人员停留工程	250	430	610	250	430	5.0	5.0	6.0	5.0	8.5	*	*	3.0	250	600	250	*	*	2.0	2.0	4.0	250	250
	专业队装备掩蔽部、人防汽车库	200	200	200		250			5.0	5.0	5.0			*		250	250			*	*	*		250
	医疗救护工程、专业队队员掩蔽部	250	610	790		610			9.0	9.0	15.5			6.0		750	250			3.0	3.0	6.0		450
>1200	一等人员掩蔽所、二等人员掩蔽所、人防物资库等有人员停留工程	250	500	680		500			7.0	6.5	11.0			4.0		650	250			2.5	2.5	5.0		350
	专业队装备掩蔽部、人防汽车库	200	200	200		250			5.0	5.0	5.0			*		250	250			*	*	*		250

注：

1. 表中厚度系指钢筋混凝土厚度。
2. 表中*表示通道长度和形式可按建筑需要确定。
3. 顶板的防护厚度可计入顶板结构层上面的混凝土地面厚度，当其上覆土时，其覆土厚应乘以0.7的折算系数。
4. 表中钢筋混凝土人防门系指钢筋混凝土防护密闭门和钢筋混凝土密闭门；钢结构人防门系指钢结构防护密闭门和钢结构密闭门。
5. 内通道长度按防护密闭门至密闭门之间的通道中心线的折线长确定。
6. 核5级甲类防空地下室，防护密闭门外通道长度净宽大于2m的室外出入口，其通道最小长度应按上表的通道乘以修正系数 ζ_x，$\zeta_x = 0.8b_T - 0.6$（式中 b_T 为通道净宽，m）。

工程设计示例说明						图集号	07FJ01
审核	沈志红	校对	孙晓秋	设计	杨嘉伟	页	8

表5.2 结构构件最小厚度（mm）

构件		构件材质	最小厚度	备注
顶板、中间楼板		钢筋混凝土	200	需满足防早期核辐射的要求
外墙		钢筋混凝土	250	需满足防早期核辐射、防水、防震的要求
承重内墙		钢筋混凝土、混凝土	200	—
临空墙		钢筋混凝土	250	需满足防早期核辐射要求
门框墙	防护密闭门	钢筋混凝土	300	—
	密闭门	钢筋混凝土	250	—
防护单元间	隔墙	钢筋混凝土	200	—
	门框墙	钢筋混凝土	500	两侧安装防护密闭门
抗爆隔墙		钢筋混凝土	120	可为现浇或与主体结构连结牢固的预制构件组合墙
		现浇混凝土	250	—
		砂袋堆垒	500	墙体断面宜采用梯形，高度不小于1.80m
密闭隔墙		钢筋混凝土	200	

5.3.3 战时使用的通风竖井和人员安全出入口，防护密闭门门框墙离竖井的距离不应小于门扇开启长度+200mm。

5.4 防护密闭门和防爆波活门设计压力值选用规定：

5.4.1 设置在甲类防空地下室出入口的防护密闭门和防爆波活门设计压力值：核5级为0.3MPa，核6级为0.15MPa，核6B级为0.10MPa。

5.4.2 设置在乙类防空地下室出入口的防护密闭门和防爆波活门设计压力值：常5级为0.3MPa，常6级室外直通式通道长度≤15m为0.15MPa，其余为0.10MPa。

5.4.3 设置在防护单元之间连通口的防护密闭门设计压力值：乙类防空地下室宜为0.03MPa。甲类防空地下室两相邻防护单元抗力级别相同时，核5级为0.10MPa，核6级、核6B级为0.05MPa；两相邻防护单元抗力级别不同时，详见规范表3.2.10-2、表3.2.11。

5.4.4 预留连通口有可能不连通，偏于安全考虑，预留连通口防护密闭门设计压力值按出入口选用。

6 防水设计

不应低于《地下工程防水技术规范》GB50108规定的防水等级的二级标准。

7 防雨水和地表水倒灌措施

见口部设计示例说明第2.3条。

8 防火措施

示例按平战结合要求设计。防火设计应根据防空地下室平时使用用途并结合地面建筑，遵循《人民防空工程设计防火规范》GB50098和相关现行建筑设计防火规范统一设计。

9 内部装修

9.1 室内装修材料应与平时用途相结合，除满足防火要求外，还应考虑防潮、防腐、抗震、环保及其他特殊功能的要求。

9.2 顶板不应抹灰，仅做喷白处理。如需要设置吊顶时，应采用轻质、坚固的龙骨，吊顶饰面材料应方便拆卸。

9.3 口部用房、通风竖井、室外通道处，墙面、顶面、地面均应平整光洁，易于清洗。

9.4 设置地漏的房间和通道，其地面坡度不应小于0.5%、坡向地漏，且其地面应比相连的无地漏房间(或通道)的地面低20mm。

10 建筑制图图例

除按国家相关建筑制图标准执行外，补充与人防设计有关的图例，见表10.1。

11 防护密闭门、密闭门、防爆波活门、防火门型号符号含义

11.1 防护密闭门、密闭门型号符号含义

表10.1 补充图例

序号	名称	图例	备注
1	固定门槛防护密闭门		防护密闭门
	活门槛防护密闭门		
2	固定门槛密闭门	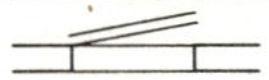	密闭门
	活门槛密闭门		
3	防爆波活门		—
4	防火隔声门	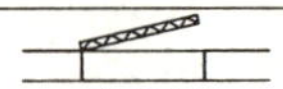 FHGM	—
5	防　火　门	 FHM(甲)	括号内文字为防火等级
6	带百叶回风口的门		也可通过加大门扇下沿门缝实现回风
7	临战构筑墙体	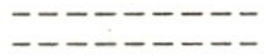	—
8	临战封堵		—
9	洗消污水集水坑		—

工程设计示例说明						图集号	07FJ01
审核	沈志红	校对	孙晓秋	设计	杨嘉伟	页	10

11.1.1 固定门槛钢筋混凝土防护密闭门

BFM1520－30
- 中国建筑标准设计研究院产品标识
- 固定门槛钢筋混凝土防护密闭门
- 门洞宽1.5m
- 门洞高2.0m
- 门扇设计压力值0.30MPa

11.1.2 钢结构防护密闭门

BGFM4022－30
- 中国建筑标准设计研究院产品标识
- 钢结构防护密闭门
- 门洞宽4.0m
- 门洞高2.2m
- 门扇设计压力值0.30MPa

11.1.3 活门槛钢筋混凝土防护密闭门

BHFM1520－30
- 中国建筑标准设计研究院产品标识
- 活门槛钢筋混凝土防护密闭门
- 门洞宽1.5m
- 门洞高2.0m
- 门扇设计压力值0.30MPa

11.1.4 固定门槛钢筋混凝土密闭门

BM1520
- 中国建筑标准设计研究院产品标识
- 固定门槛钢筋混凝土密闭门
- 门洞宽1.5m
- 门洞高2.0m

11.1.5 活门槛钢筋混凝土密闭门

BHM1520
- 中国建筑标准设计研究院产品标识
- 活门槛钢筋混凝土密闭门
- 门洞宽1.5m
- 门洞高2.0m

11.1.6 钢结构密闭门

BGM4022
- 中国建筑标准设计研究院产品标识
- 钢结构密闭门
- 门洞宽4.0m
- 门洞高2.2m

11.2 防爆波活门

BMH3600－30
- 中国建筑标准设计研究院产品标识
- 门式
- 活门
- 战时最大风量
- 活门设计压力值0.30MPa

11.3 防火门

FHM1221(甲)
- 防火门
- 门洞宽1.2m
- 门洞高2.1m
- 防火等级甲级

12．索引方法

本图集中详图的编号及索引方法如下：

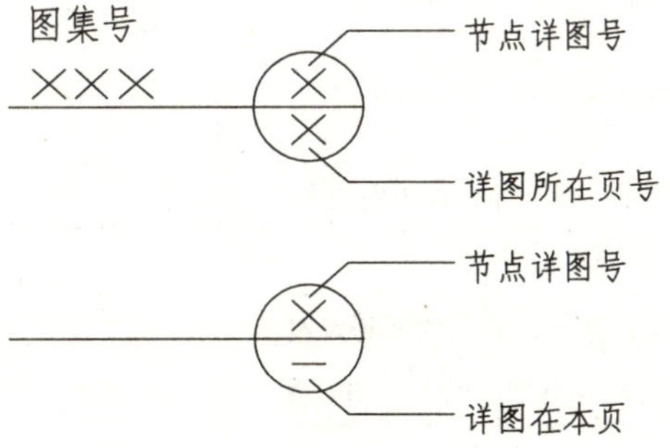

工程设计示例说明						图集号	07FJ01
审核	沈志红	校对	孙晓秋	设计	杨嘉伟	页	11

示例1　核5级常5级甲类防空专业队队员掩蔽部

设计要点一览表

序号	项目			设计要求
1	基本要求	防护要求		主体能承受规定爆炸动荷载作用、有防化、防辐射要求(防辐射按0.1Gy标准)
2	基本要求	通风系统		设清洁、隔绝、滤毒三种通风方式
3	基本要求	主要出入口		设正规(全身)洗消
4	主体	防护单元建筑面积(m^2)		≤1000
5	主体	抗爆单元建筑面积(m^2)		≤500
6	主体	面积标准(掩蔽面积)		3.0m^2/人
7	主体	辅助房间	进风机房	清洁区内，靠近滤毒室
8	主体	辅助房间	贮水间	一次到位(宜布置在排风口附近)
9	主体	辅助房间	厕所	按干厕设计，男每40~50人设一个便桶；女每30~40人设一个便桶；1.4m^2/1个便桶,宜设在排风口附近
10	主体	辅助房间	防化通信值班室建筑面积(m^2)	10~12
11	主体	辅助房间	配电室	—
12	口部	主要出入口(出地面段在地面建筑倒塌范围以内时，应设防倒塌棚架)	宜设90°拐弯	应设在室外，设洗消污水集水坑、扩散室、两道防毒通道、洗消间(防护单元建筑面积≤400m^2设2个淋浴器；400m^2<建筑面积≤600m^2设3个淋浴器；建筑面积>600m^2设4个淋浴器)，其中脱衣室、淋浴室、检查穿衣室使用面积各按每淋浴器3m^2计
13	口部	附进风口的出入口	宜设90°拐弯	设洗消污水集水坑、扩散室、密闭通道、滤毒室
14	口部	其他出入口	宜设90°拐弯	设密闭通道
15	口部	与专业队装备掩蔽部相通的连通口		宜设洗消间和防毒通道
16	口部	人员出入口最小尺寸		门洞净宽1.0m，净高2.0m；通道净宽1.5m，净高2.2m；楼梯净宽1.2m
17	口部	有90°拐弯的室外出入口的钢筋混凝土防护密闭门外有防护顶盖段通道长度		≥5m 城市海拔>200m或采用钢结构人防门或采用直通式室外出入口时长度要加大，见本图集工程设计示例说明表4.1
18	口部	室外进风口		在倒塌范围内，进风口下沿距离室外地坪的高度不宜小于1.0m，设防倒塌棚架；倒塌范围外，不宜小于0.5m

设计要点一览表							图集号	07FJ01
审核	陈宗耀	陈宗耀	校对	沈志红	沈志红	设计	孙晓秋	页 12

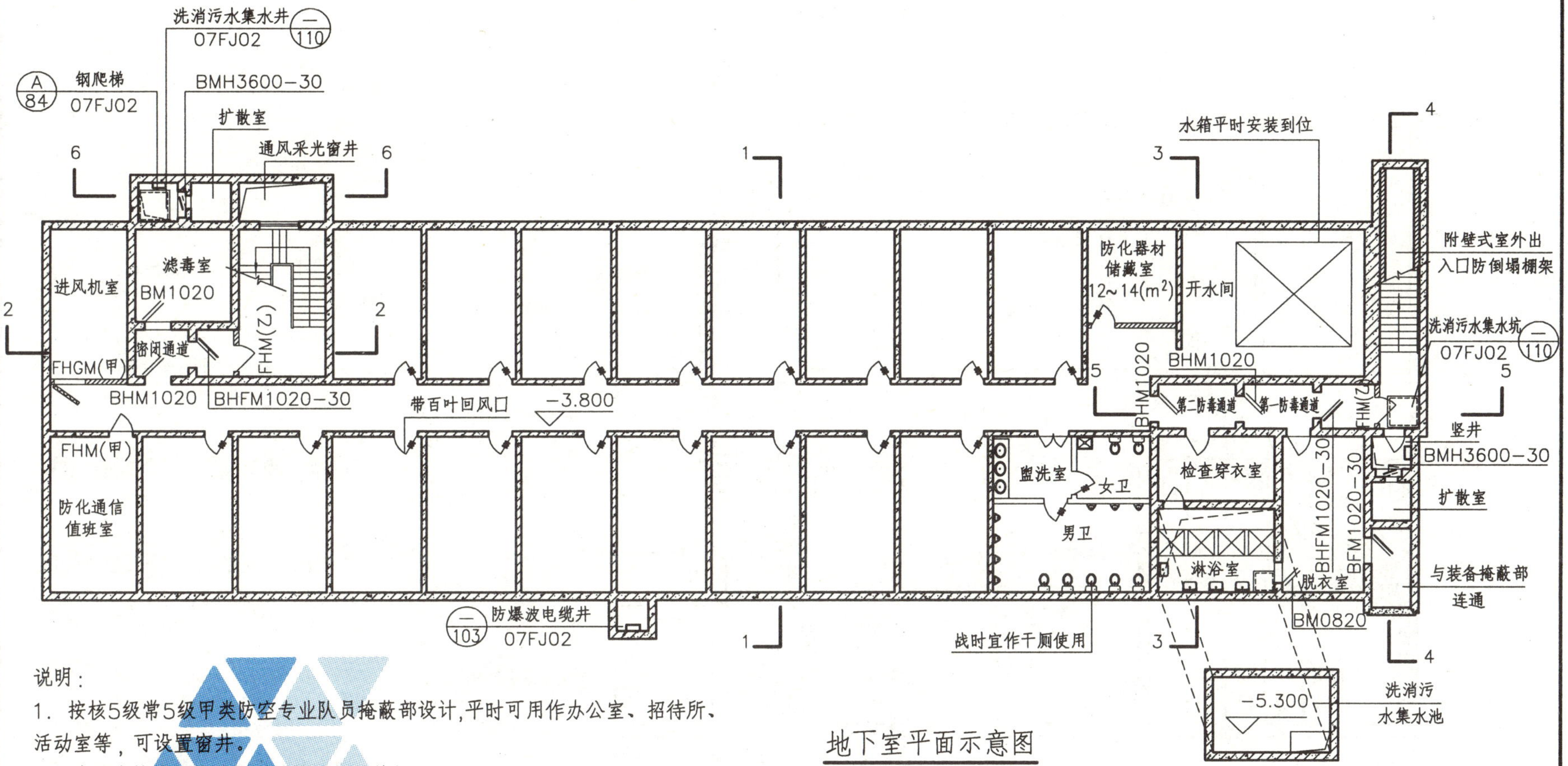

地下室平面示意图

说明：

1. 按核5级常5级甲类防空专业队员掩蔽部设计,平时可用作办公室、招待所、活动室等，可设置窗井。
2. 地面建筑为砌体结构或钢筋混凝土结构。
3. 门内建筑面积≤1000m²,掩蔽面积≤700m²,掩蔽人数≤233人。
4. 进、排风竖井和主要出入口应设防倒塌棚架,当毗邻出地面段的地面建筑外墙为剪力墙时除外。
5. 防火分区允许最大建筑面积500m²，当设置有自动灭火系统时，允许最大建筑面积1000m²，防火规范另有规定除外。
6. 风机房墙面、顶棚做吸音处理，安装甲级防火隔声门。

平面示意图						图集号	07FJ01
审核	陈宗耀	校对	沈志红	设计	孙晓秋	页	13

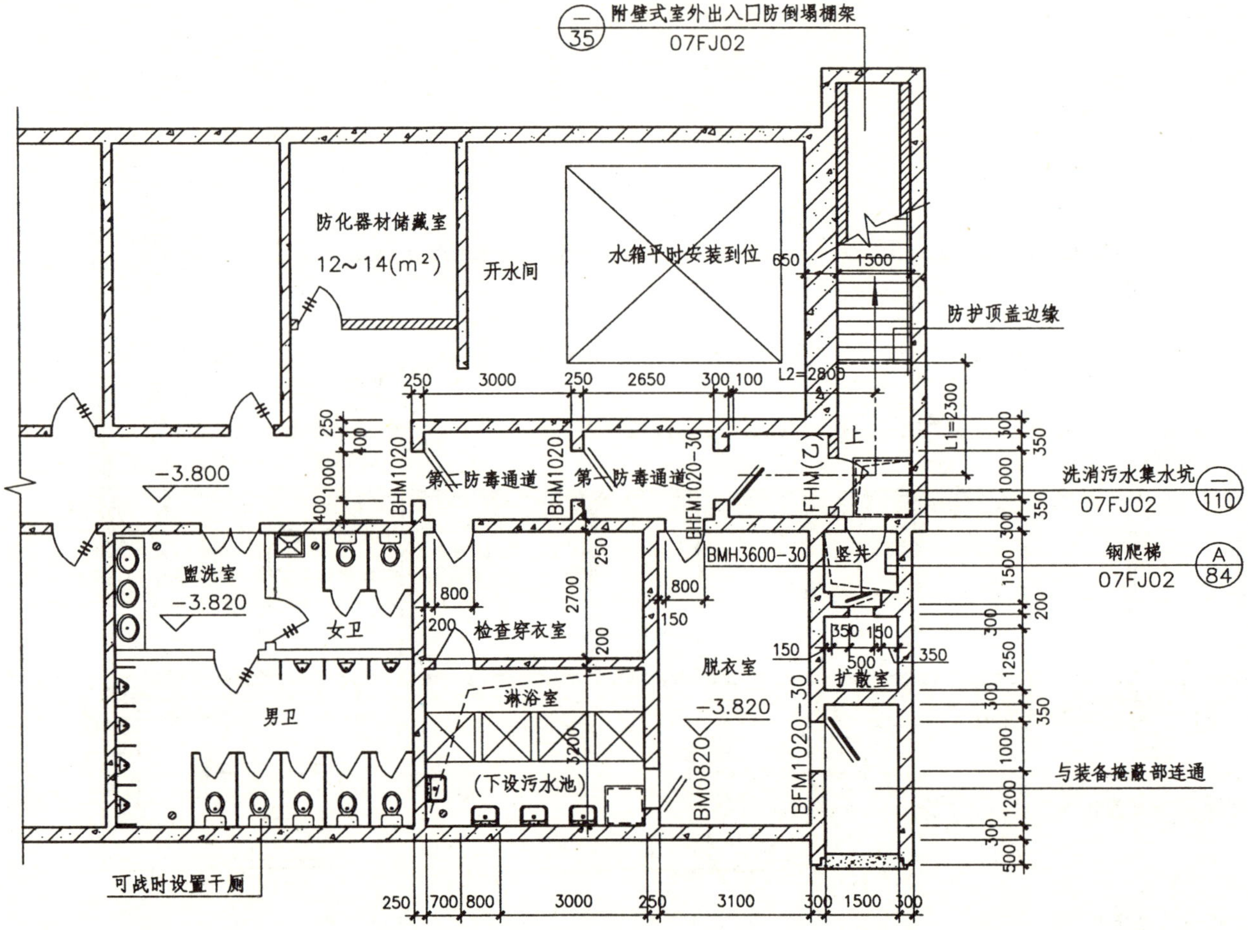

主要出入口放大平面图

说明：

1. 本图为防空地下室主要出入口及排风口部布置形式。
2. 附壁式室外阶梯式出入口为战时人员主要出入口，地面设防倒塌棚架。
3. 排风竖井内设钢爬梯，竖井出地面部分设防倒塌棚架。
4. 排风竖井内也可不设置集水坑，设置地漏排水至邻近洗消污水集水坑。
5. L1+L2≥5.0m。
6. 脱衣室、检查穿衣室、淋浴室地坪贴防滑地砖。
7. 洗消间内布局,详见本图集第15页。

主要出入口放大平面图							图集号	07FJ01
审核	陈宗耀	陈宗耀	校对	沈志红	沈志红	设计 孙晓秋	页	14

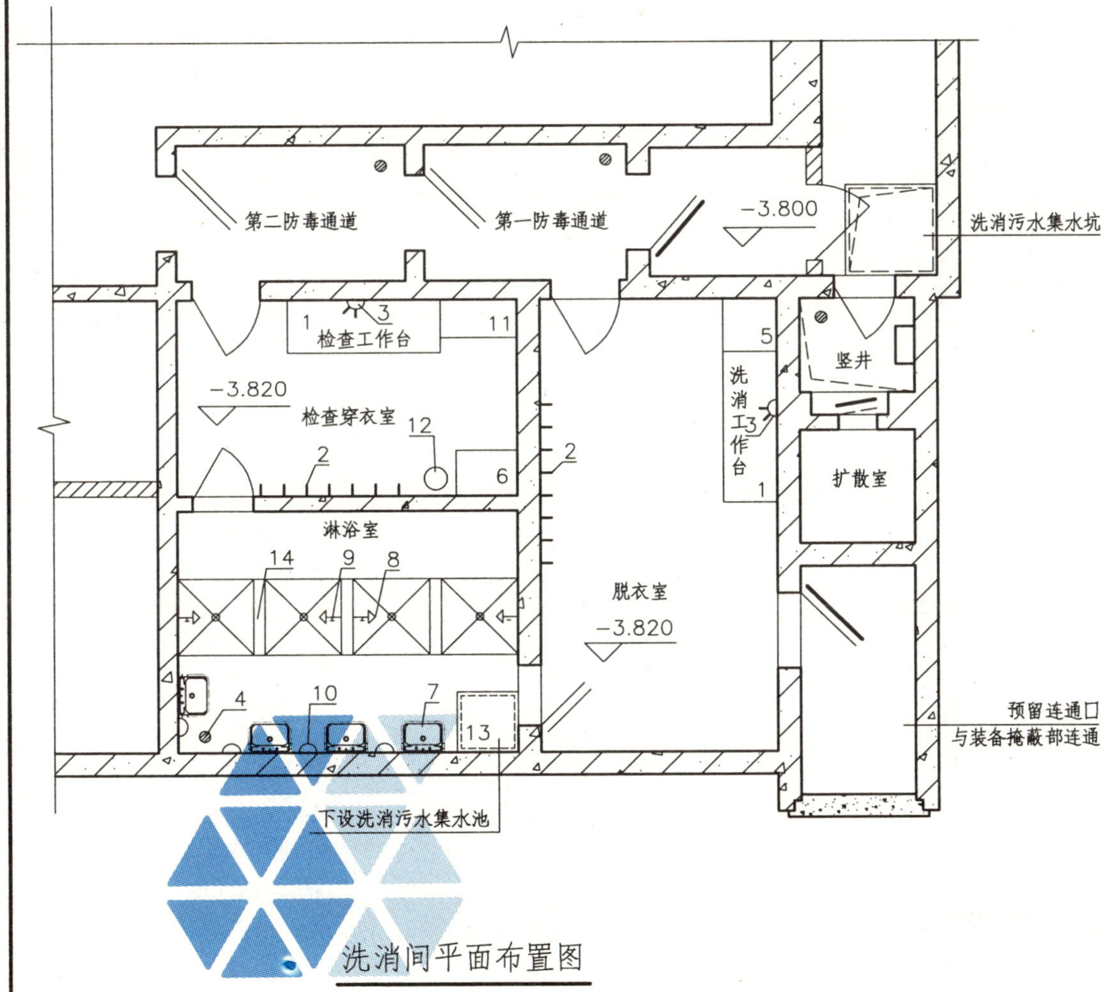

洗消间平面布置图

主要设备表

编号	名称	编号	名称
1	固定工作台	8	淋浴器
2	衣帽钩	9	水量调节阀
3	单相电源插座	10	肥皂壁盒
4	地漏	11	清洁衣柜
5	污物箱、密闭塑料袋位置	12	水泵
6	电热水箱	13	人孔盖板
7	洗脸盆	14	淋浴隔板

说明：

1. 洗消间洗消用水水箱可用水泵加压供淋浴洗消用，淋浴器可设电热器或其他加热设备。
2. 战时洗消水可排至洗消污水集水池。
3. 洗消药品、器材、脸盆、清洁水桶、污水桶、密封塑料袋均在临战前放在预定位置上。
4. 检查穿衣室、脱衣室、淋浴室的使用面积，按每一淋浴器3m²计算。
5. 洗消工作台尺寸为2000x600x900，检查工作台尺寸为1200x600x900。

洗消间平面布置图							图集号	07FJ01
审核	陈宗耀	陈宗耀	校对	沈志红	沈志红	设计 孙晓秋 孙晓秋	页	15

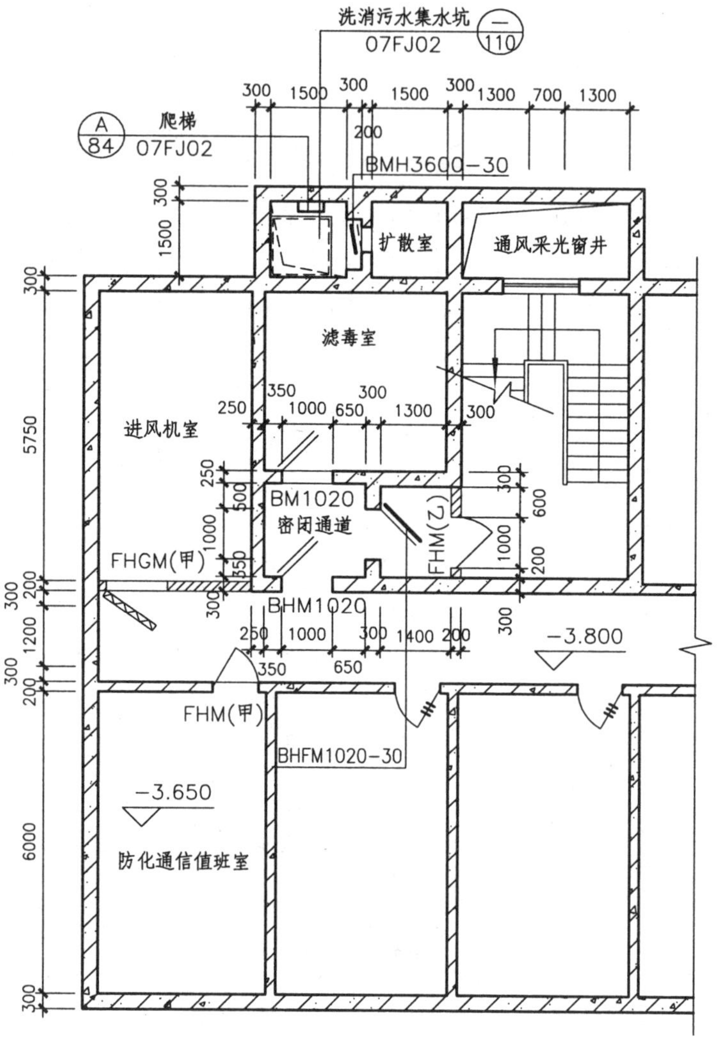

进风口部放大平面图

说明：

1. 本图为防空地下室进风口及次要出入口布置形式。
2. 进风竖井内设钢爬梯，竖井出地面部分设防倒塌棚架。
3. 进风扩散室、滤毒室、密闭通道设置地漏排水至洗消污水集水坑。

进风口部放大平面图									图集号	07FJ01
审核	陈宗耀	陈宗耀	校对	沈志红	沈志红	设计	孙晓秋	孙晓秋	页	16

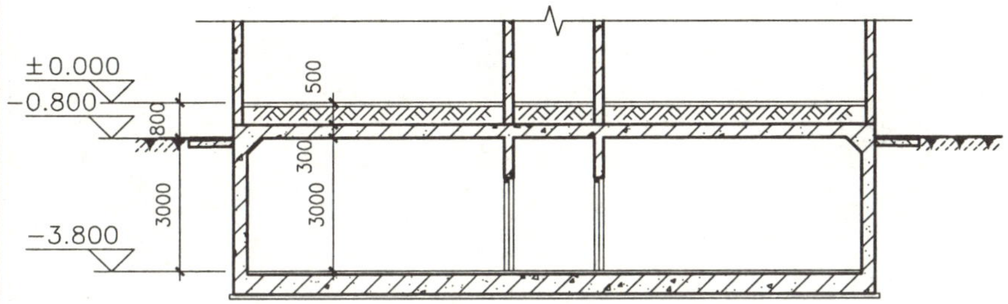

1—1剖面图

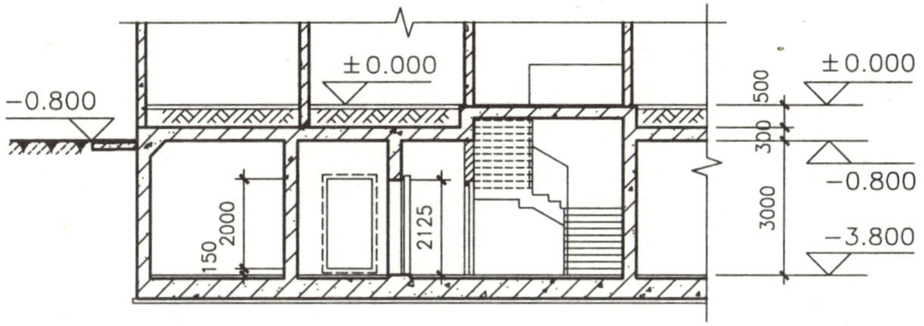

2—2剖面图

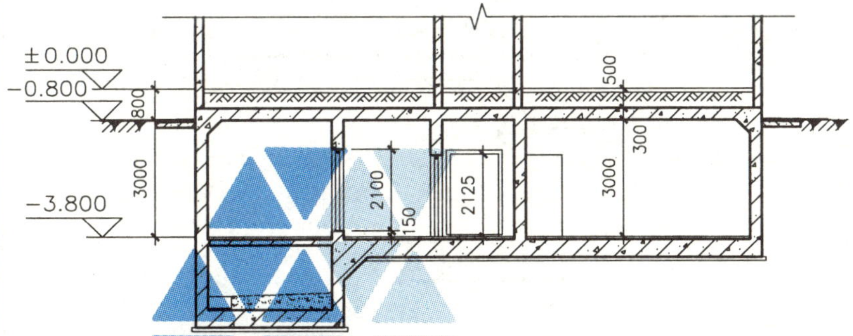

3—3剖面图

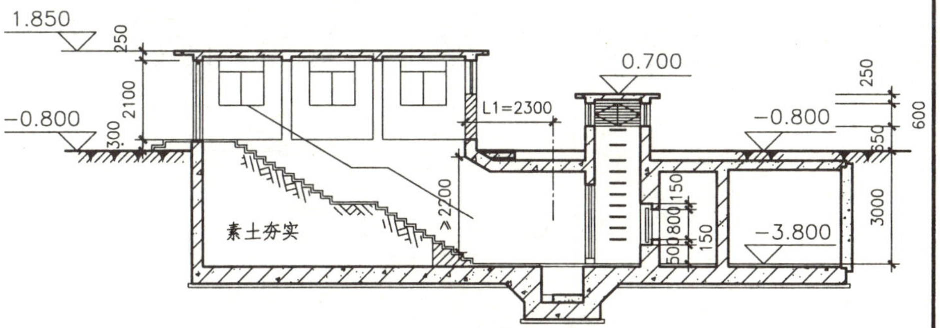

4—4剖面图

1—1、2—2、3—3、4—4剖面图						图集号	07FJ01
审核	陈宗耀	校对	沈志红	设计	孙晓秋	页	17

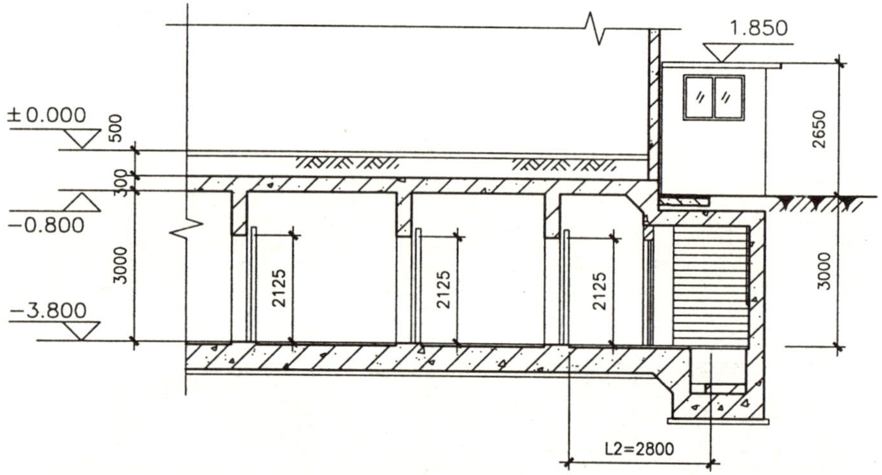

5–5剖面图

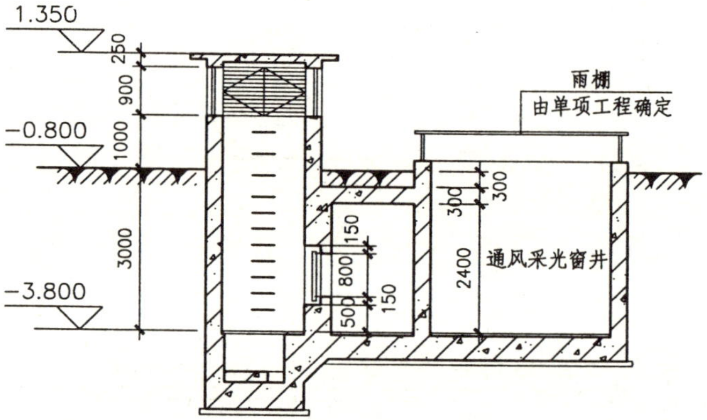

6–6剖面图

5—5、6—6剖面图							图集号	07FJ01
审核	陈宗耀	陈宗耀	校对	沈志红	沈志红	设计	孙晓秋	孙晓秋	页	18

示例2　核5级常5级甲类防空专业队装备掩蔽部

设计要点一览表

序号	项　目			设计要求
1	基本要求		防护要求	主体能承受规定爆炸动荷载作用，允许轻微染毒，防辐射要求可不考虑
2			通风系统	采用平时通风系统，空袭时可暂停通风
3			主要出入口	不设人员洗消
4	主体		防护单元建筑面积(m^2)	≤4000
5			抗爆单元建筑面积(m^2)	≤2000
6			面积标准(掩蔽面积)	宜按停放轻型车设计，轻型车40～50m^2/台
7		辅助房间	进排风机房	地下一层宜设置出入口自然进风、机械排风系统。地下二层及以下楼层应设机械进风、机械排风系统
8			消防水泵房	由平时使用需要设置
9			配电间	—
10	口部		主要出入口	应设在室外，若为消防专业队装备掩蔽部的室外车辆出入口，不应少于2个。设洗消污水集水坑、防护密闭门一道。
11				通道出地面段在地面建筑倒塌范围以内时应设防倒塌棚架
12			人员出入口最小尺寸	门洞净宽1.0m，净高2.0m；通道净宽1.5m，净高2.2m；楼梯净宽1.2m
13			其他出入口	设防护密闭门一道，不设密闭门
14			连通口	装备掩蔽部与队员掩蔽部连通时宜设防毒通道和洗消间
15			出入口人防门	1.设置在直通式坡道中时，应采取使防护密闭门不被常规武器(通道口外的)爆炸破片直接命中的措施(如适当弯曲或折转通道轴线等) 2.室外出入口防护密闭门外有防护顶盖段通道中心线的水平投影折线长不得小于5m 3.常用5级钢结构防护密闭门BGFM4030－30、BGFM6030－30
16			通风口	地下汽车库排风口应设于进风口下风向。排风口朝向人员活动区时，底部离室外地坪≥2.5m；设在非人员活动绿化带内时，可低于2.5m

注：1.专业队装备掩蔽部宜按进出依维柯[6.87×2.0×2.75(m)]改装的指挥、通信、救护车，中小型消防车、载重车、清障车。门洞高度、通行高度均宜取3.0m。
2.战时按室内无人员停留设计，顶板、临空墙等最小厚度可按结构的构造要求。

设计要点一览表						图集号	07FJ01
审核	陈宗耀	校对	沈志红	设计	孙晓秋	页	19

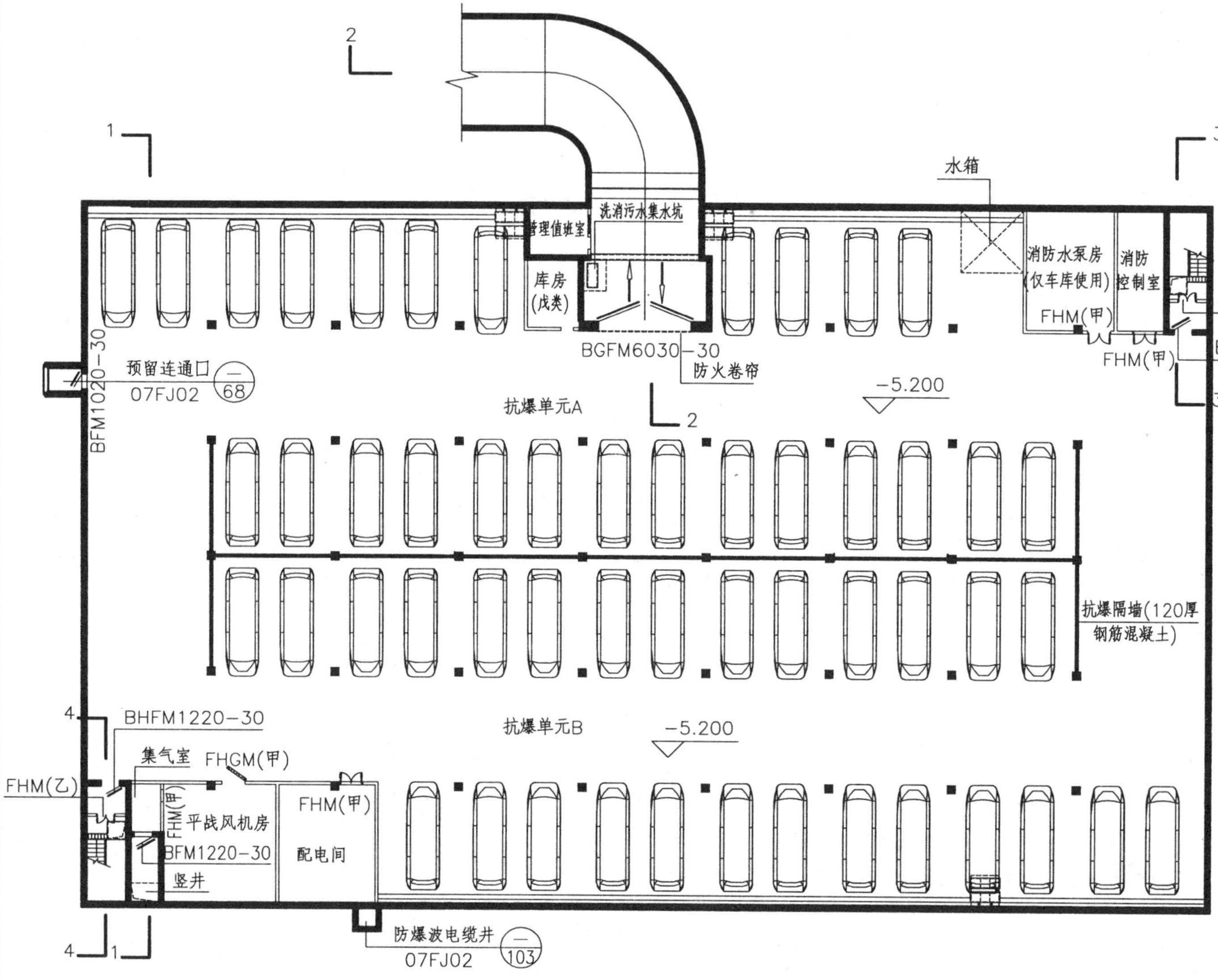

说明：

1. 平时为地下小型和轻型车停车库，战时为核5级常5级甲类防空专业队装备掩蔽部。
2. 本防空地下室为单建掘开式工程，建筑面积≤4000m²，掩蔽面积≤3400m²。
3. 本防空地下室划分为两个抗爆单元。
4. 车库层高、内车道及汽车坡道需按照轻型车停放标准设计。
5. 地下汽车库防火分区最大允许建筑面积2000m²，当设置有自动灭火系统时，允许最大建筑面积4000m²。
6. 水箱是否临战安装，根据具体城市规定执行。

地下室平面示意图

平面示意图							图集号	07FJ01
审核	陈宗耀	陈宗耀	校对	沈志红	沈志红	设计 孙晓秋 孙晓秋	页	20

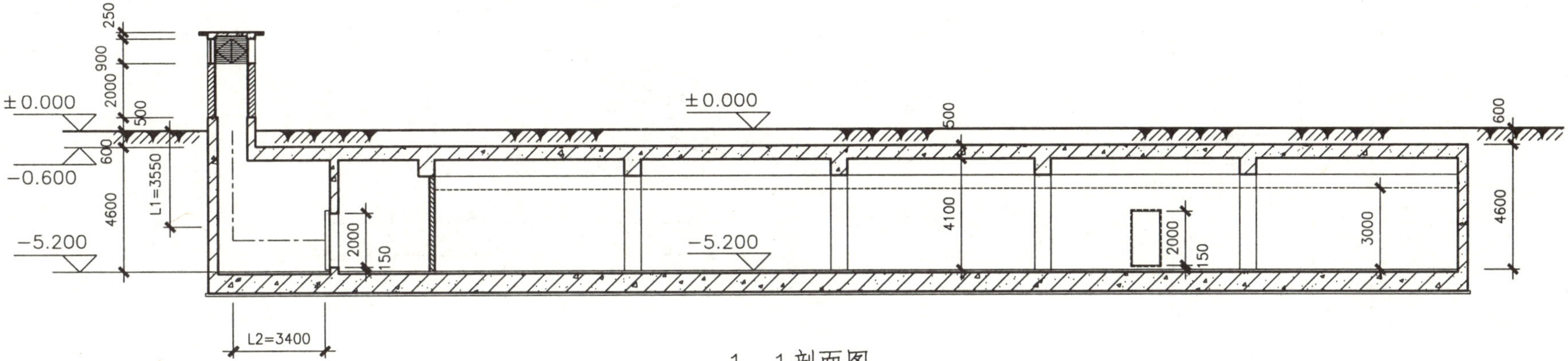

1—1剖面图

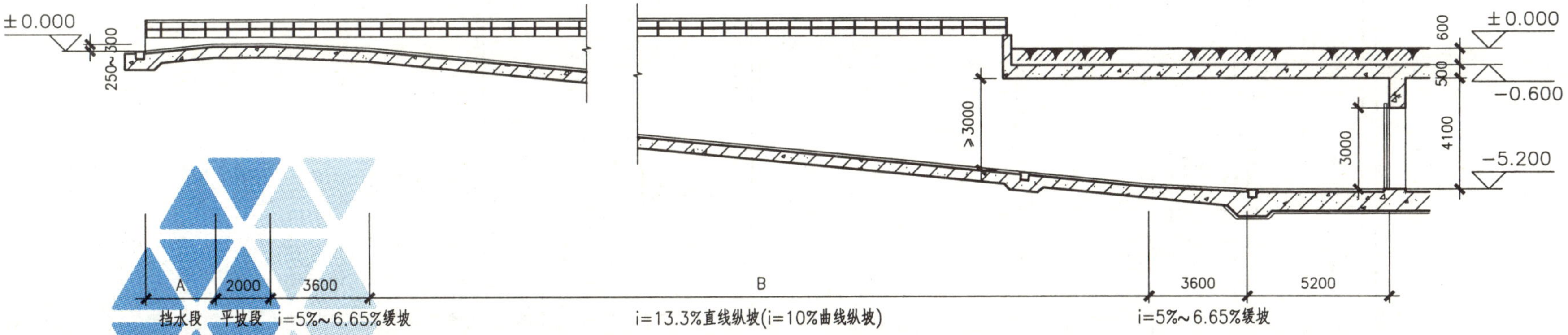

2—2坡道展开剖面图

说明：

1. 平时停放小型车、轻型车，战时掩蔽轻型车。
2. 车库层高及汽车坡道按照轻型车停放标准设计。
3. 若坡道出地面敞开段位于地面建筑倒塌范围以内，应设防倒塌棚架.
4. 顶板覆土厚度由单项工程确定。

1—1、2—2坡道展开剖面图						图集号	07FJ01
审核 陈宗耀	陈宗耀	校对 沈志红	沈志红	设计 孙晓秋	孙晓秋	页	21

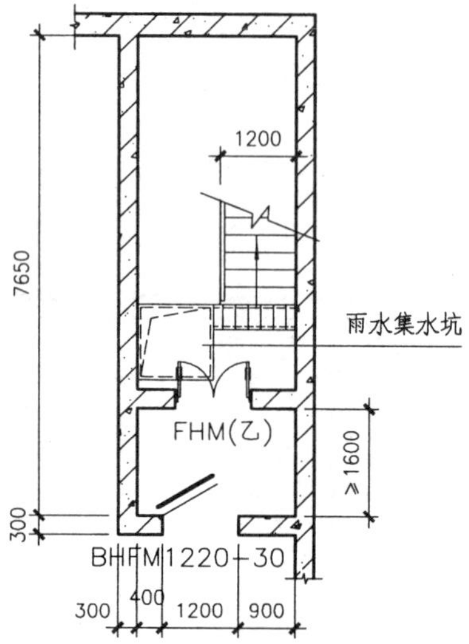

人员出入口部放大平面图

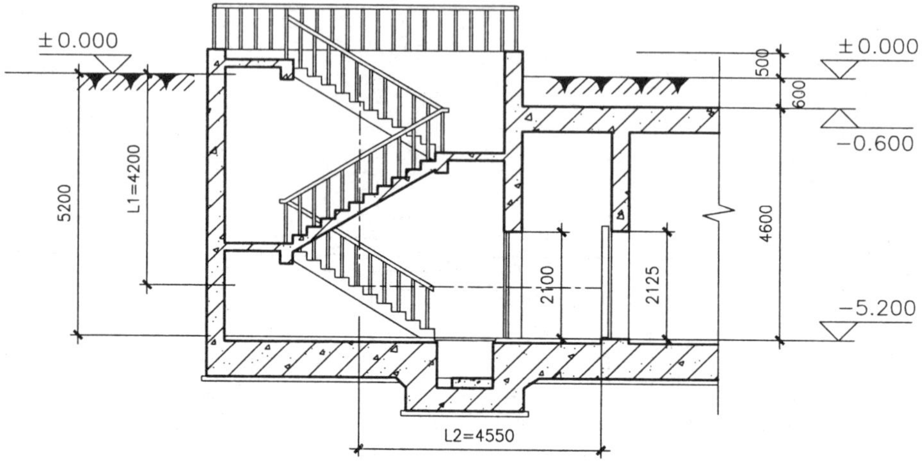

3-3剖面图

注： L1+L2≥5.0m

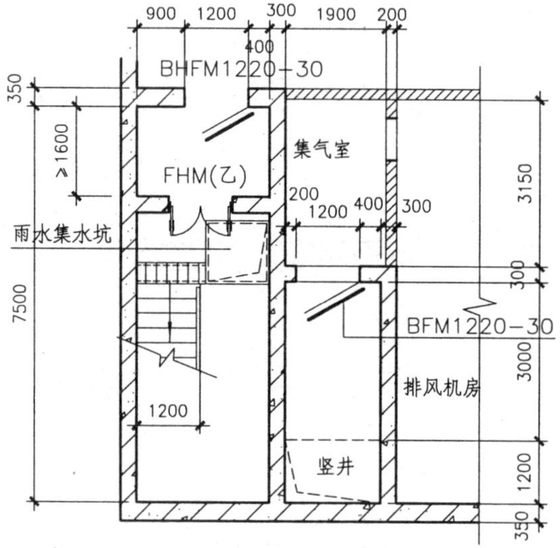

排风口部放大平面图

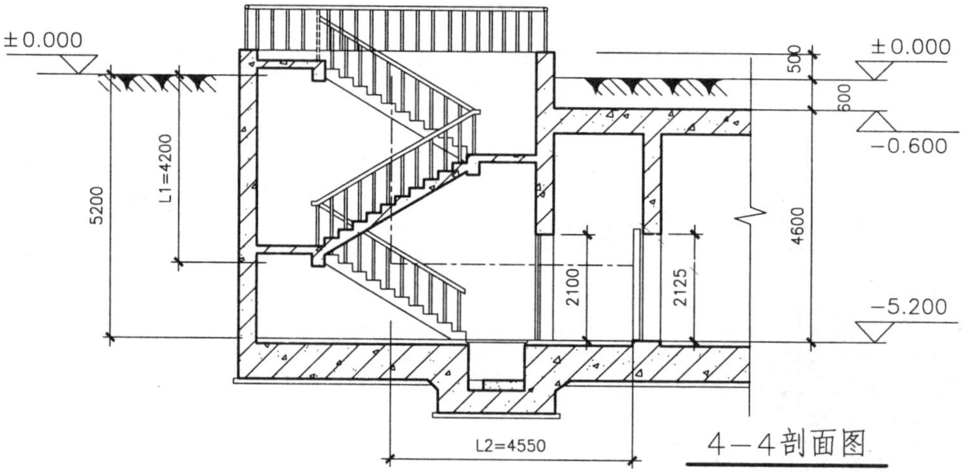

4-4剖面图

注： L1+L2≥5.0m

口部放大平面图和3-3、4-4剖面图						图集号	07FJ01
审核	陈宗耀	校对	沈志红	设计	孙晓秋	页	22

示例3　核5级常5级甲类一等人员掩蔽所

设计要点一览表

序号	项目			设计要求
1	基本要求	防护要求		能承受规定爆炸动荷载作用，有防化、防辐射要求(防辐射按0.2Gy标准)
2	基本要求	通风系统		进风系统设清洁、隔绝、滤毒三种通风方式
3	基本要求	主要出入口		设正规(全身)洗消
4	主体	防护单元建筑面积(m^2)		≤2000
5	主体	抗爆单元建筑面积(m^2)		≤500
6	主体	面积标准(掩蔽面积)		≥1.0m^2/人，按隔绝防护时间≥6.0h，CO_2容许体积浓度≤2.0%计算掩蔽人数，规范公式5.2.5
7	主体	辅助房间	进风机房	清洁区内，靠近滤毒室
8	主体	辅助房间	贮水间	一次到位
9	主体	辅助房间	厕所(宜设干厕，男女比例按具体情况定)	男每40～50人设一个便桶；女每30～40人设一个便桶；1～1.4m^2/个便桶。宜设在排风口附近
10	主体	辅助房间	防化通信值班室建筑面积(m^2)	10～12(位于清洁区内进风口附近)
11	口部	主要出入口(出地面段在地面建筑倒塌范围内时，应设防倒塌棚架)	宜设90°拐弯	应设在室外，设洗消污水集水坑、扩散室、两道防毒通道、洗消间(建筑面积≤500m^2设1个；500m^2<建筑面积≤1000m 设2个；建筑面积>1000m^2设3个淋浴器)，其中脱衣室、淋浴室、检查穿衣室使用面积各按每淋浴器3m^2计
12	口部	附进风口的次要出入口	宜设90°拐弯	设洗消污水集水坑、扩散室、密闭通道、滤毒室
13	口部	其他出入口	宜设90°拐弯	设密闭通道(其中与抗力、防毒要求相同的人防工程相通的连通口，可只设一道防护密闭门)
14	口部	人员出入口最小尺寸		门洞净宽0.8m，通道净宽1.5m，楼梯净宽1.0m
15	口部	掩蔽入口的总宽度		各出入口净宽之和应满足0.30m/100人要求
16	口部	掩蔽入口的做法		出入口梯段，踏步高度≤0.18m，踏步宽≥0.25m
17	口部	室外出入口的合用		当相邻的防护单元均为人员掩蔽部时或其中一侧为人员掩蔽部另一侧为物资库时，可在防护密闭门外共设一个室外出入口
18	口部	有90°拐弯的室外出入口的钢筋混凝土防护密闭门外有防护顶盖段通道长度		≥5m 城市海拔>200或采用钢结构人防门或采用直通式室外出入口时长度要加大

设计要点一览表						图集号	07FJ01
审核	陈宗耀	校对	孙晓秋	设计	沈志红	页	23

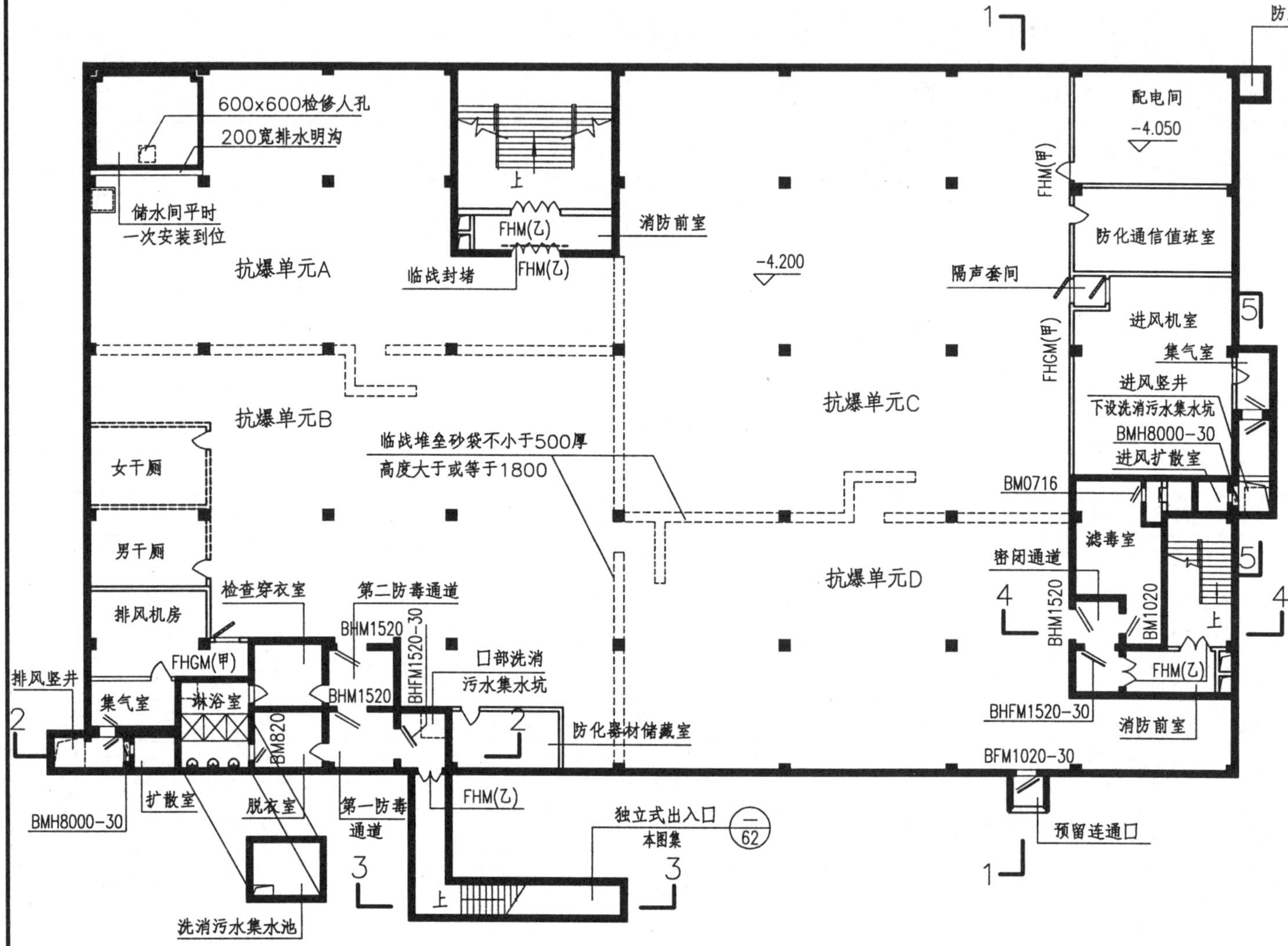

地下室平面示意图

说明：

1. 本工程地面建筑为框架结构建筑。
2. 本防空地下室平时为商场、活动室等；战时为核5级常5级一等人员掩蔽部。划分为四个抗爆单元，虚线为临战堆垒砂袋的抗爆隔墙。
3. 本防空地下室净高3.2m，建筑面积≤2000m²，掩蔽面积≤1500m²，掩蔽人数≤750人(按隔绝防护时间、CO_2允许体积浓度计算)。
4. 战时人员主要出入口为独立式室外出入口。
5. 经计算进风口需要油网除尘器数量超过4块，故采用立式安装形式，设除尘室。
6. 战时水箱平时安装到位。
7. 临战封堵方式按具体工程要求实施。
8. 因平时进、排风风量较大，平时进、排风均不经过扩散室。

平面示意图						图集号	07FJ01
审核	陈宗耀	校对	孙晓秋	设计	沈志红	页	24

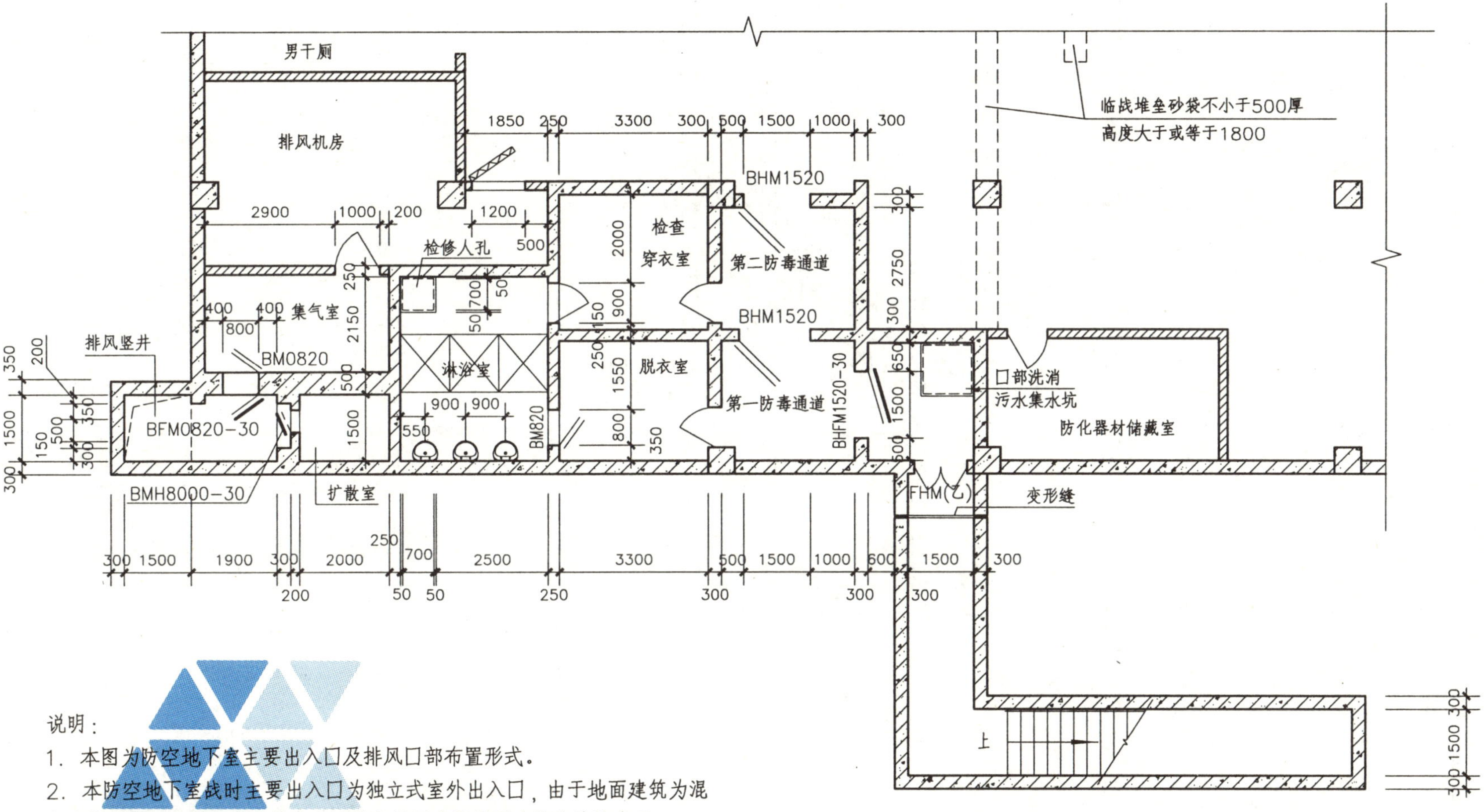

主要出入口放大平面图

说明：

1. 本图为防空地下室主要出入口及排风口部布置形式。
2. 本防空地下室战时主要出入口为独立式室外出入口，由于地面建筑为混凝土框架结构，独立式室外出入口的出地面段距地面建筑的外墙大于5m，可不考虑地面建筑倒塌影响，未设置防倒塌棚架。
3. 出入口敞开段上部宜设轻型屋盖，当上部不设屋盖时，楼梯下端部应增设截水沟。

主要出入口放大平面图							图集号	07FJ01
审核	陈宗耀	陈宗耀	校对	孙晓秋	孙晓秋	设计 沈志红 沈志红	页	25

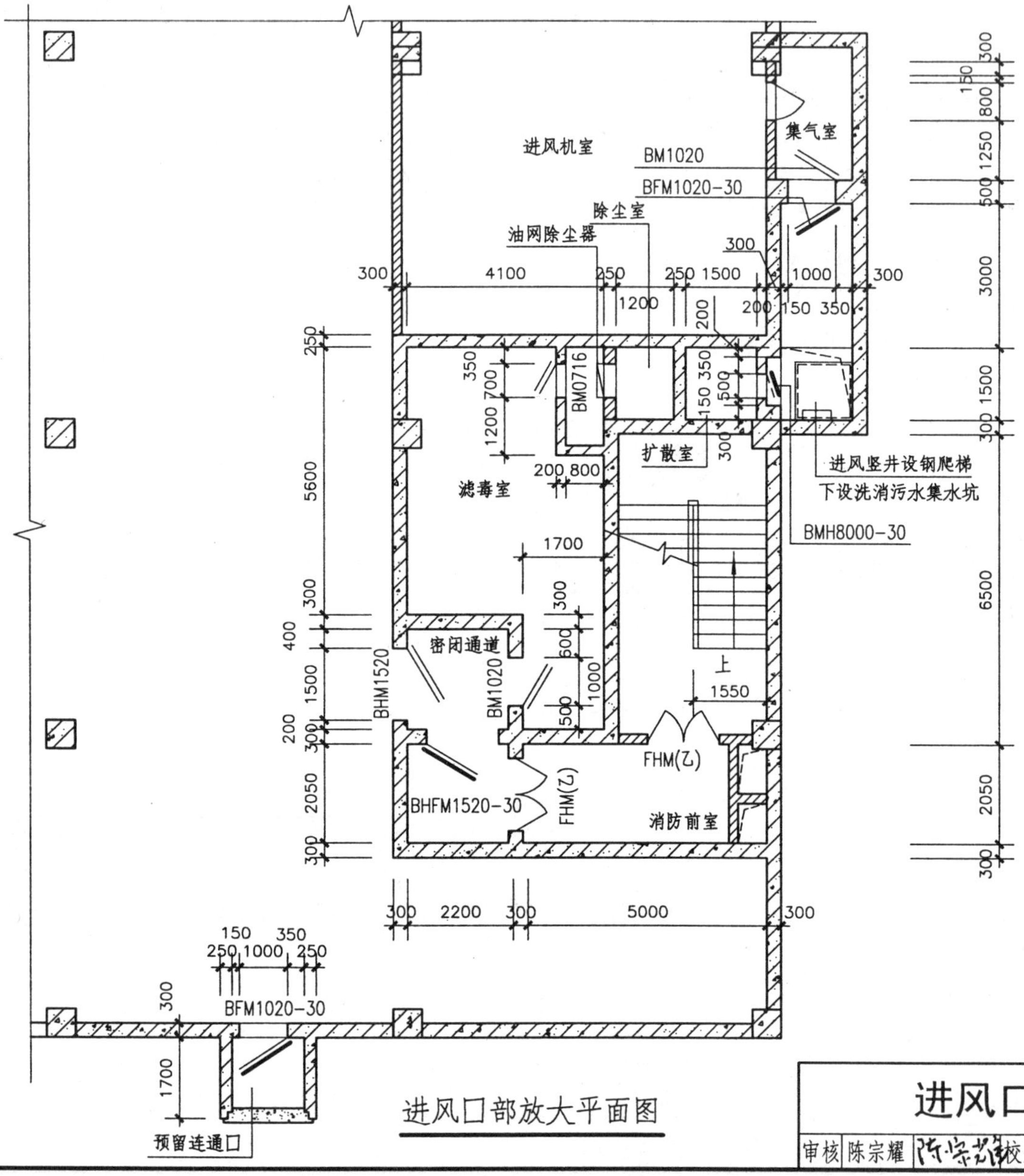

进风口部放大平面图

说明：

1. 本图为防空地下室进风口及次要出入口部布置形式。
2. 进风竖井内设钢爬梯，竖井出地面部分设防倒塌棚架。
3. 平时由集气室进风，战时由扩散室进风。
4. 进风竖井也可设地漏与邻近的洗消集水井连接。
5. 除尘室与滤毒室之间设密闭隔墙和密闭门。

进风口部放大平面图							图集号	07FJ01
审核	陈宗耀	（签名）	校对	孙晓秋	（签名）	设计 沈志红 （签名）	页	26

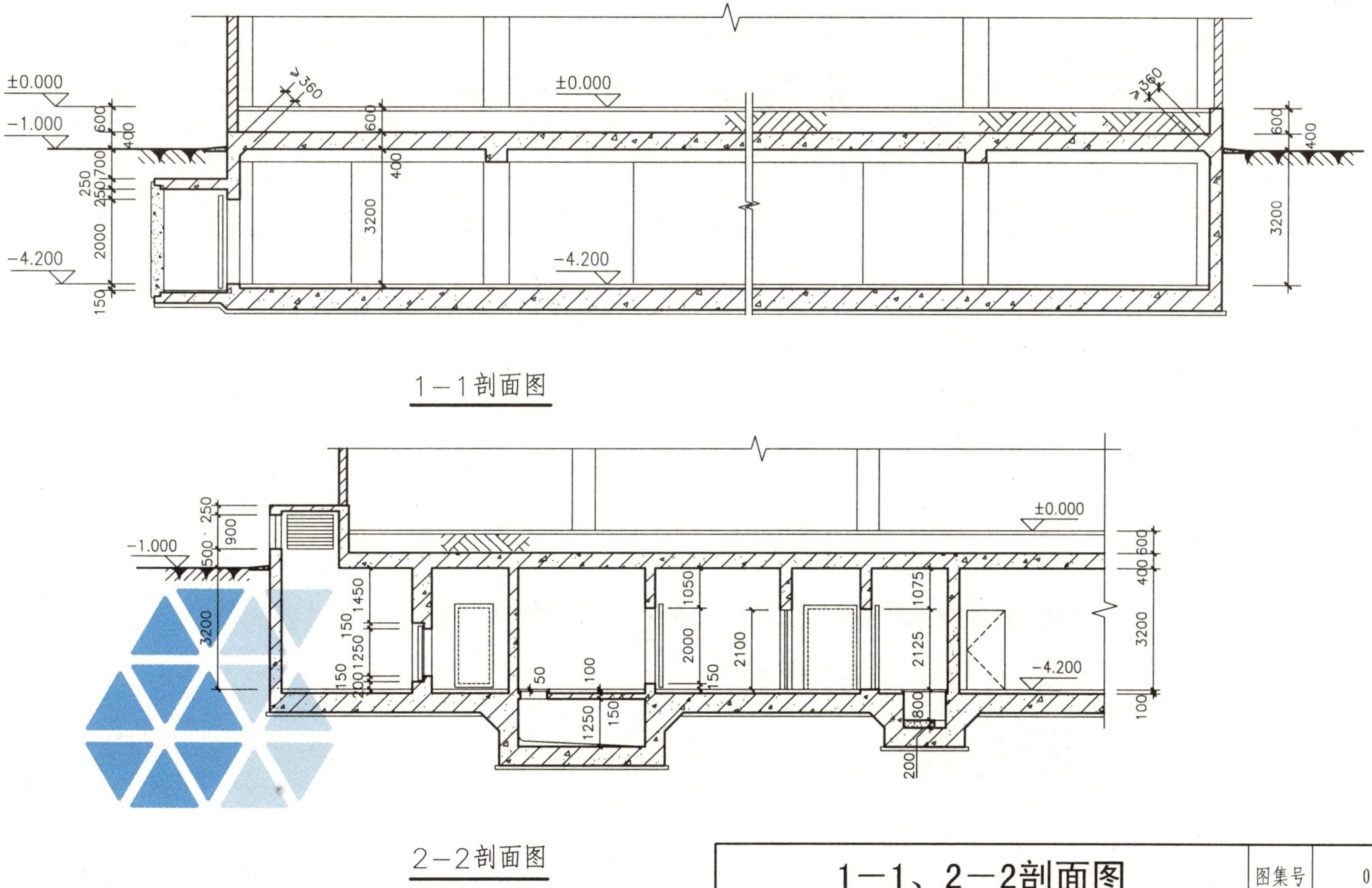

1—1、2—2剖面图							图集号	07FJ01
审核	陈宗耀	陈宗耀	校对	孙晓秋	孙晓秋	设计 沈志红 沈志红	页	27

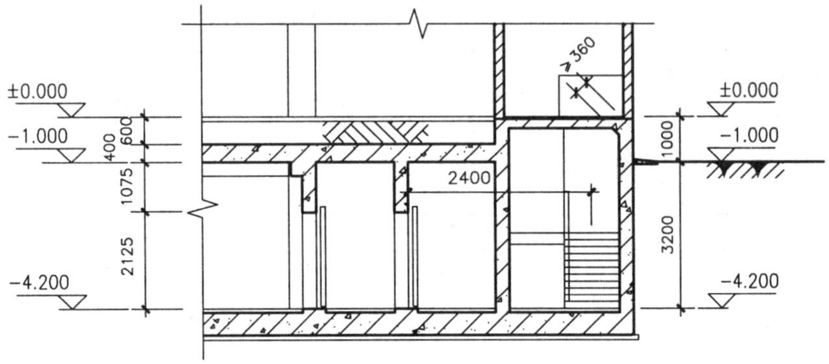

4—4剖面图

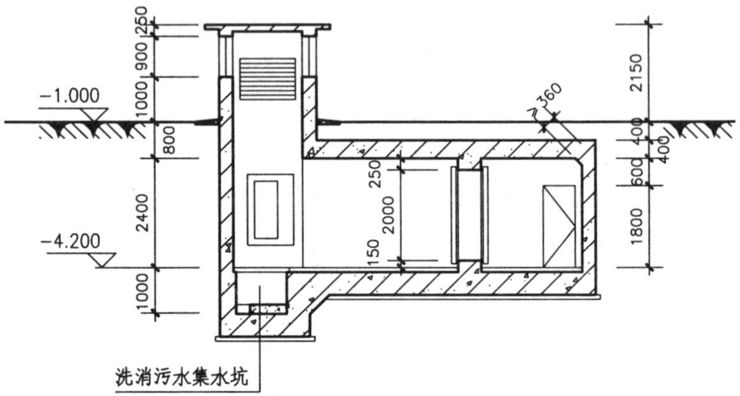

5—5剖面图

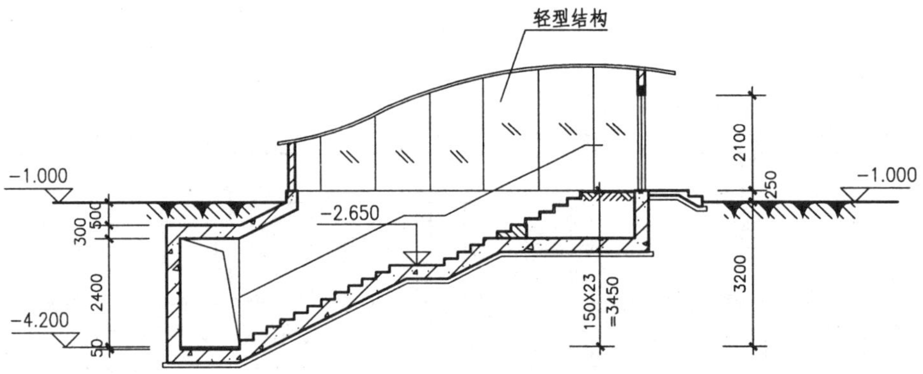

3—3剖面图

3—3、4—4、5-5剖面图									图集号	07FJ01
审核	陈宗耀		校对	孙晓秋		设计	沈志红		页	28

示例4　核5级常5级甲类二等人员掩蔽所

设计要点一览表

序号	项目				设计要求
1	基本要求	防护要求			能承受规定爆炸动荷载作用，有防化、防辐射要求(防辐射按0.2Gy标准)
2	基本要求	通风系统			进风系统设清洁、隔绝、滤毒三种通风方式
3	基本要求	主要出入口			设简易洗消(宜采用防毒通道与简易洗消合并设置)
4	主体	防护单元建筑面积(m^2)			≤2000
5	主体	抗爆单元建筑面积(m^2)			≤500(内部为小房间布置时，可不划分抗爆单元)
6	主体	面积标准(掩蔽面积)			1.0m^2/人
7	主体	辅助用房	进风机房		清洁区内，靠近滤毒室,宜与平时风机房合并设置，可不设排风机房
8	主体	辅助用房	贮水间		可临战构筑和安装
9	主体	辅助用房	厕所(设干厕　男女比例1:1)		男每40～50人设一个；女每30～40人设一个；1～1.4m^2/个便桶。宜设在排风口附近
10	主体	辅助用房	防化通信值班室建筑面积(m^2)		8～10(位于清洁区内进风口附近)
11	主体	辅助用房	配电室		也可与防化通信值班室合并设置
12	口部	主要出入口为室外出入口		宜设90°拐弯	出地面段在地面建筑倒塌范围以内时，应设防倒塌棚架；设洗消污水集水坑、扩散室、带简易洗消的防毒通道
	口部	附进风口的次要出入口		宜设90°拐弯	设洗消污水集水坑、扩散室、密闭通道、滤毒室
13	口部	其他出入口		宜设90°拐弯	设密闭通道(其中与抗力、防毒要求相同的人防工程相通的连通口，可只设一道防护密闭门)
14	口部	人员出入口最小尺寸			门洞净宽0.8m，通道净宽1.5m，楼梯净宽1.0m
15	口部	掩蔽入口的总宽度及做法			各出入口净宽之和应满足0.30m/100人要求；出入口梯段:踏步高度≤0.18m，踏步宽≥0.25m
16	口部	可在防护密闭门外共设一个室外出入口			当相邻的防护单元均为人员掩蔽部时或其中一侧为人员掩蔽部另一侧为物资库时
17	口部	有90°拐弯的室外出入口的钢筋混凝土防护密闭门外有防护顶盖段通道长度			≥5m
18	口部				城市海拔>200或采用钢结构人防门或采用直通式室外出入口时长度要加大
19	口部	进风口			宜在室外单独设置；室外进风口下缘离地高度≥0.5m(倒塌范围外)，≥1.0m(倒塌范围内)

设计要点一览表						图集号	07FJ01
审核	陈宗耀	校对	孙晓秋	设计	沈志红	页	29

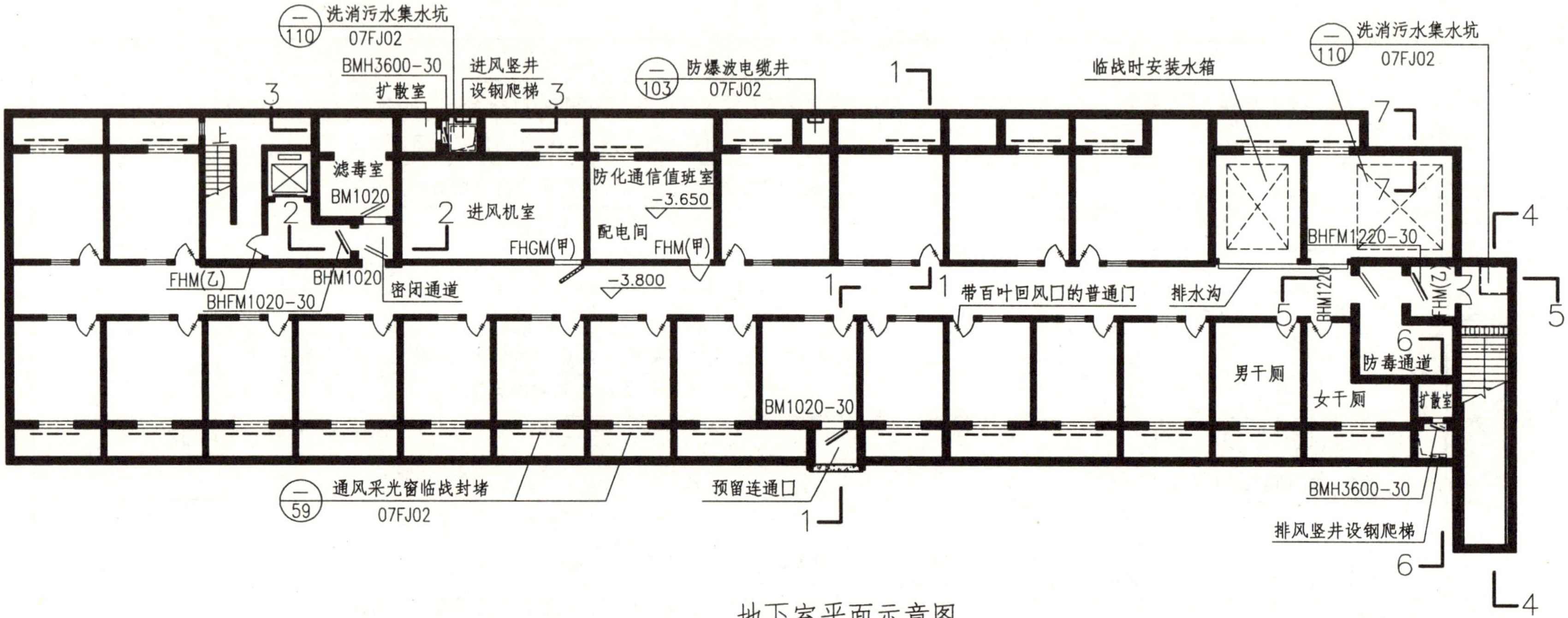

地下室平面示意图

说明：

1. 本防空地下室平时为物业管理办公室等，战时为二等人员掩蔽所。
2. 地面建筑为剪力墙结构。战时主要出入口为附壁式室外阶梯出入口。
3. 本防空地下室建筑面积为710m²，掩蔽面积415m²，战时掩蔽415人。
4. 对于毗邻出地面段的地面建筑外墙为钢筋混凝土剪力墙结构时，可不考虑其倒塌影响，采用敞开口部。
5. 通风采光井做法详见07FJ02，通风采光窗井排水设计详见各单体设计。
6. 本工程为小房间布置，故不划分抗爆单元。

平面示意图							图集号	07FJ01
审核	陈宗耀	陈宗耀	校对	孙晓秋	孙晓秋	设计 沈志红 沈志红	页	30

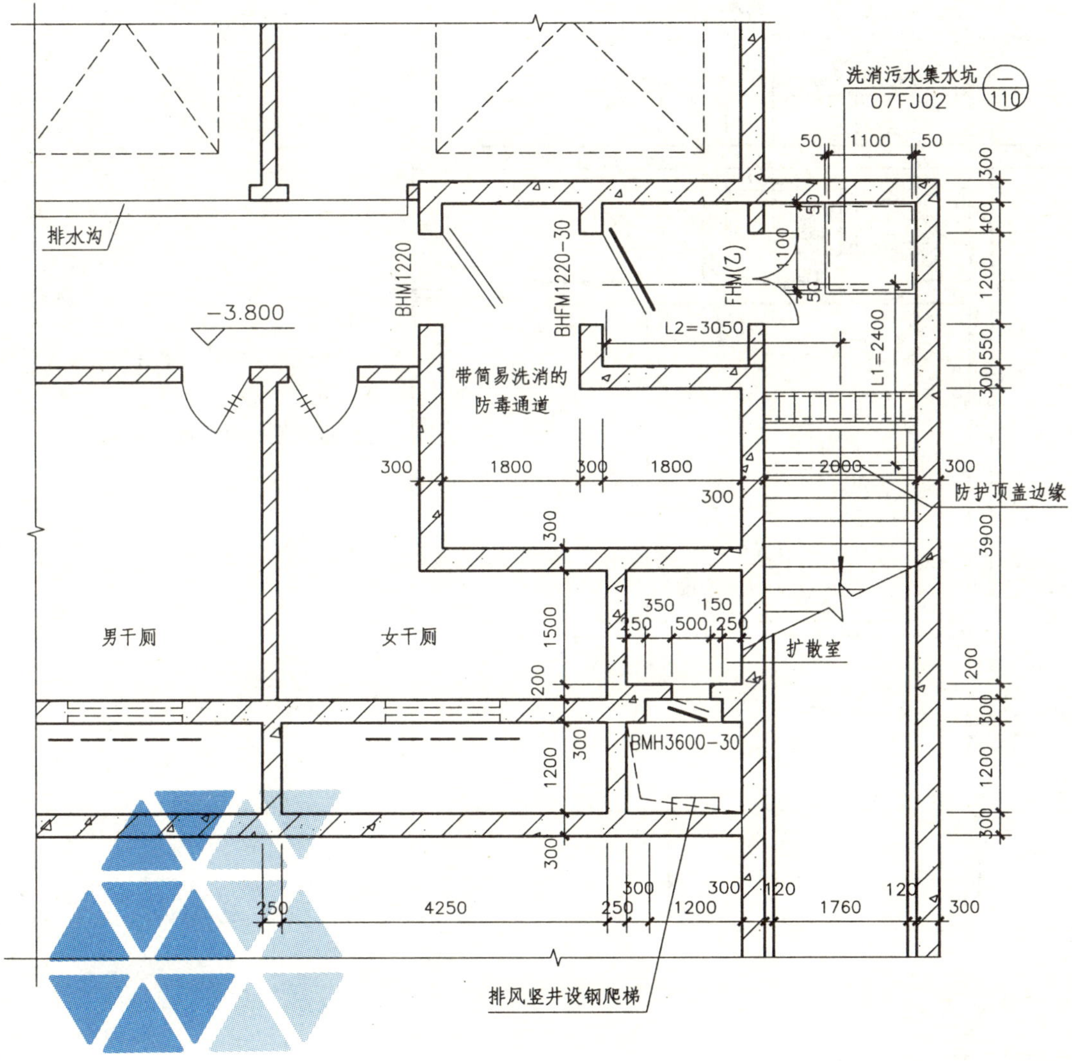

主要出入口放大平面图

说明：

1. 本图为防空地下室主要出入口及排风口部布置形式。

2. 本防空地下室战时主要出入口为附壁式室外出入口，由于地面建筑为剪力墙结构，临近室外出入口的外墙为无窗剪力墙，可不考虑其倒塌影响，采用敞开口部。

3. 出入口敞开段上部宜设轻型屋盖，当上部不设屋盖时，楼梯下端部应增设截水沟。

4. 室外通道的有效防护顶盖段长度L1+L2≥5m。

主要出入口放大平面图							图集号	07FJ01
审核	陈宗耀	陈宗耀	校对	孙晓秋	孙晓秋	设计	沈志红	沈志红	页	31

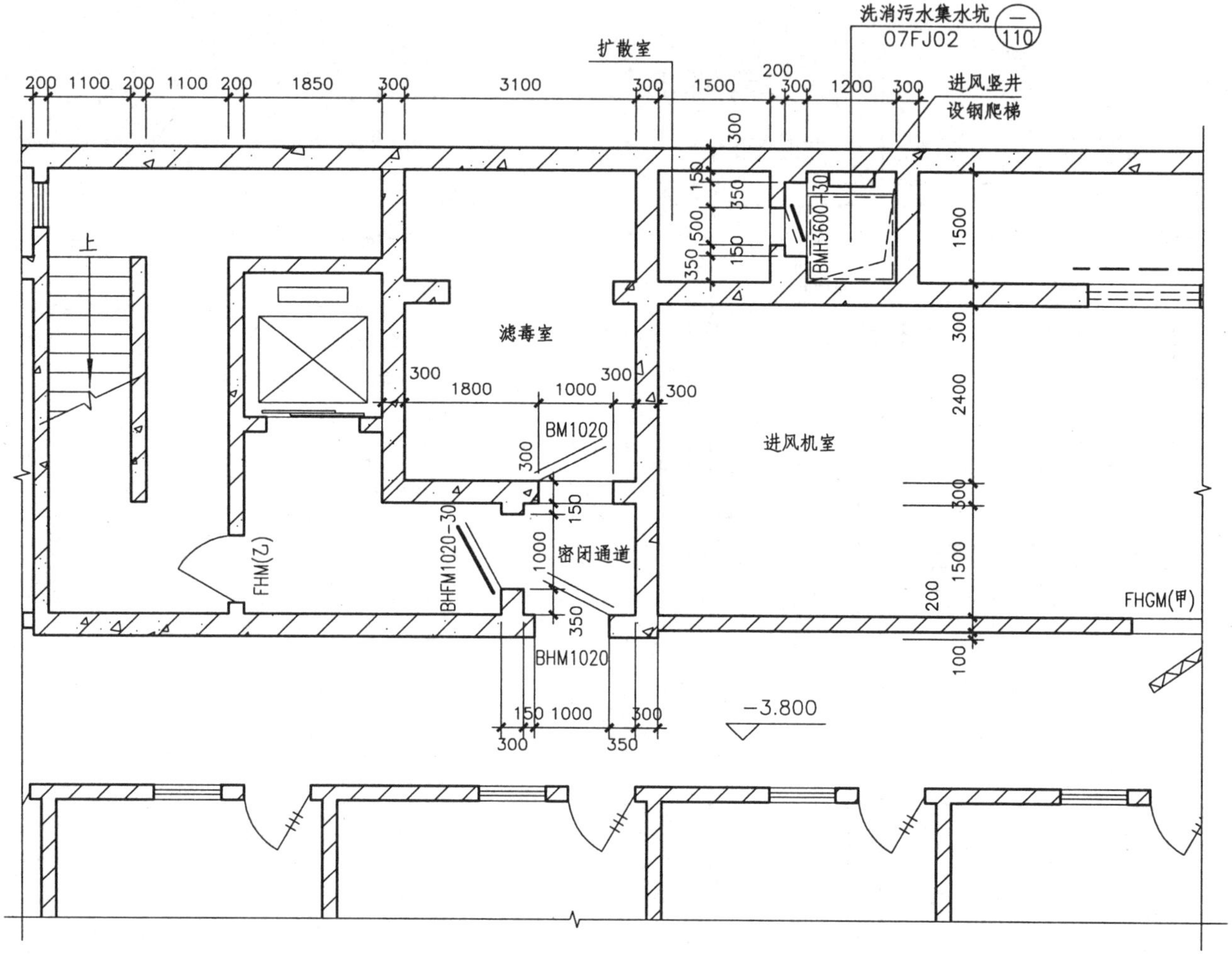

说明：

1. 本图为防空地下室进风口及次要出入口布置形式。
2. 进风竖井设洗消集水坑。

进风口部放大平面图

进风口部放大平面图						图集号	07FJ01
审核	陈宗耀	校对	孙晓秋	设计	沈志红	页	32

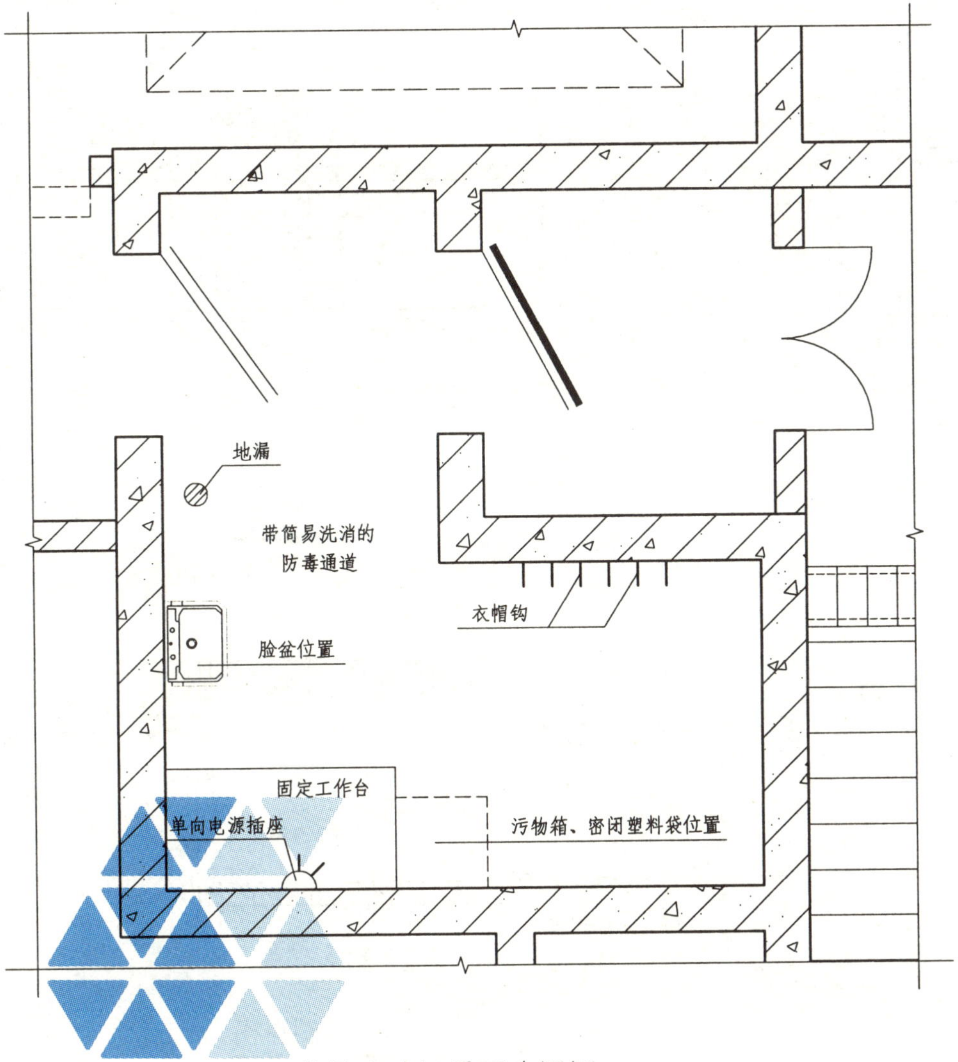

简易洗消间平面布置图

说明：

1.本图为简易洗消与防毒通道合并设置，在1.30m宽的人行道之外为简易洗消区，其面积不宜小于$2m^2$，防毒通道应满足规定的换气次数≥40次/h要求。

2.固定工作台、洗消药品、器材、污水桶、密封塑料袋均在临战前放在预定位置上。

3.固定工作台尺寸为1500X600X900。

简易洗消间平面布置图							图集号	07FJ01
审核	陈宗耀	陈宗耀	校对	孙晓秋	孙晓秋	设计 沈志红 沈志红	页	33

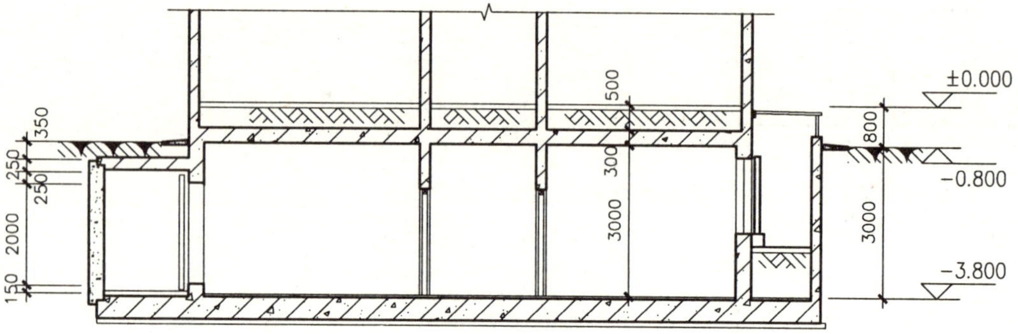

1—1剖面图

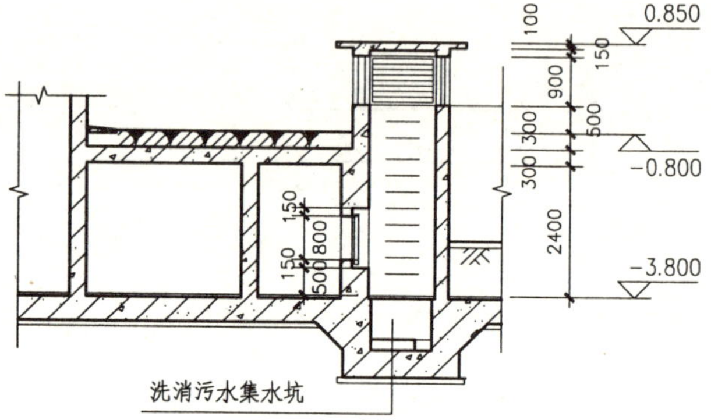

3—3剖面图

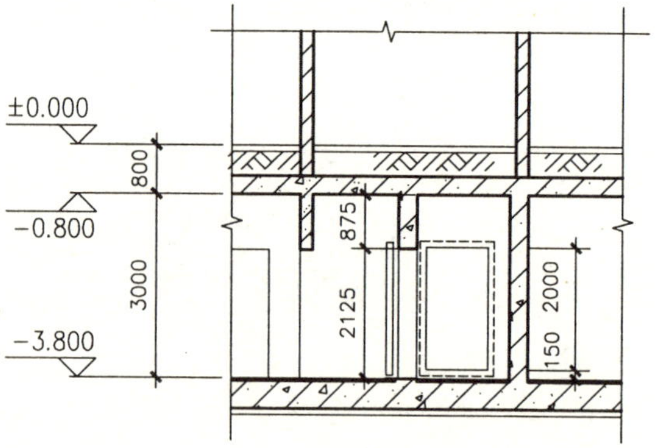

2—2剖面图

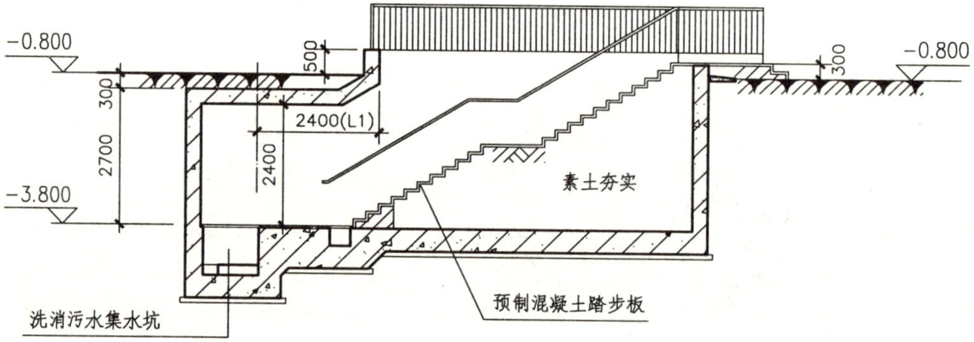

4—4剖面图

1—1、2—2、3—3、4—4剖面图								图集号	07FJ01
审核	陈宗耀	陈宗耀	校对	孙晓秋	孙晓秋	设计	沈志红	沈志红	页	34

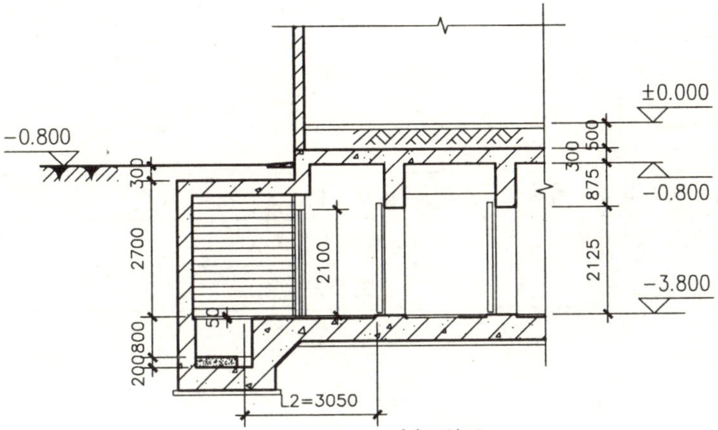

5-5剖面图

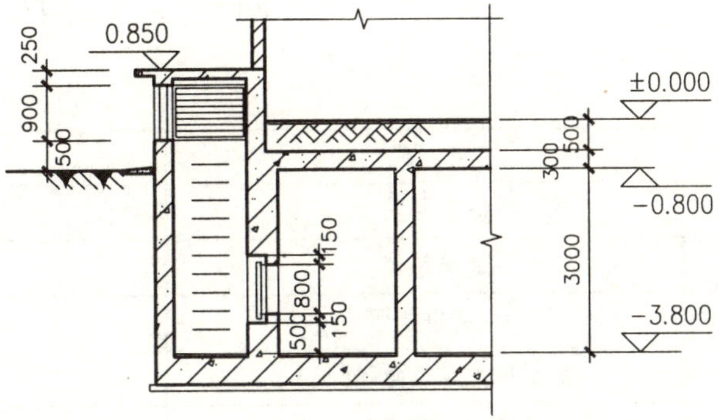

6-6剖面图

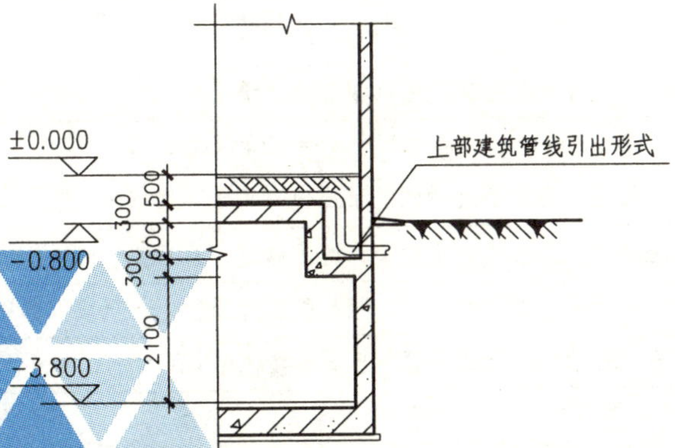

7-7剖面图

(方案一)

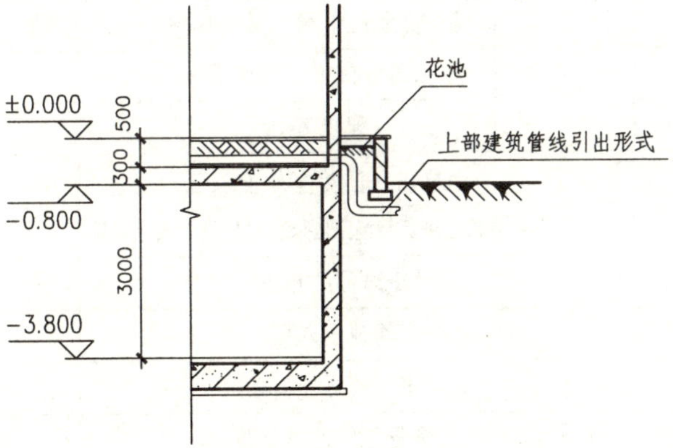

7-7剖面图

(方案二)

5-5、6-6、7-7剖面图							图集号	07FJ01
审核	陈宗耀	陈宗耀	校对	孙晓秋	孙晓秋	设计 沈志红 沈志红	页	35

示例5　核6级常6级甲类二等人员掩蔽所

设计要点一览表

序号	项目			设计要求
1	基本要求		防护要求	能承受规定爆炸动荷载作用，有防化、防辐射(防辐射按0.2Gy标准)要求
2	基本要求		通风系统	进风系统中设清洁、隔绝、滤毒三种通风方式
3	基本要求		主要出入口	设简易洗消(宜采用防毒通道与简易洗消合并设置)
4	主体		防护单元建筑面积(m^2)	≤2000
5	主体		抗爆单元建筑面积(m^2)	≤500
6	主体		面积标准(掩蔽面积)	$1m^2$/人
7	主体	辅助房间	进风机室	靠近滤毒室，清洁区内(建筑面积≥$1000m^2$时，应考虑机械排风)
8	主体	辅助房间	贮水池(箱)	可在临战时构筑和安装
9	主体	辅助房间	厕所(宜设干厕，男女比例1:1)	男每40~50人设一个便桶；女每30~40人设一个便桶；1~$1.4m^2$建筑面积/个便桶．宜设在排风口附近
10	主体	辅助房间	防化通信值班室建筑面积(m^2)	8~10(位于清洁区内进风口附近)
11	主体	辅助房间	配电室	可与防化通信值班室合并设置
12	口部		主要出入口为室外出入口(出地面段在建筑倒塌范围以内时应设防倒塌棚架)	防护密闭门外有防护顶盖段通道长度不得小于5.0m；设洗消污水集水坑、扩散室、带简易洗消的防毒通道；防毒通道换气次数≥40次/h
13	口部		附进风口的出入口	设洗消污水集水坑、扩散室、密闭通道、滤毒室
14	口部		其他出入口	设密闭通道(其中与抗力、防毒要求相同的人防工程相同的连通口，可只设一道防护密闭门)
15	口部		出入口最小宽度	门洞净宽0.8m，通道净宽1.5m，楼梯净宽1.0m
16	口部		掩蔽入口的总宽度	各出入口净宽之和应满足0.3m/100人要求
17	口部		掩蔽入口做法	出入口梯段，踏步高度≤0.18m，踏步宽≥0.25m
18	口部		出入口的合用	当与人员掩蔽所或物资库相邻时，2个防护单元可合用一个室外出入口
19	口部		进风口、排风口	宜在室外单独设置，室外进、排风口下缘距室外地面高度：倒塌范围外不宜小于0.5m，倒塌范围内不宜小于1.0m

设计要点一览表							图集号	07FJ01
审核	沈志红	沈志红	校对	孙晓秋	孙晓秋	设计 杨嘉伟 杨嘉伟	页	36

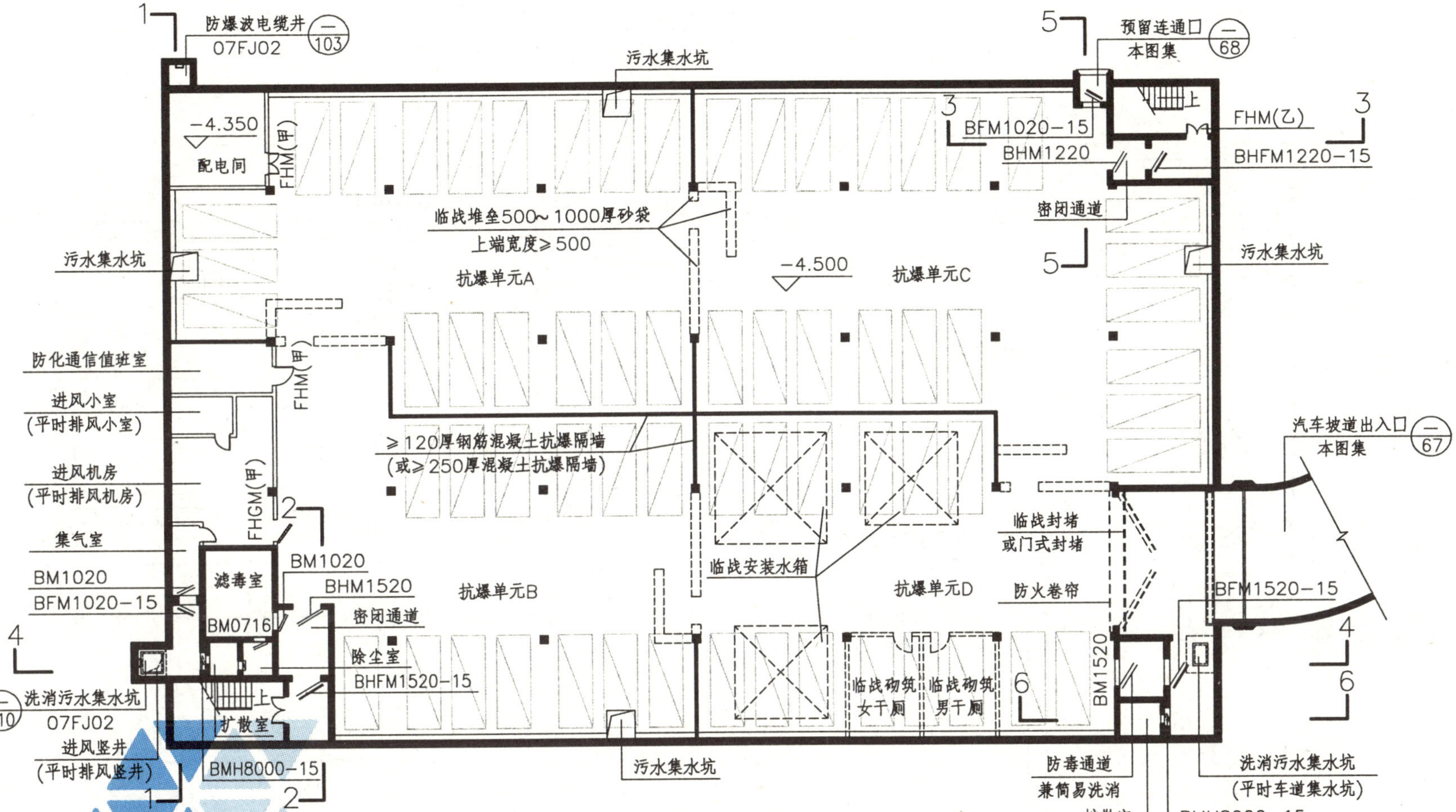

地下室平面示意图

说明：

1. 本防空地下室为附建式人防工程。平时为地下车库，战时为核6级常6级甲类二等人员掩蔽所。
2. 本防空地下室建筑面积为1986m²，掩蔽面积为1400m²，掩蔽人数为1400人。
3. 战时主要出入口为车库坡道，位于室外倒塌范围以外。
4. 本防空地下室划分为四个抗爆单元。
5. 虚线为临战砌筑的轻质隔墙及临战堆砌的抗爆隔墙。
6. 地下汽车库防火分区最大允许建筑面积为2000m²，当设有自动灭火系统时，其防火分区最大允许建筑面积可为4000m²。

平面示意图						图集号	07FJ01
审核	沈志红	校对	孙晓秋	设计	杨嘉伟	页	37

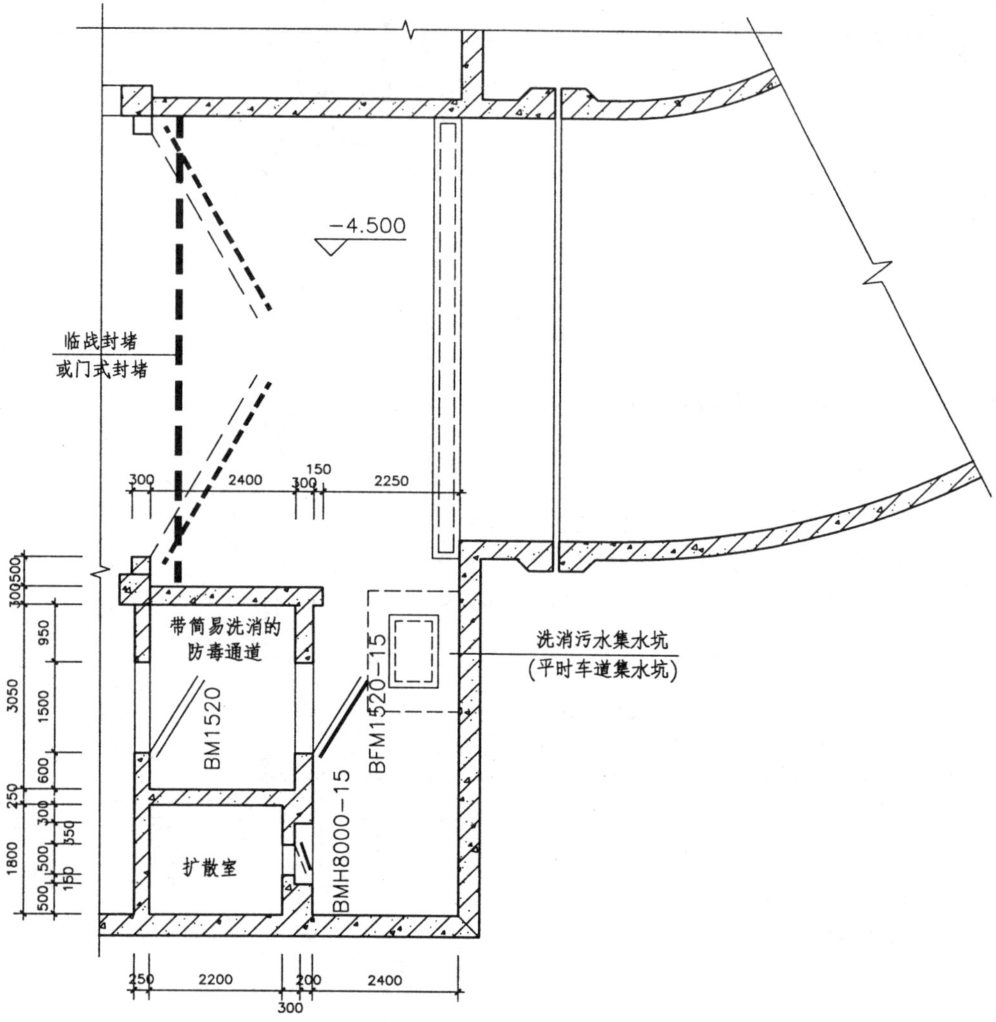

主要出入口放大平面图

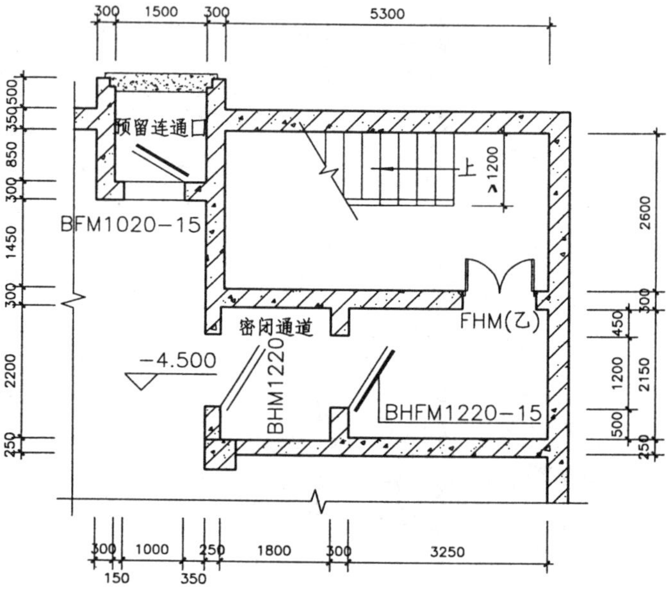

次要出入口放大平面图

说明：

1. 左图为主要出入口及排风口部布置形式。
2. 右图为次要出入口及预留连通口布置形式。

主要出入口、次要出入口放大平面图								图集号	07FJ01
审核	沈志红		校对	孙晓秋		设计	杨嘉伟	页	38

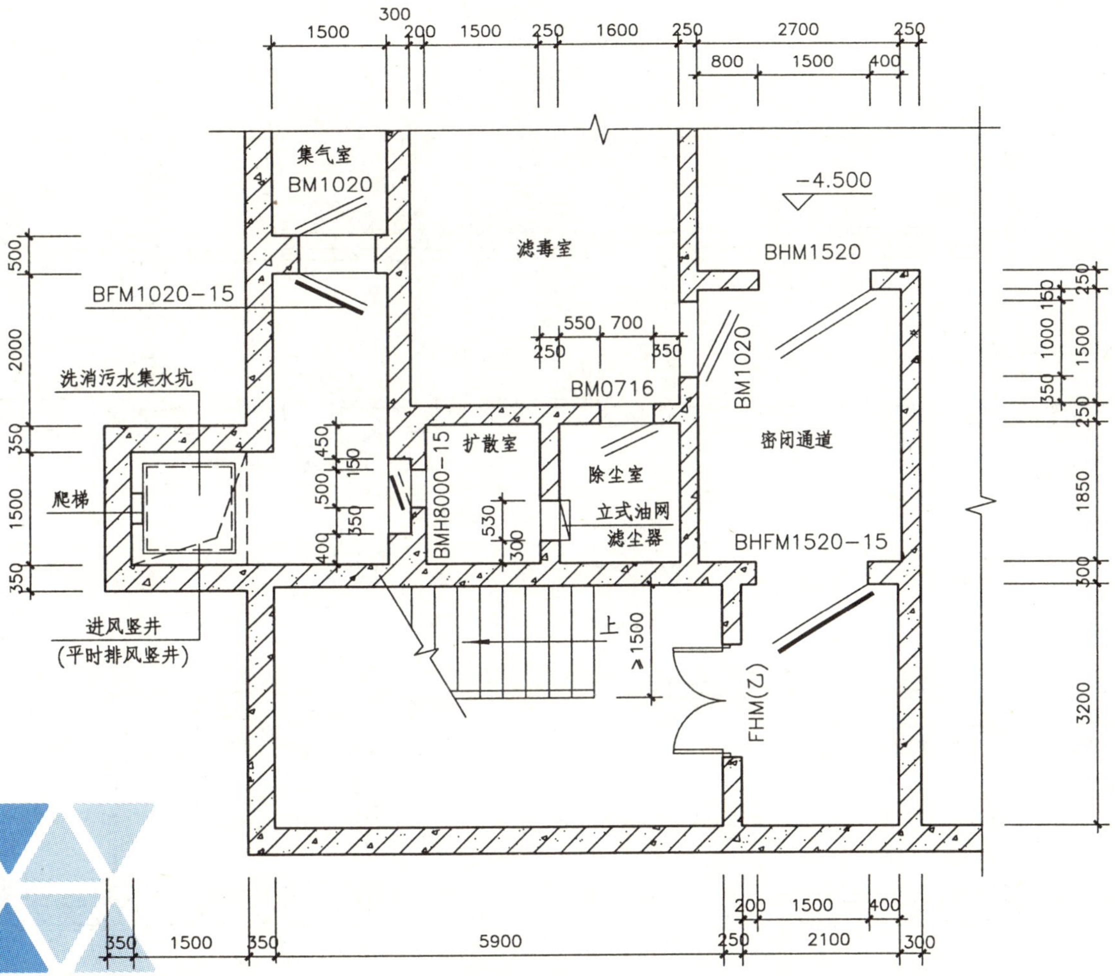

进风口部放大平面图

说明：

1. 本图为防空地下室进风口及人员出入口布置形式。
2. 战时利用竖井进风，平时利用竖井排风。
3. 战时进风量偏大设除尘室，除尘室与滤毒室之间设密闭隔墙。

进风口部放大平面图							图集号	07FJ01
审核	沈志红	沈志红	校对	孙晓秋	孙晓秋	设计	杨嘉伟	杨嘉伟	页	39

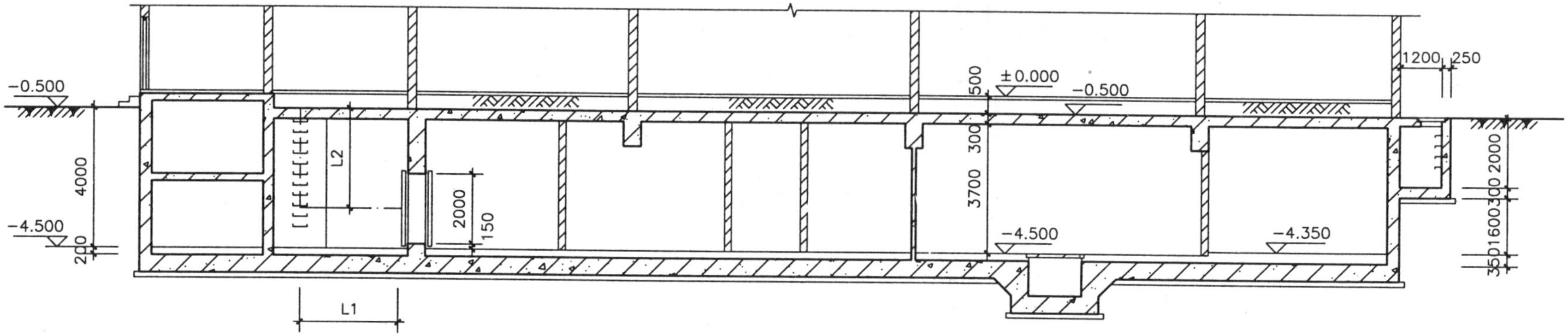

1—1剖面图

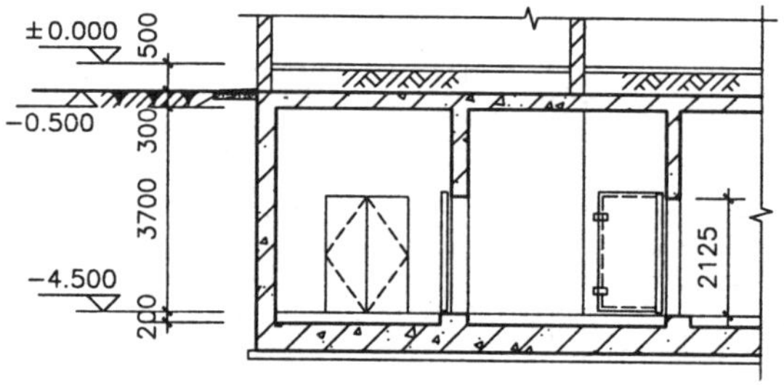

2—2剖面图

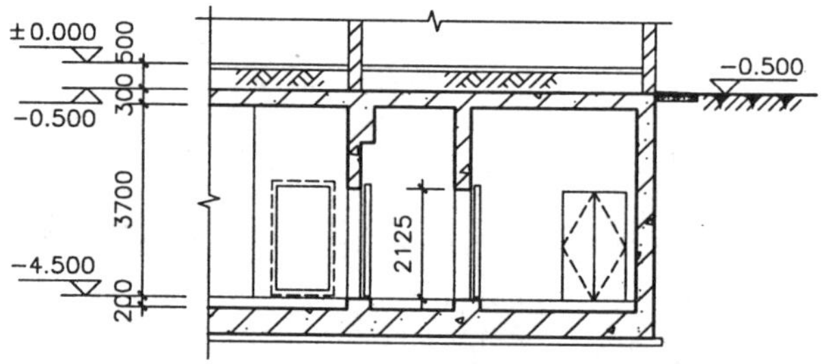

3—3剖面图

说明：　竖井通道长度(L1+L2)≥5.0m

1—1、2—2、3—3剖面图							图集号	07FJ01
审核	沈志红	沈志红	校对	孙晓秋	孙晓秋	设计	杨嘉伟	杨嘉伟	页	40

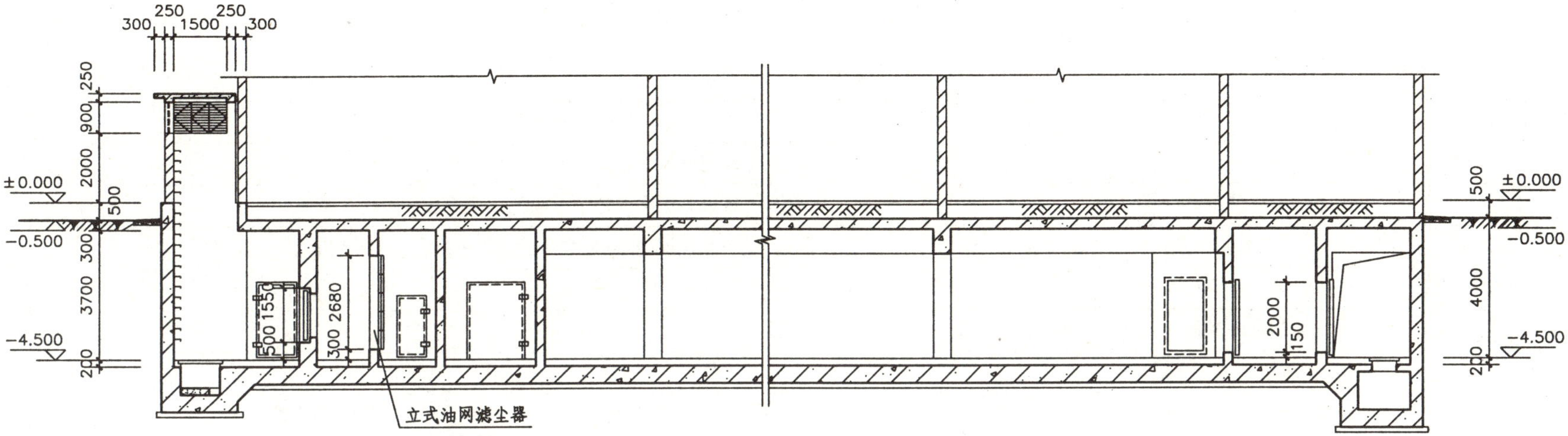

4-4剖面图

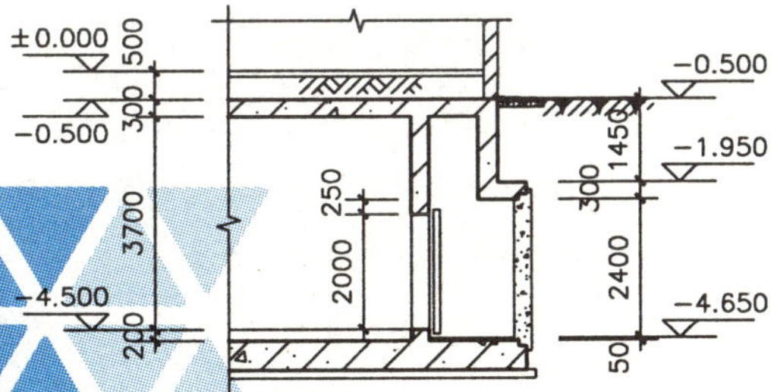

5-5剖面图

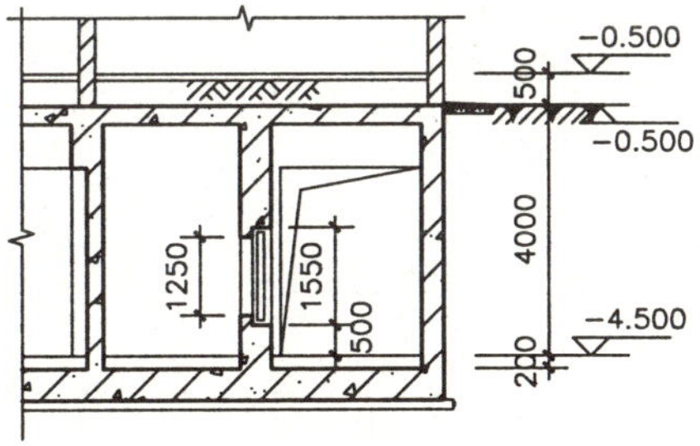

6-6剖面图

4-4、5-5、6-6剖面图						图集号	07FJ01
审核 沈志红	沈志红	校对 孙晓秋	孙晓秋	设计 杨嘉伟	杨嘉伟	页	41

示例6　常6级乙类二等人员掩蔽所

设计要点一览表

序号	项目			设计要求
1	基本要求	防护要求		能承受规定爆炸动荷载作用、有防化要求，防辐射可不考虑
2		通风系统		进风系统中设清洁、隔绝、滤毒三种通风方式
3		主要出入口		设简易洗消(宜采用防毒通道与简易洗消合并设置)
4	主体	防护单元建筑面积(m^2)		≤2000
5		抗爆单元建筑面积(m^2)		≤500
6		面积标准(掩蔽面积)		$1m^2$/人
7		顶板底面高出室外地面高度		不大于该地下室净高的1/2(不限制上部建筑的结构形式)
8		辅助房间	进风机室	靠近滤毒室，清洁区内
9			贮水池(箱)	可在临战时构筑和安装
10			厕所(宜设干厕，男女比例1:1)	男每40~50人设一个便桶；女每30~40人设一个便桶；1~$1.4m^2$建筑面积/个便桶。宜设在排风口附近
11			防化通信值班室建筑面积(m^2)	8~10(位于清洁区内进风口附近)
12			配电室	可与防化通信值班室合并设置
13	口部	主要出入口为室外出入口 (不设防倒塌棚架，不考虑地面建筑倒塌堵塞)		设室外口时，防护密闭门外有防护顶盖段通道长度不得小于5.0m(不设室外口时，无此要求)； 设洗消污水集水坑、扩散室、带简易洗消的防毒通道；最小防毒通道换气次数≥40次/h
14		附进风口的出入口		设洗消污水集水坑、扩散室、密闭通道、滤毒室
15		其他出入口		设密闭通道(其中与抗力、防毒要求相同的人防工程相同的连通口，可只设一道防护密闭门)
16		出入口最小宽度		门洞净宽0.8m，通道净宽1.5m，楼梯净宽1.0m
17		掩蔽入口的总宽度		各出入口净宽之和应满足0.3m/100人要求
18		掩蔽入口做法		出入口梯段，踏步高度≤0.18m，踏步宽≥0.25m
19		出入口的合用		当与人员掩蔽所或物资库相邻时，2个防护单元可合用一个室外出入口

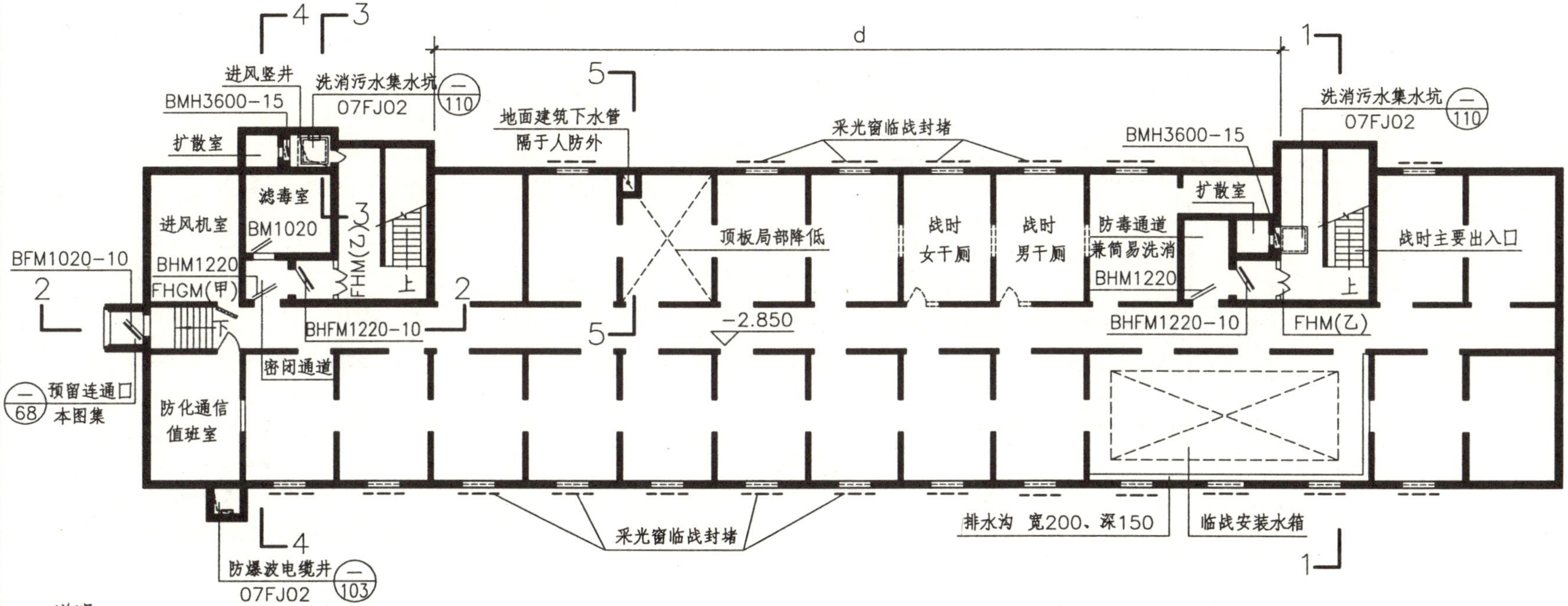

说明：

1. 地面建筑为钢筋混凝土结构，可不设室外出入口，但应符合下各项规定：

(1) 主要出入口的首层楼梯间直通室外地面，且其通往地下室的梯段上端至室外的距离不大于5.00m；

(2) 主要出入口与其中一个次要出入口的防护密闭门之间的水平直线距离(d)不小于15.00m，且两个出入口楼梯结构均按主要出入口的要求设计。

2. 地面建筑可为各类结构，乙级防空地下室的顶板底面高出室外地平面的高度不得大于该地下室净高的1/2。防空地下室设通风采光窗(采光窗临战封堵，做法详见07FJ02)。

3. 本防空地下室平时为自行车库，战时为常6级二等人员掩蔽所，其建筑面积为920m²，掩蔽面积为640m²，掩蔽人数为640人。

4. 地面建筑的厕所、厨房等有下水管道的房间,下面的防空地下室顶板宜局部降低,以避免地面建筑下水管穿过防空地下室顶板。

5. 进风机室墙面、顶棚做吸音处理，安装甲级防火隔声门。

地下室平面示意图

平面示意图							图集号	07FJ01
审核	沈志红	沈志红	校对	孙晓秋	孙晓秋	设计 杨嘉伟	杨嘉伟	页 43

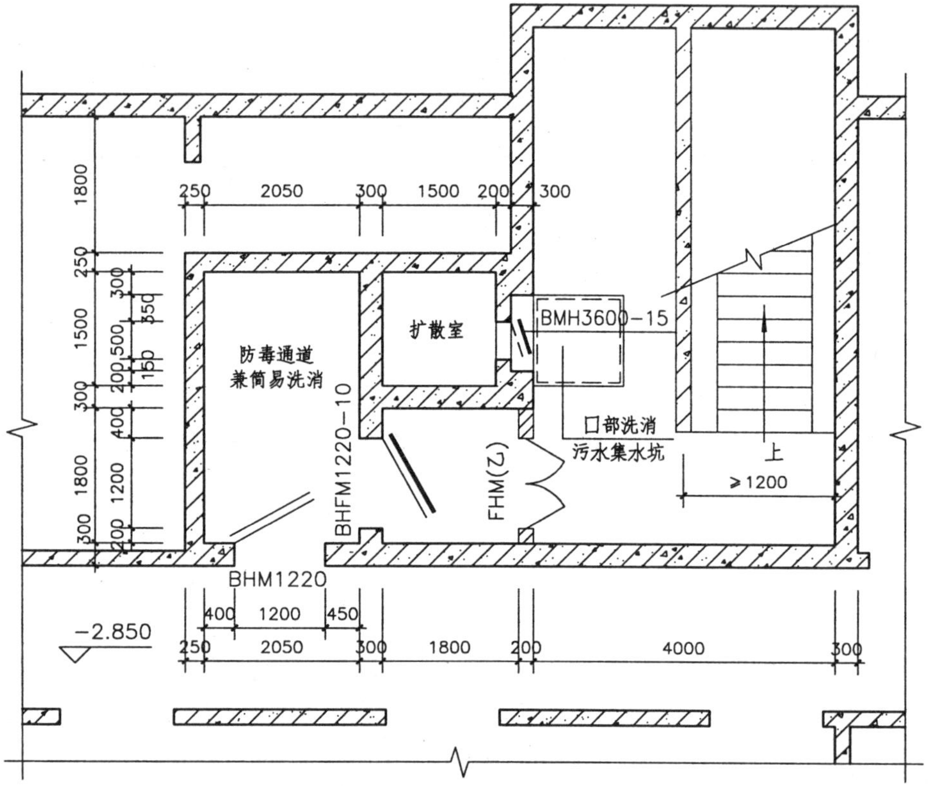

主要出入口放大平面图

说明：

1. 本图为防空地下室主要出入口及排风口布置形式。

2. 本防空地下室的主要出入口为室内出入口，其楼梯应按人防荷载设计。

3. 简易洗消与防毒通道合并设置，在1.30m宽人行道以外的简易洗消区不宜小于2.0m²，且通道容积需满足换气次数≥40次/h。

主要出入口放大平面图						图集号	07FJ01
审核 沈志红	沈志红	校对 孙晓秋	孙晓秋	设计 杨嘉伟	杨嘉伟	页	44

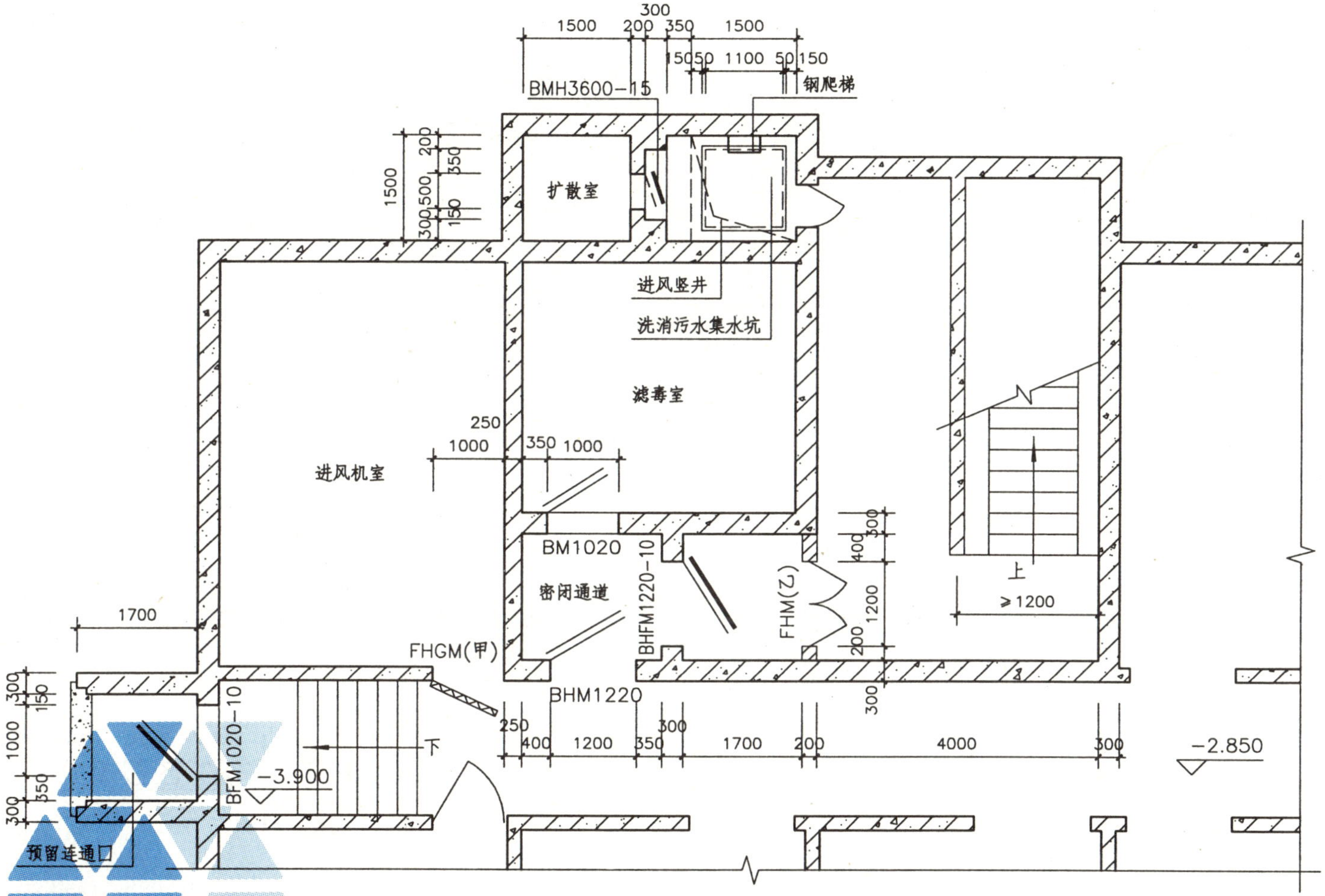

进风口部放大平面图

说明：

1. 本图为防空地下室进风口及次要出入口布置形式。
2. 此出入口楼梯应按人防荷载设计。

进风口部放大平面图						图集号	07FJ01
审核	沈志红	校对	孙晓秋	设计	杨嘉伟	页	45

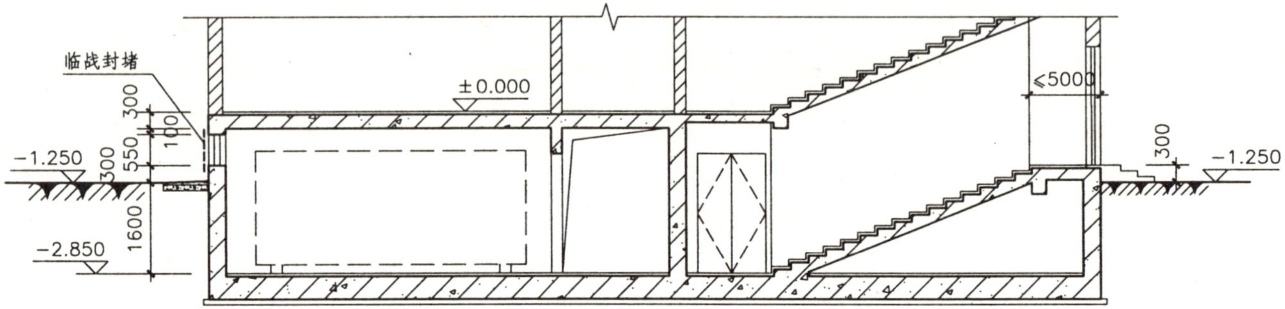

1—1剖面图

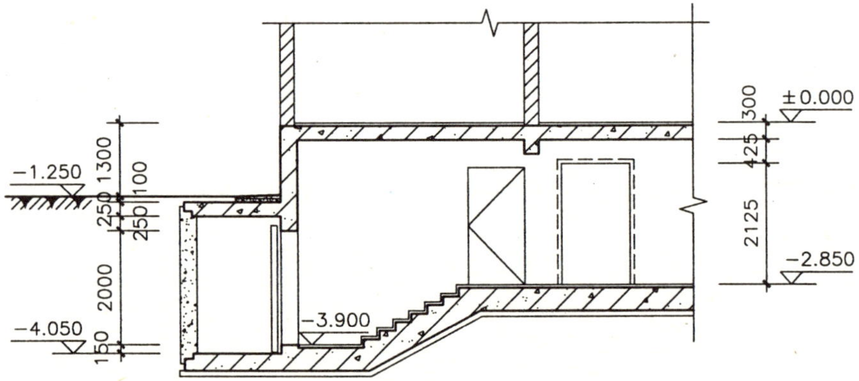

2—2剖面图

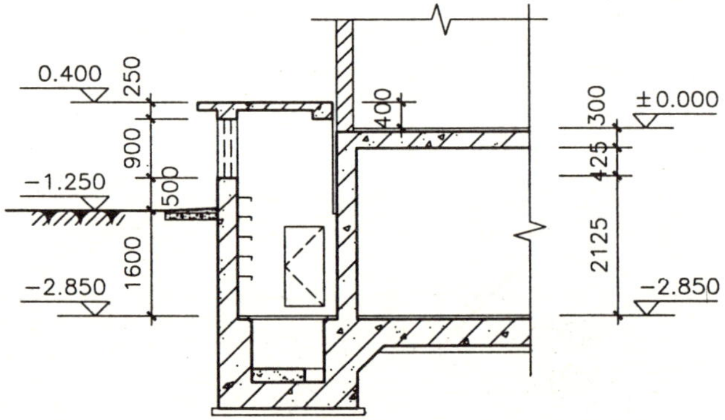

3—3剖面图

1—1、2—2、3—3剖面图						图集号	07FJ01
审核	沈志红	校对	孙晓秋	设计	杨嘉伟	页	46

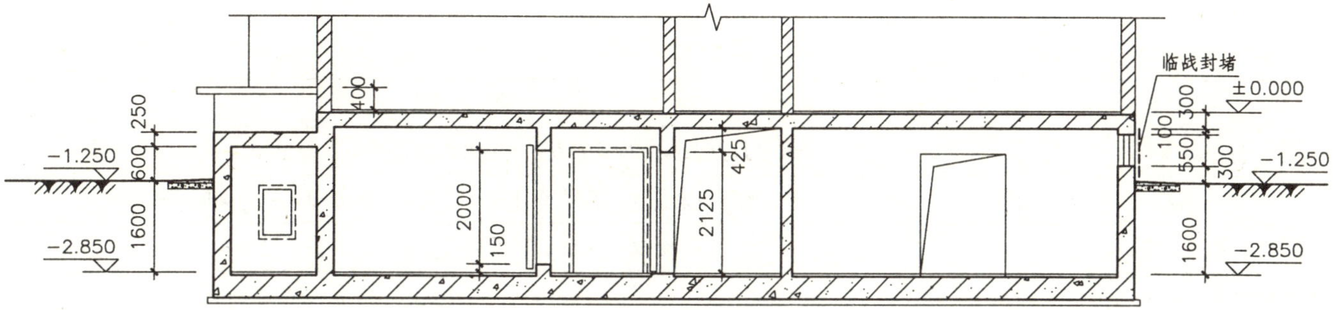

4−4剖面图

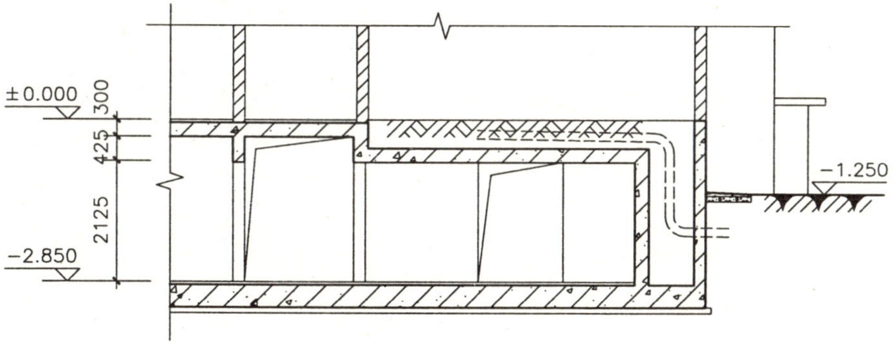

5−5剖面图

4-4、5-5面图							图集号	07FJ01
审核	沈志红	沈志红	校对	孙晓秋	孙晓秋	设计	杨嘉伟 杨嘉伟	页	47

示例7　核6级常6级甲类人防物资库

设计要点一览表

序号	项目			设计要求
1	基本要求	防护要求		能承受规定爆炸动荷载作用，有防化、防辐射（防辐射按0.2Gy标准）要求
2		通风系统		进风系统中设清洁、隔绝两种通风方式，无滤毒通风；空袭时可暂停通风
3		主要出入口		不设人员洗消
4	主体	防护单元建筑面积(m^2)		≤4000
5		抗爆单元建筑面积(m^2)		≤2000
6		辅助房间	可不设厕所	设便桶1～2个，宜设在排风口附近
7			进风机室	宜与平时排风机室合并设置；不设战时排风机室，采用开门排风
8			消防控制室、配电室	邻近直接通向地面的安全出口，入口门采用常闭的甲级防火门
9			消防水泵房、消防水池	按消防要求设置
10			不设贮水间(设小型贮水箱)	按保管人员2～4人计算
11	口部	主要出入口为室外出入口(出地面段在建筑倒塌范围以内时应设防倒塌棚架)		防护密闭门外有防护顶盖段通道长度不得小于5.0m；设洗消污水集水坑、密闭通道；按物资库进出口设计，建筑面积≤2000m^2时，门洞宽度≥1.5m；建筑面积≥2000m^2时，门洞宽≥2.0m
12		附进风口的出入口		设洗消污水集水坑、密闭通道(风机室)
13		其他出入口		设密闭通道，密闭通道外可利用电梯、升降机、手动或电动葫芦等辅助垂直运输设备
14		人员出入口最小宽度		门洞净宽1.0m，通道净宽1.5m，楼梯净宽1.2m
15		出入口的合用		当与人员掩蔽所相邻或与另一物资库相邻且其建筑面积之和不大于6000m^2时可合用一个室外出入口

设计要点一览表								图集号	07FJ01
审核	沈志红	沈志红	校对	孙晓秋	孙晓秋	设计	杨嘉伟	页	48

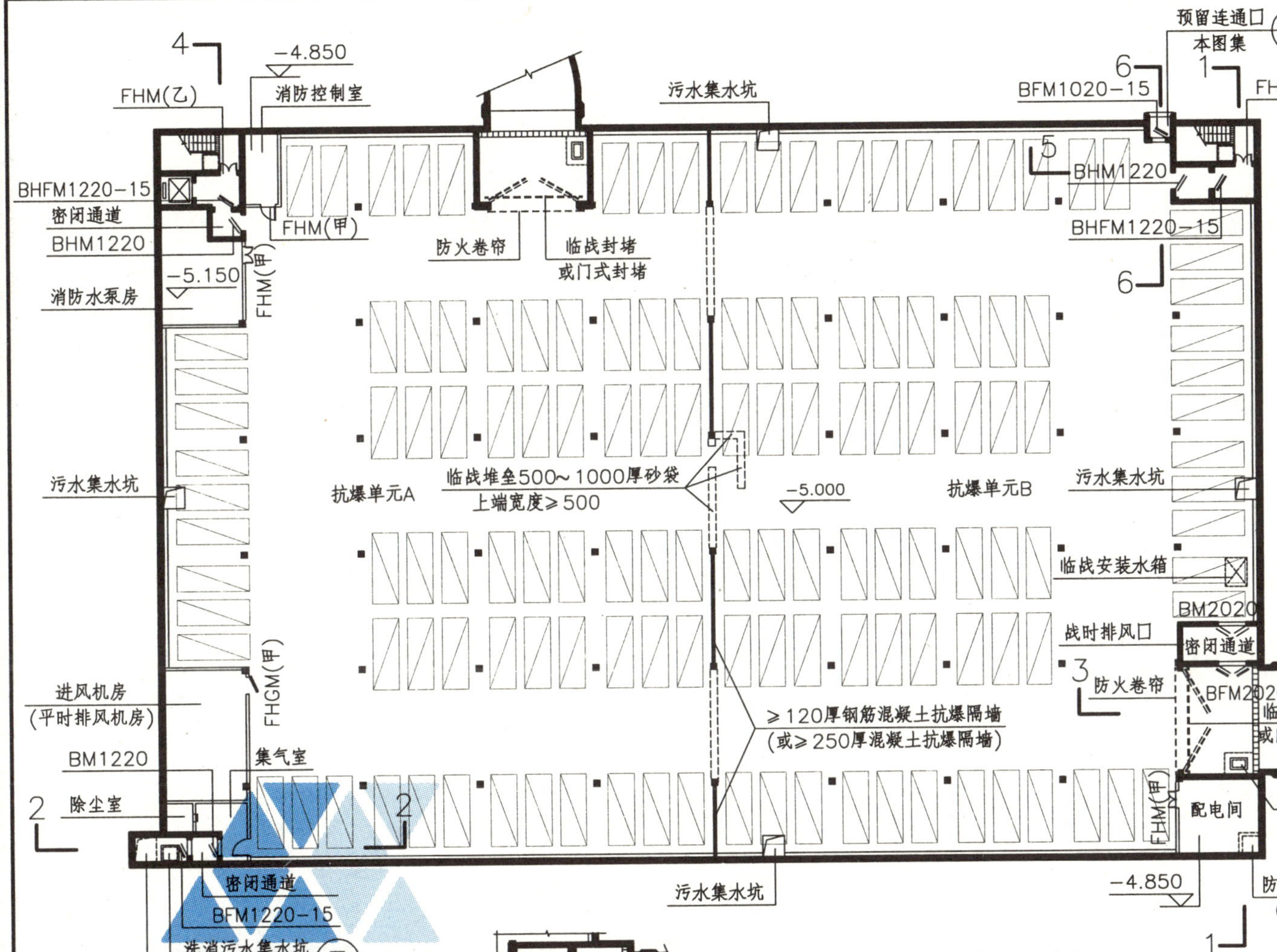

地下室平面示意图

说明：

1. 本防空地下室为单建掘开式人防工程。顶板上覆土1.0m(单体设计定)。平时为地下车库，战时为核6级常6级甲类人防物资库。
2. 本防空地下室建筑面积≤4000m²，掩蔽面积≤3600m²。
3. 战时主要出入口为车库坡道。人防物资库主要出入口可采用车道防护密闭门和密闭门构成的密闭通道出入口形式，一般情况下宜采用车道临战封堵，物资运输利用旁设密闭通道出入的形式。
4. 本防空地下室划分为两个抗爆单元。
5. 虚线为临战砌筑的轻质隔墙及临战堆砌的抗爆隔墙。

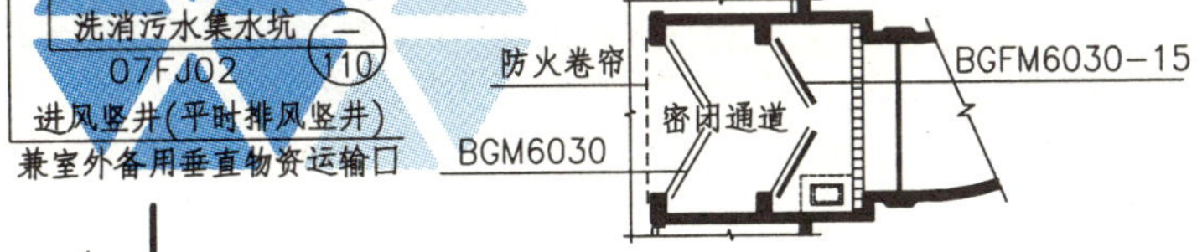

主要出入口供选形式

平面示意图						图集号	07FJ01
审核	沈志红	校对	孙晓秋	设计	杨嘉伟	页	49

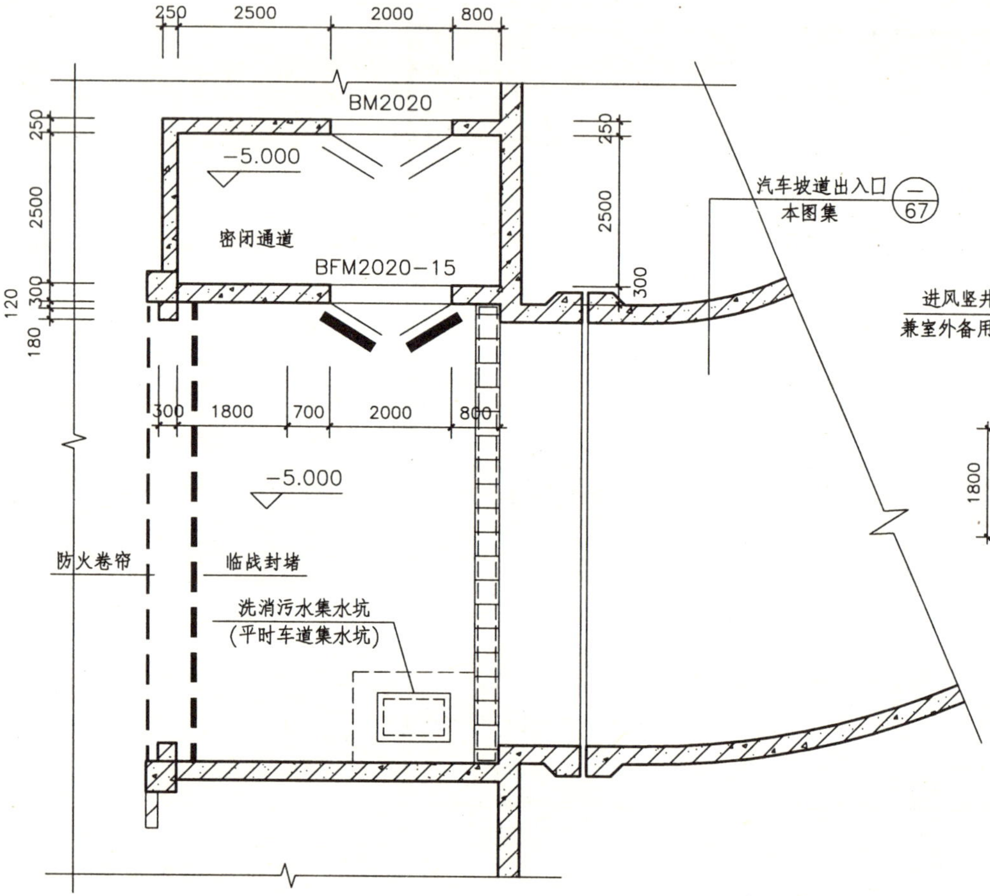

主要出入口放大平面图

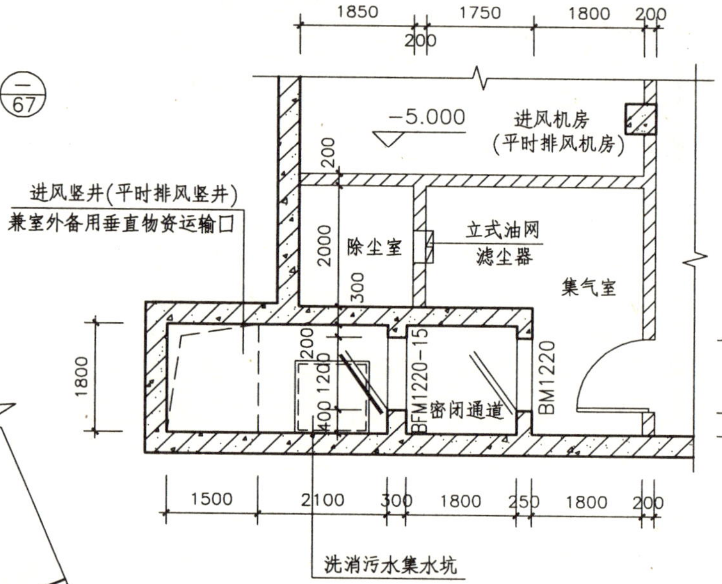

进风口放大平面图

说明：

1. 左图为主要出入口方案一示意图，方案二见本图集第49页。
2. 右图为进风口兼室外备用垂直物资运输口布置形式。

主要出入口、进风口部放大平面图							图集号	07FJ01
审核	沈志红	沈志红	校对	孙晓秋	孙晓秋	设计 杨嘉伟 杨嘉伟	页	50

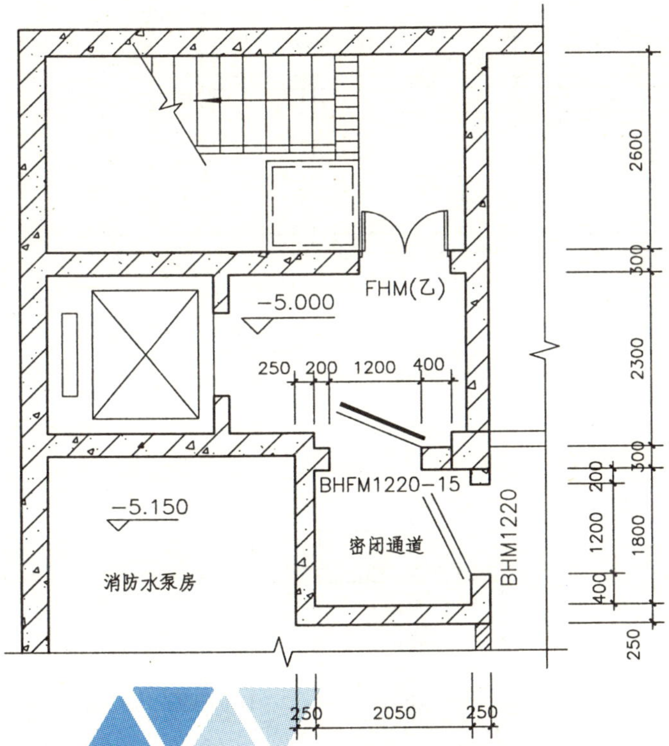

次要出入口放大平面图(一)

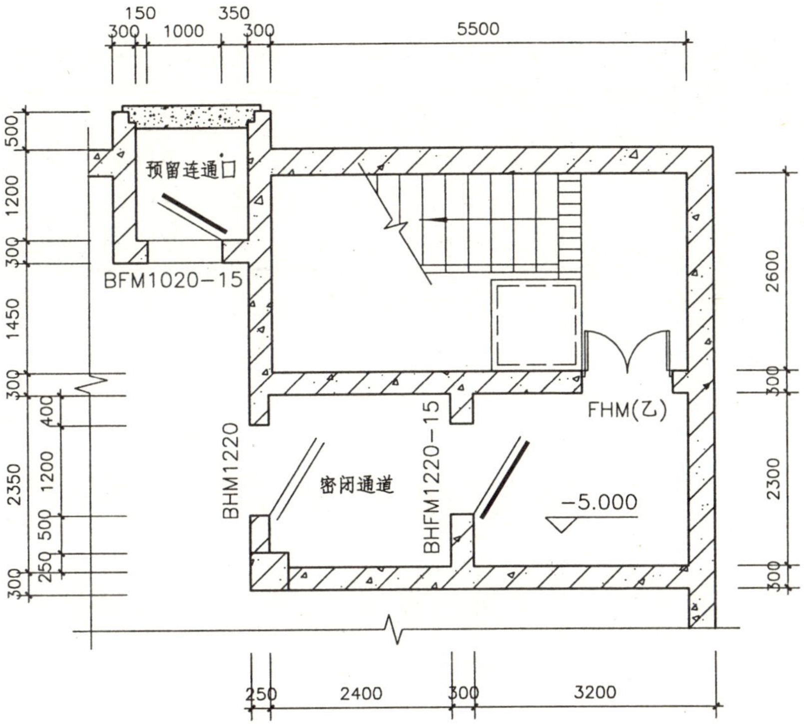

次要出入口放大平面图(二)

说明：

1. 左图为次要出入口一及平时电梯口布置形式。
2. 右图为次要出入口二及预留连通口布置形式。

次要出入口放大平面图						图集号	07FJ01
审核 沈志红	沈志红	校对 孙晓秋	孙晓秋	设计 杨嘉伟	杨嘉伟	页	51

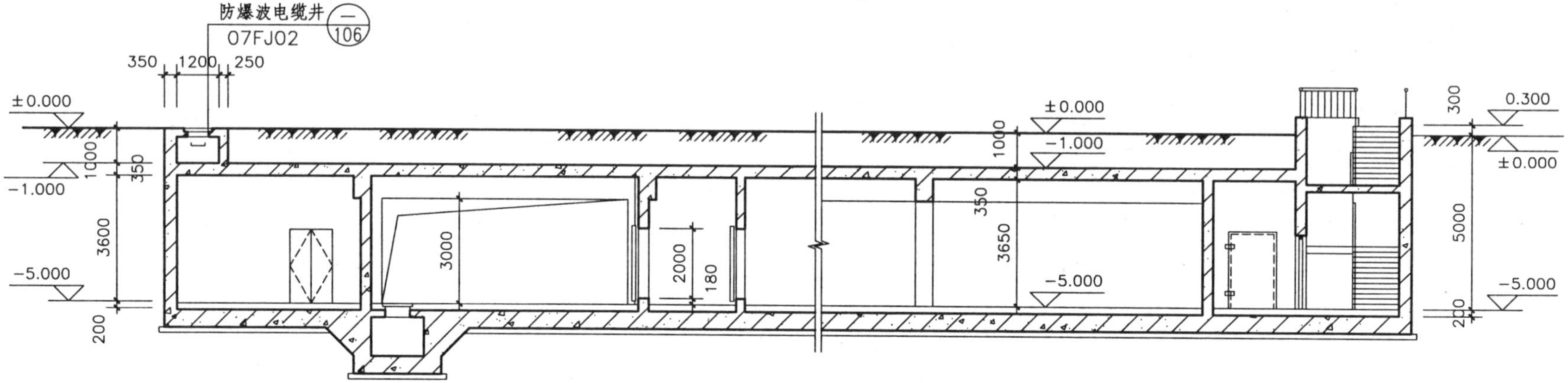

1—1剖面图

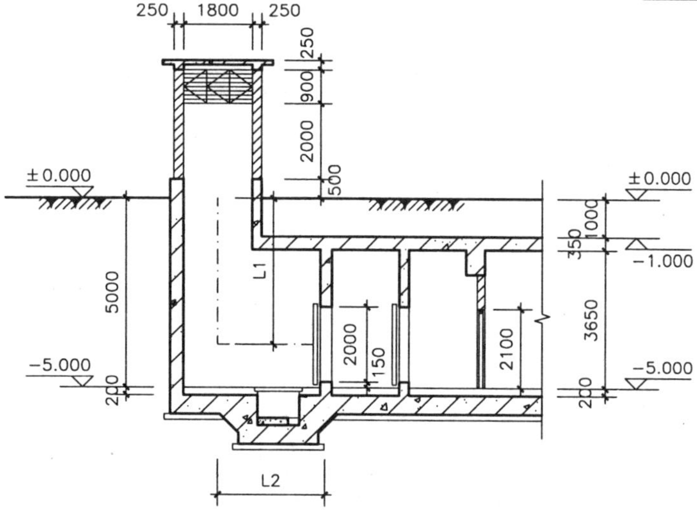

2—2剖面图

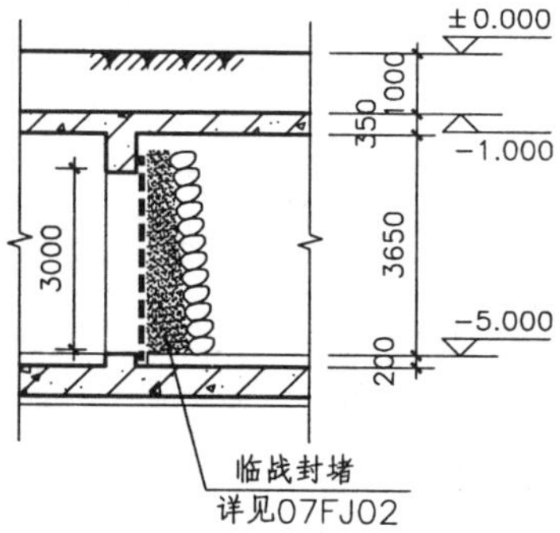

3—3剖面图

说明： 竖井通道长度(L1+L2)≥5.0m

1—1、2—2、3—3剖面图						图集号	07FJ01
审核	沈志红	校对	孙晓秋	设计	杨嘉伟	页	52

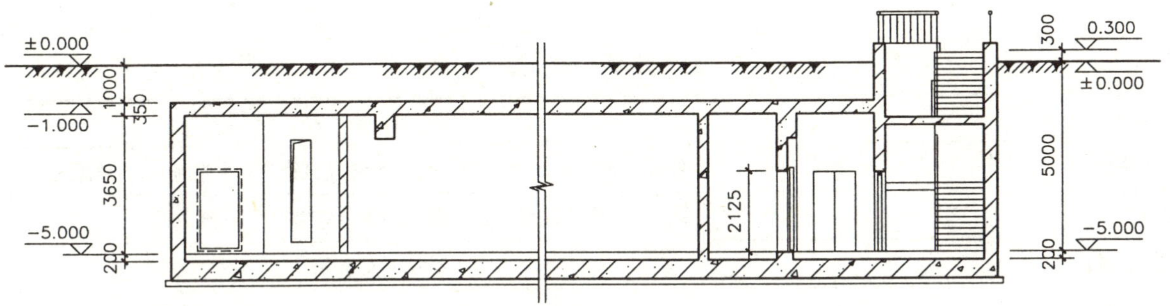

4—4剖面图

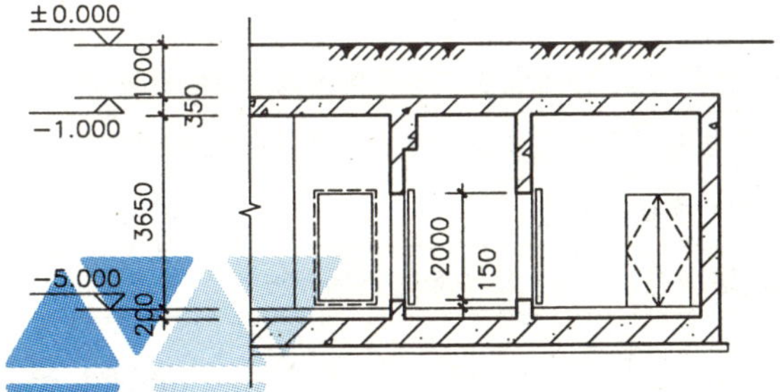

5—5剖面图

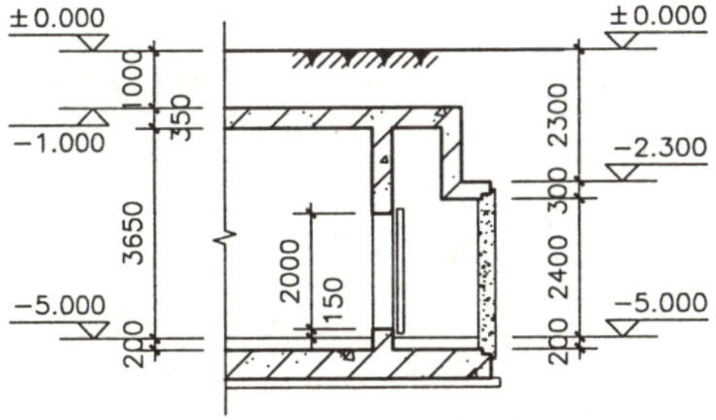

6—6剖面图

4-4、5-5、6-6剖面图						图集号	07FJ01
审核	沈志红	校对	孙晓秋	设计	杨嘉伟	页	53

示例8　核6级常6级甲类人防汽车库

设计要点一览表

序号	项目			设计要求
1	基本要求		防护要求	能承受规定爆炸动荷载作用，允许轻微染毒，防辐射可不考虑
2	基本要求		通风系统	通常采用平时的通风系统；空袭时可暂停通风
3	基本要求		主要出入口	不设人员洗消
4	主体		面积标准(掩蔽面积)	小型车30～40m^2/台，可按停放小型车设计
5	主体		防护单元建筑面积(m^2)	⩽4000
6	主体		抗爆单元建筑面积(m^2)	⩽2000
7	主体	辅助房间	排风机室	地下一层宜设置出入口自然进风、机械排风系统。地下二层及以下楼层应设机械进风、机械排风系统
8	主体	辅助房间	不设厕所	不设厕所；若平时有厕所，战时停用
	主体	辅助房间	配电室	—
9	口部		主要出入口为室外出入口	设洗消污水集水坑、防护密闭门(门洞尺寸依车型而定)；出地面段在建筑倒塌范围以内时应设防倒塌棚架
10	口部		其他出入口	设防护密闭门一道，与有防化要求的人防工程连通时，宜在工程之间设防毒通道和简易洗消
11	口部		通风口(排风口)	设防护密闭门一道
12	口部		人员出入口最小宽度	门洞净宽1.0m，通道净宽1.5m，楼梯净宽1.2m
13	口部		室外出入口人防门	1.室外出入口防护密闭门外有防护顶盖段通道中心线的水平投影折线长度不得小于5.0m 2.室外出入口防护密闭门设置在直通式坡道中时，应采取使防护密闭门不被常规武器爆炸破片直接命中的措施(如适当弯曲或折转通道轴线等)

设计要点一览表						图集号	07FJ01
审核	沈志红	校对	孙晓秋	设计	杨嘉伟	页	54

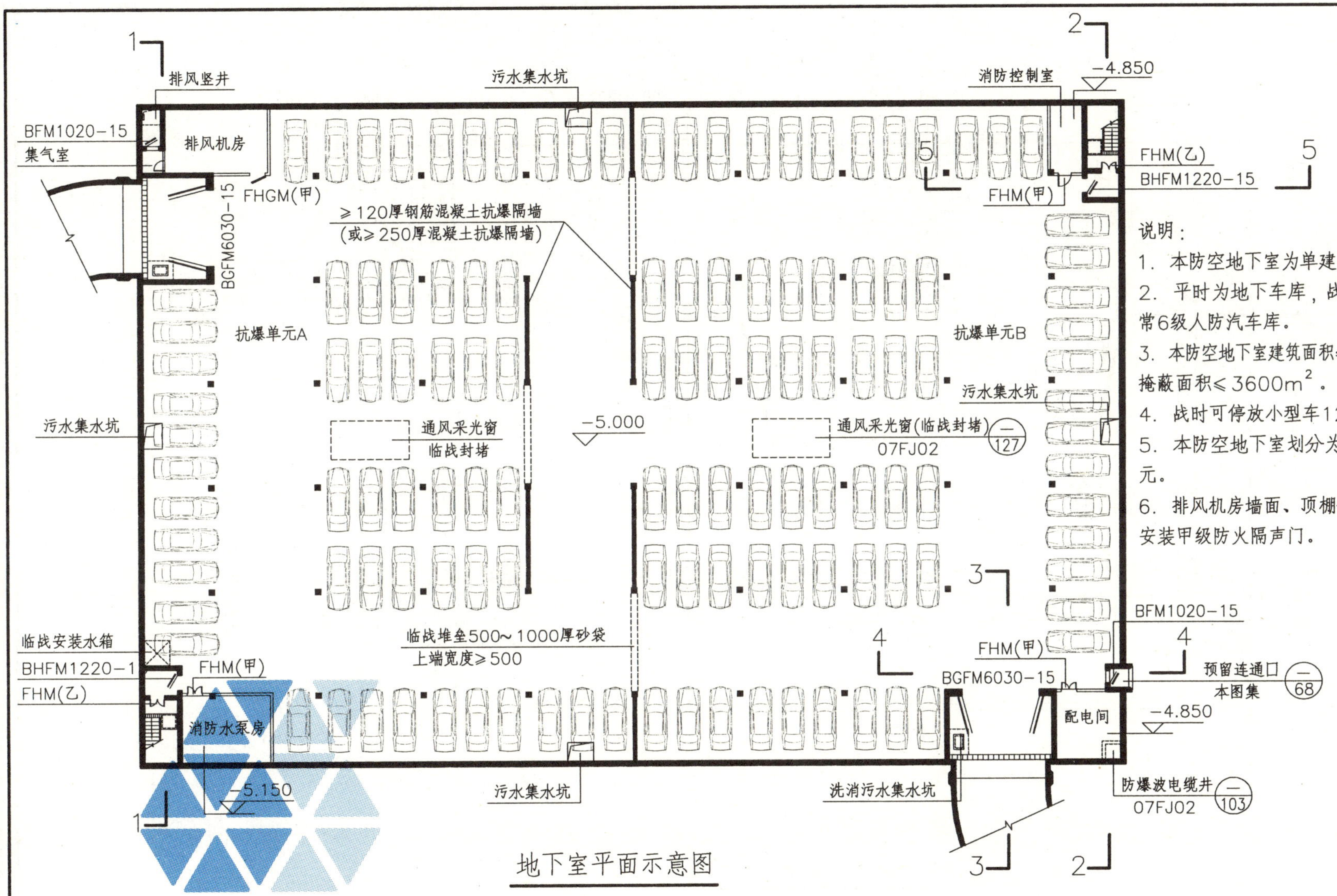

地下室平面示意图

说明：

1. 本防空地下室为单建掘开式车库。
2. 平时为地下车库，战时为核6级常6级人防汽车库。
3. 本防空地下室建筑面积≤4000m²，掩蔽面积≤3600m²。
4. 战时可停放小型车125辆。
5. 本防空地下室划分为两个抗爆单元。
6. 排风机房墙面、顶棚做吸音处理，安装甲级防火隔声门。

平面示意图							图集号	07FJ01
审核	沈志红	沈志红	校对	孙晓秋	孙晓秋	设计 杨嘉伟 杨嘉伟	页	55

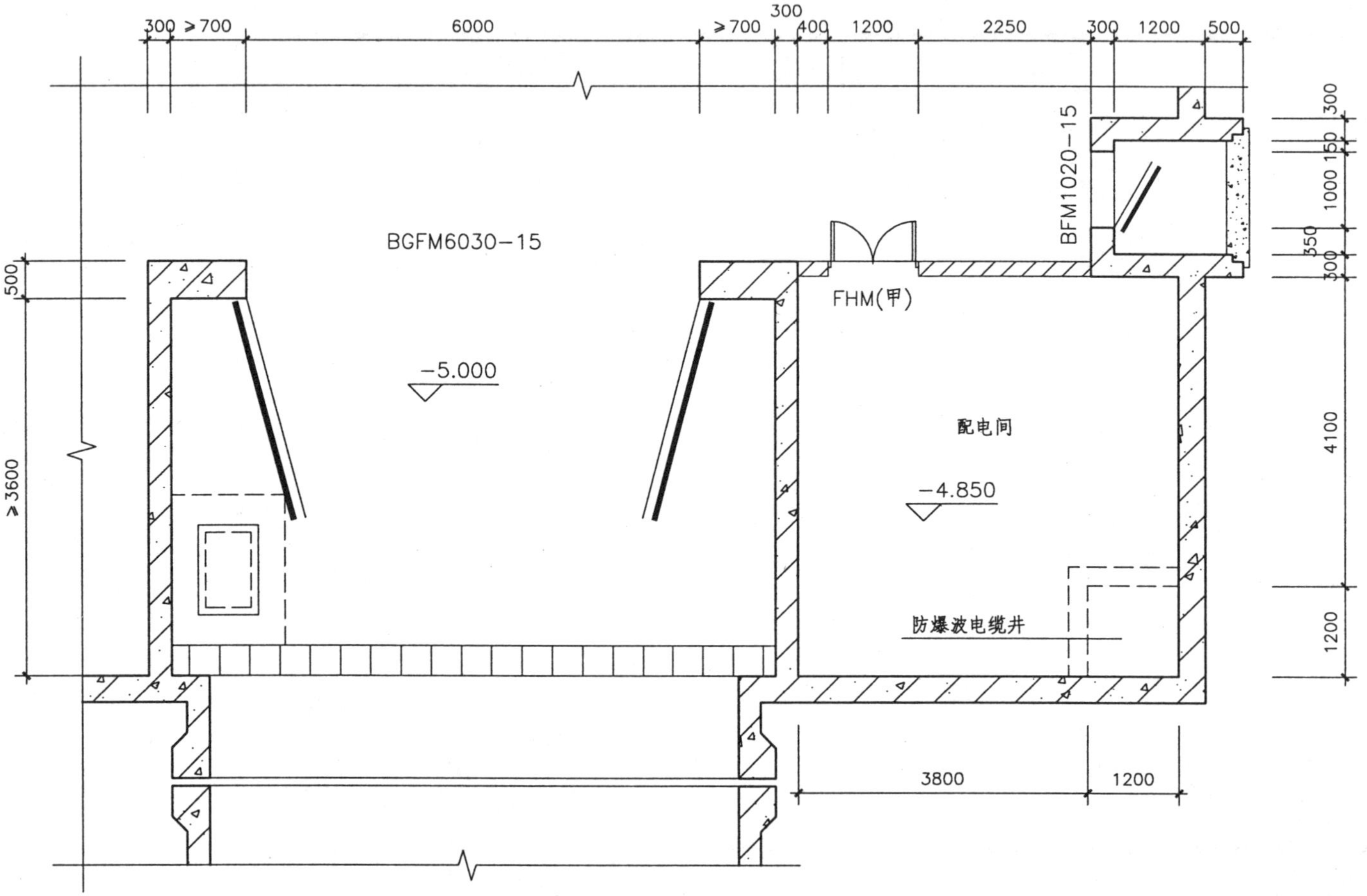

主要出入口放大平面图

说明：本图为防空地下室主要出入口及预留连通口布置形式。

主要出入口放大平面图							图集号	07FJ01
审核	沈志红	校对	孙晓秋	设计	杨嘉伟		页	56

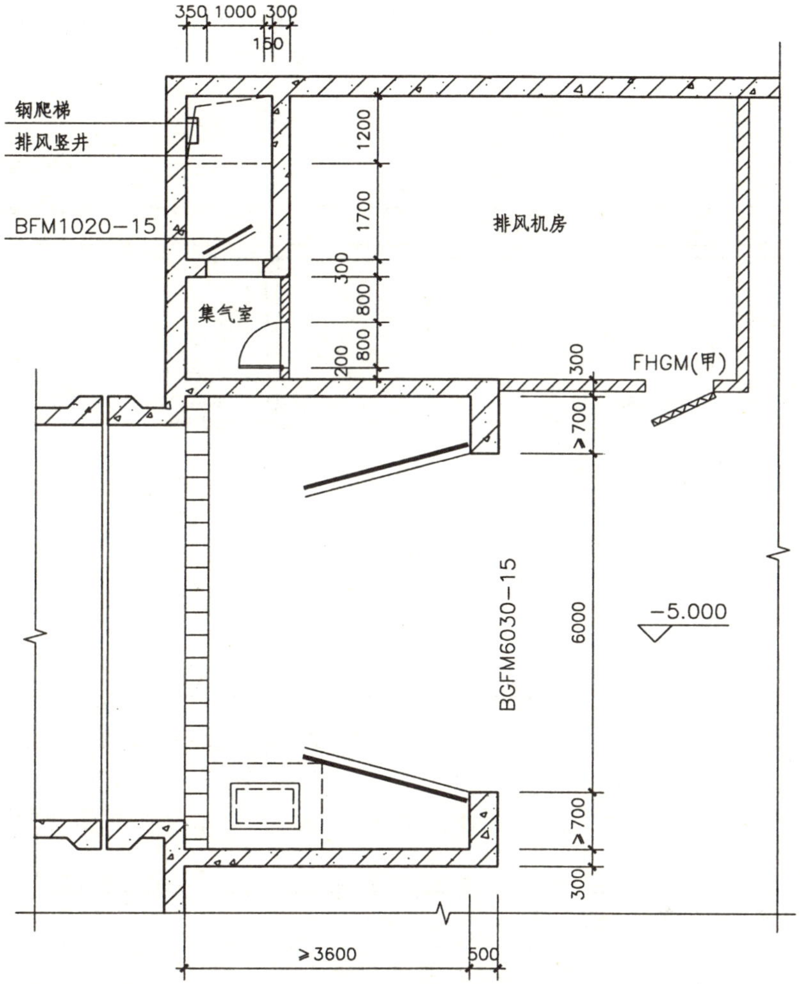

次要出入口放大平面图

说明：本图为防空地下室次要出入口及排风口布置形式。

次要出入口放大平面图						图集号	07FJ01
审核	沈志红	校对	孙晓秋	设计	杨嘉伟	页	57

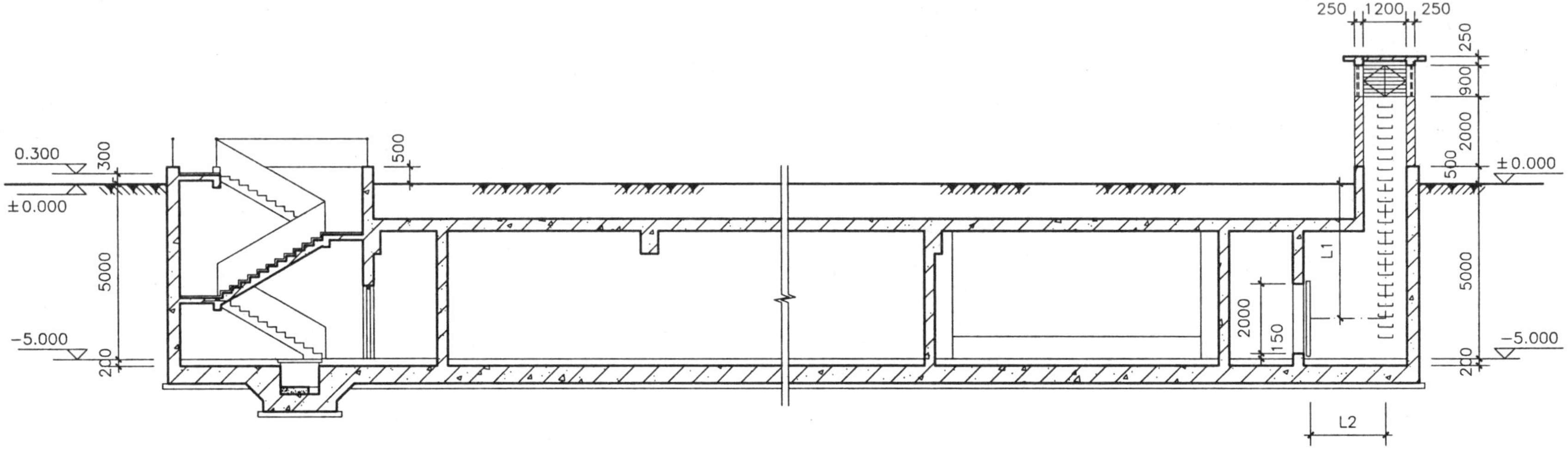

1—1剖面图

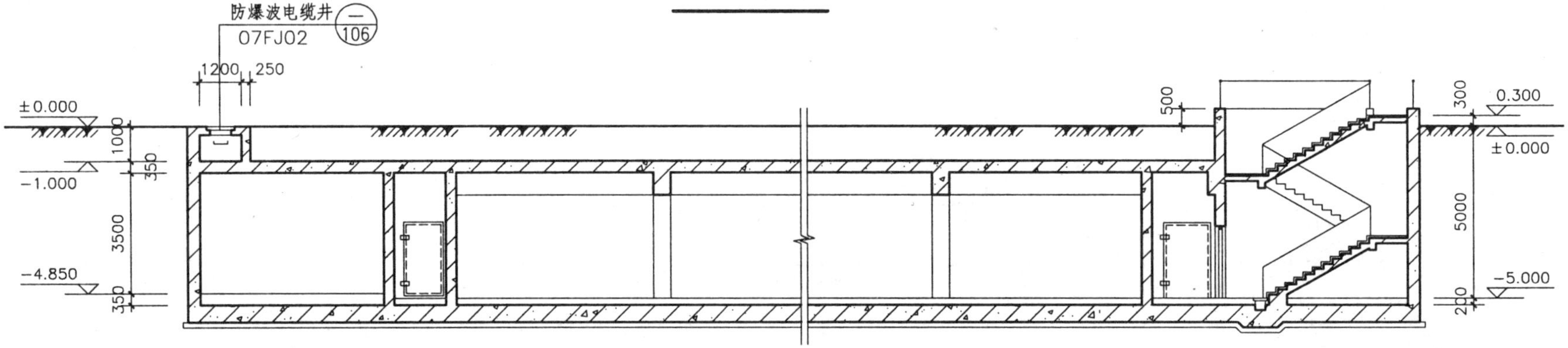

2—2剖面图

说明：竖井通道长度（L1+L2）≥5.0m。

1—1、2—2剖面图							图集号	07FJ01
审核	沈志红	沈志红	校对	孙晓秋	孙晓秋	设计 杨嘉伟 杨嘉伟	页	58

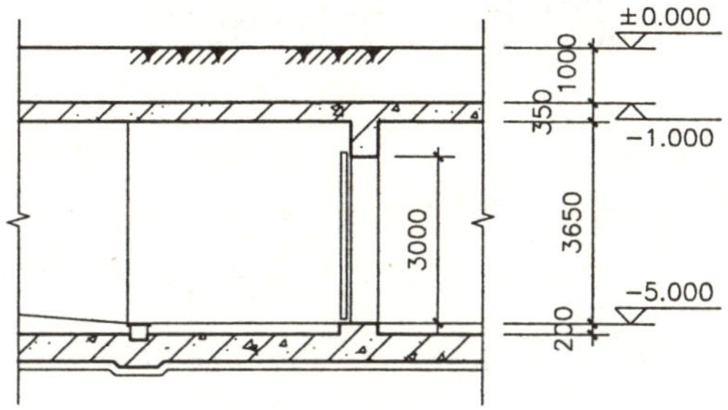

3—3剖面图

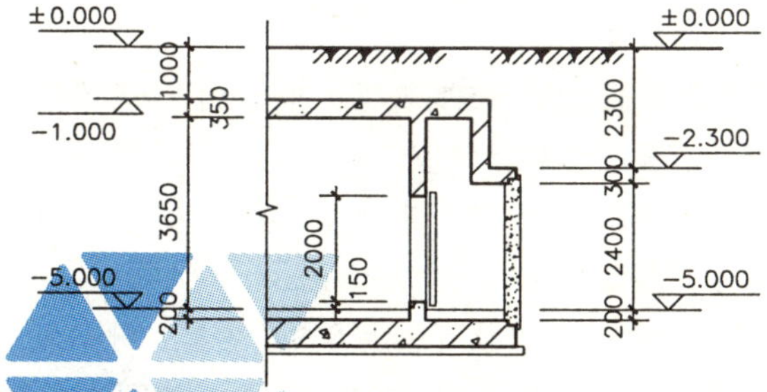

4—4剖面图

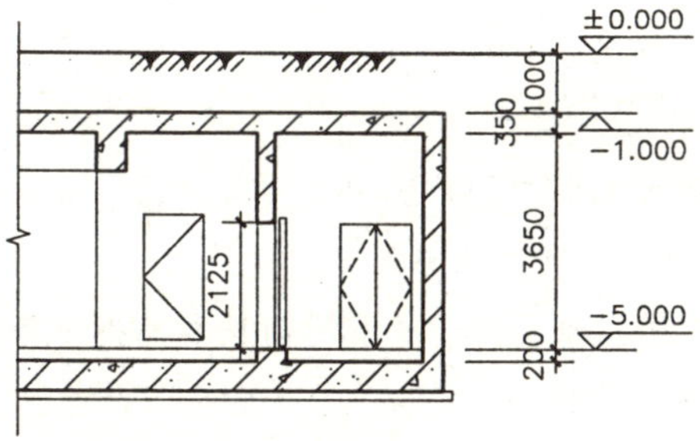

5—5剖面图

3-3、4-4、5-5剖面图							图集号	07FJ01
审核	沈志红	沈志红	校对	孙晓秋	孙晓秋	设计	杨嘉伟	杨嘉伟	页	59

口部设计示例说明

1 编制内容

1.1 口部设计示例编制了出入口设计9例和集气室4例以及防护密闭门、防火门设置等内容。

1.2 各单项工程设计时可根据其具体情况对提供的设计示例和详图参考选用。

1.3 本图集的内容是按人防要求设计和说明的，故凡有平战结合要求的出入口设计还必须符合国家标准规范中相关的规定。

2 注意事项

2.1 出入口设计示例中各类阶梯式、坡道式及竖井出入口的使用场合均不在地面建筑的倒塌范围内，一旦这类出入口进入地面建筑倒塌范围内，甲类人防工程则必须在口部的敞开段上设置防倒塌棚架。

2.2 位于地面建筑倒塌范围外的出入口敞开段，当因平时使用需要设置口部建筑时，宜采用单层轻型建筑。

2.3 防空地下室通往地面的各种孔口应按照所处地势采取相应的防雨水和地表水倒灌措施，并应在总平面竖向设计中协调解决。图集中规定了竖井和室内外出入口的防雨水和地表水倒灌高度，必要时还可临时增设防雨水和地表水倒灌挡板，高度和形式可根据各地经验自定。非全埋式防空地下室通风采光窗窗口下沿高出室外地坪不小于300mm。防雨水和地表水倒灌高度应考虑防空地下室的沉降量，图集所限制的尺寸均指防空地下室沉降稳定后数字。

2.4 集气室

2.4.1 集气室一般存在A、B、C、D四种情况：

A型集气室指采用“防护密闭门+密闭门+通风管道”形式的钢筋混凝土结构的集气室。

B型集气室指采用“防护密闭门+防火门+通风管道”形式的砖砌结构的集气室。

C型集气室指采用“防爆波超压排气活门+密闭门+密闭阀门”形式的钢筋混凝土结构集气室。

D型集气室指采用“防护密闭门+密闭门+防火门+通风管道”形式的砖砌结构集气室。

2.4.2 集气室的平面尺寸可根据设备的安装、开启尺寸和实际工程平面需要确定，宽度不宜小于1.2m，长度不宜小于1.1m。

口部设计示例说明							图集号	07FJ01
审核	沈志红	沈志红	校对	孙晓秋	孙晓秋	设计	杨嘉伟 杨嘉伟	页 60

出入口设计要点一览表

项　目	设计要求
适用范围	适用于甲、乙类防空地下室。甲类防空地下室出入口的出地面段在地面建筑倒塌范围以内时，其上方应设防倒塌棚架
类　型	单向出入口，直通出入口，竖井出入口，连通口(楼梯出入口见07FJ02)
出入口形式	人员阶梯出入口
	自行车坡道出入口
	车辆坡道出入口
	物资坡道运输口
	物资垂直运输口
结构形式	钢筋混凝土结构
设计要点	1.主要出入口、附进风口的出入口，应在防护密闭门外设洗消污水集水坑 2.所有室外出入口、核5级和核6级装有钢结构人防门的室内出入口不宜采用无拐弯形式 3.室外出入口的防护密闭门外有防护顶盖段通道长度不得小于5.00m（对有人员停留的核5级甲类防空地下室在城市海拔>200m、或采用钢结构人防门、采用直通式室外出入口、通道净宽大于2m时，长度要加大） 4.装有钢结构人防门、有人员停留的核5级甲类防空地下室内通道的最小长度：专业队队员掩蔽部应≥4.0m，人员掩蔽所和物资库应≥3.0m 5.掩蔽入口梯段做法：踏步高度≤0.18m，踏步宽≥0.25m

出入口设计要点一览表							图集号	07FJ01
审核	沈志红	沈志红	校对	孙晓秋	孙晓秋	设计	杨嘉伟	杨嘉伟	页	61

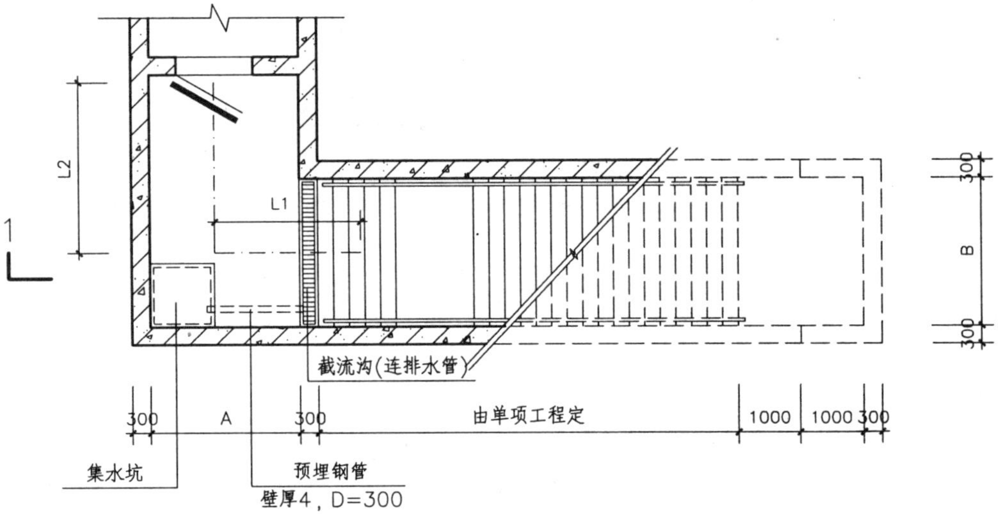

平面图

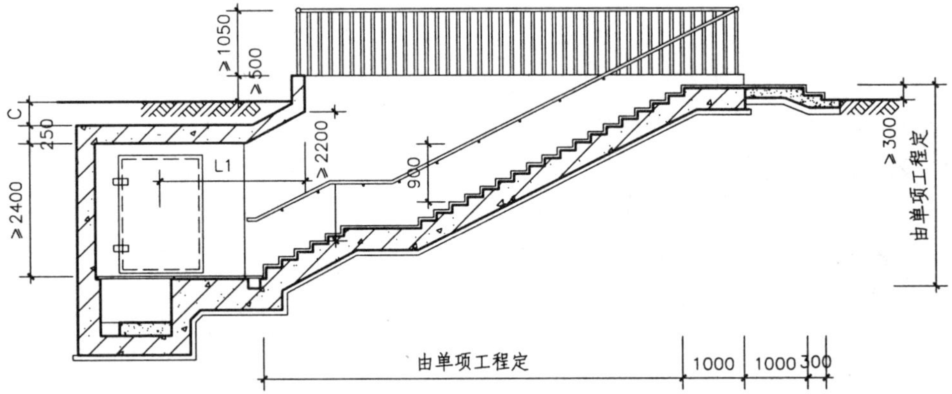

1—1剖面

说明：

1．本出入口适用于乙类防空地下室和出地面段位于地面建筑倒塌范围以外的甲类防空地下室。出地面段位于地面建筑倒塌范围以内的甲类防空地下室，其上方应设防倒塌棚架，详见07FJ02。

2．当因平时需要设置口部建筑时，宜采用单层轻型建筑。

3．当上部采用敞开口时，楼梯梯段下应设截水沟和集水井，室外防护栏杆高度不宜低于1.05m。

4．人员掩蔽工程的楼梯应至少在一侧设扶手，楼梯净宽达2.0m时，应在两面设扶手。宽度≥2.5m时宜加设中间扶手。

5．人员掩蔽工程中，A、C数值由具体工程设计定，B的数值一般可取1.2m、1.5m、1.8m等，本图踏步高宽按150×300(mm)设计。各单项工程设计时，踏步需满足高≤180mm，宽≥250mm设计。

6．独立式室外出入口不宜采用直通式，其防护密闭门外有防护顶盖段通道中心线的水平投影的折线长度(L1+L2)不得小于5.00m。

独立式室外阶梯出入口							图集号	07FJ01
审核	沈志红	沈志红	校对	孙晓秋	孙晓秋	设计	杨嘉伟 杨嘉伟	页	62

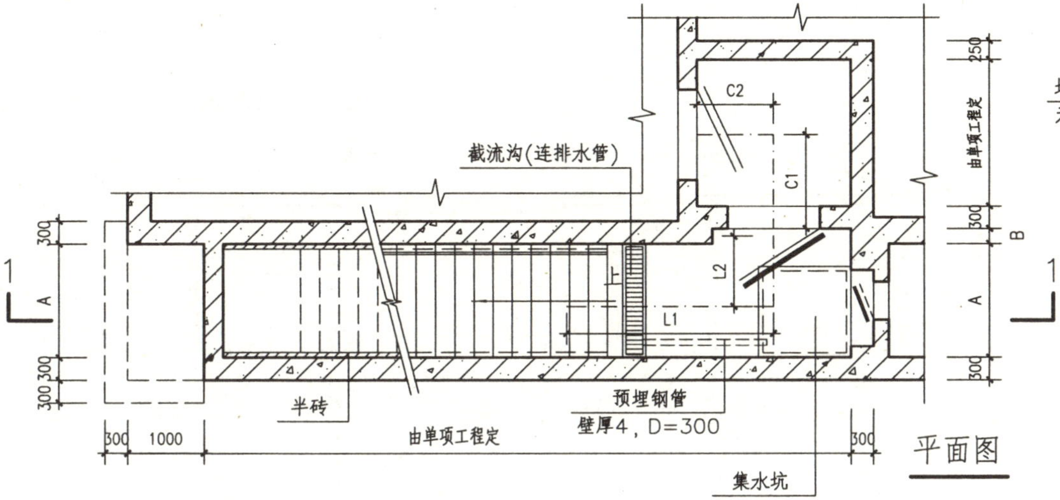

平面图

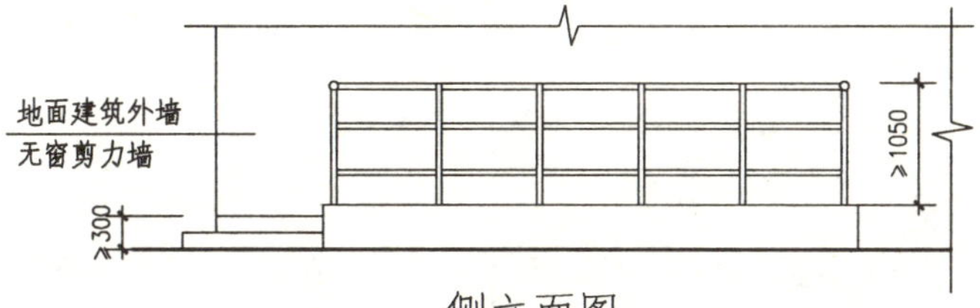

侧立面图

说明：

1. 本出入口可用于乙类防空地下室和地面建筑外墙为剪力墙结构的甲类防空地下室的主要出入口。当地面建筑外墙为其他结构时，甲类防空地下室的出地面段上方应按防倒塌棚架设计，详见07FJ02。
2. 防护密闭门外有防护顶盖段通道中心线的水平投影的折线长度(L1+L2)不得小于5.00m。
3. 装钢结构人防门的核5级防空地下室内通道最小长度(C1+C2)：专业队队员掩蔽所应≥4.0m，人员掩蔽所和物资库应≥3.0m。装钢筋混凝土人防门和其他低等级防空地下室的内通道长度可按建筑需要确定。
4. 当防护密闭门沿通道侧墙设置时，防护密闭门门扇应嵌入墙内设置，最小嵌入深度(B)常6级核6级、核6B级时为120mm，常5级、核5级时为150mm。
5. 当防护密闭门不能内缩嵌入时，可在满足防护密闭门开启最小安装净尺寸的门框墙外侧设立保护门扇的门垛和门楣。
6. 图中A值一般可取1.2m、1.5m、1.8m。
7. 出入口防护栏杆由单项工程设计定。
8. 本图预制踏步板高宽按150X300(mm)设计，在人员掩蔽工程设计时，按高≤180mm，宽≥250mm设计。踏步上宜设置防滑条。
9. 当敞开口上部不设屋盖时，楼梯下端应设截水沟和集水井。

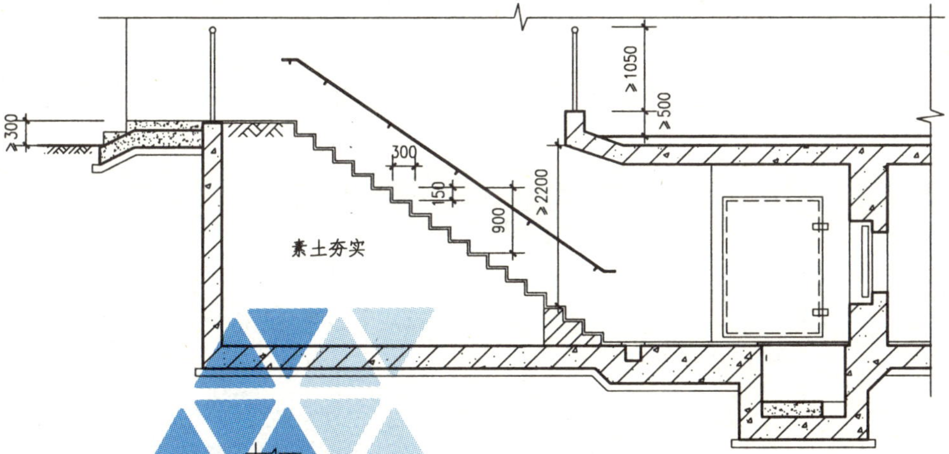

1—1剖面

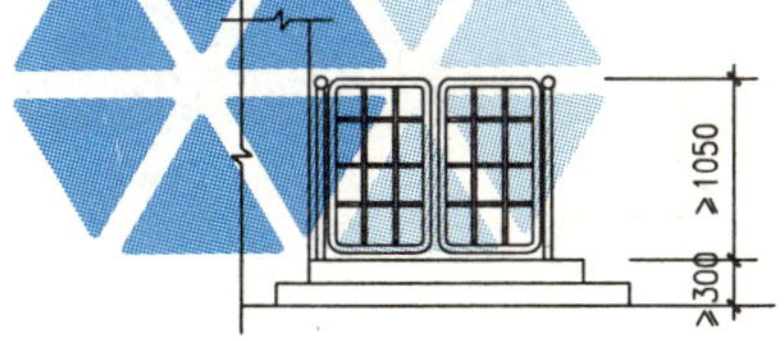

正立面图

附壁式室外阶梯出入口							图集号	07FJ01
审核	沈志红	沈志红	校对	孙晓秋	孙晓秋	设计	杨嘉伟	杨嘉伟	页	63

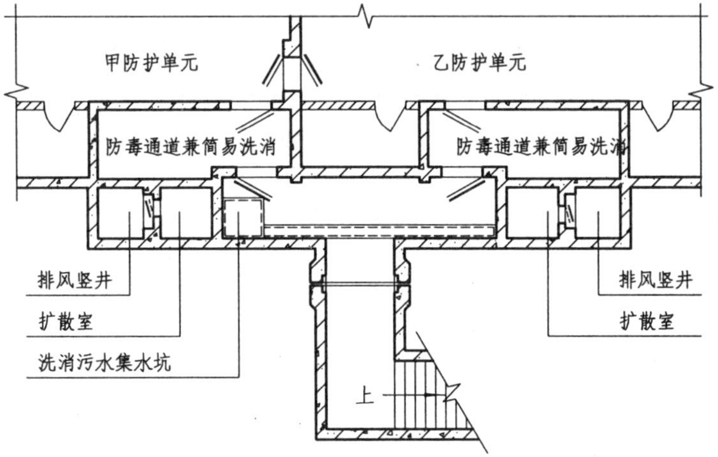

方案一

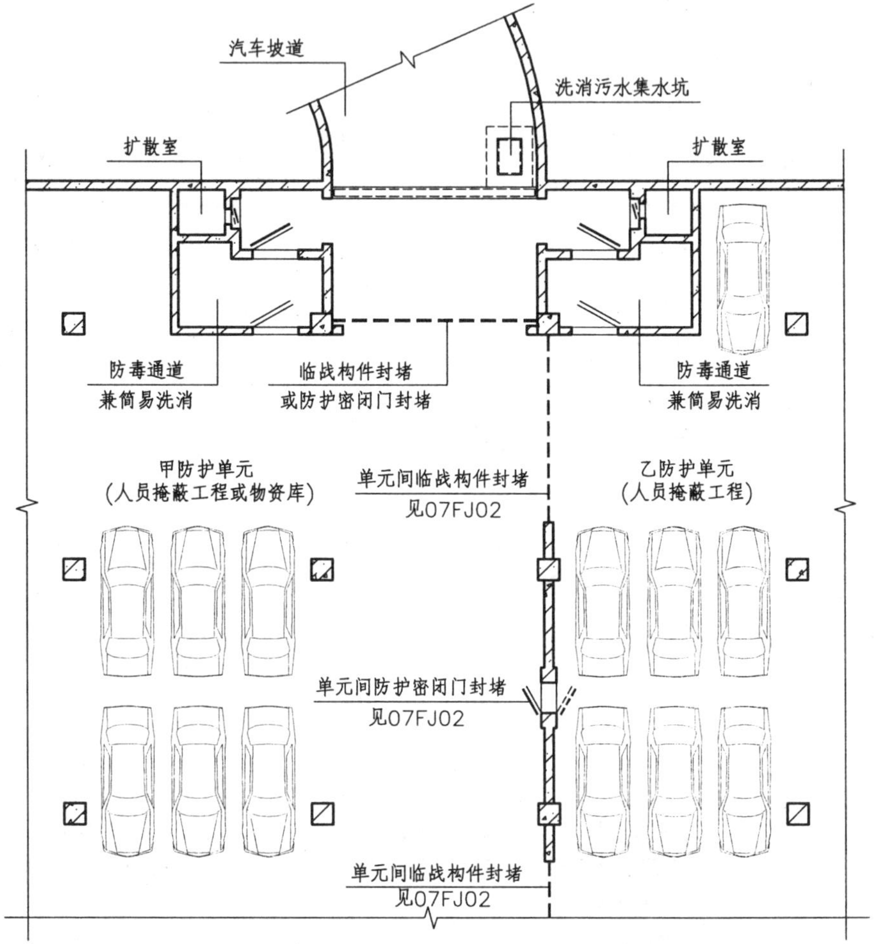

方案二

说明：

1. 室外出入口往往作为战时的主要出入口，它是保证防空地下室战时能够发挥作用的重要部位。当两相邻防护单元均为人员掩蔽工程时，或其中一侧为人员掩蔽工程、另一侧为物资库时，或两相邻防护单元均为物资库且其建筑面积之和不大于6000m^{2}时，可在防护密闭门外共用一个室外出入口。
2. 相邻防护单元的抗力等级不同时，共设的室外出入口应按高抗力等级设计。
3. 两相邻防护单元共用的出入口和楼梯的净宽应满足两个掩蔽入口通过人数之和的每100人不小于0.3m的要求。

   例：甲防护单元入口净宽1.0m，但预计此门通过人数250人；乙防护单元入口净宽1.0m，而预计此门通过人数200人。因此，合计通过人数450人，需共用通道净宽450×0.01×0.3=1.35(m)，此时共用通道净宽取为1.5m，即已满足要求；否则若按两门宽度之和计算，则需2.0m。
4. 防护密闭门外有防护顶盖段长度≥5.0m，甲类防空地下室还需按防早期核辐射要求确定。

相邻防护单元合用一个室外出入口							图集号	07FJ01
审核	沈志红	沈志红	校对	孙晓秋	孙晓秋	设计	杨嘉伟	杨嘉伟	页	64

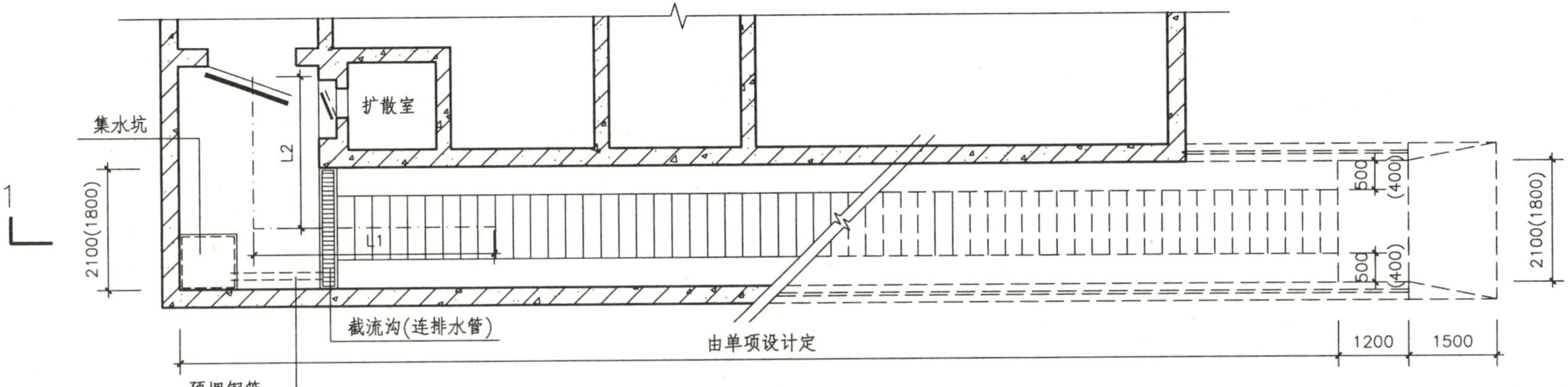

自行车坡道出入口平面图

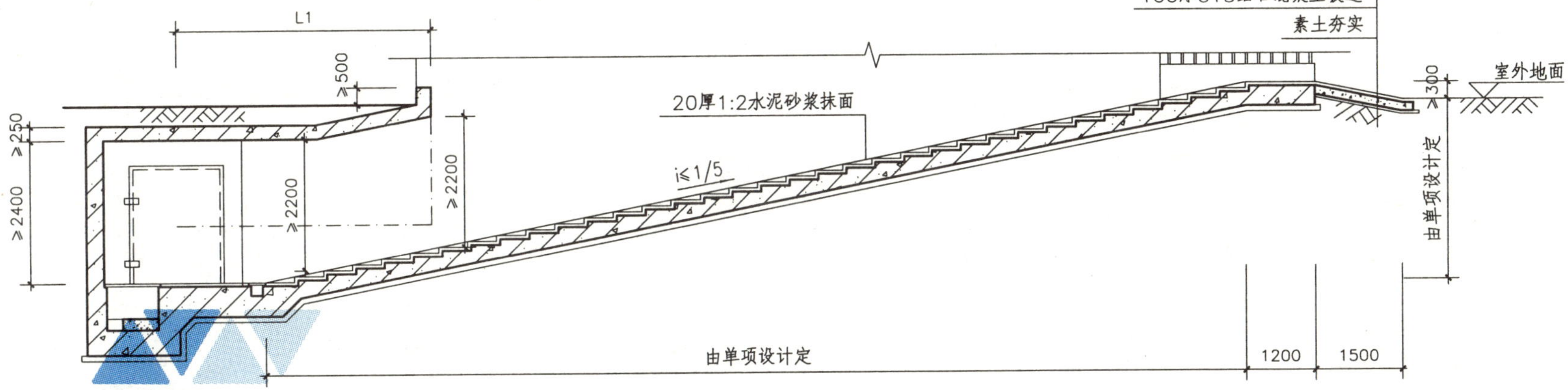

1—1剖面图

说明：

1. 本图按坡度i=1/5绘制，自行车库坡道坡度不宜大于1/5，并应辅以梯步。
2. 地面敞开段上部宜设置轻型屋盖。
3. 当敞开段上方不设轻型屋盖时坡道下端应设截水沟和集水井。
4. 在地面建筑倒塌范围内的甲类防空地下室，其地面敞开段上方应设防倒塌棚架，详见07FJ02。
5. 室外出入口不宜采用直通式，其防护密闭门外有防护顶盖段通道长度(L1+L2)不得小于5.0m。

自行车坡道出入口							图集号	07FJ01
审核	沈志红	沈志红	校对	孙晓秋	孙晓秋	设计 杨嘉伟	页	65

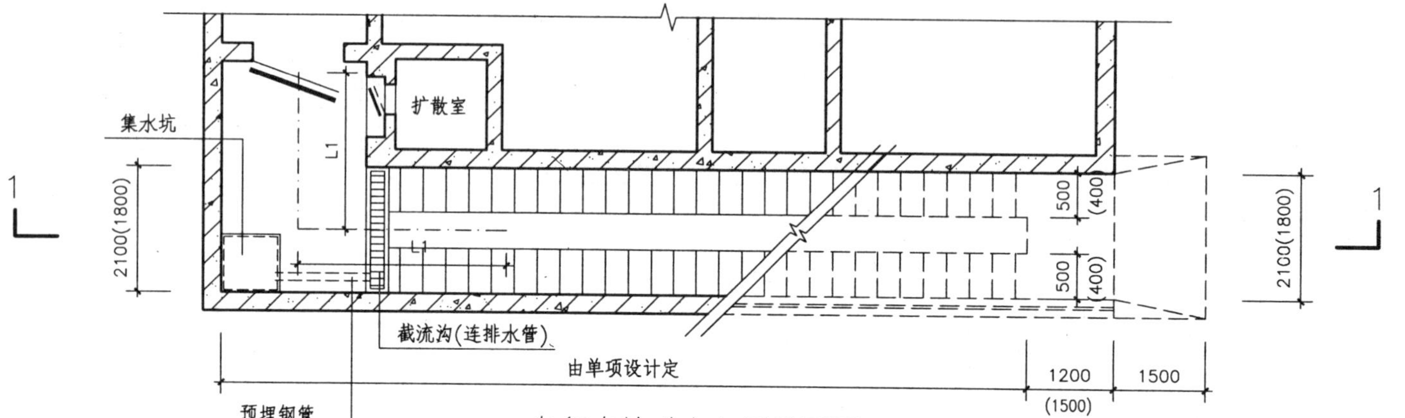

自行车坡道出入口平面图

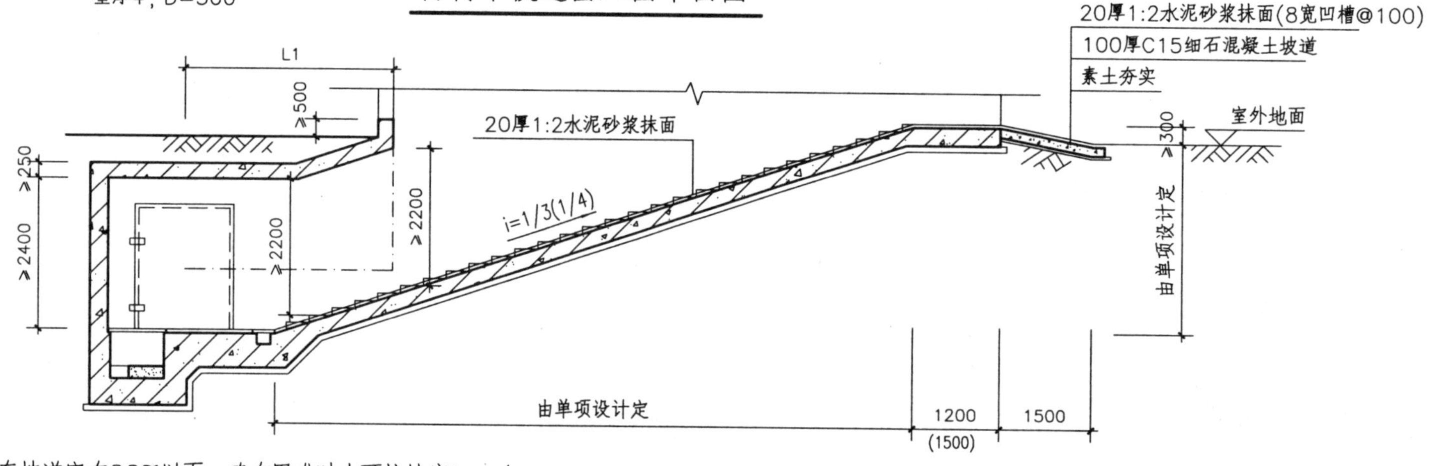

1—1剖面图

说明：

1. 地下自行车库推车坡道宜在20%以下。确有困难时也可按坡度i=1/3或1/4设计，自行车库坡道由中间坡道、加两侧120×360梯步组成。
2. 地面敞开段上部宜设置轻型屋盖。
3. 当敞开段上方不设轻型屋盖时坡道下端应设截水沟和集水井。
4. 在地面建筑倒塌范围内的甲类防空地下室，其地面敞开段上方应设防倒塌棚架，详见07FJ02。
5. 室外出入口不宜采用直通式，其防护密闭门外有防护顶盖段通道长度(L1+L2)不得小于5.0m。

自行车坡道出入口						图集号	07FJ01
审核 沈志红	沈志红	校对 孙晓秋	孙晓秋	设计 杨嘉伟	杨嘉伟	页	66

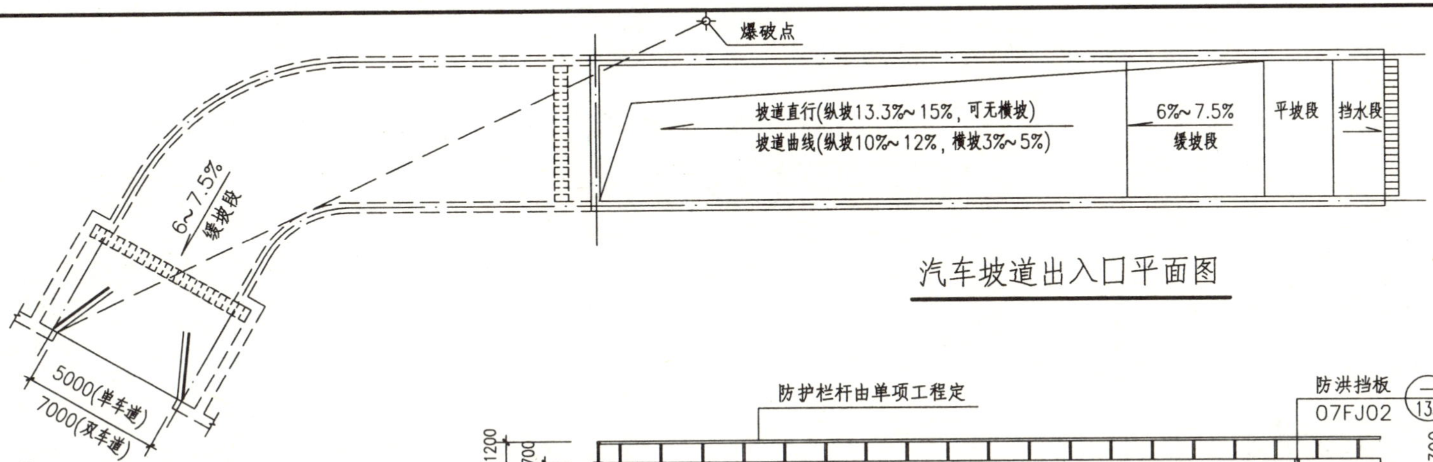

汽车坡道出入口平面图

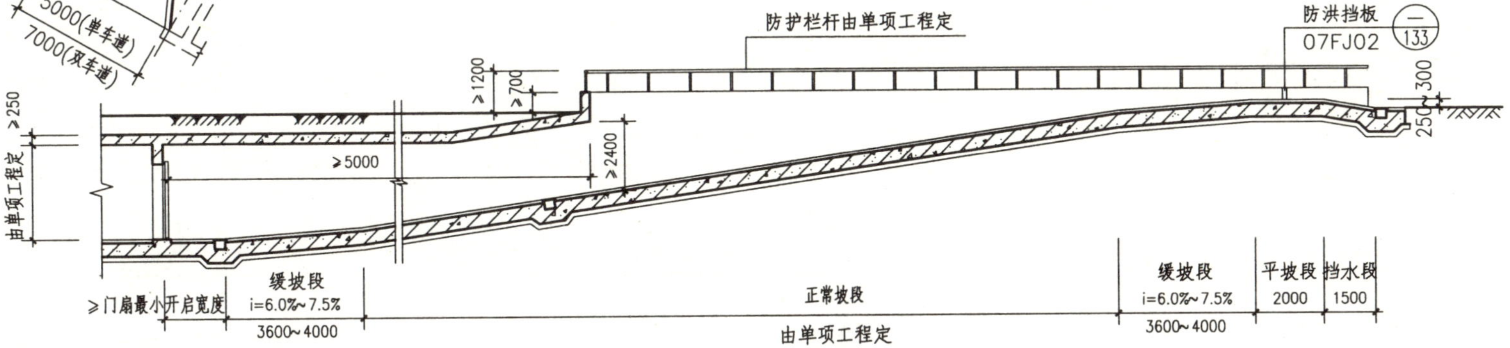

汽车坡道出入口剖面图

说明：

1. 本图适用于小型、轻型汽车坡道。
2. 截水沟及排水沟箅子由单项工程定(可参阅05J927—1第45~48页)。
3. 当防护密闭门设置在直通式坡道中时，应在有掩盖段适当弯曲或折转通道轴线，使防护密闭门不被常规武器爆炸破片直接命中(通道口外看不到防护密闭门)。
4. 防护密闭门外有防护顶盖通道长度不得小于5.0m。
5. 汽车出入口宜高出地面不小于250mm。当确有困难，出入口处设明沟排水并设防洪挡板时，高出地面高度可为150mm。
6. 汽车坡道应采用耐磨材料和防滑措施(防滑礓磜、防滑条、防滑凹槽，参见05J927—1第37页)。
7. 地下汽车库在出入地面的坡道端应设置与坡道同宽的截流水沟和耐轮压的金属沟盖及闭合的挡水槛。
8. 地面敞开段在地面建筑倒塌范围以内的甲类防空地下室，其上部应设防倒塌棚架，详见07FJ02。

汽车坡道出入口						图集号	07FJ01
审核 沈志红	沈志红	校对 孙晓秋	孙晓秋	设计 杨嘉伟	杨嘉伟	页	67

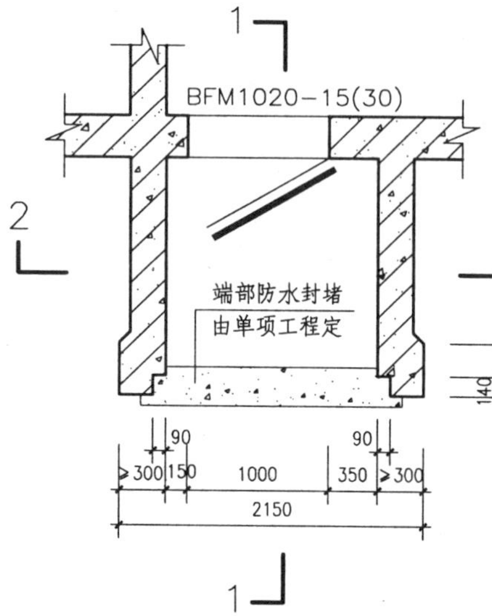

预留连通口平面

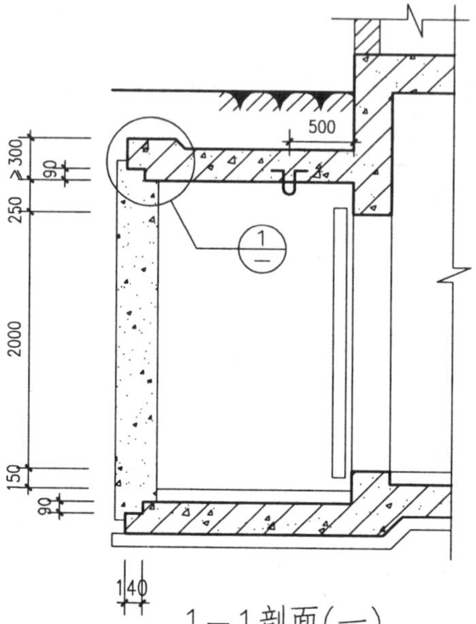

1—1剖面(一)

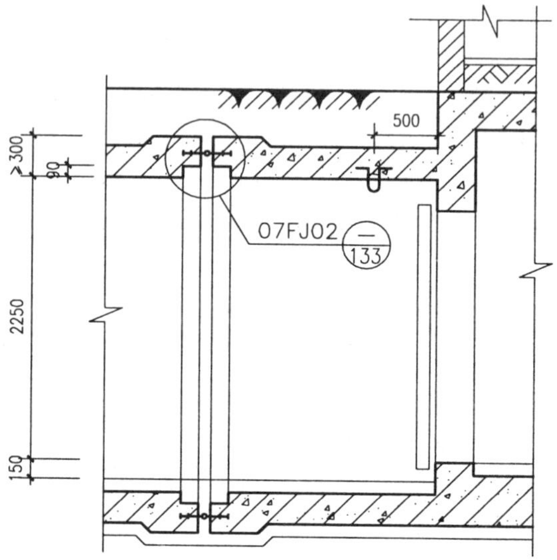

1—1剖面(二)

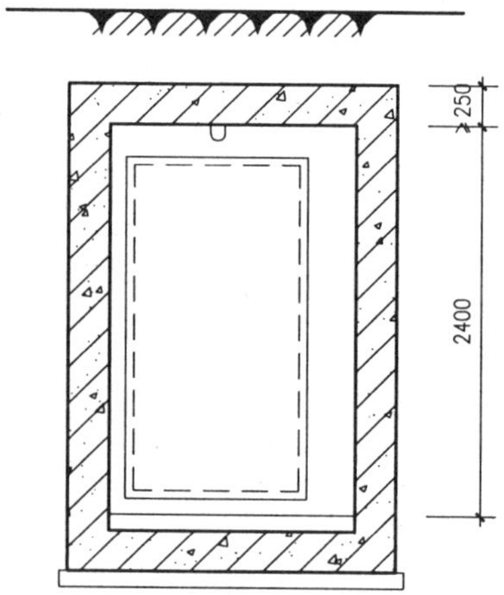

2—2剖面

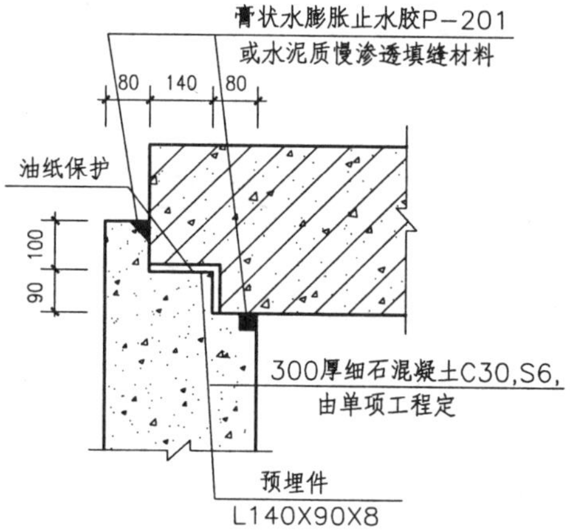

①

说明:

1. 1—1剖面中,(一)适用于预留连通口做法;(二)适用于连通口做法。
2. 变形缝做法可根据单项工程自行设计,宜采用中埋式止水带+遇水膨胀橡胶条+嵌缝材料,详见07FJ02。
3. 图中尺寸数字适用于BFM1020—15和BFM1020—30,采用其他型号门时应相应改变尺寸。
4. 防护密闭门门前应设安装吊环,详见本图集第70页。
5. 预留连通口,端部封堵由单项工程定,其防水做法宜采用内装可卸式止水带+遇水膨胀橡胶条+嵌缝材料,也可与各单项工程本身的防水做法一致。变形缝处预埋金属埋件油封保护。内装可卸式止水带可参照07FJ02。
6. 本连通口仅适用于与抗力级别、防化要求相同的人防工程相连的连通口。抗力级别、防化要求不同时应设密闭通道或防毒通道。

连通口和预留连通口						图集号	07FJ01
审核	沈志红	校对	孙晓秋	设计	杨嘉伟	页	68

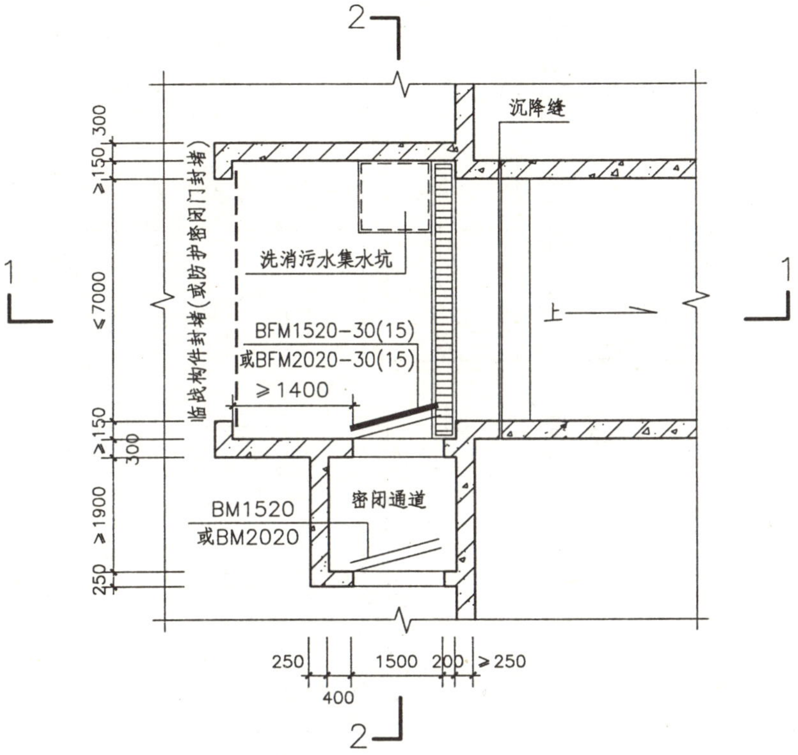

坡道运输口平面图

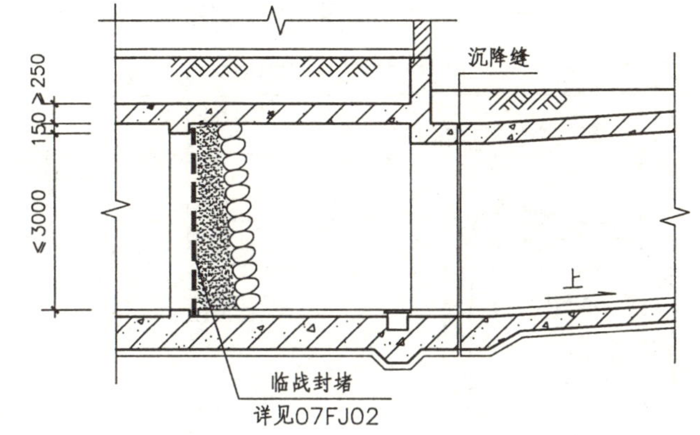

1—1剖面

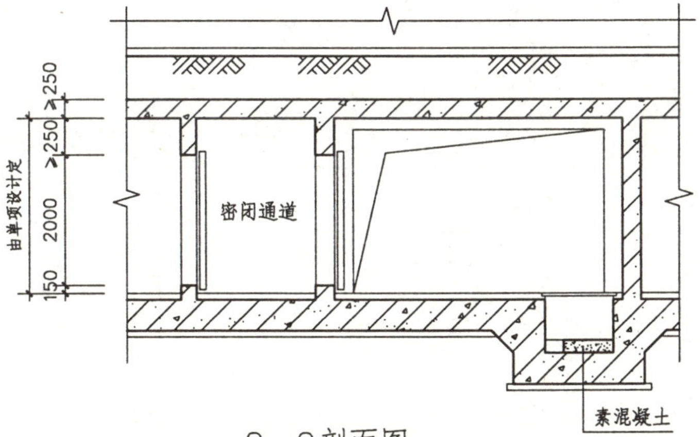

2—2剖面图

说明：

1. 本图利用汽车坡道作为战时物资主要运输口。临战时可将汽车出入口封堵，物资运输可利用旁设密闭通道出入。建筑面积不大于2000m² 的物资库的主要进出口门洞净宽不应不小于1.5m，建筑面积大于2000m² 的物资库的主要进出口门洞净宽不应小于2.0m。

2. 旁侧密闭通道防护密闭门的开启必须不受旁侧汽车门洞临战封堵后堆放砂袋的影响。

物资坡道运输口							图集号	07FJ01
审核	沈志红	沈志红	校对	孙晓秋	孙晓秋	设计	杨嘉伟	杨嘉伟	页	69

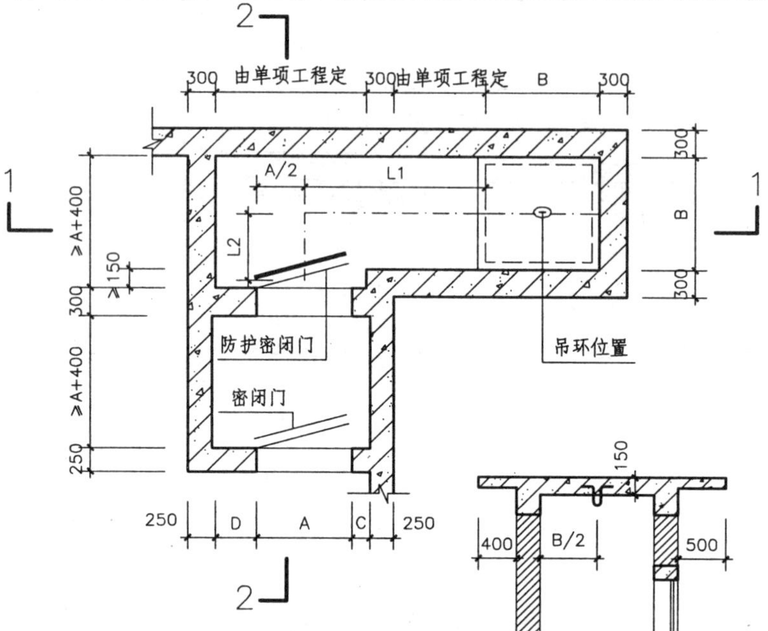

垂直运输口平面图

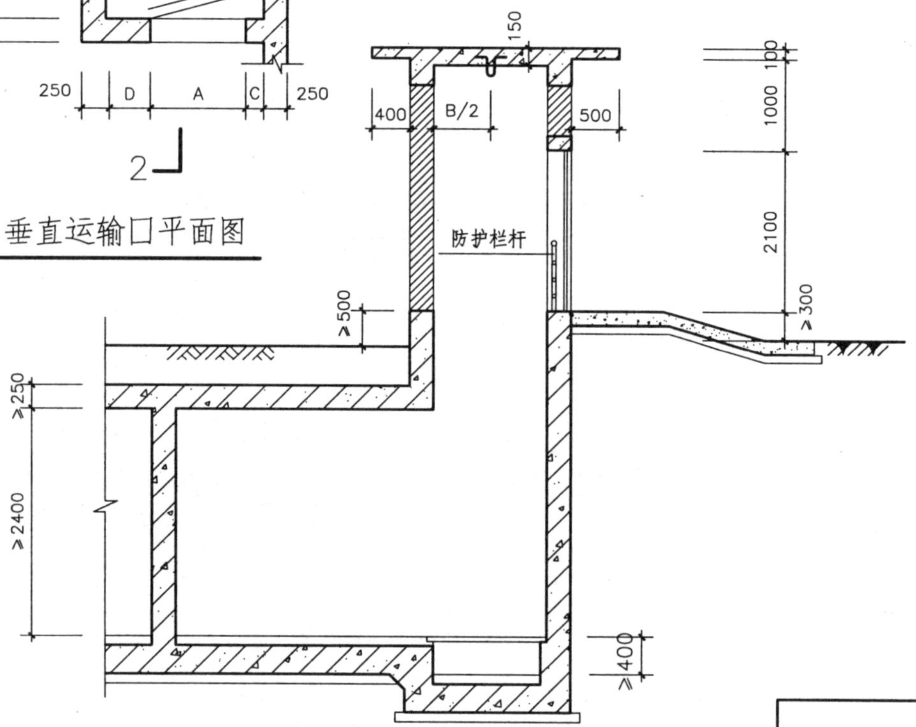

1—1剖面

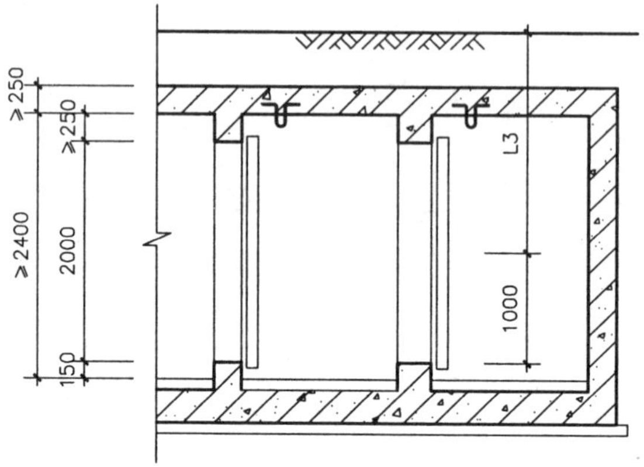

2—2剖面

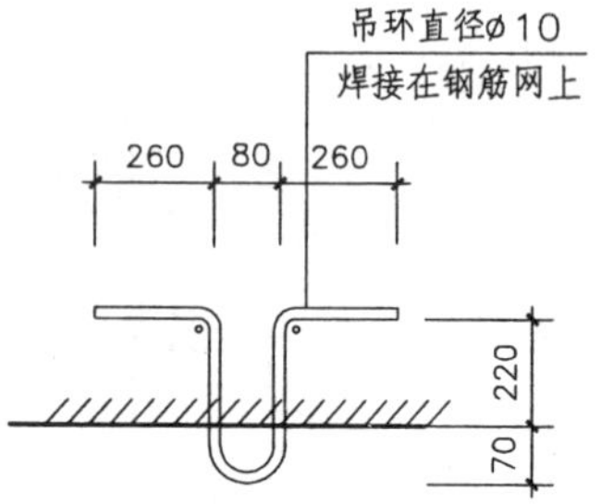

1 吊环详图

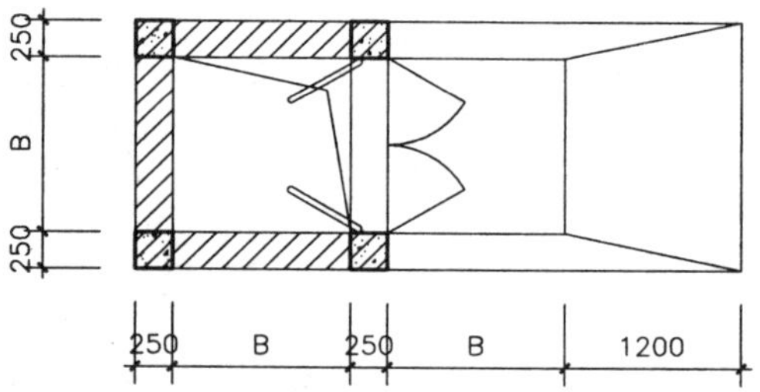

竖井地面平面图

说明：

1. 物资垂直运输口仅作为辅助运输口，不能作物资主要出入口。
2. 运输工具可采用电动葫芦或手动葫芦。如采用货梯，根据实际工程自行设计。
3. 垂直运输口高出地面部分宜做成棚架加填充墙形式。
4. 图中B可取1.2m、1.5m、2.0m。
5. 图中A、C、D具体数值由单项工程定。
6. 地面洞口应安装外开门扇。
7. 防护密闭门外通道长度计入自室外地面至防护密闭门洞口高的1/2的竖向距离，L1+L2+L3≥5.0m。

物资垂直运输口							图集号	07FJ01
审核	沈志红	沈志红	校对	孙晓秋	孙晓秋	设计 杨嘉伟 杨嘉伟	页	70

集气室设计要点一览表

项目	内　　容
适用范围	适用于核5级、核6级、核6B级的甲类防空地下室和乙类防空地下室的进排风口
类型	根据集气室的组成进行分类，主要有A、B、C、D四种类型。A型集气室指采用“防护密闭门+密闭门+通风管道”形式的钢筋混凝土结构集气室。B型集气室指采用“防护密闭门+防火门+通风管道”形式的砖混结构集气室。C型集气室指采用“防爆波超压排气活门+密闭门+密闭阀门”形式的钢筋混凝土结构集气室。D型集气室指采用“防护密闭门+密闭门+防火门+通风管道”形式的砖混结构集气室
结构形式	钢筋混凝土结构和砖混结构
设计要点	规范中相关规定为第3.4.4条、第3.5.1条;集气室的平面尺寸可根据设备的安装、开启尺寸和实际工程平面需要确定，宽度不应小于1200mm，长度不应小于1100mm。A型、C型、D型集气室战时有防毒要求，B型战时允许轻微染毒
设计说明	本图集给出了1200mm、1500mm两种常用宽度，长度给出了5种常用尺寸，其他型号可由具体工程参考设计
编号说明	JQXXXXX 集气室 宽度B 集气室型号 长度L

集气室设计要点一览表							图集号	07FJ01
审核	顾 群	顾群	校对	李宝明	李宝明	设计	赵贵华	赵贵华	页	71

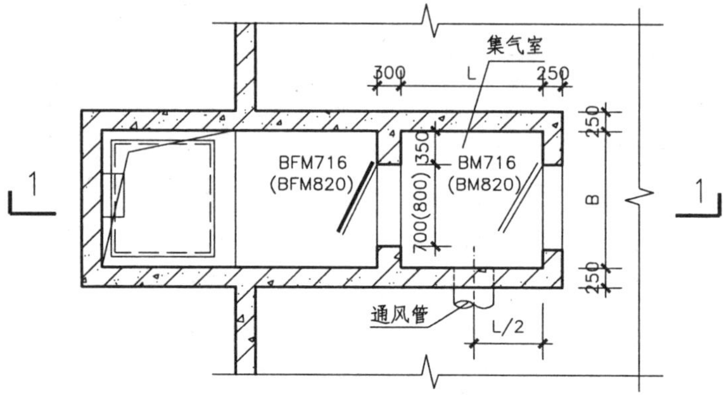

集气室平面图（方案一）

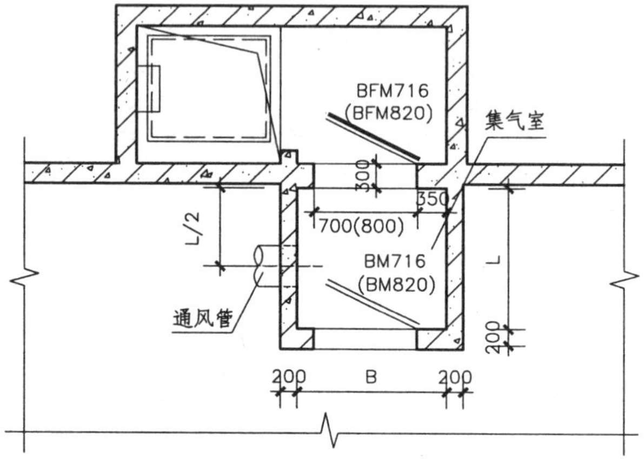

集气室平面图（方案二）

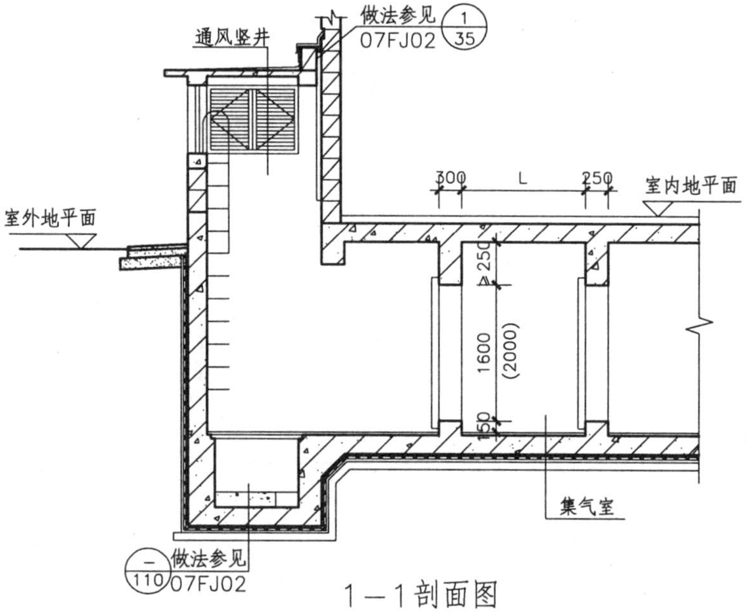

1—1剖面图

说明：

1.A型集气室适用于战时地下室主体要求防毒，并允许间断通风的战时通风口或平战两用通风口，可兼作战时备用出入口。

2.采用BM716密闭门时集气室净高不应小于2.0m，采用BM820密闭门时集气室净高不应小于2.4m。

3.采用BFM716防护密闭门时可提供1.12m^2过风面积。采用BFM820防护密闭门时可提供1.60m^2过风面积。防护密闭门的抗力等级应与防空地下室主体一致。

4.集气室的层高按工程实际尺寸设计，集气室的常用平面尺寸见下表。

型号(采用BFM716时)	JQ1212A	JQ1215A	JQ1218A	JQ1221A	JQ1224A
平面尺寸（B×L）	1200×1200	1200×1500	1200×1800	1200×2100	1200×2400
型号(采用BFM820时)	JQ1512A	JQ1515A	JQ1518A	JQ1521A	JQ1524A
平面尺寸（B×L）	1500×1200	1500×1500	1500×1800	1500×2100	1500×2400

A型集气室						图集号	07FJ01
审核	顾 群	校对	李宝明	设计	赵贵华	页	72

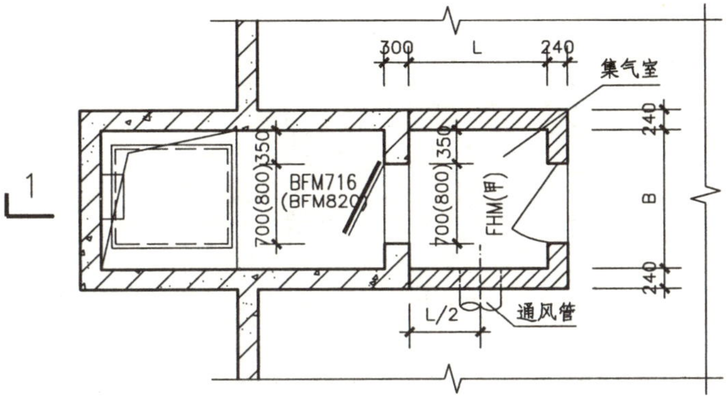

集气室平面图（方案一）

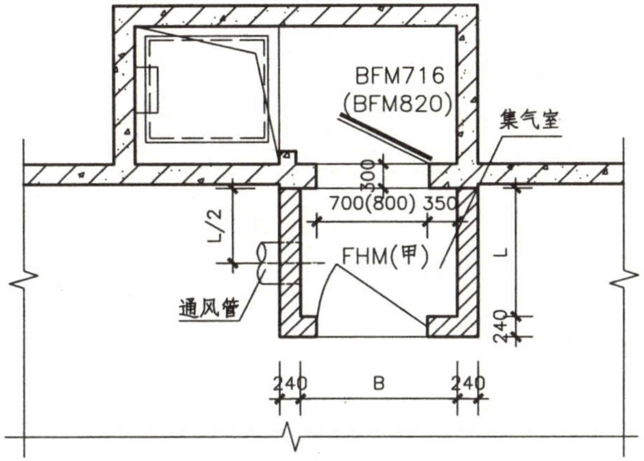

集气室平面图（方案二）

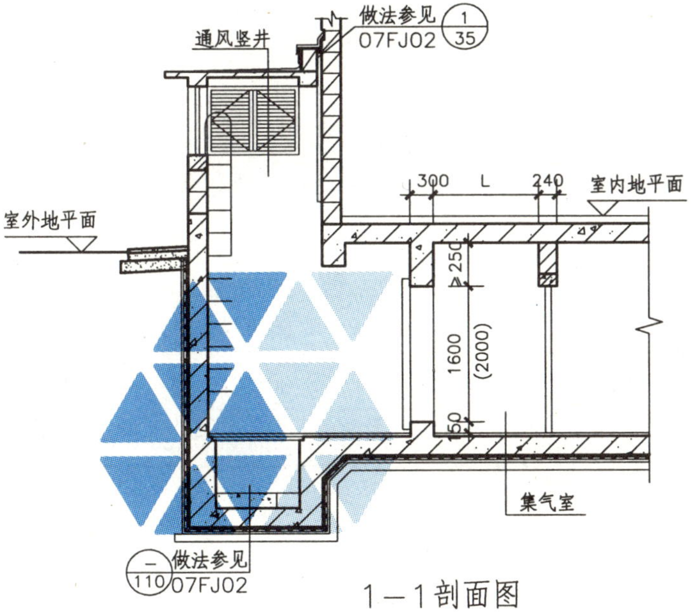

1—1剖面图

说明：

1.B型集气室适用于战时地下室主体允许染毒，并允许间断通风的平战两用通风口。

2.采用BM716密闭门时集气室净高不应小于2.0m，采用BM820密闭门时集气室净高不应小于2.4m。

3.采用BFM716防护密闭门时可提供1.12m²过风面积。采用BFM820防护密闭门时可提供1.60m²过风面积。防护密闭门的抗力等级应与防空地下室主体一致。

4.集气室的层高按工程实际尺寸设计，集气室的常用平面尺寸见下表。

型号(采用BFM716时)	JQ1212B	JQ1215B	JQ1218B	JQ1221B	JQ1224B
平面尺寸(B×L)	1200×1200	1200×1500	1200×1800	1200×2100	1200×2400
型号(采用BFM820时)	JQ1512B	JQ1515B	JQ1518B	JQ1521B	JQ1524B
平面尺寸(B×L)	1500×1200	1500×1500	1500×1800	1500×2100	1500×2400

B型集气室						图集号	07FJ01
审核	顾 群	顾群	校对	李宝明	李宝明	设计	赵贵华	赵贵华	页	73

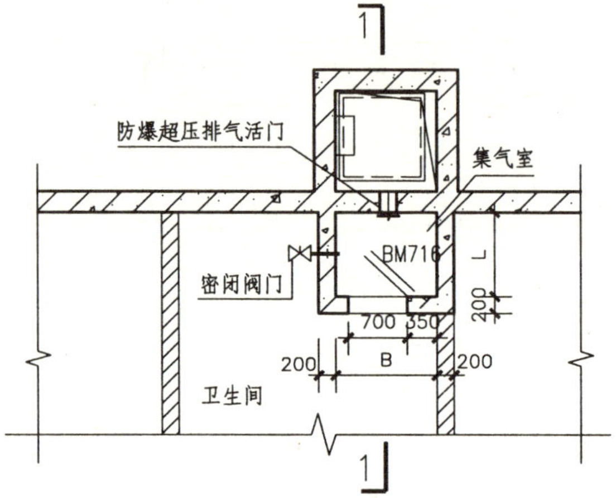

集气室平面图（方案一）

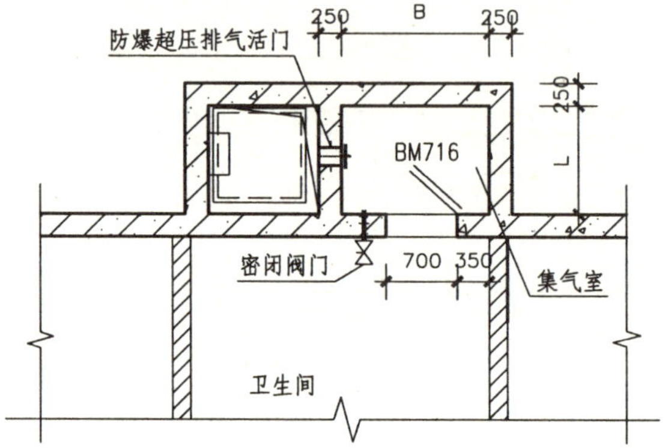

集气室平面图（方案二）

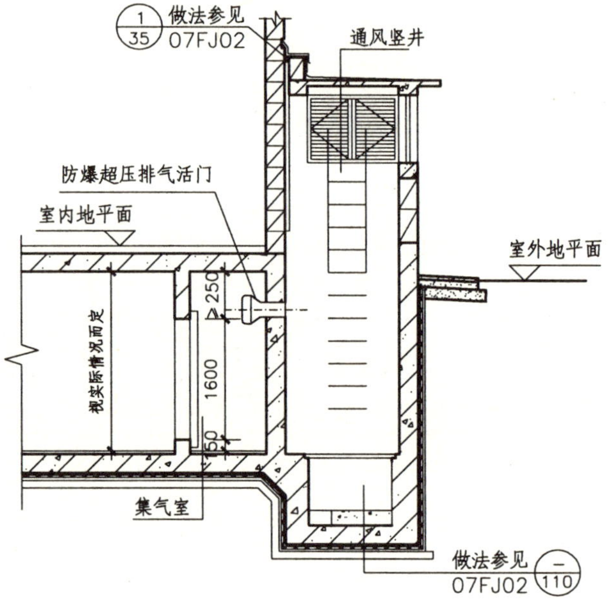

1—1剖面图

说明：

1.C型集气室适用于防空地下室的卫生间超压排风口。

2.采用BM716密闭门时集气室净高不宜小于2.0m。

3.集气室的层高按工程实际尺寸设计，集气室的常用平面尺寸见下表。

型号	JQ1211C	JQ1212C	JQ1213C	JQ1214C	JQ1215C
平面尺寸（B×L）	1200×1100	1200×1200	1200×1300	1200×1400	1200×1500
型号	JQ1511C	JQ1512C	JQ1513C	JQ1514C	JQ1515C
平面尺寸（B×L）	1500×1100	1500×1200	1500×1300	1500×1400	1500×1500

C型集气室						图集号	07FJ01
审核	顾群	校对	李宝明	设计	赵贵华	页	74

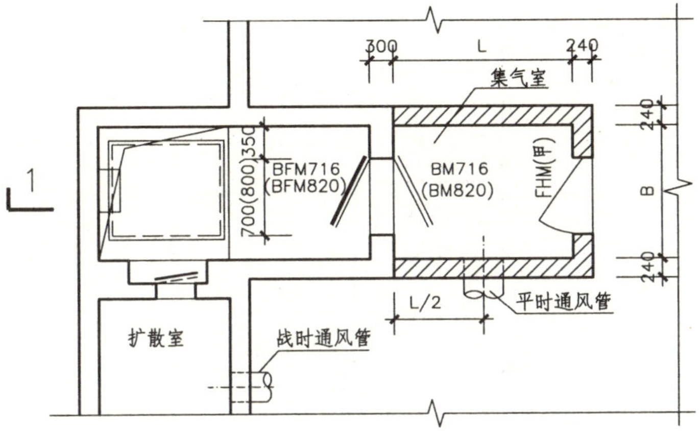

集气室平面图（方案一）

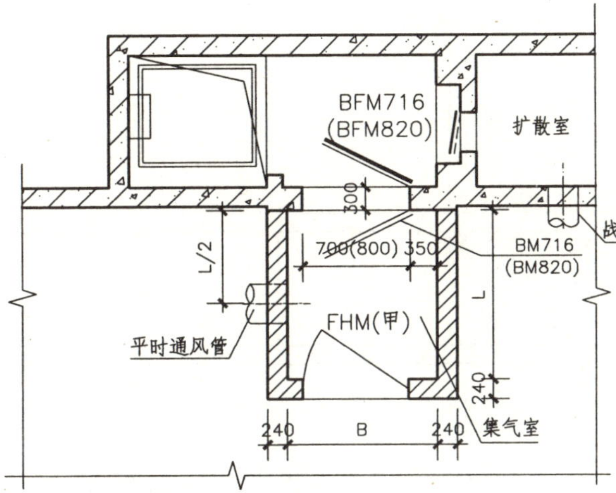

集气室平面图（方案二）

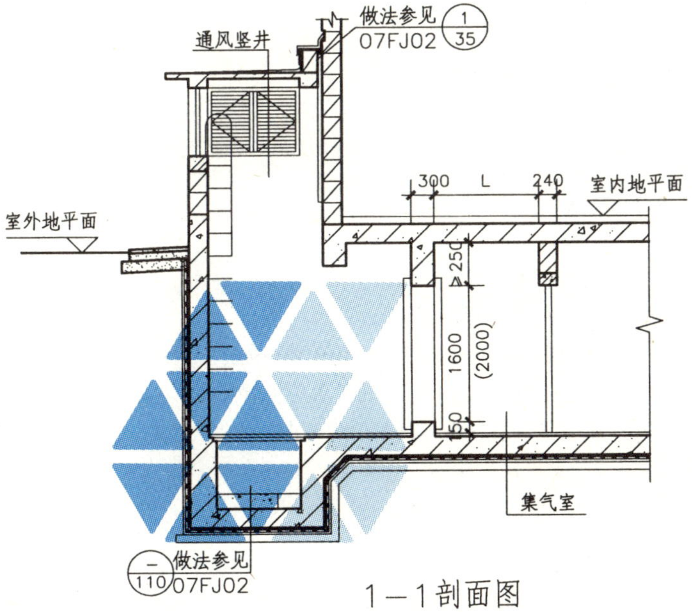

1—1剖面图

说明：

1.D型集气室适用于战时地下室主体要求防毒，并要求不间断通风且平时大风量的平战两用通风口。

2.采用BM716密闭门时集气室净高不应小于2.0m，采用BM820密闭门时集气室净高不应小于2.4m。

3.采用BFM716防护密闭门时可提供1.12m^{2}过风面积。采用BFM820防护密闭门时可提供1.60m^{2}过风面积。防护密闭门的抗力等级应与防空地下室主体一致。

4.集气室的层高按工程实际尺寸设计，集气室的常用平面尺寸见下表。

型号(采用BFM716时)	JQ1220D	JQ1221D	JQ1224D	JQ1227D	JQ1230D
平面尺寸（B×L）	1200×2000	1200×2100	1200×2400	1200×2700	1200×3000
型号(采用BFM820时)	JQ1520D	JQ1521D	JQ1524D	JQ1527D	JQ1530D
平面尺寸（B×L）	1500×2000	1500×2100	1500×2400	1500×2700	1500×3000

D型集气室						图集号	07FJ01
审核 顾群	顾群	校对 李宝明	李宝明	设计 赵贵华	赵贵华	页	75

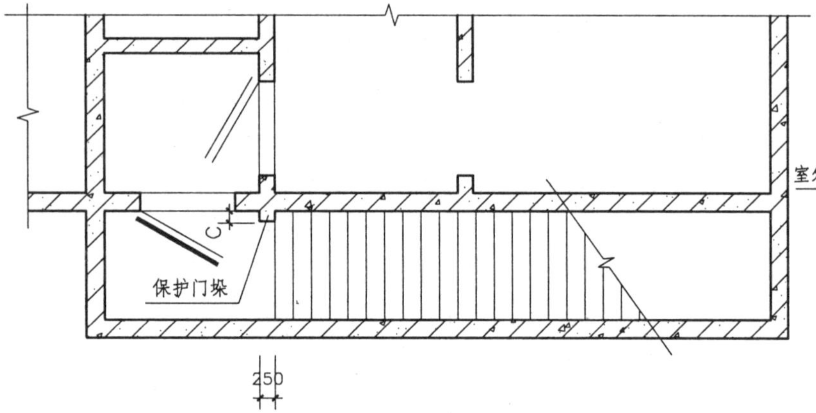

防护密闭门沿通道侧墙设置做法(一)

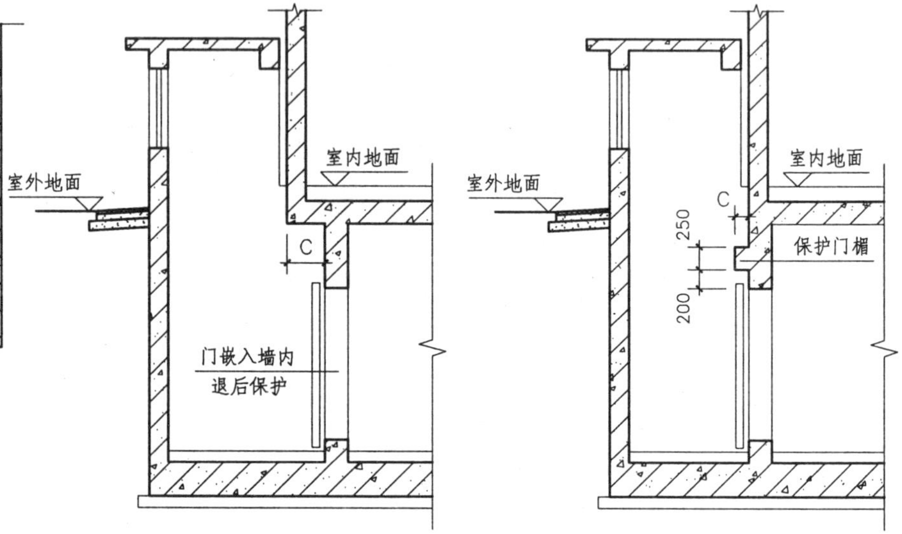

防护密闭门设置于竖井内做法

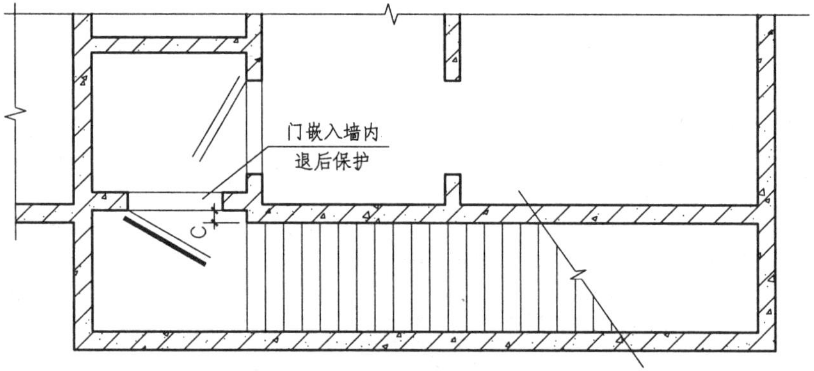

防护密闭门沿通道侧墙设置做法(二)

说明：

1. 当防护密闭门沿通道侧墙设置时，防护密闭门应嵌入墙内设置，且门扇外表面不得突出通道的内墙面。
2. 当防护密闭门设置于竖井内时，其门扇的外表面不得突出竖井的内墙面。
3. 当防护密闭门嵌入墙内有困难时，可采用设置保护门垛或保护门楣解决。
4. 防护密闭门嵌入深度和保护门垛、保护门楣突出长度C应满足：
   (1)当防空地下室防护等级为常6级、核6级、核6B级时，C≥120mm；
   (2)当防空地下室防护等级为常5级、核5级及以上时，C≥150mm。

防护密闭门保护措施构造图						图集号	07FJ01
审核	沈志红	校对	孙晓秋	设计	杨嘉伟	页	76

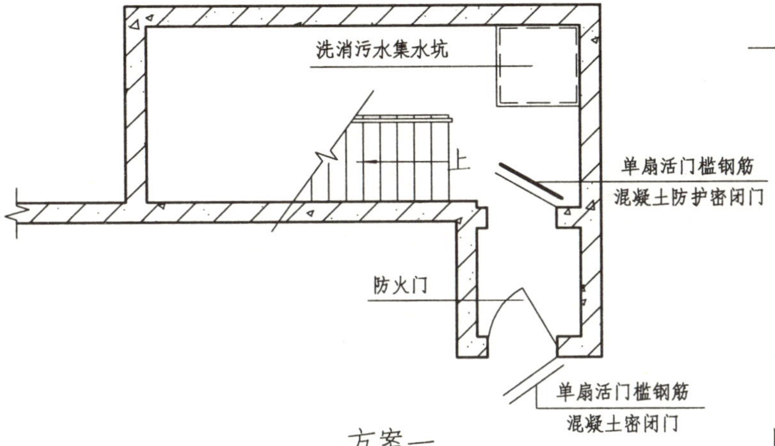

方案一

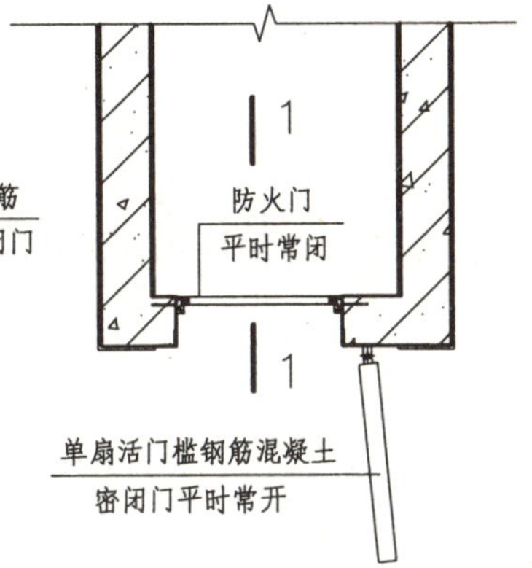

防火门设置放大平面图一

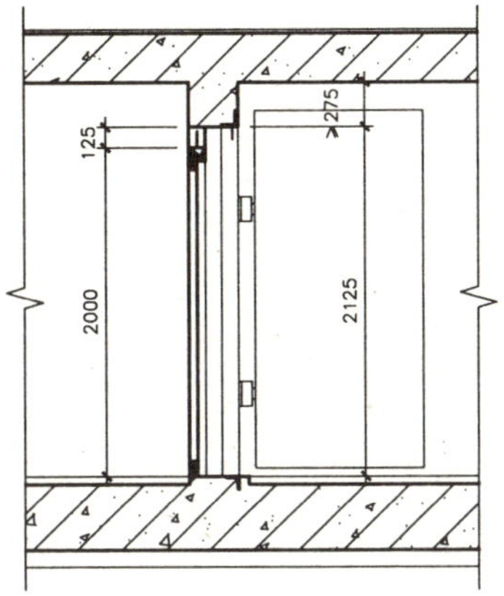

1—1剖面图

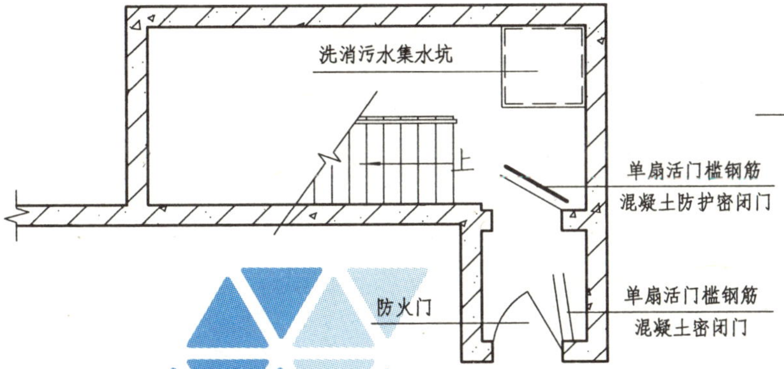

方案二

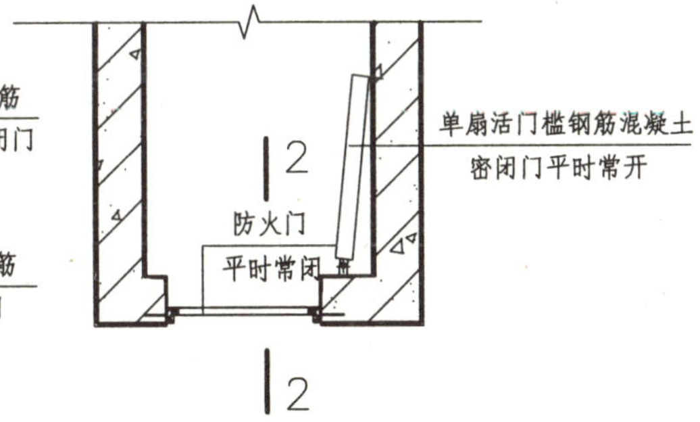

防火门设置放大平面图二

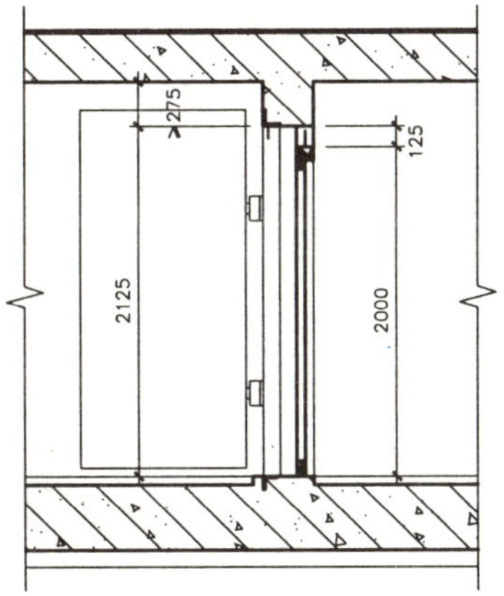

2—2剖面图

说明:

1. 当防空地下室设有人防门的门洞处设置平时使用的防火门(防盗门或普通建筑门)时,将人防门处于开启状态，实际工程中的防火门扇型号应根据单项工程的耐火等级自行选用。
2. 人防门扇选自《防空地下室防护设备选用》07FJ03。由于该图集的人防门洞口的净高为2.125m，钢门框上焊有铁三角，故配套的防火门扇等均应按洞口2.0m高度设置。
3. 选用的防火门扇等宜采用木质系列门扇，因木质门扇门框与周边门洞连接构造简单，临战又便于拆除。但选用时墙体的厚度必需满足防火门的安装要求，门洞周边浇捣混凝土时，应将门框与墙体的连接体埋入。

防火门设置图							图集号	07FJ01
审核	陈宗耀	陈宗耀	校对	孙晓秋	孙晓秋	设计	沈志红	沈志红	页	77

主编单位、联系人及电话

主编单位	上海市地下建筑设计研究院	沈志红	021-24028300-7697
	中国建筑标准设计研究院	王焕东	010-88361155-800

主管单位、联系人及电话

	中国建筑标准设计研究院	赵贵华	010-88361155-800

国家建筑标准设计图集 07FJ02

GUOJIAJIANZHUBIAOZHUNSHEJI 07FJ02

防空地下室建筑构造

中国建筑标准设计研究院

防空地下室建筑构造

批准部门	中华人民共和国建设部 国家人民防空办公室	批准文号	建质[2007]50号
主编单位	中国建筑设计研究院建筑专业院 中国建筑标准设计研究院 上海市地下建筑设计研究院	统一编号	GJBT-991
实行日期	二〇〇七年五月一日	图集号	07FJ02

主编单位负责人 王艳 …
主编单位技术负责人 王焕东 王揮
技术审定人 陈宗耀
设计负责人 李宝明 王焕东 沈志红

目录

目录							图集号	07FJ02
审核	顾群	顾群	校对	李宝明	李宝明	设计 赵贵华 赵贵华	页	1

3 通风采光窗井

目录						图集号	07FJ02
审核	顾群	顾群	校对	李宝明	李宝明	设计	赵贵华	赵贵华	页	2

目录						图集号	07FJ02
审核	顾群	校对	李宝明	设计	赵贵华	页	3

目录								图集号	07FJ02
审核	顾 群	顾群	校对	李宝明	李宝明	设计	赵贵华	页	4

编制说明

1 编制依据

1.1 本图集根据建设部《2006年国家建筑标准设计编制工作计划》要求进行编制。

1.2 本图集依据下列相关标准、规范进行编制：

《人民防空地下室设计规范》GB50038—2005

《人民防空工程防化设计规范》RFJ 1—97

《人民防空工程设计防火规范》GB50098—98（2001年版）

《建筑设计防火规范》GBJ16—87（2001年版）

《高层民用建筑设计防火规范》GB50045—95（2005年版）

《地下工程防水技术规范》GB50108—2001

《民用建筑设计通则》GB50352—2005

2 适用范围

本图集适用于核5级常5级、核6级常6级、核6B级常6级的甲类防空地下室和常5级、常6级的乙类防空地下室建筑设计。

3 编制内容

3.1 本图集编制了楼梯式主要出入口、防倒塌棚架、通风采光窗井、竖井（包括竖井式出入口和通风竖井）、扩散室、防爆波电缆井、洗消污水集水坑、临战封堵、防护变形缝、防洪挡板等内容。

3.2 每种类型均列出了设计要点一览表，对设计中需要特别注意的问题做了说明，以助于设计人员在防空地下室设计中合理使用。

4 注意事项

4.1 图集中提供的各种类型的建筑布置中，外墙、顶板、底板等结构构件厚度应满足最小厚度要求，具体尺寸根据实际工程确定。

4.2 图集中的建筑布置和尺寸均为常用形式，实际设计工作中可按各类型的说明和设计要点以及实际工程条件灵活选用或参考。

4.3 各类型的编号说明见相应的设计要点一览表，防护密闭门、密闭门、防爆波活门、防火门型号含义见图集07FJ01第11页。

4.4 本图集的楼梯式主要出入口、防倒塌棚架、通风采光窗井可分别与结构图集07FG03、07FG02、07FG05配合选用。

5 楼梯式主要出入口

5.1 本图集主要包括楼梯式室外主要出入口和作为主要出入口的室内口两种形式，不满足本图集尺寸的楼梯可参考选用。

5.2 楼梯式室外出入口的数量应满足《人民防空地下室设计规范》GB50038—2005（以下简称规范）中第3.3.1条规定。

5.3 楼梯式室外出入口应采取防雨、防地表水倒灌的措施。

5.4 乙类防空地下室和核5级、核6级、核6B级的甲类防空地下室，其独立式室外出入口不宜采用直通式；独立式室外出入口的防护密闭门外通道长度（其长度可按防护密闭门以外有防护顶盖段通道中心线的水平投影折线长计，对于楼梯式出入口可计入自室外地平面至防护密闭门洞口高度1/2处的竖向距离）不得小于5.00m。

5.5 附壁式室外出入口的防护密闭门外通道长度（其长度可按防护密闭门以外有防护顶盖段通道中心线的水平投影折线长计）不得小于5.00m。

5.6 作为主要出入口的室内口必须满足规范第3.3.2条的规定。

编制说明								图集号	07FJ02
审核	顾 群	顾群	校对	李宝明	李宝明	设计	赵贵华	页	5

5.7 楼梯的净宽最小尺寸要求见下表。

工程类别	楼梯净宽最小尺寸
人员掩蔽工程	≥1.00m且满足战时出入口的楼梯净宽之和不小于掩蔽人数每100人0.30m的要求；若为两相邻防护单元共用的出入口楼梯，其净宽应按两掩蔽入口通过总人数的每100人不小于0.30m的要求。（门洞净宽之和不包括竖井式出入口、与其他人防工程的连通口和防护单元之间的连通口）
配套工程	≥1.00m
医疗救护工程 防空专业队工程	≥1.20m

6 防倒塌棚架

6.1 核5级、核6级、核6B级的甲类防空地下室的战时室外主要出入口通道的出地面段设置在地面建筑倒塌范围以内且平时设有口部建筑时，应按防倒塌棚架设计；平时不宜设置口部建筑的，其通道上方可采用装配式防倒塌棚架临战时构筑，做法详见图集05SFJ05和图集05SFG04。

6.2 对于作为次要出入口的室外出入口的口部建筑，在倒塌范围以内时可不设防倒塌棚架。

6.3 对于乙类防空地下室的室外出入口，因不考虑地面建筑倒塌的影响，不需要设防倒塌棚架。

6.4 地面建筑的倒塌范围按照规范第3.3.3条确定。

7 通风采光窗井

7.1 根据平时使用需要设置的通风采光窗，其临战时的转换工作量应与城市的战略地位相协调，应符合当地战时的人力、物力条件。

7.2 通风采光窗的窗孔尺寸应根据防空地下室的结构类型、平时使用要求以及建筑物四周的环境条件等因素综合分析确定。

7.3 承受动荷载的墙面，其窗孔的宽度不宜大于墙面宽度（指轴线之间距离）的1/3。

7.4 窗井应采取相应的防雨和防地表水倒灌等措施。

7.5 通风采光窗的临战封堵措施，应满足战时的抗力、密闭等防护要求（甲类防空地下室还需要满足防早期核辐射要求）。

8 扩散室

8.1 战时要求不间断通风的防空地下室的进风口、排风口、柴油机排烟口宜采用防爆波活门+扩散室（或扩散箱）的消波设施。

8.2 扩散室属于防空地下室中的染毒区，扩散室所接风管应采取防护密闭措施；扩散室应采用钢筋混凝土整体浇筑，室内平面宜采用正方形或矩形。

8.3 扩散室的最小空间尺寸应综合考虑规范附录F消波余压的要求、第3.4.7条的要求、扩散室接风管的空间要求等因素。

8.4 扩散室内应设置集水坑或地漏。

8.5 与扩散室相连接的通风管侧墙穿入时，其中心线应位于距后墙面的1/3扩散室净长处；后墙穿入时，其端部应设置弯头，且通风管端部弯头的中心线应位于距后墙面的1/3扩散室净长处。

9 竖井

9.1 竖井式出入口

9.1.1 竖井式出入口的防护密闭门外通道长度不得小于5.00m。

9.1.2 防护密闭门的门扇外表面不得突出竖井的内表面。

9.1.3 竖井式出入口宜与通风竖井合并设置。竖井的平面净尺寸不宜小于1.00m×1.00m。与滤毒室相连的竖井式出入口上方的顶板宜设置吊钩。

9.1.4 当竖井设在地面建筑倒塌范围以内时，其高出室外地平面部分应采取防倒塌措施。

9.2 通风竖井

9.2.1 柴油机排烟口应在室外单独设置。进风口、排风口宜在室外单独设置。供战时使用的及平战两用的进风口、排风口应采取防倒塌、防堵塞以及防雨、防地表水等措施。

9.2.2 位于倒塌范围以外的室外进风口，其下缘距室外地平面的高度不宜小于0.50m；位于倒塌范围以内的室外进风口，其下缘距室外地平面的高度不宜小于1.00m。

9.2.3 进风口的竖井或通道内应设置洗消污水集水坑。

10 防爆波电缆井

10.1 防爆波电缆井应设在防空地下室室外适当位置（如土中）。防爆波电缆井可与平时使用的电缆井合并设置，但其结构和井盖应满足相应的抗力要求。

10.2 电缆井按照手孔井设计净高H≥1.1m，按照人孔井设计净高H≥1.8m，其上部人孔的直径不应小于0.70m。

10.3 电缆井应采取防雨水、地表水的措施。

10.4 井盖应满足相应的抗力要求，并宜与周围环境相协调；可开启盖板的单块重量不宜超过50kg。

11 洗消污水集水坑

11.1 防空地下室战时主要出入口的防护密闭门外通道内以及进风口的竖井或通道内，应设置洗消污水集水坑，可按平时不使用，战时使用手动排水设备（或移动式电动排水设备）设计。防护密闭门以内的洗消废水集水池由给排水专业设计确定。

11.2 坑深不宜小于0.60m，容积不宜小于0.50m^3。

11.3 洗消污水集水坑仅用于汇集战时口部的洗消用水，冲洗水量按5~10L/m^{2}冲洗一次计算。

12 临战封堵措施

12.1 口部临战封堵通常采用防护密闭门封堵和预制构件封堵两种做法。在条件许可的情况下，宜采用防护密闭门封堵的做法，以减少临战时平战功能转换的工作量。

12.2 平战结合的防空地下室中应严格按照规范第3.7.2条强制性要求，规定的构件、结构和防护设施等应在工程施工和安装时一次完成。

12.3 封堵部位的洞口尺寸和数量应满足规范第3.7节相关条文的要求。

13 其他

13.1 防空地下室的变形缝和防护变形缝必须采取可靠加固措施保证防护密闭的要求。

13.2 地下车库为平时通风排烟采光在顶板开设的通风采光窗窗口尺寸不宜大于3.0mX6.0m，并应预留临战封堵措施。

13.3 防雨水和地表水要求高的口部可采用防洪挡板的做法。

楼梯式主要出入口设计要点

适用范围	防空地下室战时室外人员主要出入口以及可作为室外主要出入口的室内人员出入口
类型	以双跑楼梯作为疏散口的楼梯式主要出入口
结构形式	钢筋混凝土结构
出入口形式	独立式出入口及作为室外主要出入口的室内人员出入口两种形式
楼梯高度	本图集给出楼层高度3000～4400mm的楼梯选用表，高度模数为100mm，若楼层高度超过4400mm则需要组合梯段以达到所需高度
梯段宽度	梯段宽度范围为1100～1800mm，模数为100mm，其他要求见本图集编制说明
踏步尺寸	踏步宽度为260mm，高度约为170mm，梯段组合时应优先采用踏步高度相近的梯段
配套选用	楼梯间尺寸若同防倒塌棚架尺寸统一考虑，则棚架及楼梯可从图集中一同选择
附属构件	栏杆、扶手本图集已选用标准图，防滑条由具体工程确定
楼梯编号说明	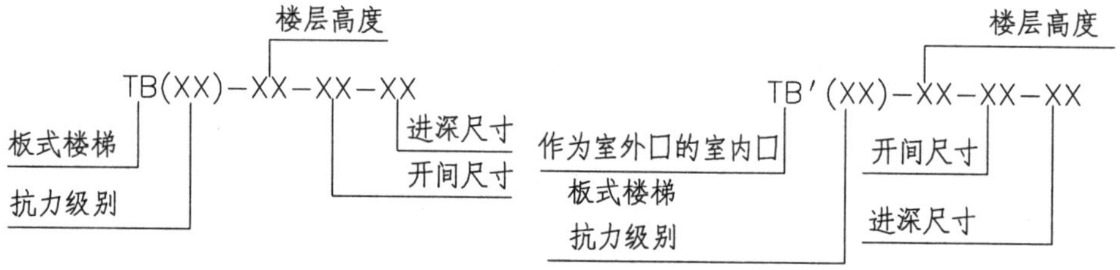

索引表

楼梯式主要出入口设计要点、索引表									图集号	07FJ02
审核	顾　群	顾群	校对	赵贵华	赵贵华	设计	李宝明	李宝明	页	8

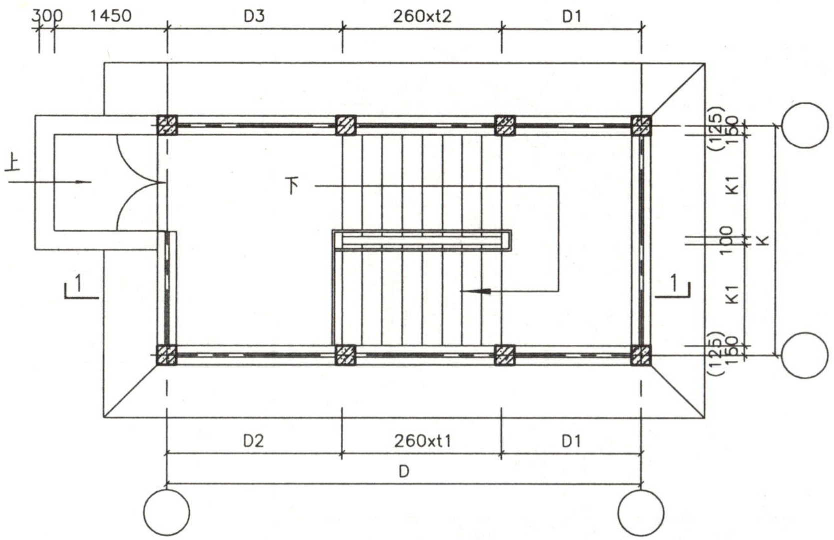

地面层平面图

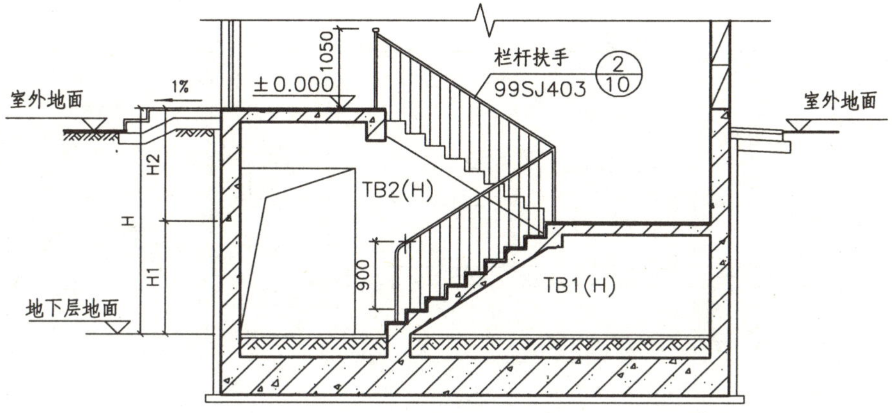

1—1剖面图

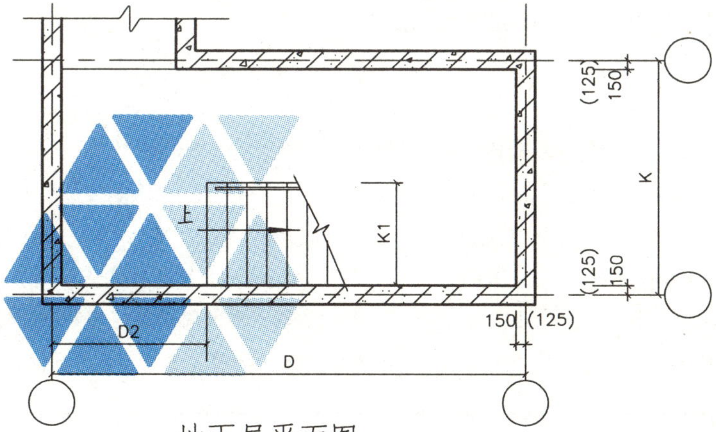

地下层平面图

说明:

1.本图为楼梯式室外主要出入口平剖面示例图，楼梯编号从选用表中选取。

2.梯段踏步均等分。

3.梯段踏步面层按地砖设计，做法详见图集99SJ403第78页做法5。

4.梯段栏杆油漆做法详见图集99SJ403第77页做法11。

5.梯段板底表面做法详见图集99SJ403第81页做法6。

6.梯段踏步防滑条做法由具体工程确定。

3000~4400mm层高楼梯式主要出入口示例图						图集号	07FJ02
审核	顾　群	校对	赵贵华	设计	李宝明	页	9

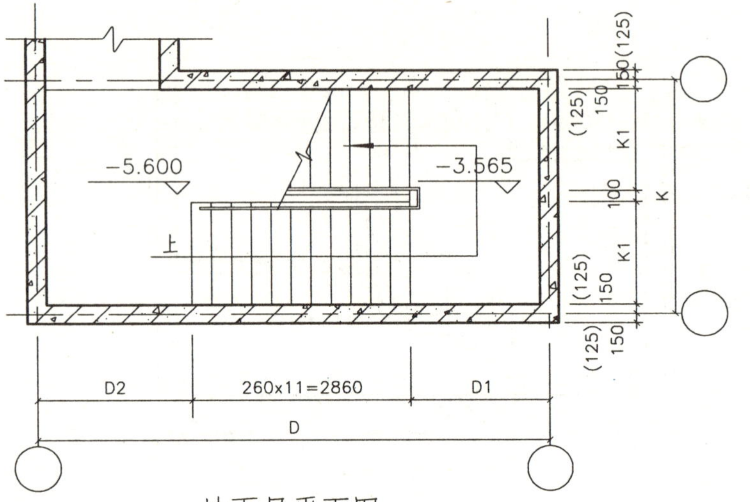

地下层平面图

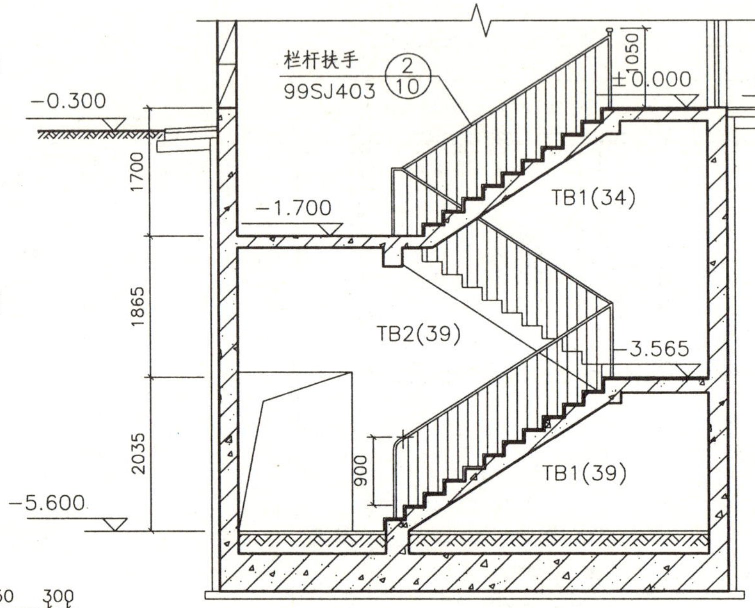

1—1剖面图

楼梯梯段宽度选用表

编号	K1
1	1100
2	1200
3	1300
4	1400
5	1500
6	1600
7	1700
8	1800

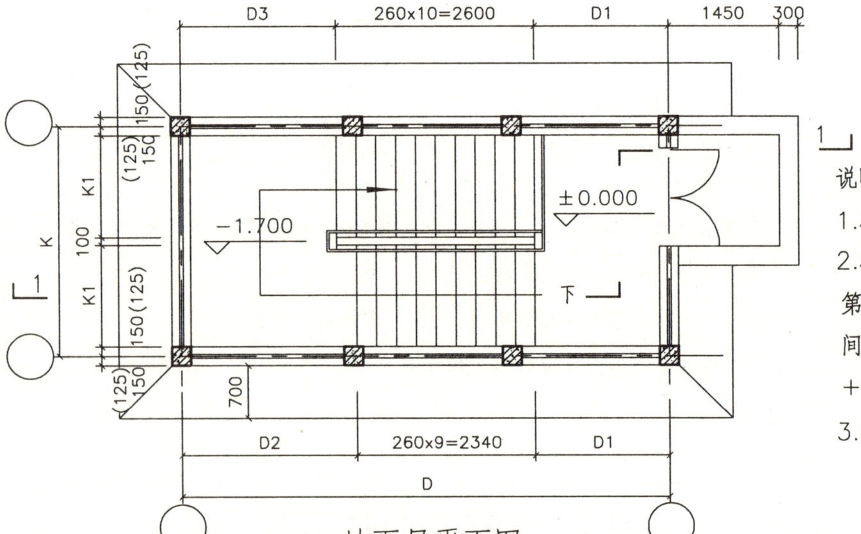

地面层平面图

说明:

1.本图仅为层高5600mm时楼梯式主要出入口的梯段组合。

2.本图集楼梯式主要出入口每段梯段均有编号，如TB1(39)则表示楼层高度为3900的第一梯段。拟定防空地下室抗力等级为核5级常5级，梯段宽度为1300mm，楼梯开间为3000mm,进深为6300mm，则本图所示楼梯可表示为TB(h5)−39−30−63+TB(h5)−34−30−60中TB1(34)，梯段板的跨度及配筋需结构专业进行复核。

3.组合梯段楼梯若作为室外主要出入口的室内口时，则需满足相关规范要求。

4400mm以上层高楼梯式主要出入口示例图							图集号	07FJ02
审核	顾 群	顾群	校对	赵贵华	赵贵华	设计	李宝明	李宝明	页	10

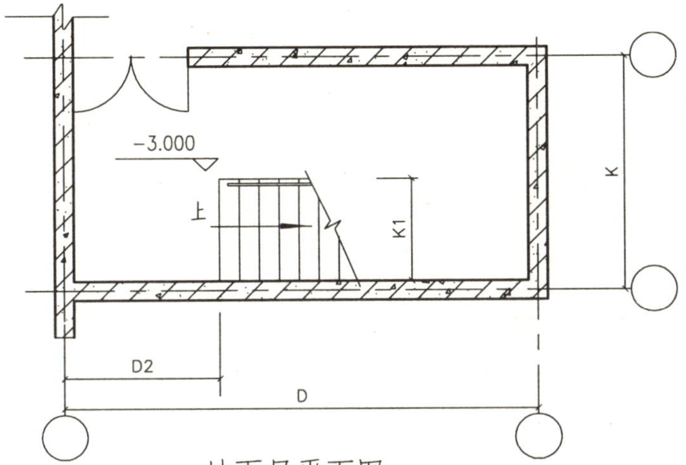

地下层平面图

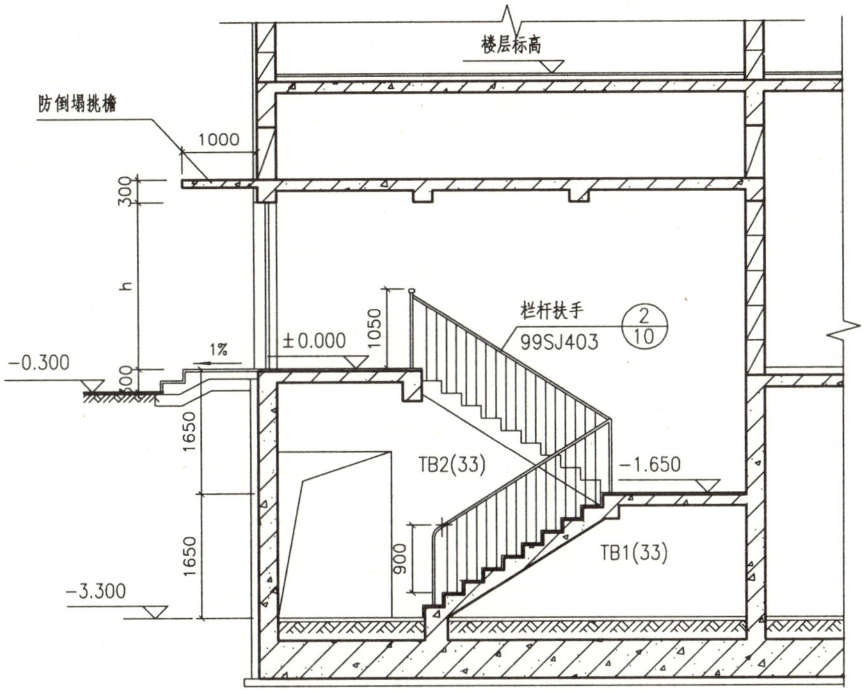

1—1剖面图

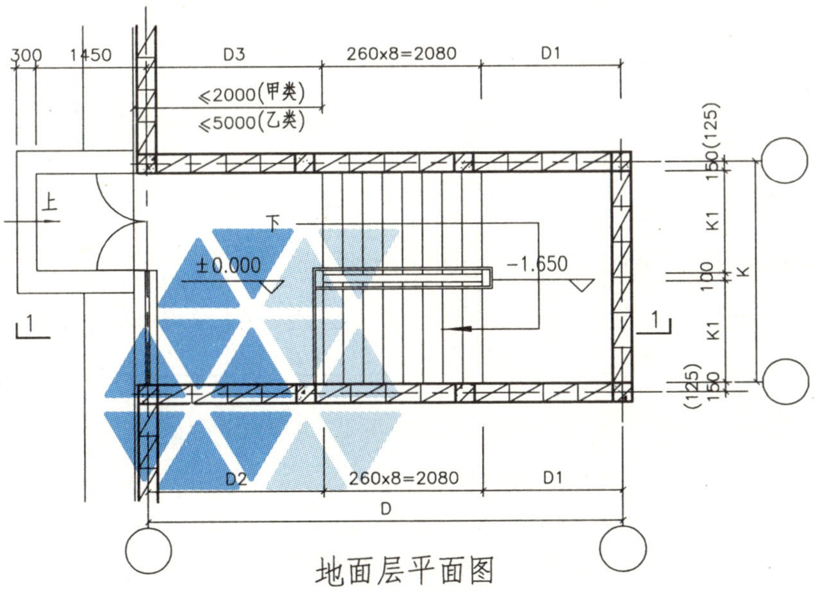

地面层平面图

说明：

1.本图所示作为室外主要出入口的楼梯式室内口仅适用于抗力级别为核6级、核6B级及常6级防空地下室工程，需严格按规范要求设计。

2.本图仅以3300mm层高为例说明其构造做法，其他层高楼梯构造均同此做法，楼梯间内做法同独立式主要出入口。

3.楼梯梯段宽度按1100~1500mm设计，外墙厚度(连同保温)按300mm计算，超过此范围需重新复核规范中相关要求。

作为室外主要出入口的楼梯式室内口示例图								图集号	07FJ02
审核	顾　群	顾群	校对	赵贵华	赵贵华	设计	李宝明	页	11

3000mm 层高楼梯式主要出入口选用表

楼梯编号					K1	K	D	D1	D2	D3	H	H1	H2	t1	t2
核5级常5级	核6级常6级	核6B级常6级	常 5 级	常 6 级											
TB(h5)−30−26−54	TB(h6)−30−26−54	TB(h6B)−30−26−54	TB(c5)−30−26−54	TB(c6)−30−26−54	1100	2600	5400	1380	1940	1940	3000	1500	1500	8	8
	TB′(h6)−30−26−51	TB′(h6B)−30−26−51		TB′(c6)−30−26−51			5100	1380	1640	1640					
TB(h5)−30−28−54	TB(h6)−30−28−54	TB(h6B)−30−28−54	TB(c5)−30−28−54	TB(c6)−30−28−54	1200	2800	5400	1480	1840	1840					
	TB′(h6)−30−28−54	TB′(h6B)−30−28−54		TB′(c6)−30−28−54											
TB(h5)−30−30−54	TB(h6)−30−30−54	TB(h6B)−30−30−54	TB(c5)−30−30−54	TB(c6)−30−30−54	1300	3000	5400	1580	1740	1740					
	TB′(h6)−30−30−54	TB′(h6B)−30−30−54		TB′(c6)−30−30−54											
TB(h5)−30−32−60	TB(h6)−30−32−60	TB(h6B)−30−32−60	TB(c5)−30−32−60	TB(c6)−30−32−60	1400	3200	6000	1680	2240	2240					
	TB′(h6)−30−32−56	TB′(h6B)−30−32−56		TB′(c6)−30−32−56			5600	1680	1840	1840					
TB(h5)−30−34−60	TB(h6)−30−34−60	TB(h6B)−30−34−60	TB(c5)−30−34−60	TB(c6)−30−34−60	1500	3400	6000	1780	2140	2140					
	TB′(h6)−30−34−57	TB′(h6B)−30−34−57		TB′(c6)−30−34−57			5700	1780	1840	1840					
TB(h5)−30−36−60	TB(h6)−30−36−60	TB(h6B)−30−36−60	TB(c5)−30−36−60	TB(c6)−30−36−60	1600	3600	6000	1880	2040	2040					
TB(h5)−30−38−63	TB(h6)−30−38−63	TB(h6B)−30−38−63	TB(c5)−30−38−63	TB(c6)−30−38−63	1700	3800	6300	1980	2240	2240					
TB(h5)−30−40−63	TB(h6)−30−40−63	TB(h6B)−30−40−63	TB(c5)−30−40−63	TB(c6)−30−40−63	1800	4000	6300	2080	2140	2140					

3100mm 层高楼梯式主要出入口选用表

楼梯编号					K1	K	D	D1	D2	D3	H	H1	H2	t1	t2
核5级常5级	核6级常6级	核6B级常6级	常 5 级	常 6 级											
TB(h5)−31−26−54	TB(h6)−31−26−54	TB(h6B)−31−26−54	TB(c5)−31−26−54	TB(c6)−31−26−54	1100	2600	5400	1380	1940	1940	3100	1550	1550	8	8
	TB′(h6)−31−26−51	TB′(h6B)−31−26−51		TB′(c6)−31−26−51			5100	1380	1640	1640					
TB(h5)−31−28−54	TB(h6)−31−28−54	TB(h6B)−31−28−54	TB(c5)−31−28−54	TB(c6)−31−28−54	1200	2800	5400	1480	1840	1840					
	TB′(h6)−31−28−54	TB′(h6B)−31−28−54		TB′(c6)−31−28−54											
TB(h5)−31−30−54	TB(h6)−31−30−54	TB(h6B)−31−30−54	TB(c5)−31−30−54	TB(c6)−31−30−54	1300	3000	5400	1580	1740	1740					
	TB′(h6)−31−30−54	TB′(h6B)−31−30−54		TB′(c6)−31−30−54											
TB(h5)−31−32−60	TB(h6)−31−32−60	TB(h6B)−31−32−60	TB(c5)−31−32−60	TB(c6)−31−32−60	1400	3200	6000	1680	2240	2240					
	TB′(h6)−31−32−56	TB′(h6B)−31−32−56		TB′(c6)−31−32−56			5600	1680	1840	1840					
TB(h5)−31−34−60	TB(h6)−31−34−60	TB(h6B)−31−34−60	TB(c5)−31−34−60	TB(c6)−31−34−60	1500	3400	6000	1780	2140	2140					
	TB′(h6)−31−34−57	TB′(h6B)−31−34−57		TB′(c6)−31−34−57			5700	1780	1840	1840					
TB(h5)−31−36−60	TB(h6)−31−36−60	TB(h6B)−31−36−60	TB(c5)−31−36−60	TB(c6)−31−36−60	1600	3600	6000	1880	2040	2040					
TB(h5)−31−38−63	TB(h6)−31−38−63	TB(h6B)−31−38−63	TB(c5)−31−38−63	TB(c6)−31−38−63	1700	3800	6300	1980	2240	2240					
TB(h5)−31−40−63	TB(h6)−31−40−63	TB(h6B)−31−40−63	TB(c5)−31−40−63	TB(c6)−31−40−63	1800	4000	6300	2080	2140	2140					

3100mm层高楼梯式主要出入口选用表						图集号	07FJ02
审核	顾 群	校对	赵贵华	设计	李宝明	页	13

3200mm 层高楼梯式主要出入口选用表

楼梯编号					K1	K	D	D1	D2	D3	H	H1	H2	t1	t2
核5级常5级	核6级常6级	核6B级常6级	常 5 级	常 6 级											
TB(h5)−32−26−54	TB(h6)−32−26−54	TB(h6B)−32−26−54	TB(c5)−32−26−54	TB(c6)−32−26−54	1100	2600	5400	1380	1680	1940	3200	1685	1515	9	8
	TB′(h6)−32−26−51	TB′(h6B)−32−26−51		TB′(c6)−32−26−51			5100	1380	1380	1640					
TB(h5)−32−28−54	TB(h6)−32−28−54	TB(h6B)−32−28−54	TB(c5)−32−28−54	TB(c6)−32−28−54	1200	2800	5400	1480	1580	1840					
	TB′(h6)−32−28−54	TB′(h6B)−32−28−54		TB′(c6)−32−28−54											
TB(h5)−32−30−60	TB(h6)−32−30−60	TB(h6B)−32−30−60	TB(c5)−32−30−60	TB(c6)−32−30−60	1300	3000	6000	1580	2080	2340					
	TB′(h6)−32−30−55	TB′(h6B)−32−30−55		TB′(c6)−32−30−55			5500	1580	1580	1840					
TB(h5)−32−32−60	TB(h6)−32−32−60	TB(h6B)−32−32−60	TB(c5)−32−32−60	TB(c6)−32−32−60	1400	3200	6000	1680	1980	2240					
				TB′(c6)−32−32−60											
TB(h5)−32−34−60	TB(h6)−32−34−60	TB(h6B)−32−34−60	TB(c5)−32−34−60	TB(c6)−32−34−60	1500	3400	6000	1780	1880	2140					
				TB′(c6)−32−34−60											
TB(h5)−32−36−63	TB(h6)−32−36−63	TB(h6B)−32−36−63	TB(c5)−32−36−63	TB(c6)−32−36−63	1600	3600	6300	1880	2080	2340					
TB(h5)−32−38−66	TB(h6)−32−38−66	TB(h6B)−32−38−66	TB(c5)−32−38−66	TB(c6)−32−38−66	1700	3800	6600	1980	2280	2540					
TB(h5)−32−40−66	TB(h6)−32−40−66	TB(h6B)−32−40−66	TB(c5)−32−40−66	TB(c6)−32−40−66	1800	4000	6600	2080	2180	2440					

3300mm 层高楼梯式主要出入口选用表

楼梯编号					K1	K	D	D1	D2	D3	H	H1	H2	t1	t2
核5级常5级	核6级常6级	核6B级常6级	常 5 级	常 6 级											
TB(h5)−33−26−54	TB(h6)−33−26−54	TB(h6B)−33−26−54	TB(c5)−33−26−54	TB(c6)−33−26−54	1100	2600	5400	1380	1680	1680	3300	1650	1650	9	9
	TB′(h6)−33−26−54	TB′(h6B)−33−26−54		TB′(c6)−33−26−54											
TB(h5)−33−28−54	TB(h6)−33−28−54	TB(h6B)−33−28−54	TB(c5)−33−28−54	TB(c6)−33−28−54	1200	2800	5400	1480	1580	1580					
	TB′(h6)−33−28−54	TB′(h6B)−33−28−54		TB′(c6)−33−28−54											
TB(h5)−33−30−60	TB(h6)−33−30−60	TB(h6B)−33−30−60	TB(c5)−33−30−60	TB(c6)−33−30−60	1300	3000	6000	1580	2080	2080					
	TB′(h6)−33−30−57	TB′(h6B)−33−30−57		TB′(c6)−33−30−57			5700	1580	1780	1780					
TB(h5)−33−32−60	TB(h6)−33−32−60	TB(h6B)−33−32−60	TB(c5)−33−32−60	TB(c6)−33−32−60	1400	3200	6000	1680	1980	1980					
	TB′(h6)−33−32−57	TB′(h6B)−33−32−57		TB′(c6)−33−32−57			5700	1680	1680	1680					
TB(h5)−33−34−60	TB(h6)−33−34−60	TB(h6B)−33−34−60	TB(c5)−33−34−60	TB(c6)−33−34−60	1500	3400	6000	1780	1880	1880					
	TB′(h6)−33−34−59	TB′(h6B)−33−34−59		TB′(c6)−33−34−59			5900	1780	1780	1780					
TB(h5)−33−36−63	TB(h6)−33−36−63	TB(h6B)−33−36−63	TB(c5)−33−36−63	TB(c6)−33−36−63	1600	3600	6300	1880	2080	2080					
TB(h5)−33−38−66	TB(h6)−33−38−66	TB(h6B)−33−38−66	TB(c5)−33−38−66	TB(c6)−33−38−66	1700	3800	6600	1980	2280	2280					
TB(h5)−33−40−66	TB(h6)−33−40−66	TB(h6B)−33−40−66	TB(c5)−33−40−66	TB(c6)−33−40−66	1800	4000	6600	2080	2180	2180					

3400mm 层高楼梯式主要出入口选用表

楼梯编号					K1	K	D	D1	D2	D3	H	H1	H2	t1	t2
核5级常5级	核6级常6级	核6B级常6级	常 5 级	常 6 级											
TB(h5)−34−26−54	TB(h6)−34−26−54	TB(h6B)−34−26−54	TB(c5)−34−26−54	TB(c6)−34−26−54	1100	2600	5400	1380	1680	1680	3400	1700	1700	9	9
	TB′(h6)−34−26−54	TB′(h6B)−34−26−54		TB′(c6)−34−26−54											
TB(h5)−34−28−54	TB(h6)−34−28−54	TB(h6B)−34−28−54	TB(c5)−34−28−54	TB(c6)−34−28−54	1200	2800	5400	1480	1580	1580					
	TB′(h6)−34−28−54	TB′(h6B)−34−28−54		TB′(c6)−34−28−54											
TB(h5)−34−30−60	TB(h6)−34−30−60	TB(h6B)−34−30−60	TB(c5)−34−30−60	TB(c6)−34−30−60	1300	3000	6000	1580	2080	2080					
	TB′(h6)−34−30−57	TB′(h6B)−34−30−57		TB′(c6)−34−30−57			5700	1580	1780	1780					
TB(h5)−34−32−60	TB(h6)−34−32−60	TB(h6B)−34−32−60	TB(c5)−34−32−60	TB(c6)−34−32−60	1400	3200	6000	1680	1980	1980					
	TB′(h6)−34−32−57	TB′(h6B)−34−32−57		TB′(c6)−34−32−57			5700	1680	1680	1680					
TB(h5)−34−34−60	TB(h6)−34−34−60	TB(h6B)−34−34−60	TB(c5)−34−34−60	TB(c6)−34−34−60	1500	3400	6000	1780	1880	1880					
	TB′(h6)−34−34−59	TB′(h6B)−34−34−59		TB′(c6)−34−34−59			5900	1780	1780	1780					
TB(h5)−34−36−63	TB(h6)−34−36−63	TB(h6B)−34−36−63	TB(c5)−34−36−63	TB(c6)−34−36−63	1600	3600	6300	1880	2080	2080					
TB(h5)−34−38−66	TB(h6)−34−38−66	TB(h6B)−34−38−66	TB(c5)−34−38−66	TB(c6)−34−38−66	1700	3800	6600	1980	2280	2280					
TB(h5)−34−40−66	TB(h6)−34−40−66	TB(h6B)−34−40−66	TB(c5)−34−40−66	TB(c6)−34−40−66	1800	4000	6600	2080	2180	2180					

3500mm 层高楼梯式主要出入口选用表

楼梯编号					K1	K	D	D1	D2	D3	H	H1	H2	t1	t2
核5级常5级	核6级常6级	核6B级常6级	常 5 级	常 6 级											
TB(h5)-35-26-60	TB(h6)-35-26-60	TB(h6B)-35-26-60	TB(c5)-35-26-60	TB(c6)-35-26-60	1100	2600	6000	1380	2020	2280	3500	1833	1667	10	9
	TB′(h6)-35-26-55	TB′(h6B)-35-26-55		TB′(c6)-35-26-55			5500	1380	1520	1780					
TB(h5)-35-28-60	TB(h6)-35-28-60	TB(h6B)-35-28-60	TB(c5)-35-28-60	TB(c6)-35-28-60	1200	2800	6000	1480	1920	2180					
	TB′(h6)-35-28-56	TB′(h6B)-35-28-56		TB′(c6)-35-28-56			5600	1480	1520	1780					
TB(h5)-35-30-60	TB(h6)-35-30-60	TB(h6B)-35-30-60	TB(c5)-35-30-60	TB(c6)-35-30-60	1300	3000	6000	1580	1820	2080					
				TB′(c6)-35-30-60											
TB(h5)-35-32-60	TB(h6)-35-32-60	TB(h6B)-35-32-60	TB(c5)-35-32-60	TB(c6)-35-32-60	1400	3200	6000	1680	1720	1980					
				TB′(c6)-35-32-60											
TB(h5)-35-34-63	TB(h6)-35-34-63	TB(h6B)-35-34-63	TB(c5)-35-34-63	TB(c6)-35-34-63	1500	3400	6300	1780	1920	2180					
				TB′(c6)-35-34-63											
TB(h5)-35-36-66	TB(h6)-35-36-66	TB(h6B)-35-36-66	TB(c5)-35-36-66	TB(c6)-35-36-66	1600	3600	6600	1880	2120	2380					
TB(h5)-35-38-66	TB(h6)-35-38-66	TB(h6B)-35-38-66	TB(c5)-35-38-66	TB(c6)-35-38-66	1700	3800	6600	1980	2020	2280					
TB(h5)-35-40-72	TB(h6)-35-40-72	TB(h6B)-35-40-72	TB(c5)-35-40-72	TB(c6)-35-40-72	1800	4000	7200	2080	2520	2780					

3500mm层高楼梯式主要出入口选用表						图集号	07FJ02
审核	顾 群	校对	赵贵华	设计	李宝明	页	17

3600mm 层高楼梯式主要出入口选用表

楼梯编号					K1	K	D	D1	D2	D3	H	H1	H2	t1	t2
核5级常5级	核6级常6级	核6B级常6级	常 5 级	常 6 级											
TB(h5)−36−26−60	TB(h6)−36−26−60	TB(h6B)−36−26−60	TB(c5)−36−26−60	TB(c6)−36−26−60	1100	2600	6000	1380	2020	2280	3600	1886	1714	10	9
	TB′(h6)−36−26−55	TB′(h6B)−36−26−55		TB′(c6)−36−26−55			5500	1380	1520	1780					
TB(h5)−36−28−60	TB(h6)−36−28−60	TB(h6B)−36−28−60	TB(c5)−36−28−60	TB(c6)−36−28−60	1200	2800	6000	1480	1920	2180					
	TB′(h6)−36−28−56	TB′(h6B)−36−28−56		TB′(c6)−36−28−56			5600	1480	1520	1780					
TB(h5)−36−30−60	TB(h6)−36−30−60	TB(h6B)−36−30−60	TB(c5)−36−30−60	TB(c6)−36−30−60	1300	3000	6000	1580	1820	2080					
				TB′(c6)−36−30−60											
TB(h5)−36−32−60	TB(h6)−36−32−60	TB(h6B)−36−32−60	TB(c5)−36−32−60	TB(c6)−36−32−60	1400	3200	6000	1680	1720	1980					
				TB′(c6)−36−32−60											
TB(h5)−36−34−63	TB(h6)−36−34−63	TB(h6B)−36−34−63	TB(c5)−36−34−63	TB(c6)−36−34−63	1500	3400	6300	1780	1920	2180					
				TB′(c6)−36−34−63											
TB(h5)−36−36−66	TB(h6)−36−36−66	TB(h6B)−36−36−66	TB(c5)−36−36−66	TB(c6)−36−36−66	1600	3600	6600	1880	2120	2380					
TB(h5)−36−38−66	TB(h6)−36−38−66	TB(h6B)−36−38−66	TB(c5)−36−38−66	TB(c6)−36−38−66	1700	3800	6600	1980	2020	2280					
TB(h5)−36−40−72	TB(h6)−36−40−72	TB(h6B)−36−40−72	TB(c5)−36−40−72	TB(c6)−36−40−72	1800	4000	7200	2080	2520	2780					

3600mm层高楼梯式主要出入口选用表						图集号	07FJ02
审核	顾 群	校对	赵贵华	设计	李宝明	页	18

3700mm 层高楼梯式主要出入口选用表

楼梯编号					K1	K	D	D1	D2	D3	H	H1	H2	t1	t2
核5级常5级	核6级常6级	核6B级常6级	常 5 级	常 6 级											
TB(h5)−37−26−60	TB(h6)−37−26−60	TB(h6B)−37−26−60	TB(c5)−37−26−60	TB(c6)−37−26−60	1100	2600	6000	1380	2020	2020	3700	1850	1850	10	10
	TB′(h6)−37−26−57	TB′(h6B)−37−26−57		TB′(c6)−37−26−57			5700	1380	1720	1720					
TB(h5)−37−28−60	TB(h6)−37−28−60	TB(h6B)−37−28−60	TB(c5)−37−28−60	TB(c6)−37−28−60	1200	2800	6000	1480	1920	1920					
	TB′(h6)−37−28−57	TB′(h6B)−37−28−57		TB′(c6)−37−28−57			5700	1480	1620	1620					
TB(h5)−37−30−60	TB(h6)−37−30−60	TB(h6B)−37−30−60	TB(c5)−37−30−60	TB(c6)−37−30−60	1300	3000	6000	1580	1820	1820					
	TB′(h6)−37−30−60	TB′(h6B)−37−30−60		TB′(c6)−37−30−60											
TB(h5)−37−32−60	TB(h6)−37−32−60	TB(h6B)−37−32−60	TB(c5)−37−32−60	TB(c6)−37−32−60	1400	3200	6000	1680	1720	1720					
	TB′(h6)−37−32−60	TB′(h6B)−37−32−60		TB′(c6)−37−32−60											
TB(h5)−37−34−63	TB(h6)−37−34−63	TB(h6B)−37−34−63	TB(c5)−37−34−63	TB(c6)−37−34−63	1500	3400	6300	1780	1920	1920					
	TB′(h6)−37−34−62	TB′(h6B)−37−34−62		TB′(c6)−37−34−62			6200	1780	1820	1820					
TB(h5)−37−36−66	TB(h6)−37−36−66	TB(h6B)−37−36−66	TB(c5)−37−36−66	TB(c6)−37−36−66	1600	3600	6600	1880	2120	2120					
TB(h5)−37−38−66	TB(h6)−37−38−66	TB(h6B)−37−38−66	TB(c5)−37−38−66	TB(c6)−37−38−66	1700	3800	6600	1980	2020	2020					
TB(h5)−37−40−72	TB(h6)−37−40−72	TB(h6B)−37−40−72	TB(c5)−37−40−72	TB(c6)−37−40−72	1800	4000	7200	2080	2520	2520					

3700mm层高楼梯式主要出入口选用表						图集号	07FJ02
审核	顾 群	校对	赵贵华	设计	李宝明	页	19

3800mm 层高楼梯式主要出入口选用表

楼梯编号					K1	K	D	D1	D2	D3	H	H1	H2	t1	t2
核5级常5级	核6级常6级	核6B级常6级	常 5 级	常 6 级											
TB(h5)−38−26−60	TB(h6)−38−26−60	TB(h6B)−38−26−60	TB(c5)−38−26−60	TB(c6)−38−26−60	1100	2600	6000	1380	2020	2020	3800	1900	1900	10	10
	TB′(h6)−38−26−57	TB′(h6B)−38−26−57		TB′(c6)−38−26−57			5700	1380	1720	1720					
TB(h5)−38−28−60	TB(h6)−38−28−60	TB(h6B)−38−28−60	TB(c5)−38−28−60	TB(c6)−38−28−60	1200	2800	6000	1480	1920	1920					
	TB′(h6)−38−28−57	TB′(h6B)−38−28−57		TB′(c6)−38−28−57			5700	1480	1620	1620					
TB(h5)−38−30−60	TB(h6)−38−30−60	TB(h6B)−38−30−60	TB(c5)−38−30−60	TB(c6)−38−30−60	1300	3000	6000	1580	1820	1820					
	TB′(h6)−38−30−60	TB′(h6B)−38−30−60		TB′(c6)−38−30−60											
TB(h5)−38−32−60	TB(h6)−38−32−60	TB(h6B)−38−32−60	TB(c5)−38−32−60	TB(c6)−38−32−60	1400	3200	6000	1680	1720	1720					
	TB′(h6)−38−32−60	TB′(h6B)−38−32−60		TB′(c6)−38−32−60											
TB(h5)−38−34−63	TB(h6)−38−34−63	TB(h6B)−38−34−63	TB(c5)−38−34−63	TB(c6)−38−34−63	1500	3400	6300	1780	1920	1920					
	TB′(h6)−38−34−62	TB′(h6B)−38−34−62		TB′(c6)−38−34−62			6200	1780	1820	1820					
TB(h5)−38−36−66	TB(h6)−38−36−66	TB(h6B)−38−36−66	TB(c5)−38−36−66	TB(c6)−38−36−66	1600	3600	6600	1880	2120	2120					
TB(h5)−38−38−66	TB(h6)−38−38−66	TB(h6B)−38−38−66	TB(c5)−38−38−66	TB(c6)−38−38−66	1700	3800	6600	1980	2020	2020					
TB(h5)−38−40−72	TB(h6)−38−40−72	TB(h6B)−38−40−72	TB(c5)−38−40−72	TB(c6)−38−40−72	1800	4000	7200	2080	2520	2520					

3900mm 层高楼梯式主要出入口选用表

楼梯编号					K1	K	D	D1	D2	D3	H	H1	H2	t1	t2
核5级常5级	核6级常6级	核6B级常6级	常 5 级	常 6 级											
TB(h5)−39−26−60	TB(h6)−39−26−60	TB(h6B)−39−26−60	TB(c5)−39−26−60	TB(c6)−39−26−60	1100	2600	6000	1380	1760	2020					
	TB′(h6)−39−26−57	TB′(h6B)−39−26−57		TB′(c6)−39−26−57			5700	1380	1460	1720					
TB(h5)−39−28−60	TB(h6)−39−28−60	TB(h6B)−39−28−60	TB(c5)−39−28−60	TB(c6)−39−28−60	1200	2800	6000	1480	1660	1920					
	TB′(h6)−39−28−59	TB′(h6B)−39−28−59		TB′(c6)−39−28−59			5900	1480	1560	1820					
TB(h5)−39−30−63	TB(h6)−39−30−63	TB(h6B)−39−30−63	TB(c5)−39−30−63	TB(c6)−39−30−63	1300	3000	6300	1580	1860	2120					
				TB′(c6)−39−30−63											
TB(h5)−39−32−63	TB(h6)−39−32−63	TB(h6B)−39−32−63	TB(c5)−39−32−63	TB(c6)−39−32−63	1400	3200	6300	1680	1760	2020	3900	2035	1865	11	10
				TB′(c6)−39−32−63											
TB(h5)−39−34−66	TB(h6)−39−34−66	TB(h6B)−39−34−66	TB(c5)−39−34−66	TB(c6)−39−34−66	1500	3400	6600	1780	1960	2220					
				TB′(c6)−39−34−66											
TB(h5)−39−36−72	TB(h6)−39−36−72	TB(h6B)−39−36−72	TB(c5)−39−36−72	TB(c6)−39−36−72	1600	3600	7200	1880	2460	2720					
TB(h5)−39−38−72	TB(h6)−39−38−72	TB(h6B)−39−38−72	TB(c5)−39−38−72	TB(c6)−39−38−72	1700	3800	7200	1980	2360	2620					
TB(h5)−39−40−72	TB(h6)−39−40−72	TB(h6B)−39−40−72	TB(c5)−39−40−72	TB(c6)−39−40−72	1800	4000	7200	2080	2260	2520					

4000mm 层高楼梯式主要出入口选用表

楼梯编号					K1	K	D	D1	D2	D3	H	H1	H2	t1	t2
核5级常5级	核6级常6级	核6B级常6级	常 5 级	常 6 级											
TB(h5)-40-26-60	TB(h6)-40-26-60	TB(h6B)-40-26-60	TB(c5)-40-26-60	TB(c6)-40-26-60	1100	2600	6000	1380	1760	1760	4000	2000	2000	11	11
	TB′(h6)-40-26-60	TB′(h6B)-40-26-60		TB′(c6)-40-26-60											
TB(h5)-40-28-60	TB(h6)-40-28-60	TB(h6B)-40-28-60	TB(c5)-40-28-60	TB(c6)-40-28-60	1200	2800	6000	1480	1660	1660					
	TB′(h6)-40-28-60	TB′(h6B)-40-28-60		TB′(c6)-40-28-60											
TB(h5)-40-30-63	TB(h6)-40-30-63	TB(h6B)-40-30-63	TB(c5)-40-30-63	TB(c6)-40-30-63	1300	3000	6300	1580	1860	1860					
	TB′(h6)-40-30-62	TB′(h6B)-40-30-62		TB′(c6)-40-30-62			6200	1580	1760	1760					
TB(h5)-40-32-63	TB(h6)-40-32-63	TB(h6B)-40-32-63	TB(c5)-40-32-63	TB(c6)-40-32-63	1400	3200	6300	1680	1760	1760					
	TB′(h6)-40-32-63	TB′(h6B)-40-32-63		TB′(c6)-40-32-63											
TB(h5)-40-34-66	TB(h6)-40-34-66	TB(h6B)-40-34-66	TB(c5)-40-34-66	TB(c6)-40-34-66	1500	3400	6600	1780	1960	1960					
				TB′(c6)-40-34-66											
TB(h5)-40-36-72	TB(h6)-40-36-72	TB(h6B)-40-36-72	TB(c5)-40-36-72	TB(c6)-40-36-72	1600	3600	7200	1880	2460	2460					
TB(h5)-40-38-72	TB(h6)-40-38-72	TB(h6B)-40-38-72	TB(c5)-40-38-72	TB(c6)-40-38-72	1700	3800	7200	1980	2360	2360					
TB(h5)-40-40-72	TB(h6)-40-40-72	TB(h6B)-40-40-72	TB(c5)-40-40-72	TB(c6)-40-40-72	1800	4000	7200	2080	2260	2260					

4000mm层高楼梯式主要出入口选用表							图集号	07FJ02
审核	顾 群	顾群	校对	赵贵华	赵贵华	设计	李宝明	李宝明	页	22

4100mm 层高楼梯式主要出入口选用表

楼梯编号					K1	K	D	D1	D2	D3	H	H1	H2	t1	t2
核5级常5级	核6级常6级	核6B级常6级	常 5 级	常 6 级											
TB(h5)−41−26−60	TB(h6)−41−26−60	TB(h6B)−41−26−60	TB(c5)−41−26−60	TB(c6)−41−26−60	1100	2600	6000	1380	1760	1760	4100	2050	2050	11	11
	TB′(h6)−41−26−60	TB′(h6B)−41−26−60		TB′(c6)−41−26−60											
TB(h5)−41−28−60	TB(h6)−41−28−60	TB(h6B)−41−28−60	TB(c5)−41−28−60	TB(c6)−41−28−60	1200	2800	6000	1480	1660	1660					
	TB′(h6)−41−28−60	TB′(h6B)−41−28−60		TB′(c6)−41−28−60											
TB(h5)−41−30−63	TB(h6)−41−30−63	TB(h6B)−41−30−63	TB(c5)−41−30−63	TB(c6)−41−30−63	1300	3000	6300	1580	1860	1860					
	TB′(h6)−41−30−62	TB′(h6B)−41−30−62		TB′(c6)−41−30−62			6200	1580	1760	1760					
TB(h5)−41−32−63	TB(h6)−41−32−63	TB(h6B)−41−32−63	TB(c5)−41−32−63	TB(c6)−41−32−63	1400	3200	6300	1680	1760	1760					
	TB′(h6)−41−32−63	TB′(h6B)−41−32−63		TB′(c6)−41−32−63											
TB(h5)−41−34−66	TB(h6)−41−34−66	TB(h6B)−41−34−66	TB(c5)−41−34−66	TB(c6)−41−34−66	1500	3400	6600	1780	1960	1960					
				TB′(c6)−41−34−66											
TB(h5)−41−36−72	TB(h6)−41−36−72	TB(h6B)−41−36−72	TB(c5)−41−36−72	TB(c6)−41−36−72	1600	3600	7200	1880	2460	2460					
TB(h5)−41−38−72	TB(h6)−41−38−72	TB(h6B)−41−38−72	TB(c5)−41−38−72	TB(c6)−41−38−72	1700	3800	7200	1980	2360	2360					
TB(h5)−41−40−72	TB(h6)−41−40−72	TB(h6B)−41−40−72	TB(c5)−41−40−72	TB(c6)−41−40−72	1800	4000	7200	2080	2260	2260					

4200mm 层高楼梯式主要出入口选用表

楼梯编号					K1	K	D	D1	D2	D3	H	H1	H2	t1	t2
核5级常5级	核6级常6级	核6B级常6级	常 5 级	常 6 级											
TB(h5)-42-26-63	TB(h6)-42-26-63	TB(h6B)-42-26-63	TB(c5)-42-26-63	TB(c6)-42-26-63	1100	2600	6300	1380	1800	2060	4200	2184	2016	12	11
	TB′(h6)-42-26-60	TB′(h6B)-42-26-60		TB′(c6)-42-26-60			6000	1380	1500	1760					
TB(h5)-42-28-63	TB(h6)-42-28-63	TB(h6B)-42-28-63	TB(c5)-42-28-63	TB(c6)-42-28-63	1200	2800	6300	1480	1700	1960					
	TB′(h6)-42-28-61	TB′(h6B)-42-28-61		TB′(c6)-42-28-61			6100	1480	1500	1760					
TB(h5)-42-30-63	TB(h6)-42-30-63	TB(h6B)-42-30-63	TB(c5)-42-30-63	TB(c6)-42-30-63	1300	3000	6300	1580	1600	1860					
				TB′(c6)-42-30-63											
TB(h5)-42-32-66	TB(h6)-42-32-66	TB(h6B)-42-32-66	TB(c5)-42-32-66	TB(c6)-42-32-66	1400	3200	6600	1680	1800	2060					
				TB′(c6)-42-32-66											
TB(h5)-42-34-72	TB(h6)-42-34-72	TB(h6B)-42-34-72	TB(c5)-42-34-72	TB(c6)-42-34-72	1500	3400	7200	1780	2300	2560					
				TB′(c6)-42-34-72											
TB(h5)-42-36-72	TB(h6)-42-36-72	TB(h6B)-42-36-72	TB(c5)-42-36-72	TB(c6)-42-36-72	1600	3600	7200	1880	2200	2460					
TB(h5)-42-38-72	TB(h6)-42-38-72	TB(h6B)-42-38-72	TB(c5)-42-38-72	TB(c6)-42-38-72	1700	3800	7200	1980	2100	2360					
TB(h5)-42-40-75	TB(h6)-42-40-75	TB(h6B)-42-40-75	TB(c5)-42-40-75	TB(c6)-42-40-75	1800	4000	7500	2080	2300	2560					

4200mm层高楼梯式主要出入口选用表									图集号	07FJ02
审核	顾 群	顾群	校对	赵贵华	赵贵华	设计	李宝明	李宝明	页	24

4300mm 层高楼梯式主要出入口选用表

楼梯编号					K1	K	D	D1	D2	D3	H	H1	H2	t1	t2
核5级常5级	核6级常6级	核6B级常6级	常 5 级	常 6 级											
TB(h5)−43−26−63	TB(h6)−43−26−63	TB(h6B)−43−26−63	TB(c5)−43−26−63	TB(c6)−43−26−63	1100	2600	6300	1380	1800	1800					
	TB′(h6)−43−26−63	TB′(h6B)−43−26−63		TB′(c6)−43−26−63											
TB(h5)−43−28−63	TB(h6)−43−28−63	TB(h6B)−43−28−63	TB(c5)−43−28−63	TB(c6)−43−28−63	1200	2800	6300	1480	1700	1700					
	TB′(h6)−43−28−63	TB′(h6B)−43−28−63		TB′(c6)−43−28−63											
TB(h5)−43−30−63	TB(h6)−43−30−63	TB(h6B)−43−30−63	TB(c5)−43−30−63	TB(c6)−43−30−63	1300	3000	6300	1580	1600	1600					
	TB′(h6)−43−30−63	TB′(h6B)−43−30−63		TB′(c6)−43−30−63											
TB(h5)−43−32−66	TB(h6)−43−32−66	TB(h6B)−43−32−66	TB(c5)−43−32−66	TB(c6)−43−32−66	1400	3200	6600	1680	1800	1800	4300	2150	2150	12	12
	TB′(h6)−43−32−66	TB′(h6B)−43−32−66		TB′(c6)−43−32−66											
TB(h5)−43−34−72	TB(h6)−43−34−72	TB(h6B)−43−34−72	TB(c5)−43−34−72	TB(c6)−43−34−72	1500	3400	7200	1780	2300	2300					
	TB′(h6)−43−34−67	TB′(h6B)−43−34−67		TB′(c6)−43−34−67			6700	1780	1800	1800					
TB(h5)−43−36−72	TB(h6)−43−36−72	TB(h6B)−43−36−72	TB(c5)−43−36−72	TB(c6)−43−36−72	1600	3600	7200	1880	2200	2200					
TB(h5)−43−38−72	TB(h6)−43−38−72	TB(h6B)−43−38−72	TB(c5)−43−38−72	TB(c6)−43−38−72	1700	3800	7200	1980	2100	2100					
TB(h5)−43−40−75	TB(h6)−43−40−75	TB(h6B)−43−40−75	TB(c5)−43−40−75	TB(c6)−43−40−75	1800	4000	7500	2080	2300	2300					

4400mm 层高楼梯式主要出入口选用表

楼梯编号					K1	K	D	D1	D2	D3	H	H1	H2	t1	t2
核5级常5级	核6级常6级	核6B级常6级	常 5 级	常 6 级											
TB(h5)−44−26−63	TB(h6)−44−26−63	TB(h6B)−44−26−63	TB(c5)−44−26−63	TB(c6)−44−26−63	1100	2600	6300	1380	1800	1800	4400	2200	2200	12	12
	TB′(h6)−44−26−63	TB′(h6B)−44−26−63		TB′(c6)−44−26−63											
TB(h5)−44−28−63	TB(h6)−44−28−63	TB(h6B)−44−28−63	TB(c5)−44−28−63	TB(c6)−44−28−63	1200	2800	6300	1480	1700	1700					
	TB′(h6)−44−28−63	TB′(h6B)−44−28−63		TB′(c6)−44−28−63											
TB(h5)−44−30−63	TB(h6)−44−30−63	TB(h6B)−44−30−63	TB(c5)−44−30−63	TB(c6)−44−30−63	1300	3000	6300	1580	1600	1600					
	TB′(h6)−44−30−63	TB′(h6B)−44−30−63		TB′(c6)−44−30−63											
TB(h5)−44−32−66	TB(h6)−44−32−66	TB(h6B)−44−32−66	TB(c5)−44−32−66	TB(c6)−44−32−66	1400	3200	6600	1680	1800	1800					
	TB′(h6)−44−32−66	TB′(h6B)−44−32−66		TB′(c6)−44−32−66											
TB(h5)−44−34−72	TB(h6)−44−34−72	TB(h6B)−44−34−72	TB(c5)−44−34−72	TB(c6)−44−34−72	1500	3400	7200	1780	2300	2300					
	TB′(h6)−44−34−67	TB′(h6B)−44−34−67		TB′(c6)−44−34−67			6700	1780	1800	1800					
TB(h5)−44−36−72	TB(h6)−44−36−72	TB(h6B)−44−36−72	TB(c5)−44−36−72	TB(c6)−44−36−72	1600	3600	7200	1880	2200	2200					
TB(h5)−44−38−72	TB(h6)−44−38−72	TB(h6B)−44−38−72	TB(c5)−44−38−72	TB(c6)−44−38−72	1700	3800	7200	1980	2100	2100					
TB(h5)−44−40−75	TB(h6)−44−40−75	TB(h6B)−44−40−75	TB(c5)−44−40−75	TB(c6)−44−40−75	1800	4000	7500	2080	2300	2300					

4400mm层高楼梯式主要出入口选用表								图集号	07FJ02
审核	顾　群	顾群	校对	赵贵华	赵贵华	设计	李宝明	页	26

防倒塌棚架设计要点

适用范围	防空地下室战时室外主要出入口的地面建筑
棚架顶部形式	女儿墙，平挑檐及斜挑檐三种形式
结构形式	钢筋混凝土结构
定型尺寸	楼梯式出入口梯段宽度K1按1100~1800mm设计(墙厚按300mm计算)，模数为100mm，1100mm梯段宽度专用于防空地下室战时疏散口，梁下净高按2100、2400、2700mm三种尺寸设计，柱距按1200、1500、1800、2100、2400mm五种尺寸设计，选择梁下净高2100mm的棚架时需复核楼梯踏步以上的净高是否满足净高要求；汽车坡道式出入口净宽按4000mm设计，柱距按2200~4200mm设计，模数为200mm，梁下净高按2200mm及3000mm设计
引申设计	在保持主体结构完整的情况下，防倒塌棚架可以灵活设计，既可增加一些不与主体结构做可靠拉接的装饰部分，也可以根据防空地下室的平时功能设计配套用房，配套用房的布置可根据具体工程的要求设计，与棚架主体结构采取相应的构造措施
节能设计	本图集防倒塌棚架按无保温层设计，具体工程可根据口部的用途及相应节能要求进行设计
配套选用方法	楼梯式室外主要出入口防倒塌棚架若能同楼梯间的控制尺寸统一考虑，则楼梯及棚架可从图集中一同选择
棚架编号说明	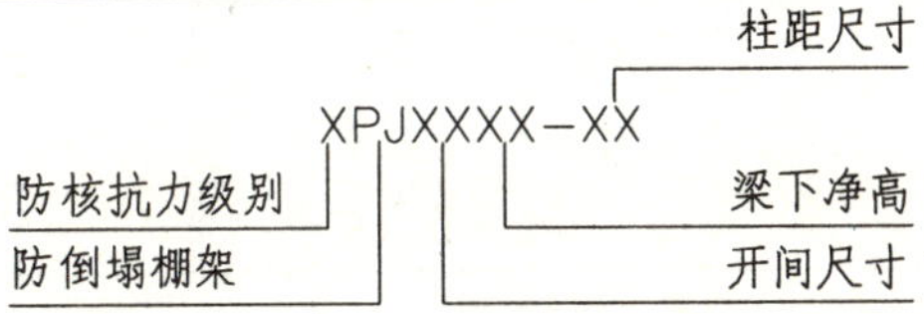

防倒塌棚架设计要点								图集号	07FJ02
审核	顾群	顾群	校对	赵贵华	赵贵华	设计	李宝明	李宝明	页 27

索引表

防倒塌棚架型号根据立面顶部形式编号

Ⅰ型　女儿墙形式

Ⅱ型　斜挑檐形式

Ⅲ型　平挑檐形式

索引表								图集号	07FJ02
审核	顾　群	顾群	校对	赵贵华	赵贵华	设计	李宝明	页	28

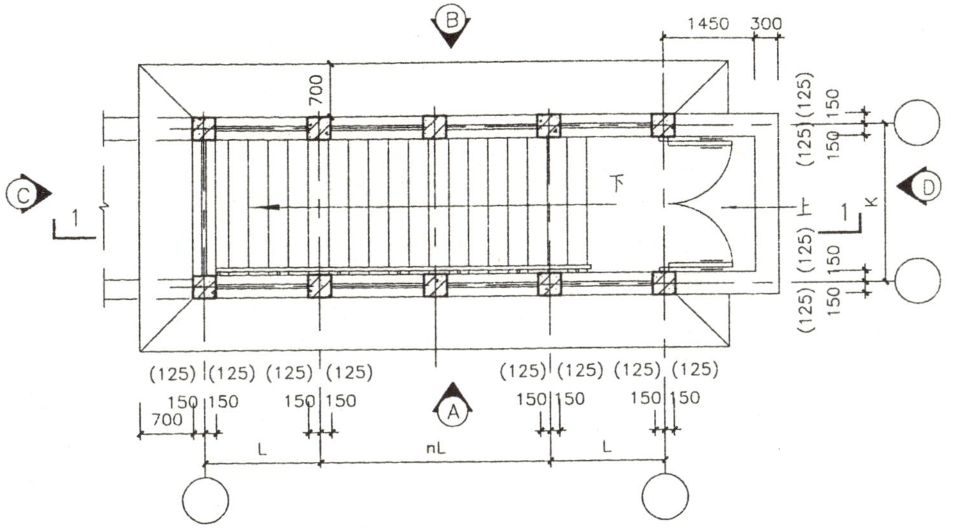

地面层平面图

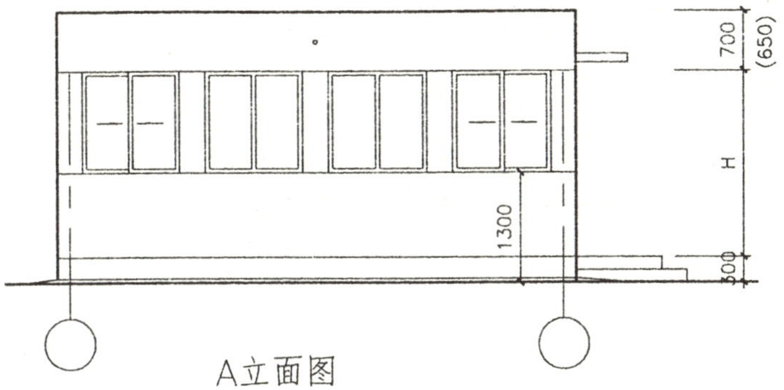

A立面图

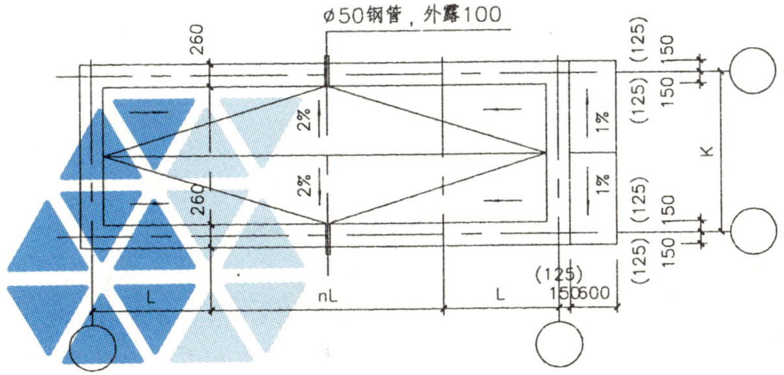

屋顶层平面图

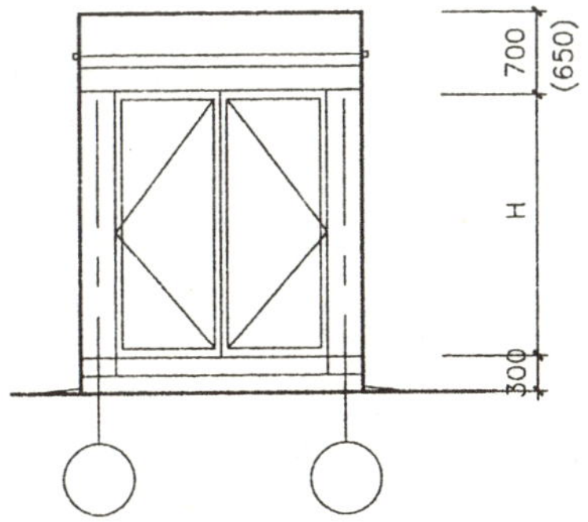

D立面图

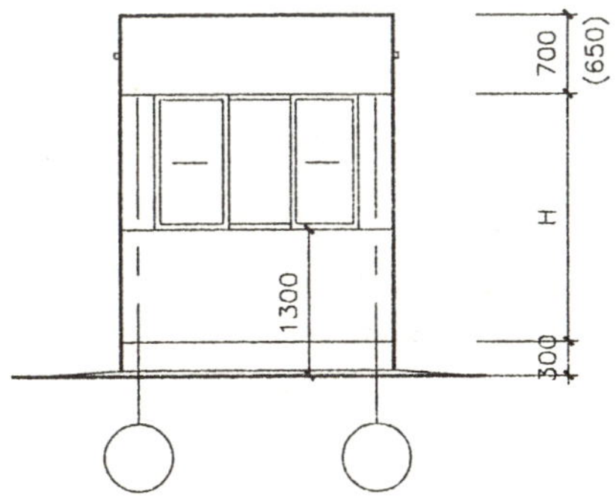

C立面图

I 型单跑楼梯室外出入口防倒塌棚架平、立面图									图集号	07FJ02
审核	顾 群	顾群	校对	赵贵华	赵贵华	设计	李宝明	李宝明	页	29

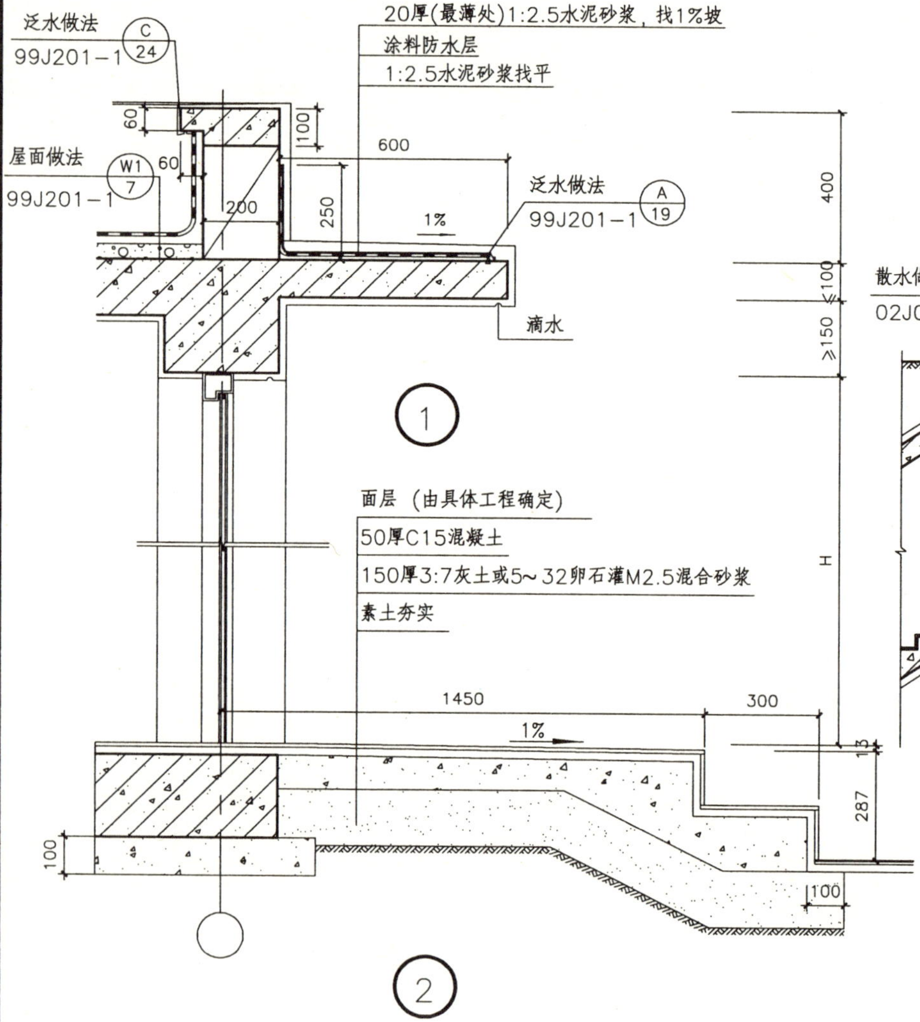

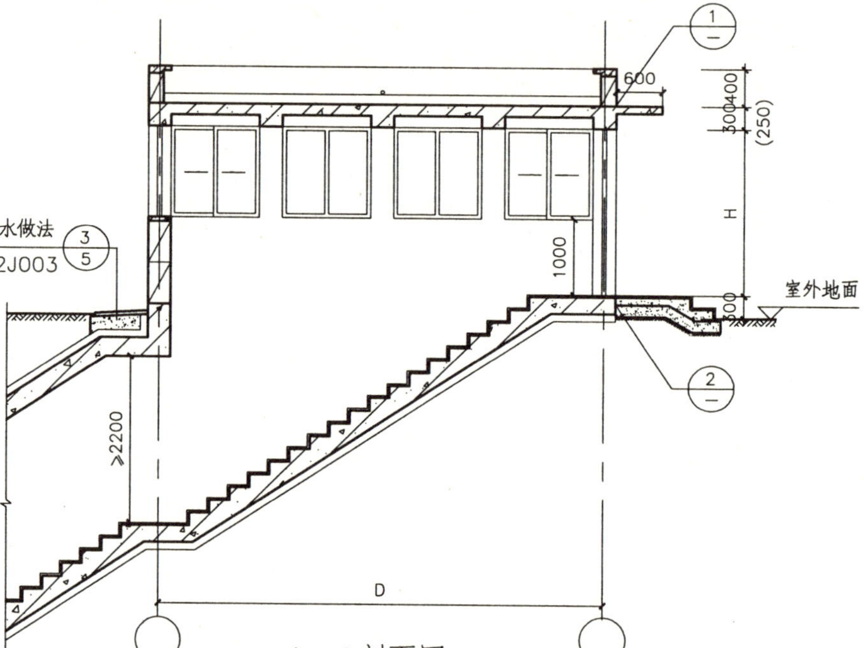

1—1剖面图

说明：

1.棚架外装修应与主体建筑外装修协调，做法由具体工程确定。

2.门窗材质及立面形式由具体工程确定。

3.具体工程应选定n值。

4.棚架中墙体均为与主体结构无可靠拉结的轻型砌体。

Ⅰ型单跑楼梯室外出入口防倒塌棚架剖面图						图集号	07FJ02
审核	顾 群	校对	赵贵华	设计	李宝明	页	30

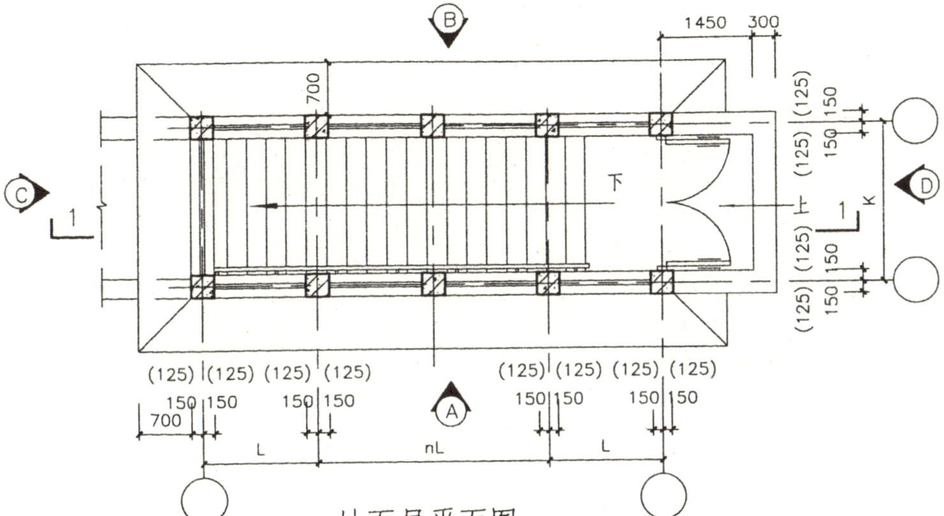

地面层平面图

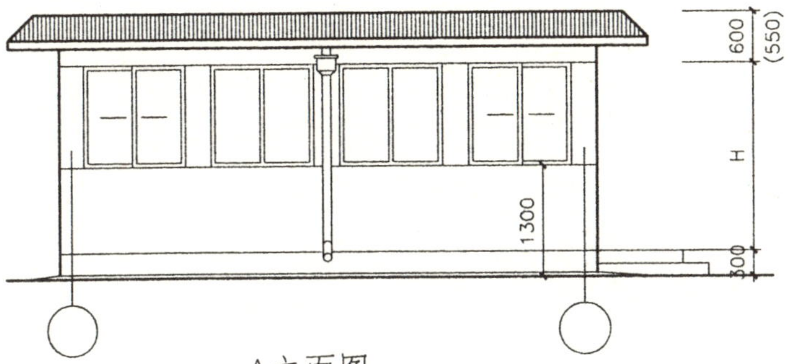

A立面图

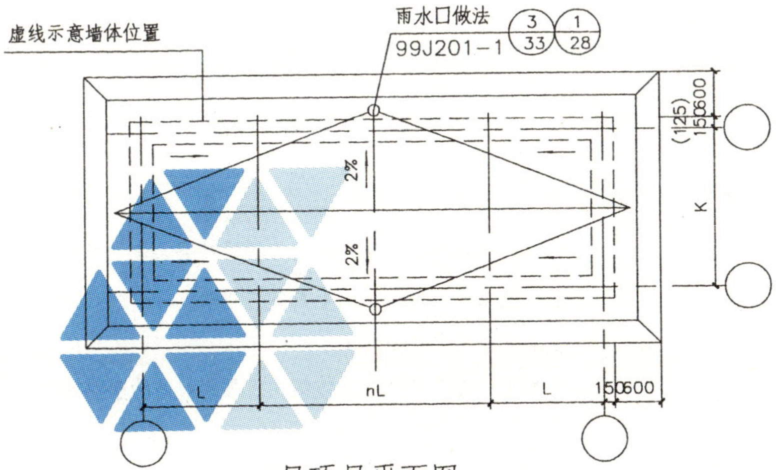

屋顶层平面图

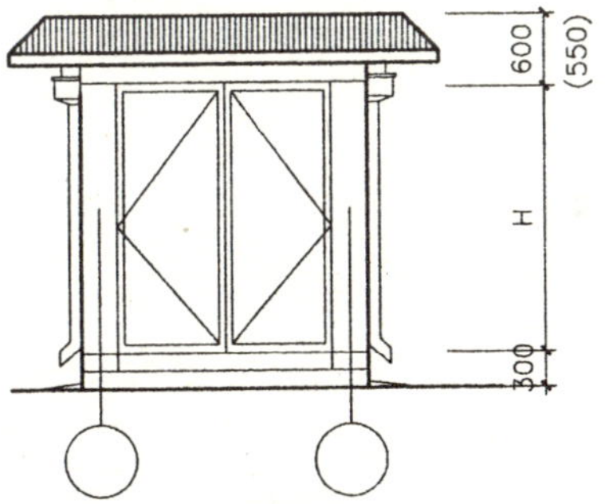

D立面图

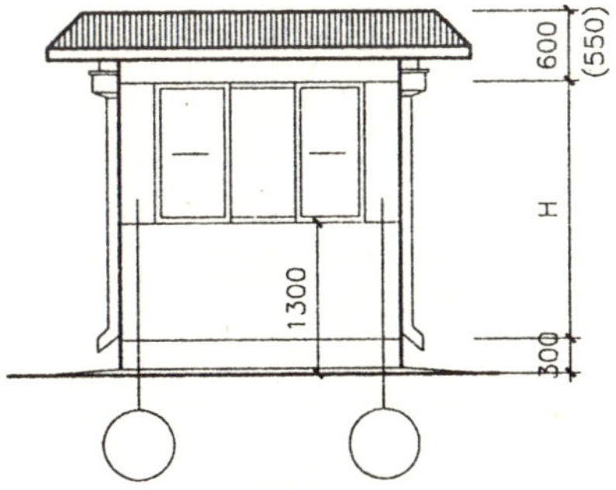

C立面图

II型单跑楼梯室外出入口防倒塌棚架平、立面图							图集号	07FJ02
审核	顾　群	顾群	校对	赵贵华	赵贵华	设计	李宝明 李宝明	页 31

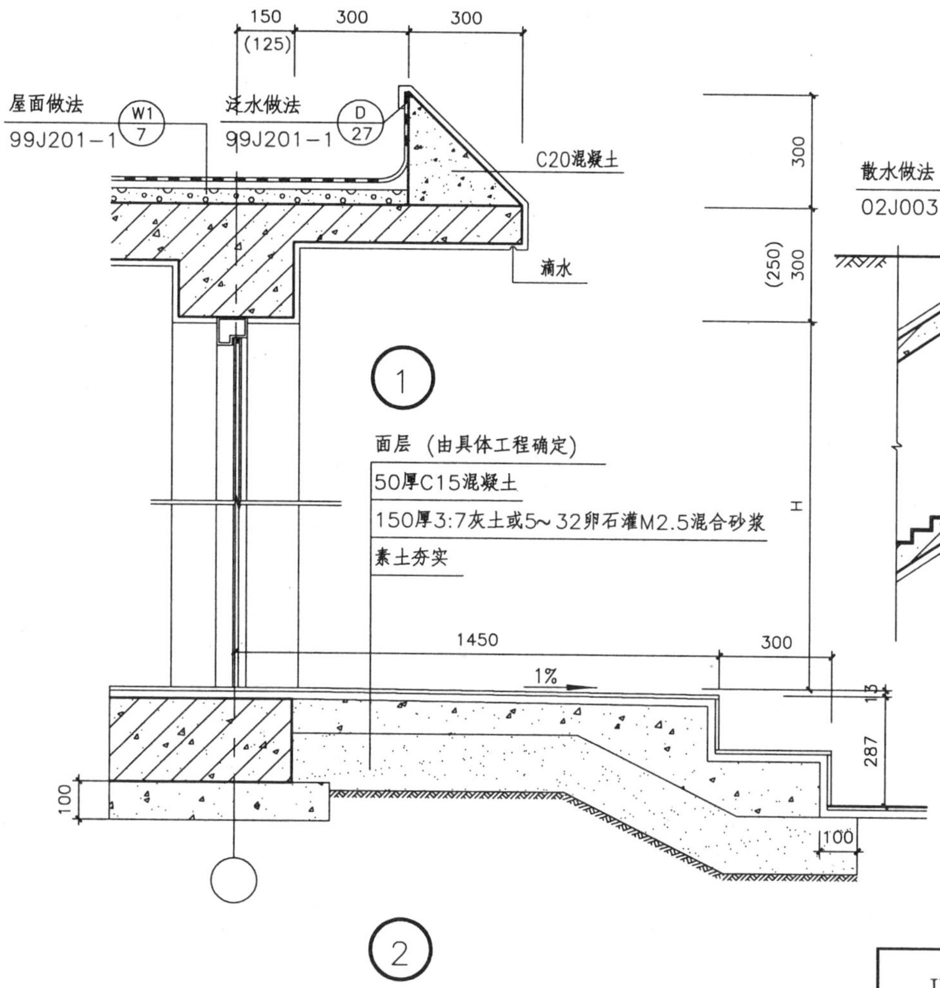

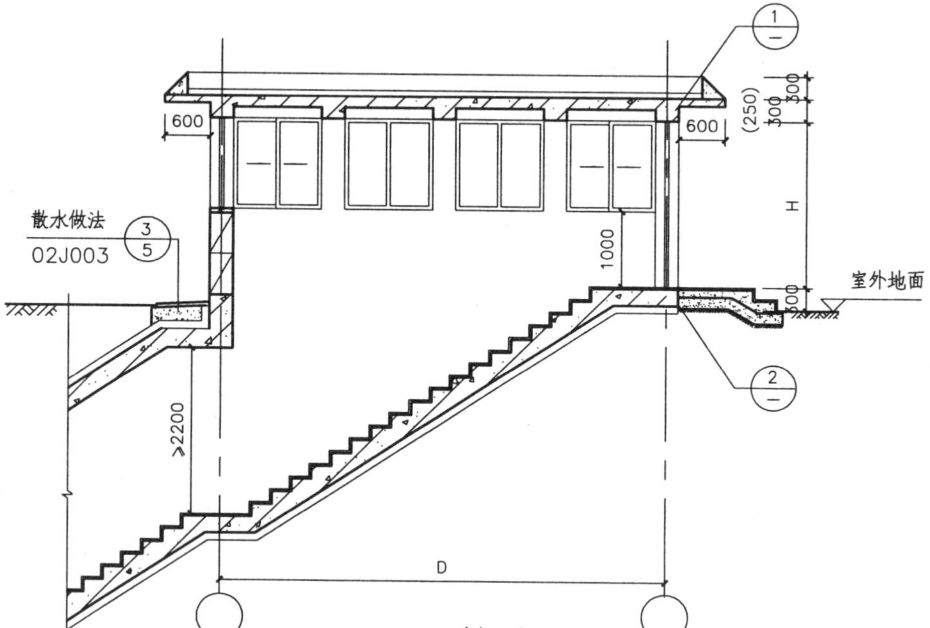

1—1剖面图

说明：

1.棚架外装修应与主体建筑外装修协调，做法由具体工程确定。

2.门窗材质及立面形式由具体工程确定。

3.具体工程应选定n值。

4.棚架中墙体均为与主体结构无可靠拉结的轻型砌体。

Ⅱ型单跑楼梯室外出入口防倒塌棚架剖面图							图集号	07FJ02
审核	顾 群	顾群	校对	赵贵华	赵贵华	设计	李宝明	李宝明	页	32

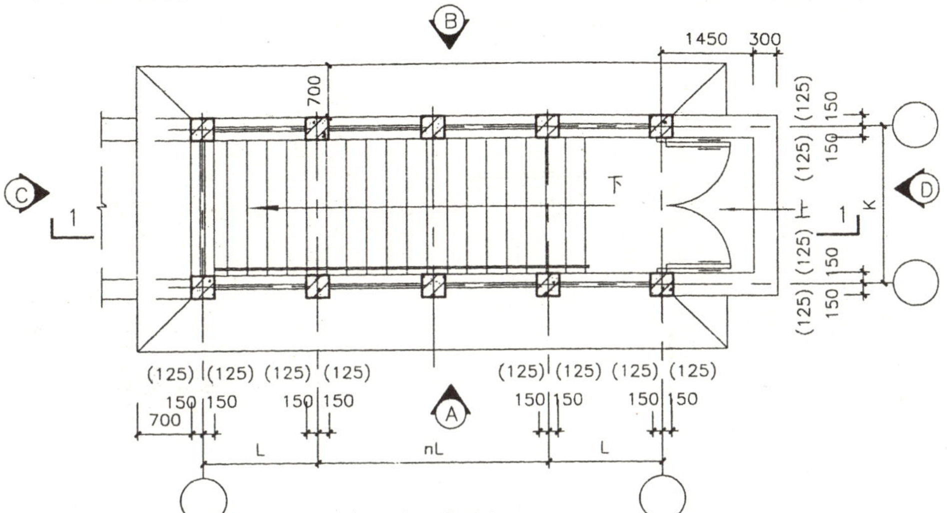

地面层平面图

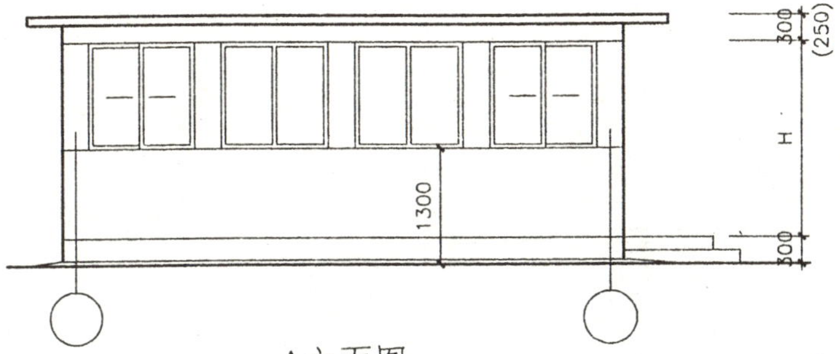

A立面图

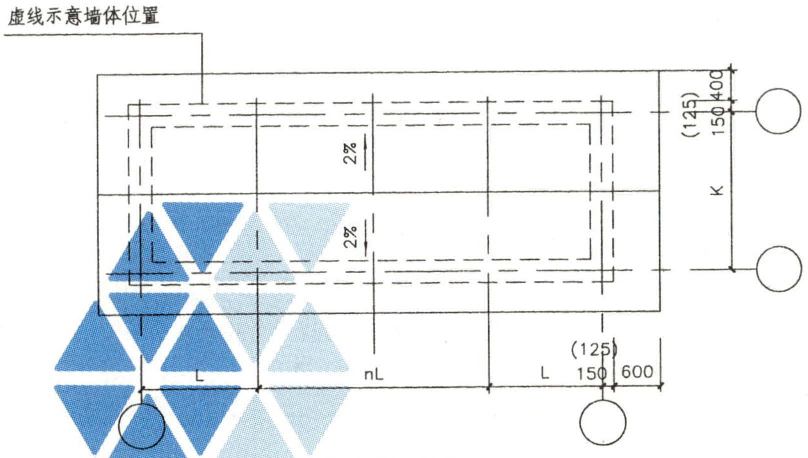

屋顶层平面图

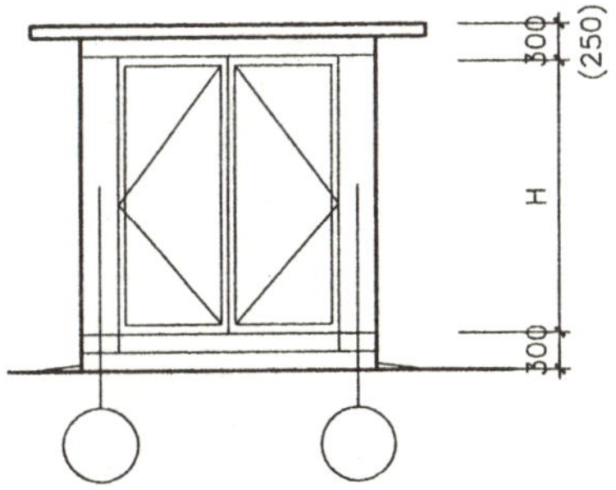

D立面图

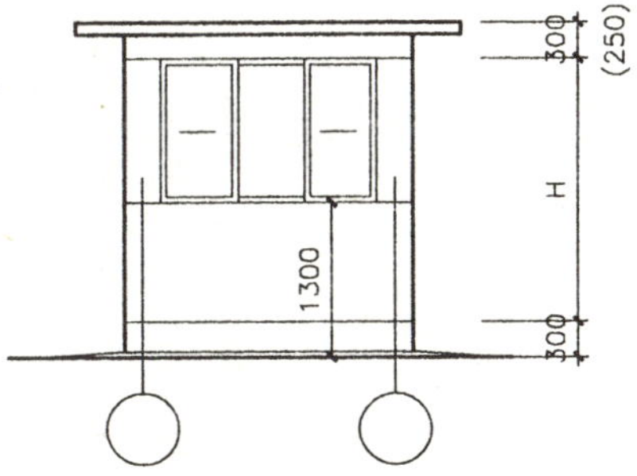

C立面图

III型单跑楼梯室外出入口防倒塌棚架平、立面图							图集号	07FJ02
审核	顾 群	顾群	校对	赵贵华	赵贵华	设计 李宝明 李宝明	页	33

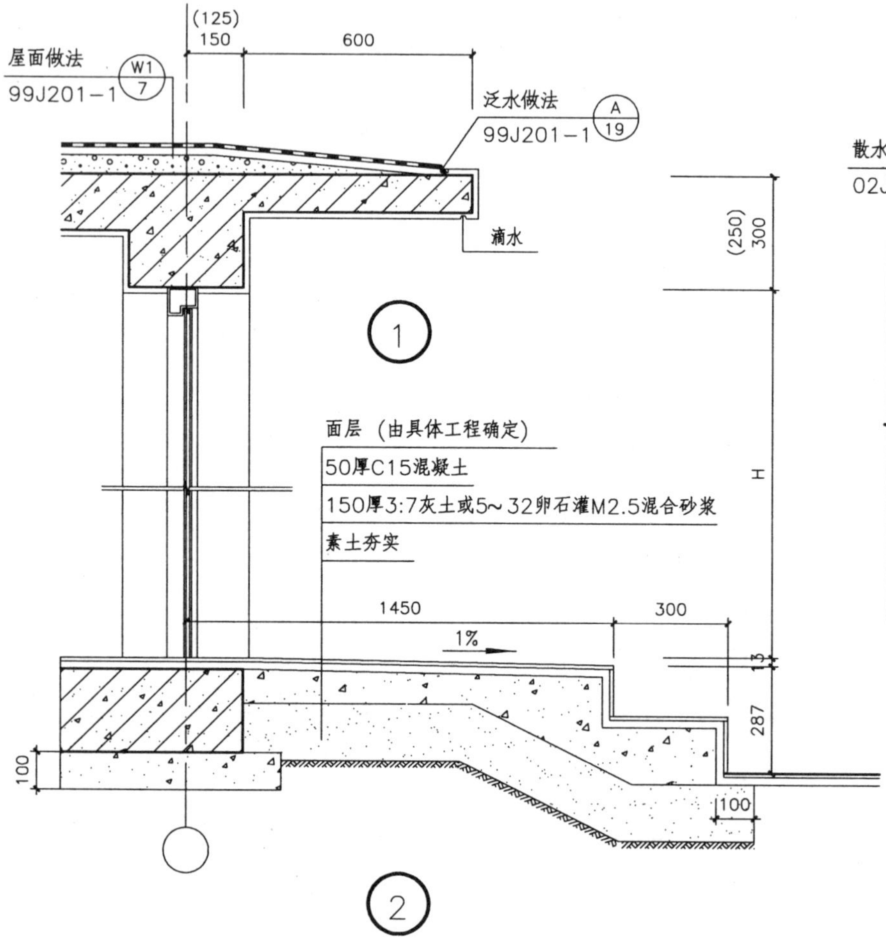

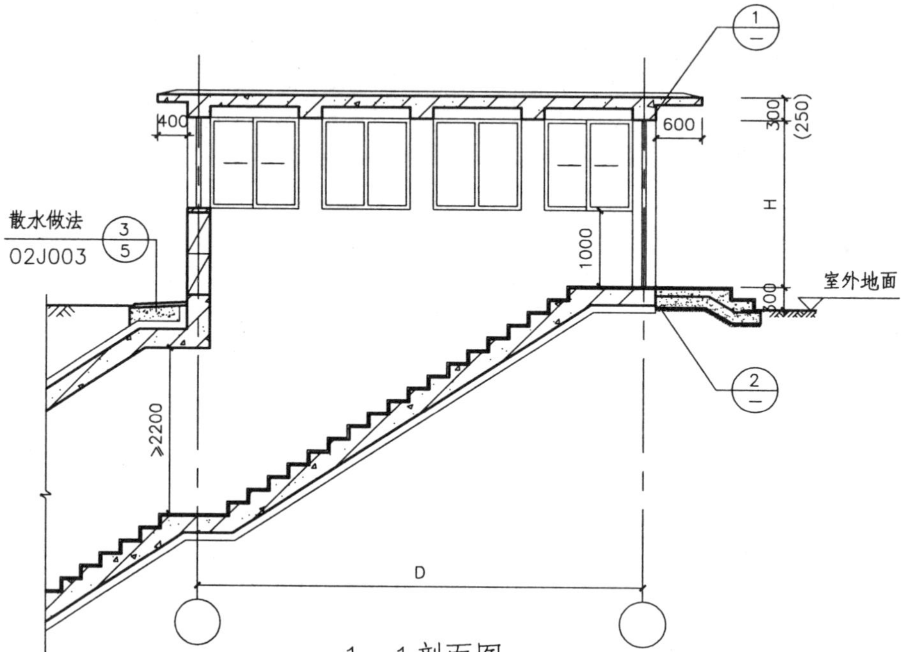

1—1剖面图

说明：

1.棚架外装修应与主体建筑外装修协调，做法由具体工程确定。

2.门窗材质及立面形式由具体工程确定。

3.具体工程应选定n值。

4.棚架中墙体均为与主体结构无可靠拉结的轻型砌体。

III型单跑楼梯室外出入口防倒塌棚架剖面图			图集号	07FJ02
审核 顾 群 顾群	校对 赵贵华 赵贵华	设计 李宝明 李宝明	页	34

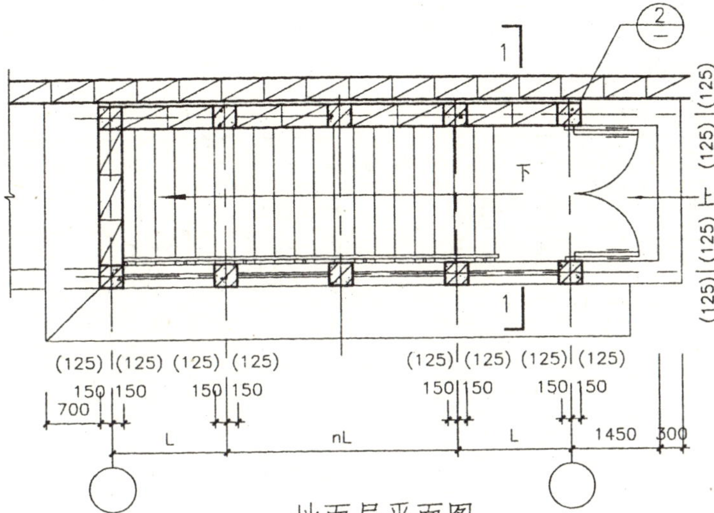

地面层平面图

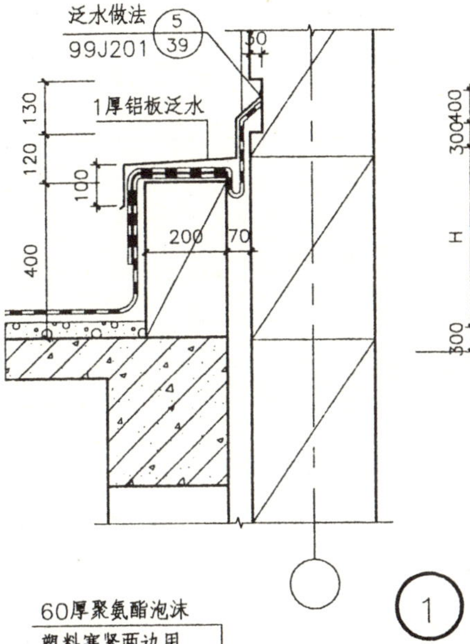

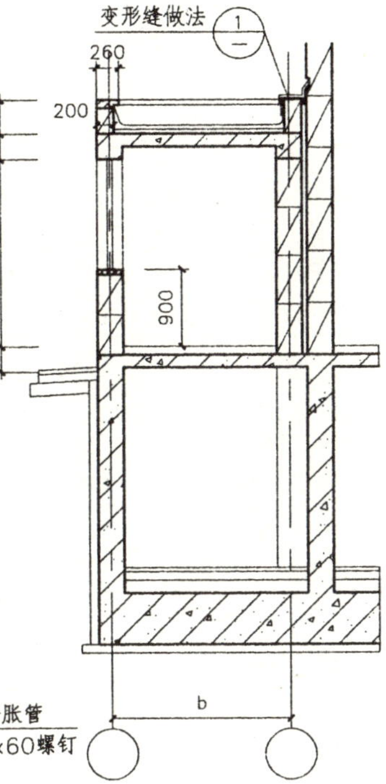

1—1剖面图

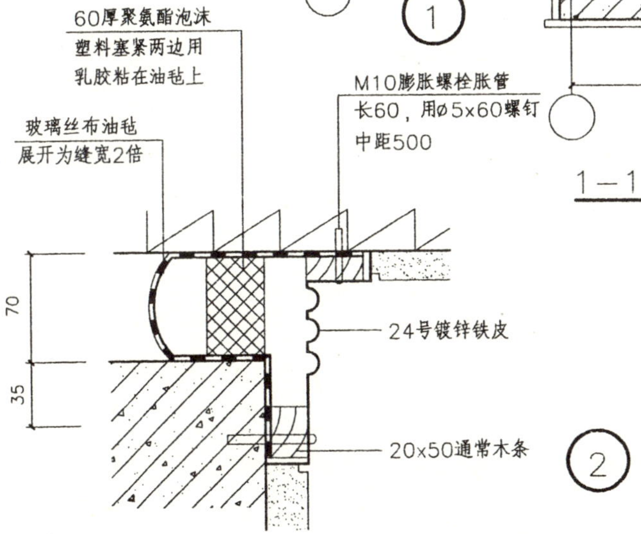

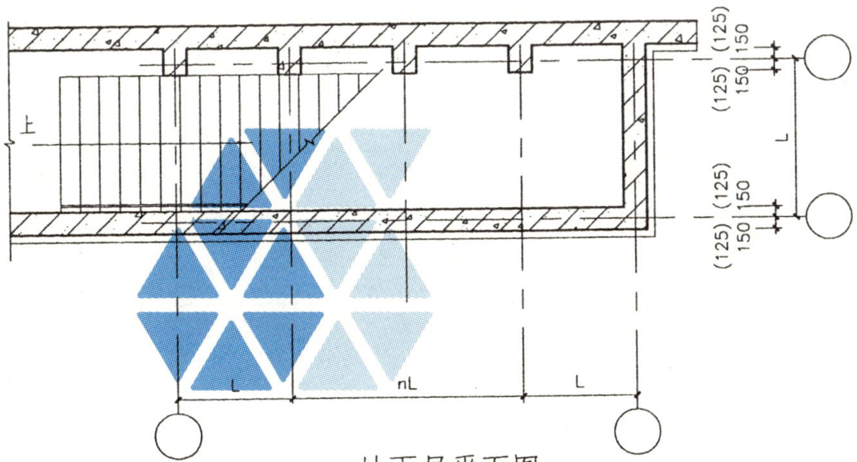

地下层平面图

单跑楼梯附壁式室外出入口防倒塌棚架示例图								图集号	07FJ02
审核	顾群	顾群	校对	赵贵华	赵贵华	设计	李宝明	李宝明	页 35

单跑楼梯室外出入口防倒塌棚架选用表

棚架编号					
核5级	核6级	核6B级	K	L	H
5PJ1421－12	6PJ1421－12	6BPJ1421－12	1400	1200	2100
5PJ1421－15	6PJ1421－15	6BPJ1421－15	1400	1500	2100
5PJ1421－18	6PJ1421－18	6BPJ1421－18	1400	1800	2100
5PJ1421－21	6PJ1421－21	6BPJ1421－21	1400	2100	2100
5PJ1421－24	6PJ1421－24	6BPJ1421－24	1400	2400	2100
5PJ1521－12	6PJ1521－12	6BPJ1521－12	1500	1200	2100
5PJ1521－15	6PJ1521－15	6BPJ1521－15	1500	1500	2100
5PJ1521－18	6PJ1521－18	6BPJ1521－18	1500	1800	2100
5PJ1521－21	6PJ1521－21	6BPJ1521－21	1500	2100	2100
5PJ1521－24	6PJ1521－24	6BPJ1521－24	1500	2400	2100
5PJ1621－12	6PJ1621－12	6BPJ1621－12	1600	1200	2100
5PJ1621－15	6PJ1621－15	6BPJ1621－15	1600	1500	2100
5PJ1621－18	6PJ1621－18	6BPJ1621－18	1600	1800	2100
5PJ1621－21	6PJ1621－21	6BPJ1621－21	1600	2100	2100
5PJ1621－24	6PJ1621－24	6BPJ1621－24	1600	2400	2100
5PJ1721－12	6PJ1721－12	6BPJ1721－12	1700	1200	2100
5PJ1721－15	6PJ1721－15	6BPJ1721－15	1700	1500	2100
5PJ1721－18	6PJ1721－18	6BPJ1721－18	1700	1800	2100
5PJ1721－21	6PJ1721－21	6BPJ1721－21	1700	2100	2100
5PJ1721－24	6PJ1721－24	6BPJ1721－24	1700	2400	2100

棚架编号					
核5级	核6级	核6B级	K	L	H
5PJ1821－12	6PJ1821－12	6BPJ1821－12	1800	1200	2100
5PJ1821－15	6PJ1821－15	6BPJ1821－15	1800	1500	2100
5PJ1821－18	6PJ1821－18	6BPJ1821－18	1800	1800	2100
5PJ1821－21	6PJ1821－21	6BPJ1821－21	1800	2100	2100
5PJ1821－24	6PJ1821－24	6BPJ1821－24	1800	2400	2100
5PJ1921－12	6PJ1921－12	6BPJ1921－12	1900	1200	2100
5PJ1921－15	6PJ1921－15	6BPJ1921－15	1900	1500	2100
5PJ1921－18	6PJ1921－18	6BPJ1921－18	1900	1800	2100
5PJ1921－21	6PJ1921－21	6BPJ1921－21	1900	2100	2100
5PJ1921－24	6PJ1921－24	6BPJ1921－24	1900	2400	2100
5PJ2021－12	6PJ2021－12	6BPJ2021－12	2000	1200	2100
5PJ2021－15	6PJ2021－15	6BPJ2021－15	2000	1500	2100
5PJ2021－18	6PJ2021－18	6BPJ2021－18	2000	1800	2100
5PJ2021－21	6PJ2021－21	6BPJ2021－21	2000	2100	2100
5PJ2021－24	6PJ2021－24	6BPJ2021－24	2000	2400	2100
5PJ2121－12	6PJ2121－12	6BPJ2121－12	2100	1200	2100
5PJ2121－15	6PJ2121－15	6BPJ2121－21	2100	1500	2100
5PJ2121－18	6PJ2121－18	6BPJ2121－18	2100	1800	2100
5PJ2121－21	6PJ2121－21	6BPJ2121－21	2100	2100	2100
5PJ2121－24	6PJ2121－24	6BPJ2121－24	2100	2400	2100

续表

棚架编号						棚架编号					
核 5 级	核 6 级	核 6B 级	K	L	H	核 5 级	核 6 级	核 6B 级	K	L	H
5PJ1424－12	6PJ1424－12	6BPJ1424－12	1400	1200	2400	5PJ1824－12	6PJ1824－12	6BPJ1824－12	1800	1200	2400
5PJ1424－15	6PJ1424－15	6BPJ1424－15	1400	1500	2400	5PJ1824－15	6PJ1824－15	6BPJ1824－15	1800	1500	2400
5PJ1424－18	6PJ1424－18	6BPJ1424－18	1400	1800	2400	5PJ1824－18	6PJ1824－18	6BPJ1824－18	1800	1800	2400
5PJ1424－21	6PJ1424－21	6BPJ1424－21	1400	2100	2400	5PJ1824－21	6PJ1824－21	6BPJ1824－21	1800	2100	2400
5PJ1424－24	6PJ1424－24	6BPJ1424－24	1400	2400	2400	5PJ1824－24	6PJ1824－24	6BPJ1824－24	1800	2400	2400
5PJ1524－12	6PJ1524－12	6BPJ1524－12	1500	1200	2400	5PJ1924－12	6PJ1924－12	6BPJ1924－12	1900	1200	2400
5PJ1524－15	6PJ1524－15	6BPJ1524－15	1500	1500	2400	5PJ1924－15	6PJ1924－15	6BPJ1924－15	1900	1500	2400
5PJ1524－18	6PJ1524－18	6BPJ1524－18	1500	1800	2400	5PJ1924－18	6PJ1924－18	6BPJ1924－18	1900	1800	2400
5PJ1524－21	6PJ1524－21	6BPJ1524－21	1500	2100	2400	5PJ1924－21	6PJ1924－21	6BPJ1924－21	1900	2100	2400
5PJ1524－24	6PJ1524－24	6BPJ1524－24	1500	2400	2400	5PJ1924－24	6PJ1924－24	6BPJ1924－24	1900	2400	2400
5PJ1624－12	6PJ1624－12	6BPJ1624－12	1600	1200	2400	5PJ2024－12	6PJ2024－12	6BPJ2024－12	2000	1200	2400
5PJ1624－15	6PJ1624－15	6BPJ1624－15	1600	1500	2400	5PJ2024－15	6PJ2024－15	6BPJ2024－15	2000	1500	2400
5PJ1624－18	6PJ1624－18	6BPJ1624－18	1600	1800	2400	5PJ2024－18	6PJ2024－18	6BPJ2024－18	2000	1800	2400
5PJ1624－21	6PJ1624－21	6BPJ1624－21	1600	2100	2400	5PJ2024－21	6PJ2024－21	6BPJ2024－21	2000	2100	2400
5PJ1624－24	6PJ1624－24	6BPJ1624－24	1600	2400	2400	5PJ2024－24	6PJ2024－24	6BPJ2024－24	2000	2400	2400
5PJ1724－12	6PJ1724－12	6BPJ1724－12	1700	1200	2400	5PJ2124－12	6PJ2124－12	6BPJ2124－12	2100	1200	2400
5PJ1724－15	6PJ1724－15	6BPJ1724－15	1700	1500	2400	5PJ2124－15	6PJ2124－15	6BPJ2124－21	2100	1500	2400
5PJ1724－18	6PJ1724－18	6BPJ1724－18	1700	1800	2400	5PJ2124－18	6PJ2124－18	6BPJ2124－18	2100	1800	2400
5PJ1724－21	6PJ1724－21	6BPJ1724－21	1700	2100	2400	5PJ2124－21	6PJ2124－21	6BPJ2124－21	2100	2100	2400
5PJ1724－24	6PJ1724－24	6BPJ1724－24	1700	2400	2400	5PJ2124－24	6PJ2124－24	6BPJ2124－24	2100	2400	2400

单跑楼梯室外出入口防倒塌棚架选用表								图集号	07FJ02
审核	顾　群	顾群	校对	赵贵华	赵贵华	设计	李宝明	李宝明	页	37

续表

棚架编号						棚架编号					
核 5 级	核 6 级	核 6B 级	K	L	H	核 5 级	核 6 级	核 6B 级	K	L	H
5PJ1427−12	6PJ1427−12	6BPJ1427−12	1400	1200	2700	5PJ1827−12	6PJ1827−12	6BPJ1827−12	1800	1200	2700
5PJ1427−15	6PJ1427−15	6BPJ1427−15	1400	1500	2700	5PJ1827−15	6PJ1827−15	6BPJ1827−15	1800	1500	2700
5PJ1427−18	6PJ1427−18	6BPJ1427−18	1400	1800	2700	5PJ1827−18	6PJ1827−18	6BPJ1827−18	1800	1800	2700
5PJ1427−21	6PJ1427−21	6BPJ1427−21	1400	2100	2700	5PJ1827−21	6PJ1827−21	6BPJ1827−21	1800	2100	2700
5PJ1427−24	6PJ1427−24	6BPJ1427−24	1400	2400	2700	5PJ1827−24	6PJ1827−24	6BPJ1827−24	1800	2400	2700
5PJ1527−12	6PJ1527−12	6BPJ1527−12	1500	1200	2700	5PJ1927−12	6PJ1927−12	6BPJ1927−12	1900	1200	2700
5PJ1527−15	6PJ1527−15	6BPJ1527−15	1500	1500	2700	5PJ1927−15	6PJ1927−15	6BPJ1927−15	1900	1500	2700
5PJ1527−18	6PJ1527−18	6BPJ1527−18	1500	1800	2700	5PJ1927−18	6PJ1927−18	6BPJ1927−18	1900	1800	2700
5PJ1527−21	6PJ1527−21	6BPJ1527−21	1500	2100	2700	5PJ1927−21	6PJ1927−21	6BPJ1927−21	1900	2100	2700
5PJ1527−24	6PJ1527−24	6BPJ1527−24	1500	2400	2700	5PJ1927−24	6PJ1927−24	6BPJ1927−24	1900	2400	2700
5PJ1627−12	6PJ1627−12	6BPJ1627−12	1600	1200	2700	5PJ2027−12	6PJ2027−12	6BPJ2027−12	2000	1200	2700
5PJ1627−15	6PJ1627−15	6BPJ1627−15	1600	1500	2700	5PJ2027−15	6PJ2027−15	6BPJ2027−15	2000	1500	2700
5PJ1627−18	6PJ1627−18	6BPJ1627−18	1600	1800	2700	5PJ2027−18	6PJ2027−18	6BPJ2027−18	2000	1800	2700
5PJ1627−21	6PJ1627−21	6BPJ1627−21	1600	2100	2700	5PJ2027−21	6PJ2027−21	6BPJ2027−21	2000	2100	2700
5PJ1627−24	6PJ1627−24	6BPJ1627−24	1600	2400	2700	5PJ2027−24	6PJ2027−24	6BPJ2027−24	2000	2400	2700
5PJ1727−12	6PJ1727−12	6BPJ1727−12	1700	1200	2700	5PJ2127−12	6PJ2127−12	6BPJ2127−12	2100	1200	2700
5PJ1727−15	6PJ1727−15	6BPJ1727−15	1700	1500	2700	5PJ2127−15	6PJ2127−15	6BPJ2127−21	2100	1500	2700
5PJ1727−18	6PJ1727−18	6BPJ1727−18	1700	1800	2700	5PJ2127−18	6PJ2127−18	6BPJ2127−18	2100	1800	2700
5PJ1727−21	6PJ1727−21	6BPJ1727−21	1700	2100	2700	5PJ2127−21	6PJ2127−21	6BPJ2127−21	2100	2100	2700
5PJ1727−24	6PJ1727−24	6BPJ1727−24	1700	2400	2700	5PJ2127−24	6PJ2127−24	6BPJ2127−24	2100	2400	2700

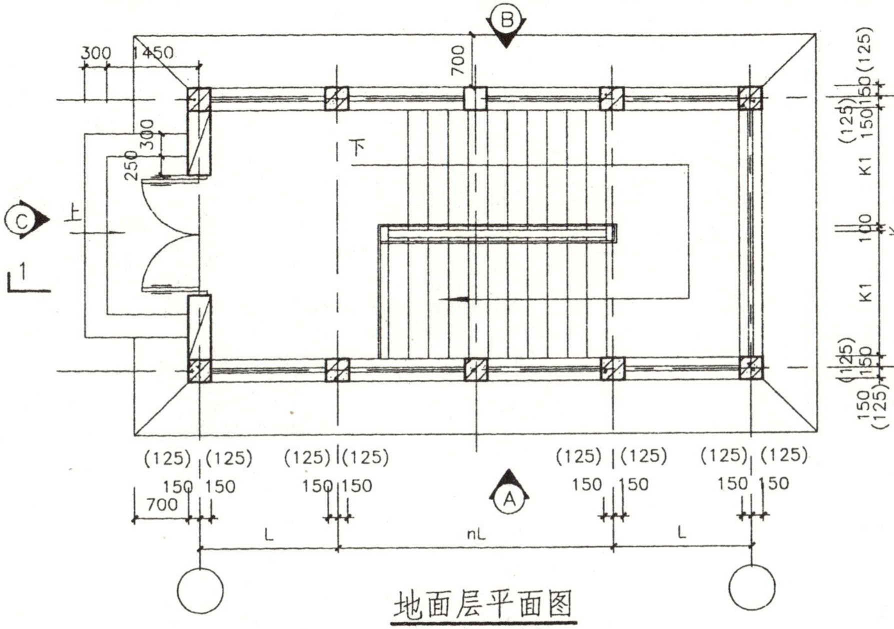

地面层平面图

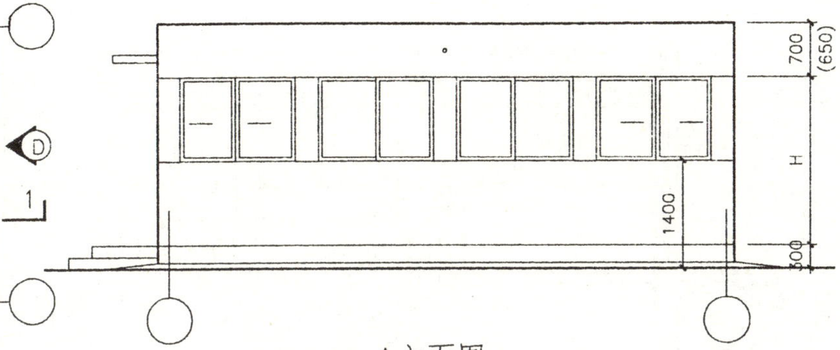

A立面图

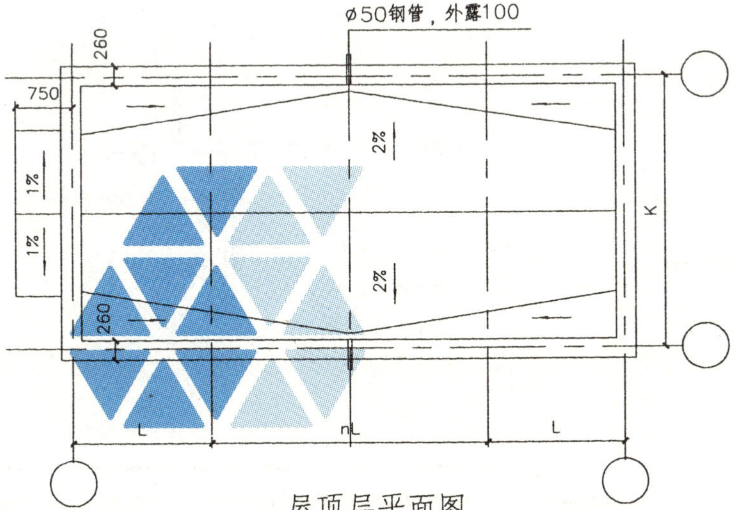

屋顶层平面图

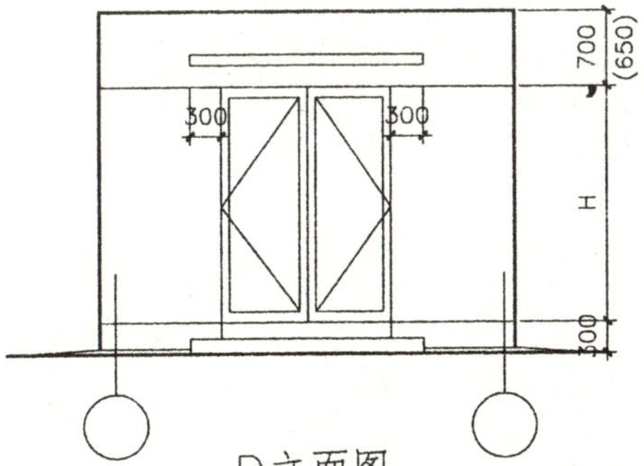

D立面图

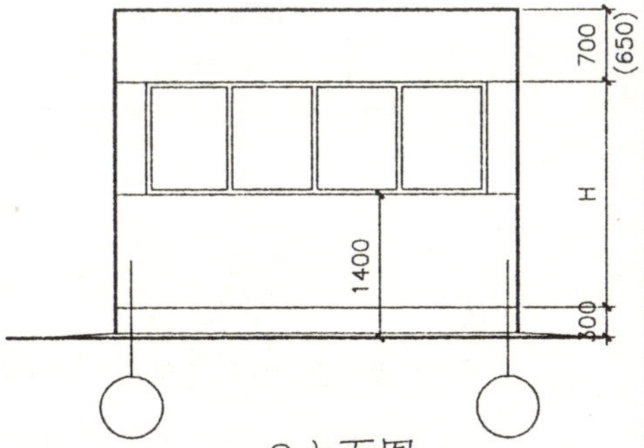

C立面图

I型双跑楼梯室外出入口防倒塌棚架平、立面图							图集号	07FJ02
审核	顾 群	顾群	校对	赵贵华	赵贵华	设计 李宝明 李宝明	页	39

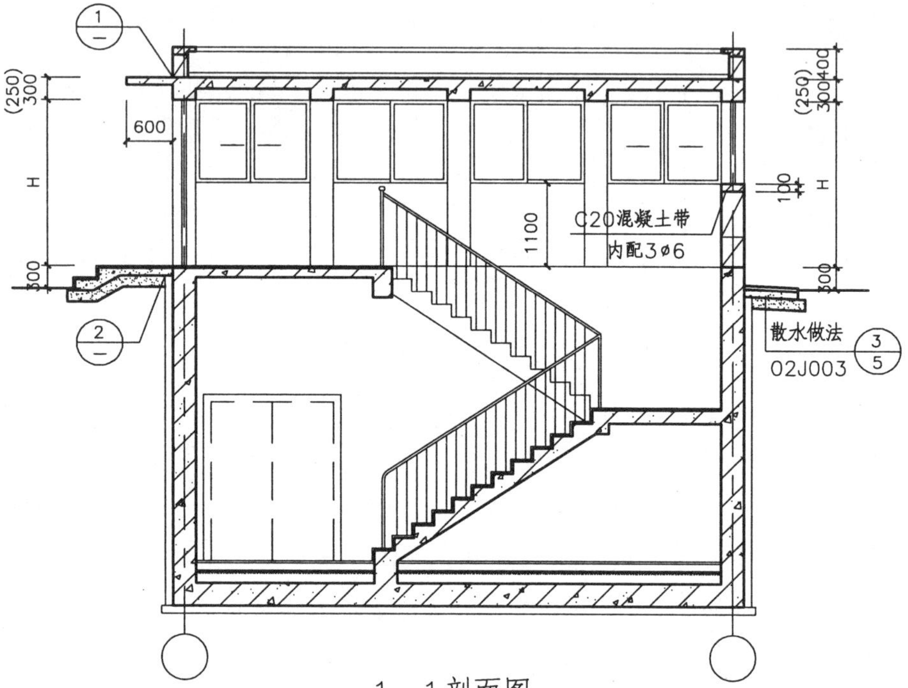

1—1剖面图

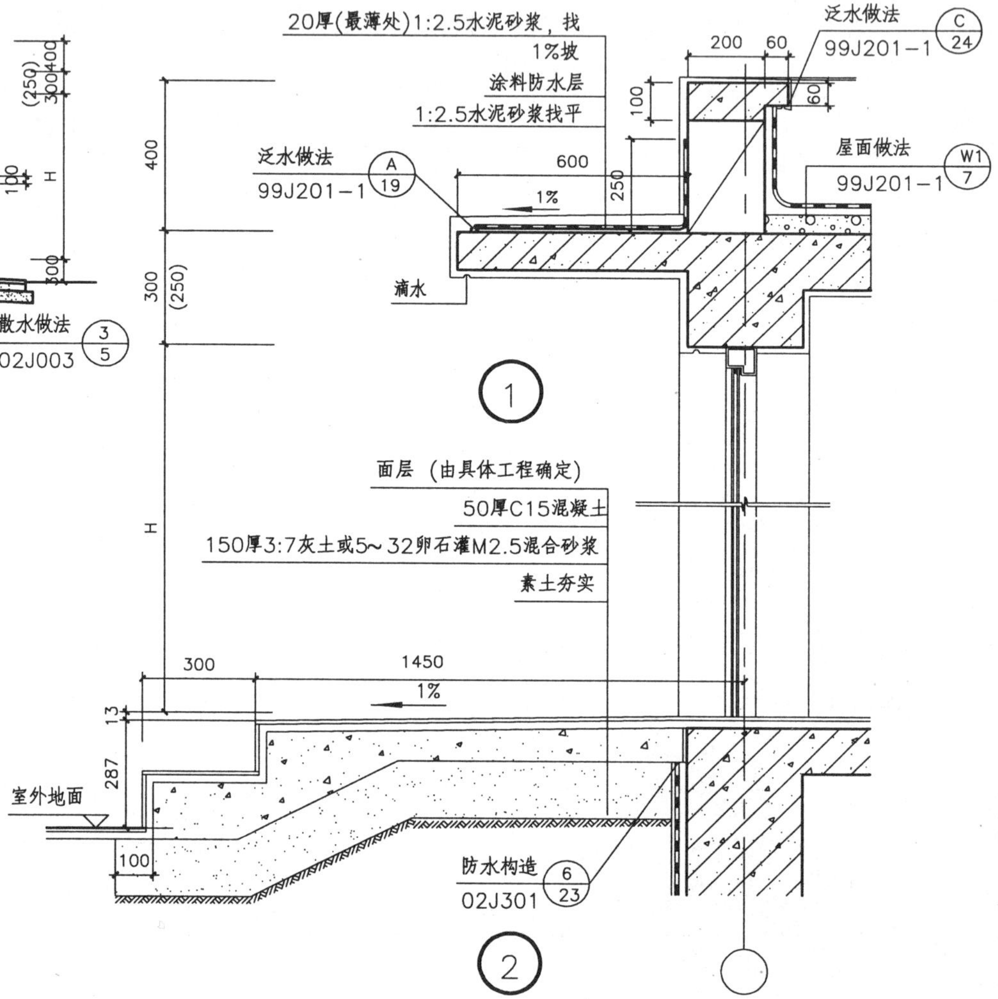

说明：

1.棚架外装修应与主体建筑外装修协调，做法由具体工程确定。

2.门窗材质及立面形式由具体工程确定。

3.具体工程应选定n值。

4.棚架中墙体均为与主体结构无可靠拉结的轻型砌体。

5.外门净宽度不得小于梯段宽度，雨棚宽度为门洞口宽度+700mm。

Ⅰ型双跑楼梯室外出入口防倒塌棚架剖面图							图集号	07FJ02
审核	顾　群	顾群	校对	赵贵华	赵贵华	设计 李宝明 李宝明	页	40

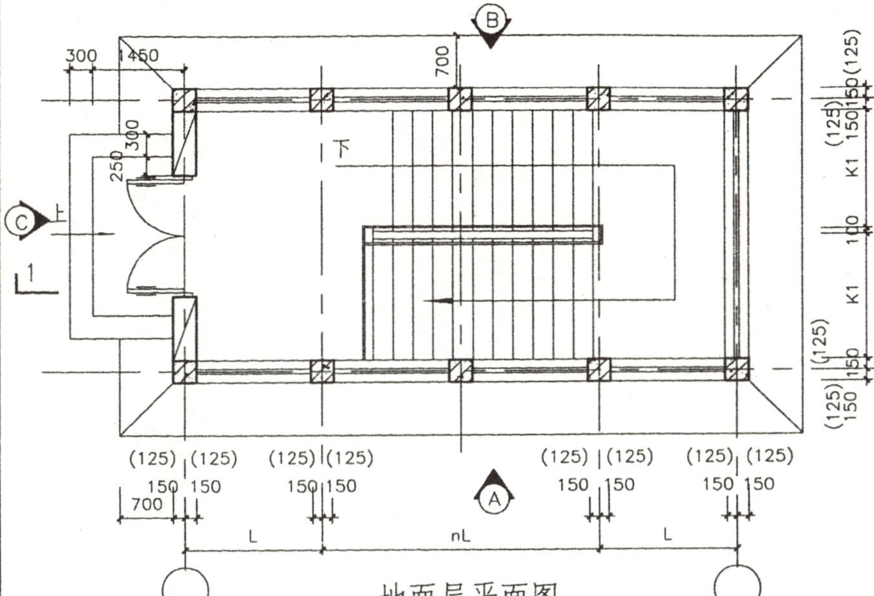

地面层平面图

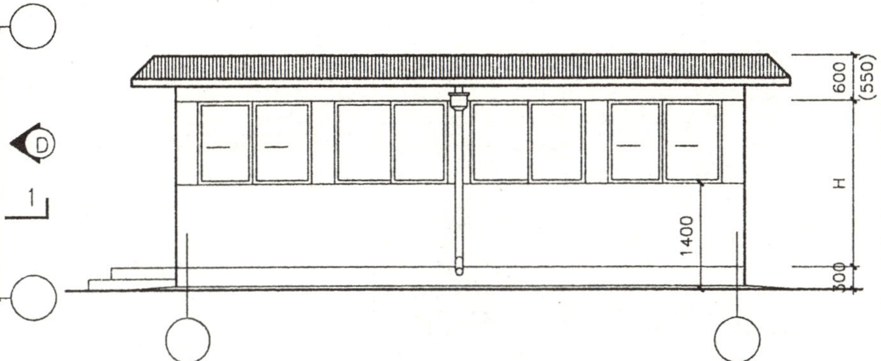

A立面图

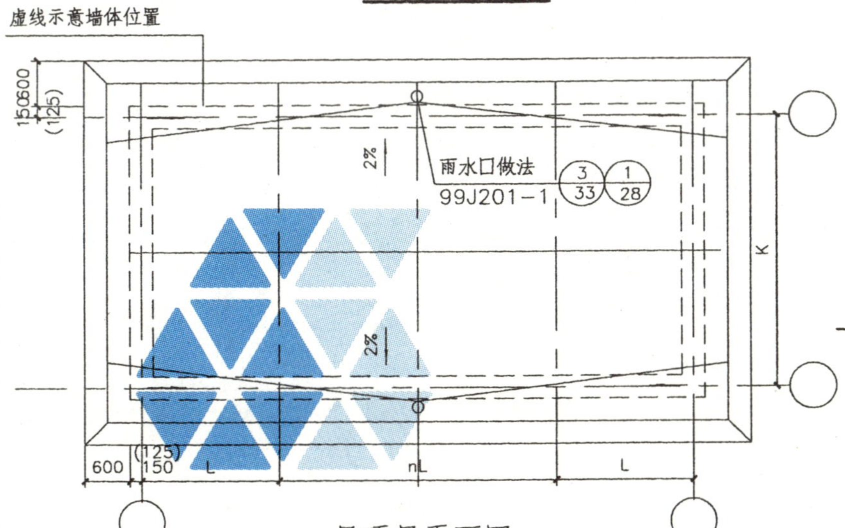

屋顶层平面图

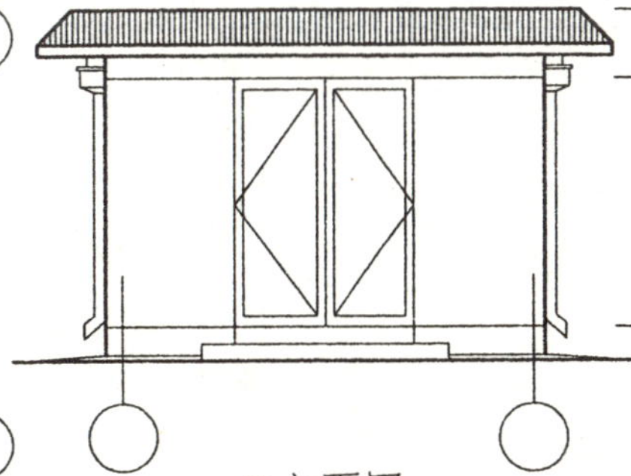

D立面图

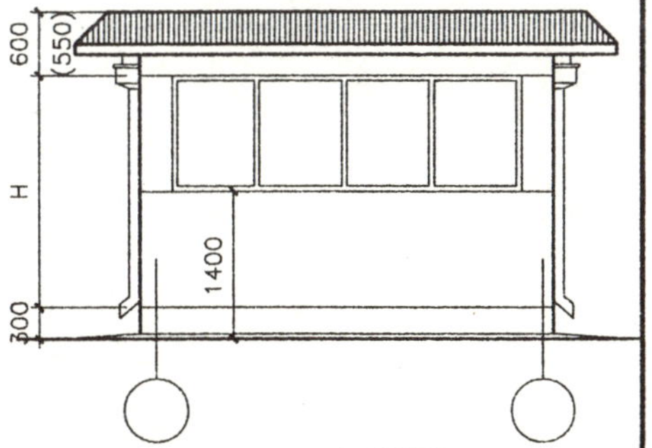

C立面图

II型双跑楼梯室外出入口防倒塌棚架平、立面图							图集号	07FJ02
审核	顾 群	顾群	校对	赵贵华	赵贵华	设计	李宝明	李宝明	页	41

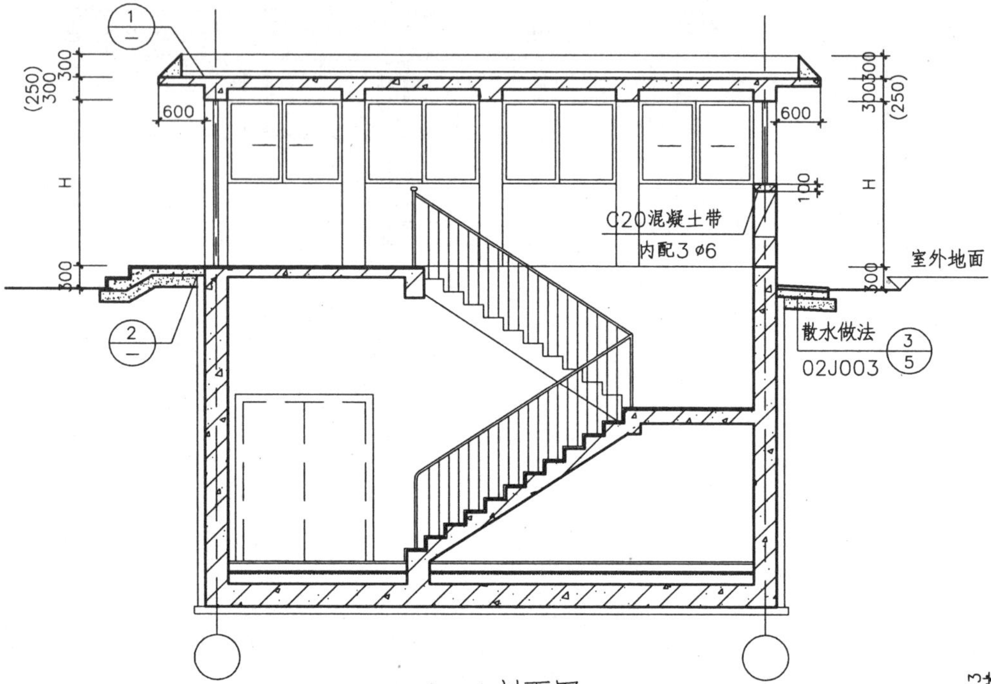

1—1剖面图

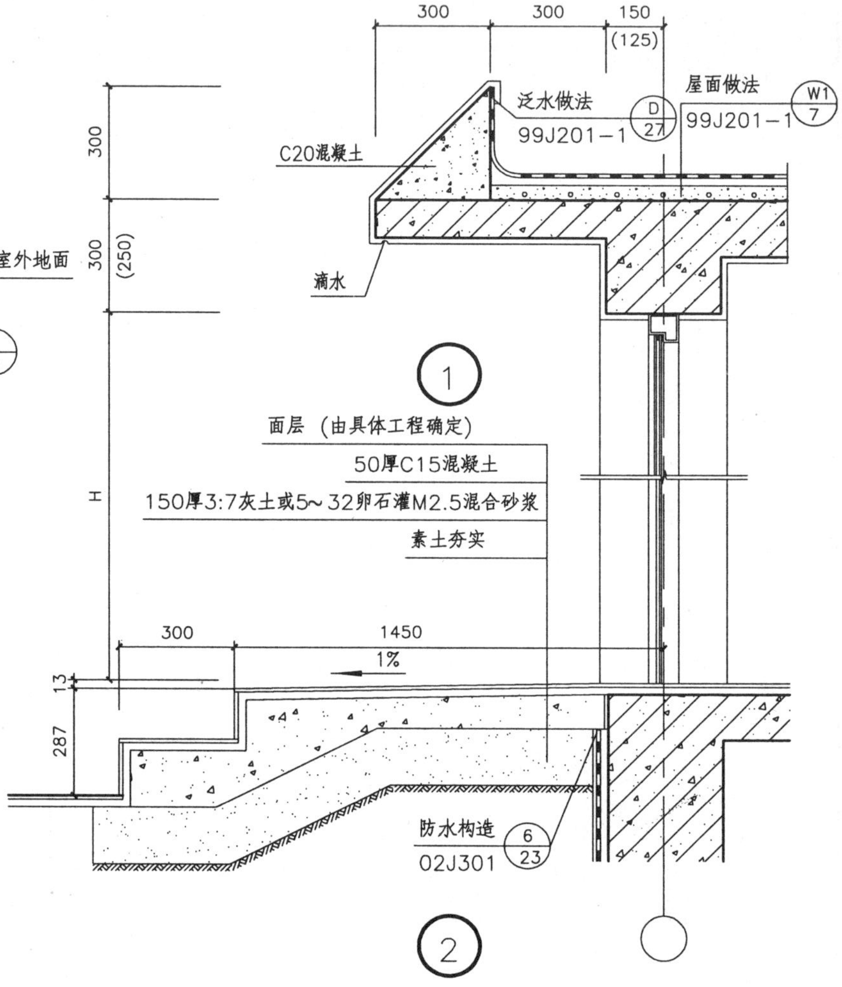

说明：

1.棚架外装修应与主体建筑外装修协调，做法由具体工程确定。

2.门窗材质及立面形式由具体工程确定。

3.具体工程应选定n值。

4.棚架中墙体均为与主体结构无可靠拉结的轻型砌体。

5.外门净宽度不得小于梯段宽度。

II型双跑楼梯室外出入口防倒塌棚架剖面图						图集号	07FJ02
审核	顾 群	顾群	校对	赵贵华	赵贵华	设计	李宝明	李宝明	页	42

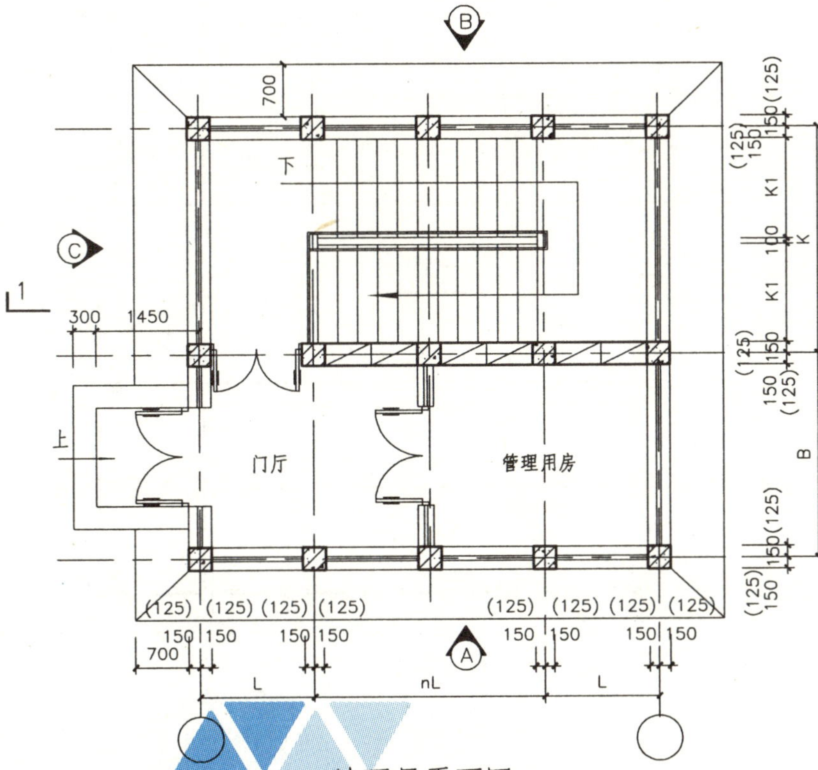

地面层平面图

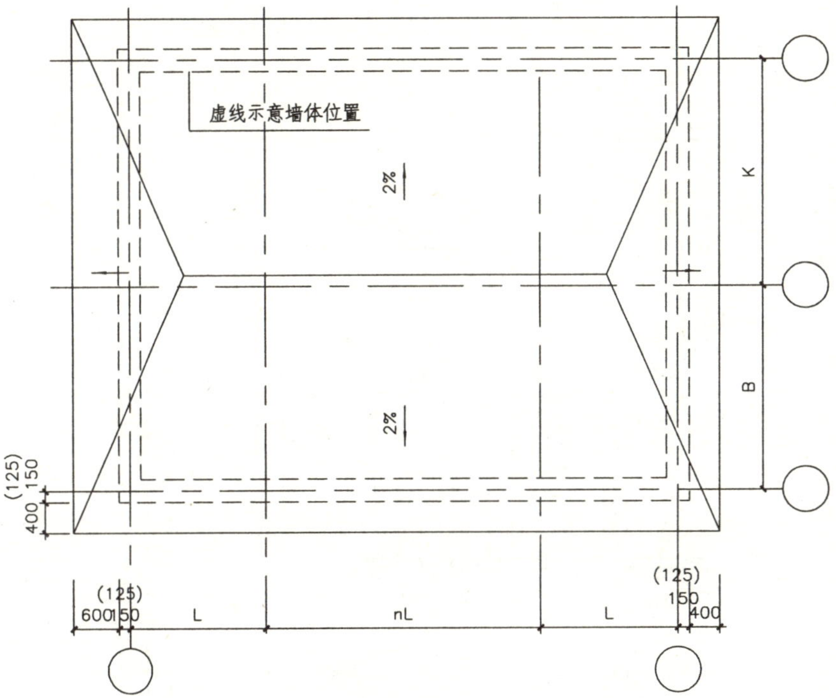

屋顶平面图

III型双跑楼梯室外出入口防倒塌棚架平面图								图集号	07FJ02
审核	顾　群	顾群	校对	赵贵华	赵贵华	设计	李宝明	页	43

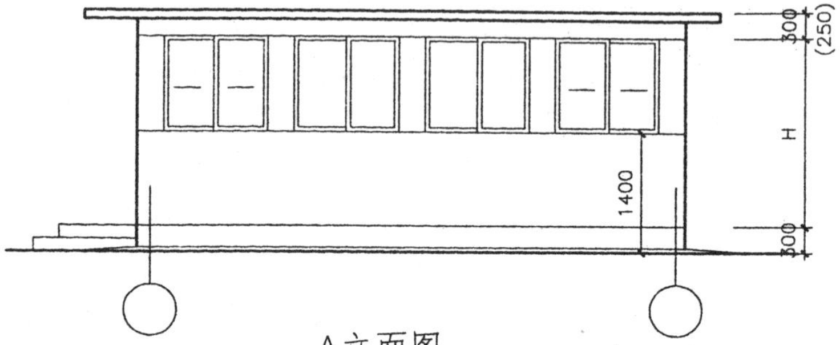

A立面图

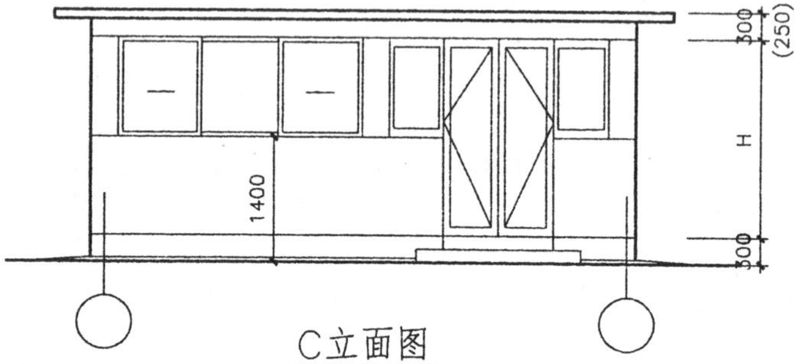

C立面图

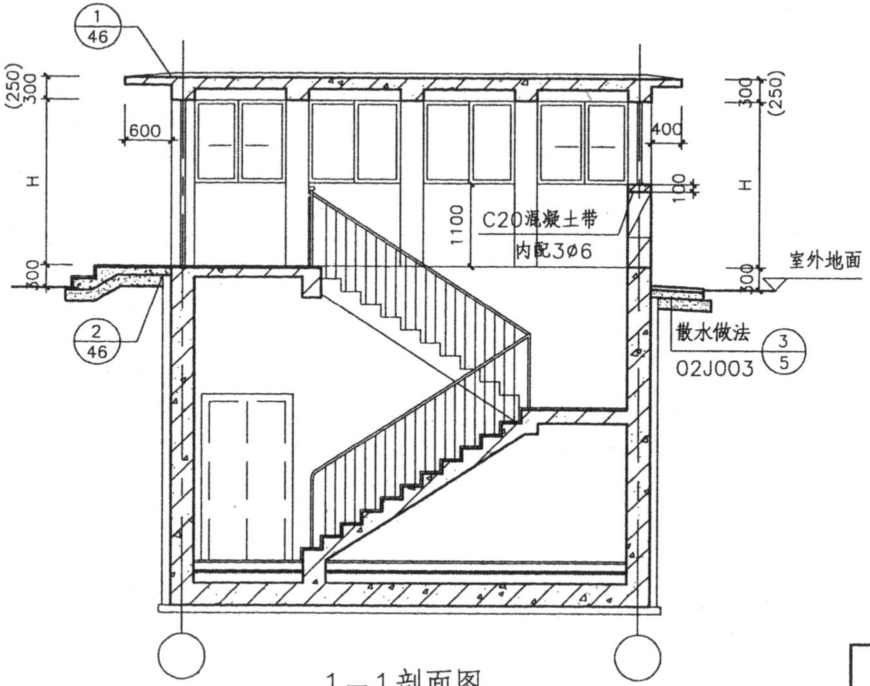

1－1剖面图

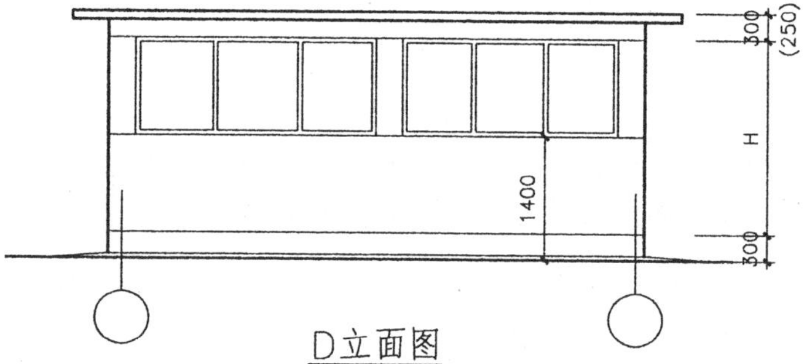

D立面图

说明：

1. 棚架外装修应与主体建筑外装修协调，做法由具体工程确定。
2. 门窗材质及立面形式由具体工程确定。
3. 具体工程应选定B及n值。
4. 棚架中墙体均为与主体结构无可靠拉结的轻型砌体。
5. 外门净宽度不得小于梯段宽度。

Ⅲ型双跑楼梯室外出入口防倒塌棚架立、剖面图								图集号	07FJ02
审核	顾 群	顾群	校对	赵贵华	赵贵华	设计	李宝明	李宝明	页 44

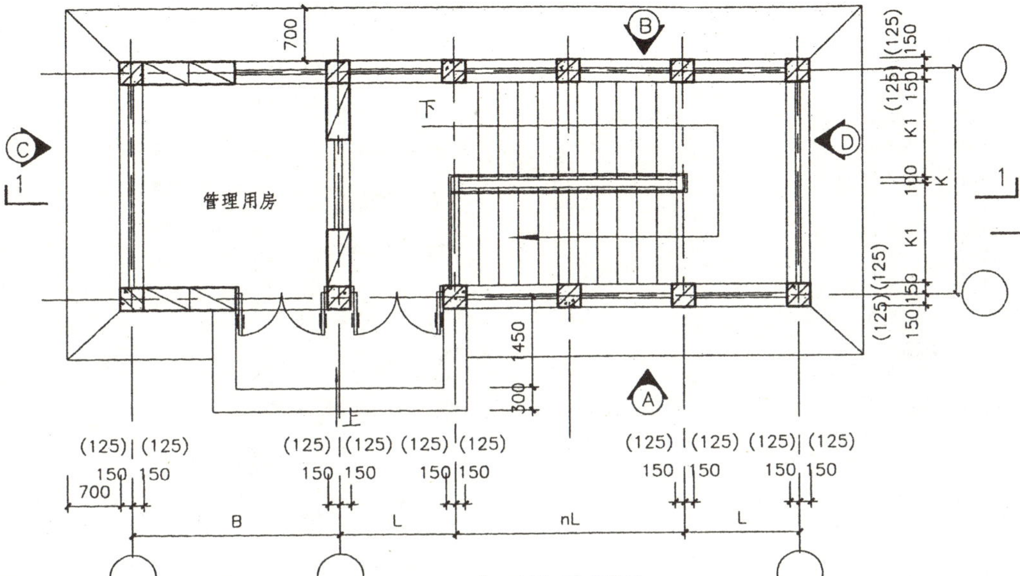

地面层平面图

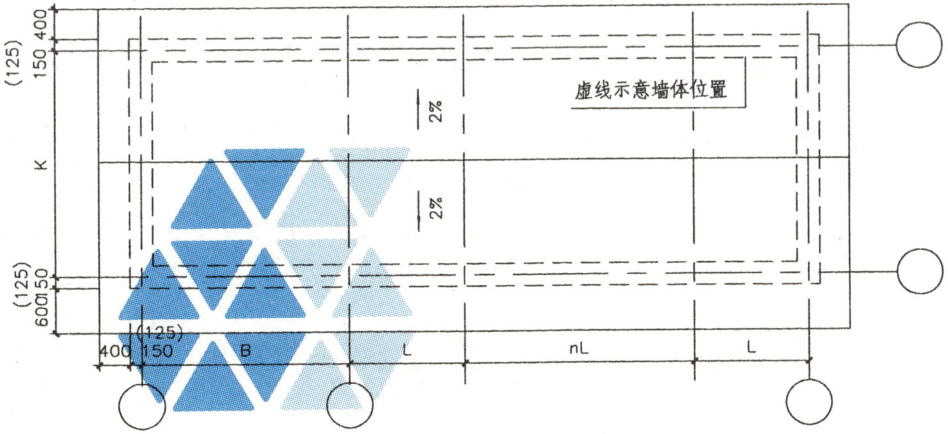

屋顶平面图

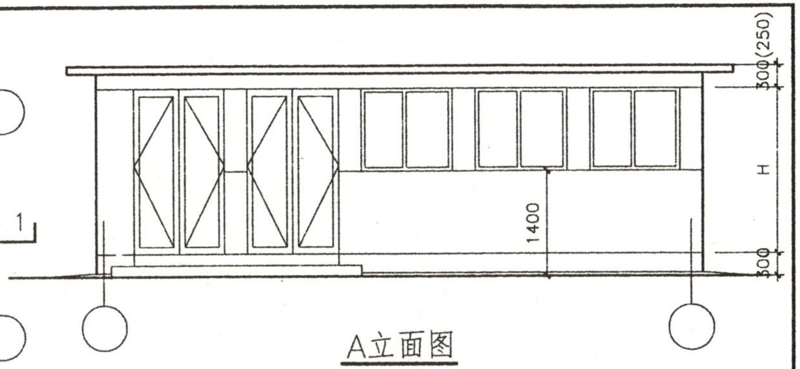

A立面图

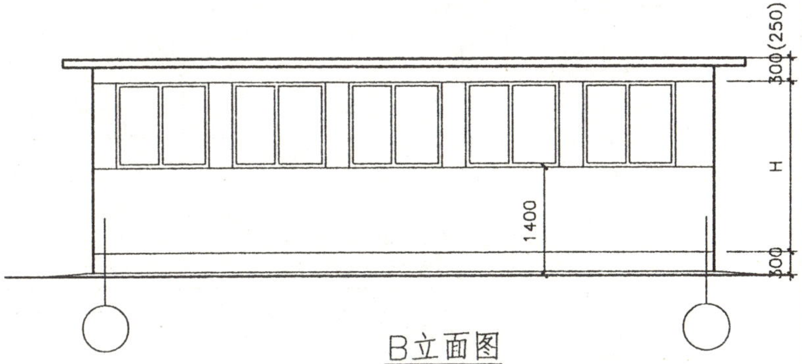

B立面图

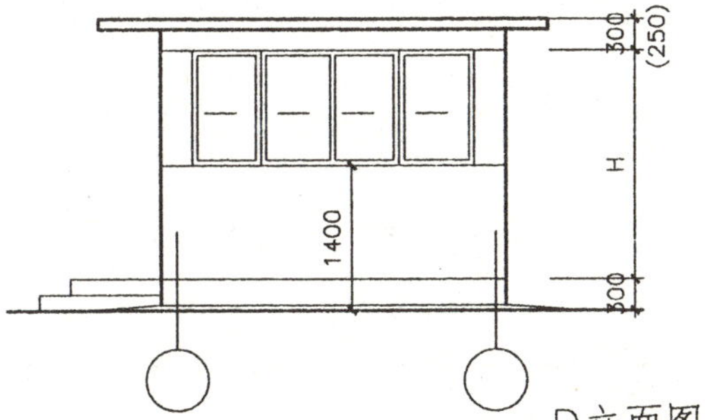

D立面图

III型双跑楼梯室外出入口防倒塌棚架平、立面图								图集号	07FJ02
审核	顾　群	顾群	校对	赵贵华	赵贵华	设计	李宝明	李宝明	页 45

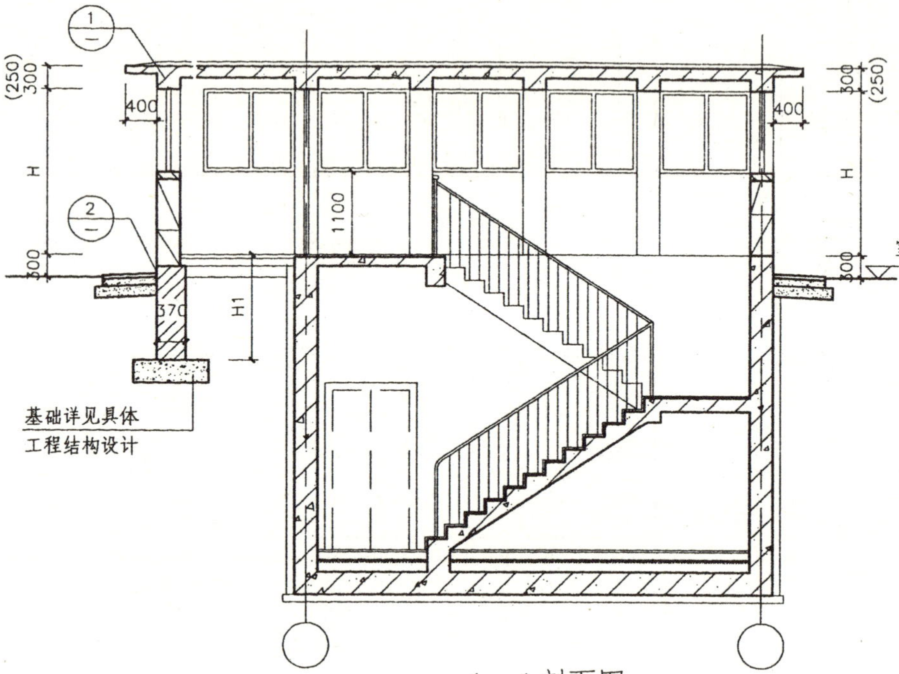

1—1剖面图

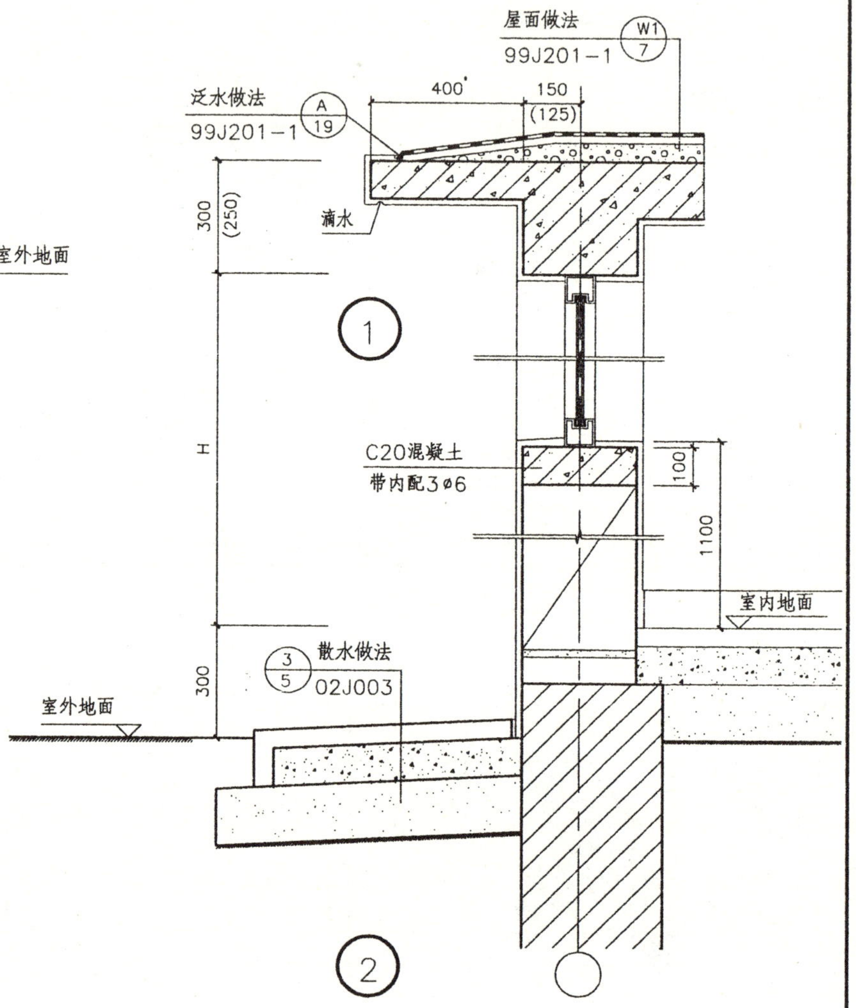

说明：

1.棚架外装修应与主体建筑外装修协调，做法由具体工程确定。

2.门窗材质及立面形式由具体工程确定。

3.具体工程应选定B及n值。

4.棚架中墙体均为与主体结构无可靠拉结的轻型砌体。

5.外门净宽度不得小于梯段宽度。

6.H1需满足抗冻要求。

III型双跑楼梯室外出入口防倒塌棚架剖面图						图集号	07FJ02
审核	顾 群	顾群	校对	赵贵华	赵贵华	设计 李宝明 李宝明	页 46

双跑楼梯室外出入口防倒塌棚架选用表

棚架编号						棚架编号					
核5级	核6级	核6B级	K	L	H	核5级	核6级	核6B级	K	L	H
5PJ2621−12	6PJ2621−12	6BPJ2621−12	2600	1200	2100	5PJ3421−12	6PJ3421−12	6BPJ3421−12	3400	1200	2100
5PJ2621−15	6PJ2621−15	6BPJ2621−15	2600	1500	2100	5PJ3421−15	6PJ3421−15	6BPJ3421−15	3400	1500	2100
5PJ2621−18	6PJ2621−18	6BPJ2621−18	2600	1800	2100	5PJ3421−18	6PJ3421−18	6BPJ3421−18	3400	1800	2100
5PJ2621−21	6PJ2621−21	6BPJ2621−21	2600	2100	2100	5PJ3421−21	6PJ3421−21	6BPJ3421−21	3400	2100	2100
5PJ2621−24	6PJ2621−24	6BPJ2621−24	2600	2400	2100	5PJ3421−24	6PJ3421−24	6BPJ3421−24	3400	2400	2100
5PJ2821−12	6PJ2821−12	6BPJ2821−12	2800	1200	2100	5PJ3621−12	6PJ3621−12	6BPJ3621−12	3600	1200	2100
5PJ2821−15	6PJ2821−15	6BPJ2821−15	2800	1500	2100	5PJ3621−15	6PJ3621−15	6BPJ3621−15	3600	1500	2100
5PJ2821−18	6PJ2821−18	6BPJ2821−18	2800	1800	2100	5PJ3621−18	6PJ3621−18	6BPJ3621−18	3600	1800	2100
5PJ2821−21	6PJ2821−21	6BPJ2821−21	2800	2100	2100	5PJ3621−21	6PJ3621−21	6BPJ3621−21	3600	2100	2100
5PJ2821−24	6PJ2821−24	6BPJ2821−24	2800	2400	2100	5PJ3621−24	6PJ3621−24	6BPJ3621−24	3600	2400	2100
5PJ3021−12	6PJ3021−12	6BPJ3021−12	3000	1200	2100	5PJ3821−12	6PJ3821−12	6BPJ3821−12	3800	1200	2100
5PJ3021−15	6PJ3021−15	6BPJ3021−15	3000	1500	2100	5PJ3821−15	6PJ3821−15	6BPJ3821−15	3800	1500	2100
5PJ3021−18	6PJ3021−18	6BPJ3021−18	3000	1800	2100	5PJ3821−18	6PJ3821−18	6BPJ3821−18	3800	1800	2100
5PJ3021−21	6PJ3021−21	6BPJ3021−21	3000	2100	2100	5PJ3821−21	6PJ3821−21	6BPJ3821−21	3800	2100	2100
5PJ3021−24	6PJ3021−24	6BPJ3021−24	3000	2400	2100	5PJ3821−24	6PJ3821−24	6BPJ3821−24	3800	2400	2100
5PJ3221−12	6PJ3221−12	6BPJ3221−12	3200	1200	2100	5PJ4021−12	6PJ4021−12	6BPJ4021−12	4000	1200	2100
5PJ3221−15	6PJ3221−15	6BPJ3221−15	3200	1500	2100	5PJ4021−15	6PJ4021−15	6BPJ4021−15	4000	1500	2100
5PJ3221−18	6PJ3221−18	6BPJ3221−18	3200	1800	2100	5PJ4021−18	6PJ4021−18	6BPJ4021−18	4000	1800	2100
5PJ3221−21	6PJ3221−21	6BPJ3221−21	3200	2100	2100	5PJ4021−21	6PJ4021−21	6BPJ4021−21	4000	2100	2100
5PJ3221−24	6PJ3221−24	6BPJ3221−24	3200	2400	2100	5PJ4021−24	6PJ4021−24	6BPJ4021−24	4000	2400	2100

续表

棚架编号						棚架编号					
核5级	核6级	核6B级	K	L	H	核5级	核6级	核6B级	K	L	H
5PJ2624-12	6PJ2624-12	6BPJ2624-12	2600	1200	2400	5PJ3424-12	6PJ3424-12	6BPJ3424-12	3400	1200	2400
5PJ2624-15	6PJ2624-15	6BPJ2624-15	2600	1500	2400	5PJ3424-15	6PJ3424-15	6BPJ3424-15	3400	1500	2400
5PJ2624-18	6PJ2624-18	6BPJ2624-18	2600	1800	2400	5PJ3424-18	6PJ3424-18	6BPJ3424-18	3400	1800	2400
5PJ2624-21	6PJ2624-21	6BPJ2624-21	2600	2100	2400	5PJ3424-21	6PJ3424-21	6BPJ3424-21	3400	2100	2400
5PJ2624-24	6PJ2624-24	6BPJ2624-24	2600	2400	2400	5PJ3424-24	6PJ3424-24	6BPJ3424-24	3400	2400	2400
5PJ2824-12	6PJ2824-12	6BPJ2824-12	2800	1200	2400	5PJ3624-12	6PJ3624-12	6BPJ3624-12	3600	1200	2400
5PJ2824-15	6PJ2824-15	6BPJ2824-15	2800	1500	2400	5PJ3624-15	6PJ3624-15	6BPJ3624-15	3600	1500	2400
5PJ2824-18	6PJ2824-18	6BPJ2824-18	2800	1800	2400	5PJ3624-18	6PJ3624-18	6BPJ3624-18	3600	1800	2400
5PJ2824-21	6PJ2824-21	6BPJ2824-21	2800	2100	2400	5PJ3624-21	6PJ3624-21	6BPJ3624-21	3600	2100	2400
5PJ2824-24	6PJ2824-24	6BPJ2824-24	2800	2400	2400	5PJ3624-24	6PJ3624-24	6BPJ3624-24	3600	2400	2400
5PJ3024-12	6PJ3024-12	6BPJ3024-12	3000	1200	2400	5PJ3824-12	6PJ3824-12	6BPJ3824-12	3800	1200	2400
5PJ3024-15	6PJ3024-15	6BPJ3024-15	3000	1500	2400	5PJ3824-15	6PJ3824-15	6BPJ3824-15	3800	1500	2400
5PJ3024-18	6PJ3024-18	6BPJ3024-18	3000	1800	2400	5PJ3824-18	6PJ3824-18	6BPJ3824-18	3800	1800	2400
5PJ3024-21	6PJ3024-21	6BPJ3024-21	3000	2100	2400	5PJ3824-21	6PJ3824-21	6BPJ3824-21	3800	2100	2400
5PJ3024-24	6PJ3024-24	6BPJ3024-24	3000	2400	2400	5PJ3824-24	6PJ3824-24	6BPJ3824-24	3800	2400	2400
5PJ3224-12	6PJ3224-12	6BPJ3224-12	3200	1200	2400	5PJ4024-12	6PJ4024-12	6BPJ4024-12	4000	1200	2400
5PJ3224-15	6PJ3224-15	6BPJ3224-15	3200	1500	2400	5PJ4024-15	6PJ4024-15	6BPJ4024-15	4000	1500	2400
5PJ3224-18	6PJ3224-18	6BPJ3224-18	3200	1800	2400	5PJ4024-18	6PJ4024-18	6BPJ4024-18	4000	1800	2400
5PJ3224-21	6PJ3224-21	6BPJ3224-21	3200	2100	2400	5PJ4024-21	6PJ4024-21	6BPJ4024-21	4000	2100	2400
5PJ3224-24	6PJ3224-24	6BPJ3224-24	3200	2400	2400	5PJ4024-24	6PJ4024-24	6BPJ4024-24	4000	2400	2400

双跑楼梯室外出入口防倒塌棚架选用表							图集号	07FJ02
审核	顾群	顾群	校对	赵贵华	赵贵华	设计	李宝明 李宝明	页 48

棚架编号						棚架编号					
核5级	核6级	核6B级	K	L	H	核5级	核6级	核6B级	K	L	H
5PJ2627−12	6PJ2627−12	6BPJ2627−12	2600	1200	2700	5PJ3427−12	6PJ3427−12	6BPJ3427−12	3400	1200	2700
5PJ2627−15	6PJ2627−15	6BPJ2627−15	2600	1500	2700	5PJ3427−15	6PJ3427−15	6BPJ3427−15	3400	1500	2700
5PJ2627−18	6PJ2627−18	6BPJ2627−18	2600	1800	2700	5PJ3427−18	6PJ3427−18	6BPJ3427−18	3400	1800	2700
5PJ2627−21	6PJ2627−21	6BPJ2627−21	2600	2100	2700	5PJ3427−21	6PJ3427−21	6BPJ3427−21	3400	2100	2700
5PJ2627−24	6PJ2627−24	6BPJ2627−24	2600	2400	2700	5PJ3427−24	6PJ3427−24	6BPJ3427−24	3400	2400	2700
5PJ2827−12	6PJ2827−12	6BPJ2827−12	2800	1200	2700	5PJ3627−12	6PJ3627−12	6BPJ3627−12	3600	1200	2700
5PJ2827−15	6PJ2827−15	6BPJ2827−15	2800	1500	2700	5PJ3627−15	6PJ3627−15	6BPJ3627−15	3600	1500	2700
5PJ2827−18	6PJ2827−18	6BPJ2827−18	2800	1800	2700	5PJ3627−18	6PJ3627−18	6BPJ3627−18	3600	1800	2700
5PJ2827−21	6PJ2827−21	6BPJ2827−21	2800	2100	2700	5PJ3627−21	6PJ3627−21	6BPJ3627−21	3600	2100	2700
5PJ2827−24	6PJ2827−24	6BPJ2827−24	2800	2400	2700	5PJ3627−24	6PJ3627−24	6BPJ3627−24	3600	2400	2700
5PJ3027−12	6PJ3027−12	6BPJ3027−12	3000	1200	2700	5PJ3827−12	6PJ3827−12	6BPJ3827−12	3800	1200	2700
5PJ3027−15	6PJ3027−15	6BPJ3027−15	3000	1500	2700	5PJ3827−15	6PJ3827−15	6BPJ3827−15	3800	1500	2700
5PJ3027−18	6PJ3027−18	6BPJ3027−18	3000	1800	2700	5PJ3827−18	6PJ3827−18	6BPJ3827−18	3800	1800	2700
5PJ3027−21	6PJ3027−21	6BPJ3027−21	3000	2100	2700	5PJ3827−21	6PJ3827−21	6BPJ3827−21	3800	2100	2700
5PJ3027−24	6PJ3027−24	6BPJ3027−24	3000	2400	2700	5PJ3827−24	6PJ3827−24	6BPJ3827−24	3800	2400	2700
5PJ3227−12	6PJ3227−12	6BPJ3227−12	3200	1200	2700	5PJ4027−12	6PJ4027−12	6BPJ4027−12	4000	1200	2700
5PJ3227−15	6PJ3227−15	6BPJ3227−15	3200	1500	2700	5PJ4027−15	6PJ4027−15	6BPJ4027−15	4000	1500	2700
5PJ3227−18	6PJ3227−18	6BPJ3227−18	3200	1800	2700	5PJ4027−18	6PJ4027−18	6BPJ4027−18	4000	1800	2700
5PJ3227−21	6PJ3227−21	6BPJ3227−21	3200	2100	2700	5PJ4027−21	6PJ4027−21	6BPJ4027−21	4000	2100	2700
5PJ3227−24	6PJ3227−24	6BPJ3227−24	3200	2400	2700	5PJ4027−24	6PJ4027−24	6BPJ4027−24	4000	2400	2700

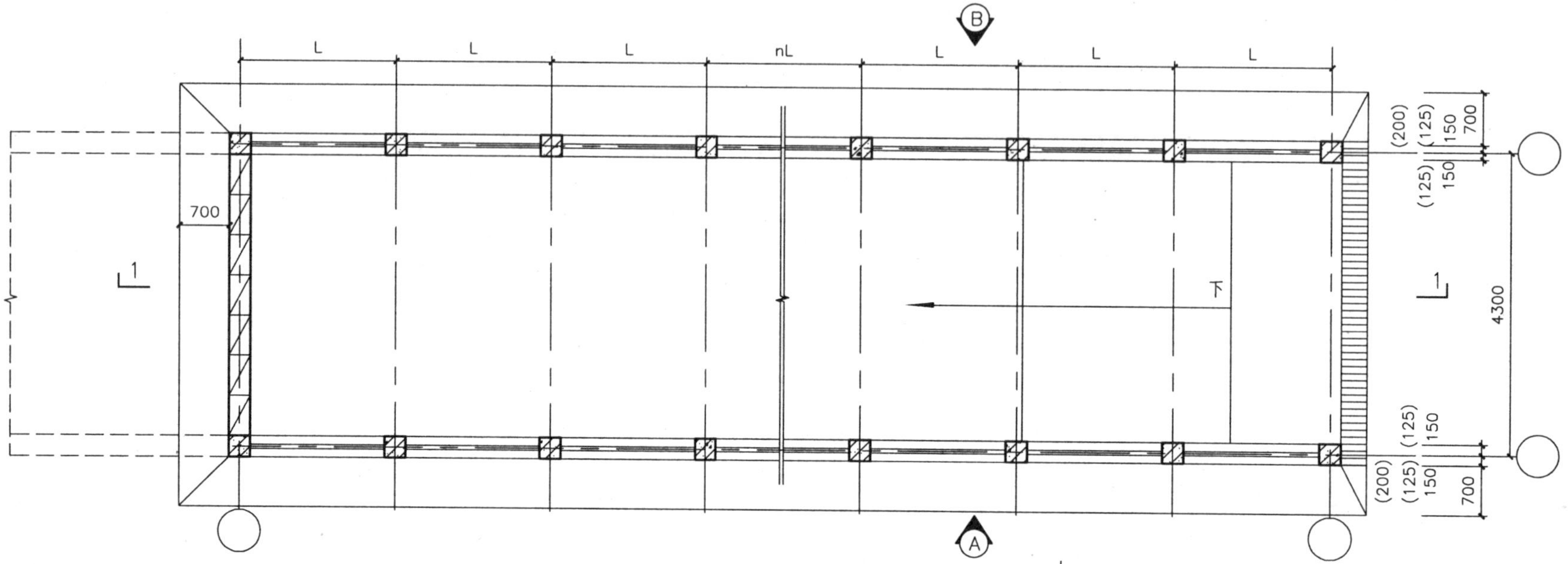

坡道地面层平面图

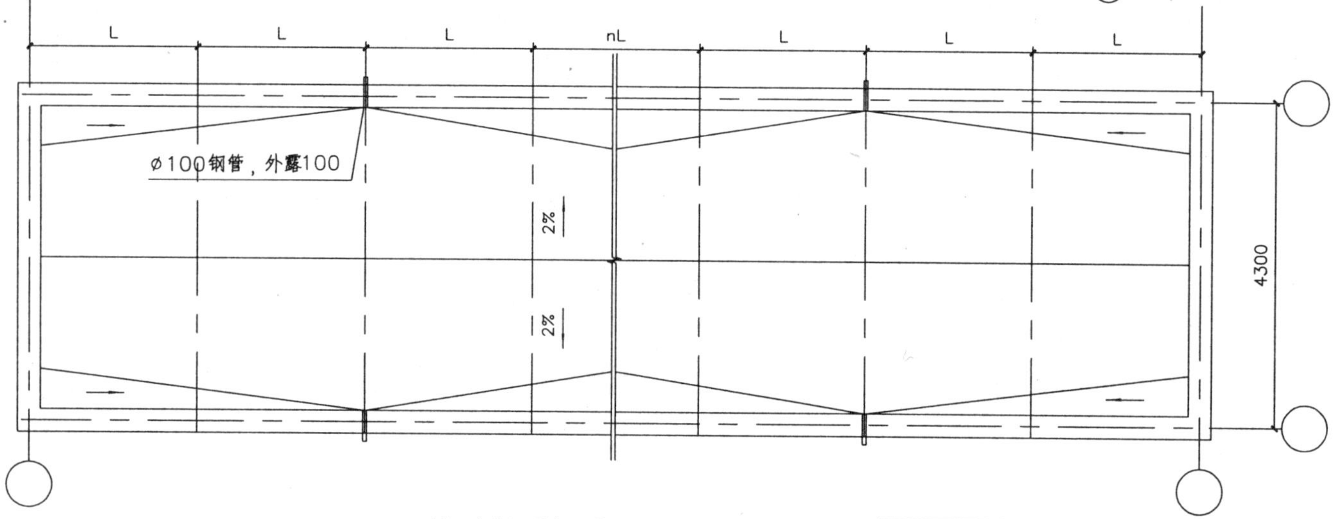

坡道屋顶层平面图

Ⅰ型坡道平顶式室外出入口防倒塌棚架平面图							图集号	07FJ02
审核	顾　群	顾群	校对	赵贵华	赵贵华	设计	李宝明	李宝明	页	50

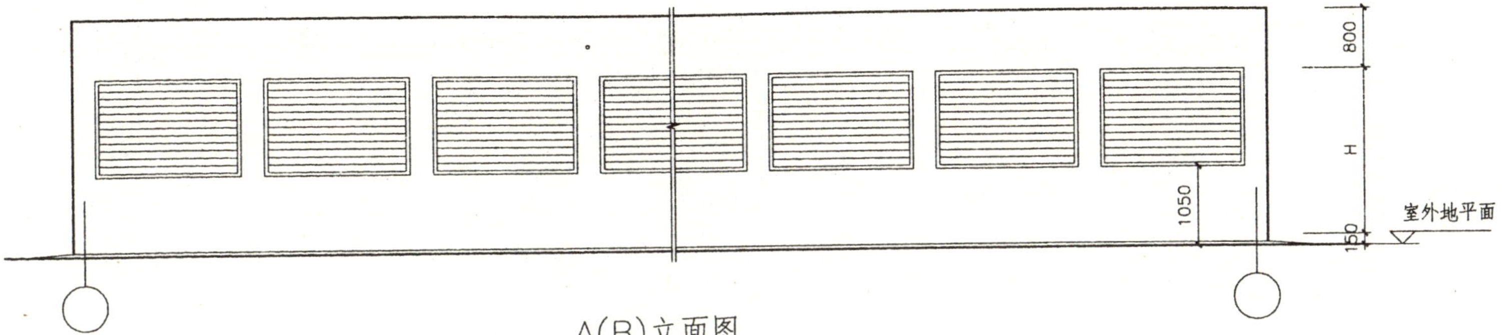

A(B)立面图

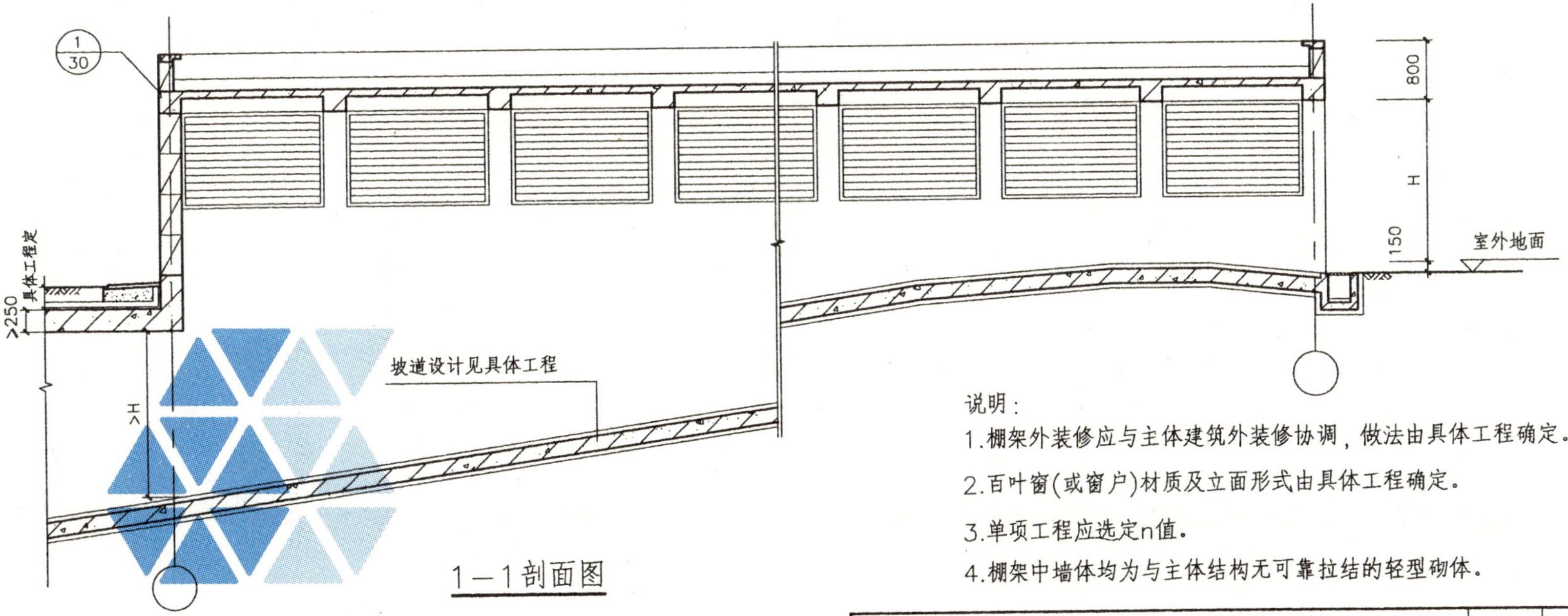

1—1剖面图

说明：

1.棚架外装修应与主体建筑外装修协调，做法由具体工程确定。

2.百叶窗(或窗户)材质及立面形式由具体工程确定。

3.单项工程应选定n值。

4.棚架中墙体均为与主体结构无可靠拉结的轻型砌体。

Ⅰ型坡道平顶式室外出入口防倒塌棚架立、剖面图								图集号	07FJ02
审核	顾 群	顾群	校对	赵贵华	赵贵华	设计	李宝明	李宝明	页	51

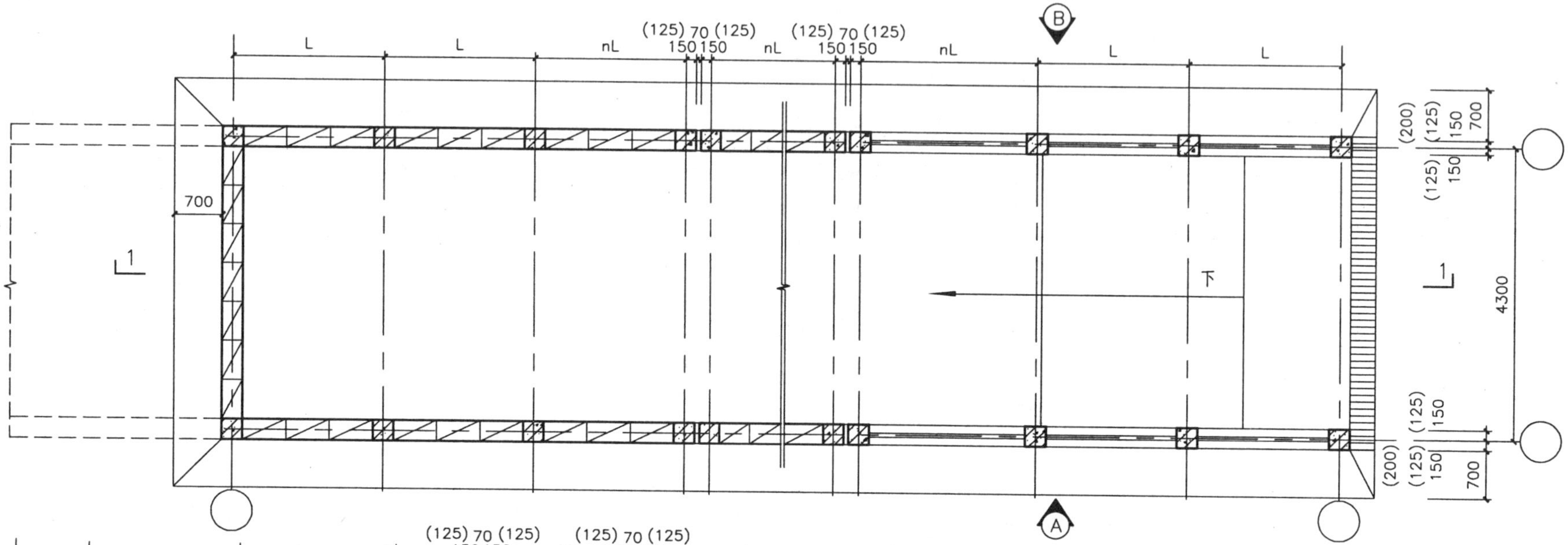

坡道地面层平面图

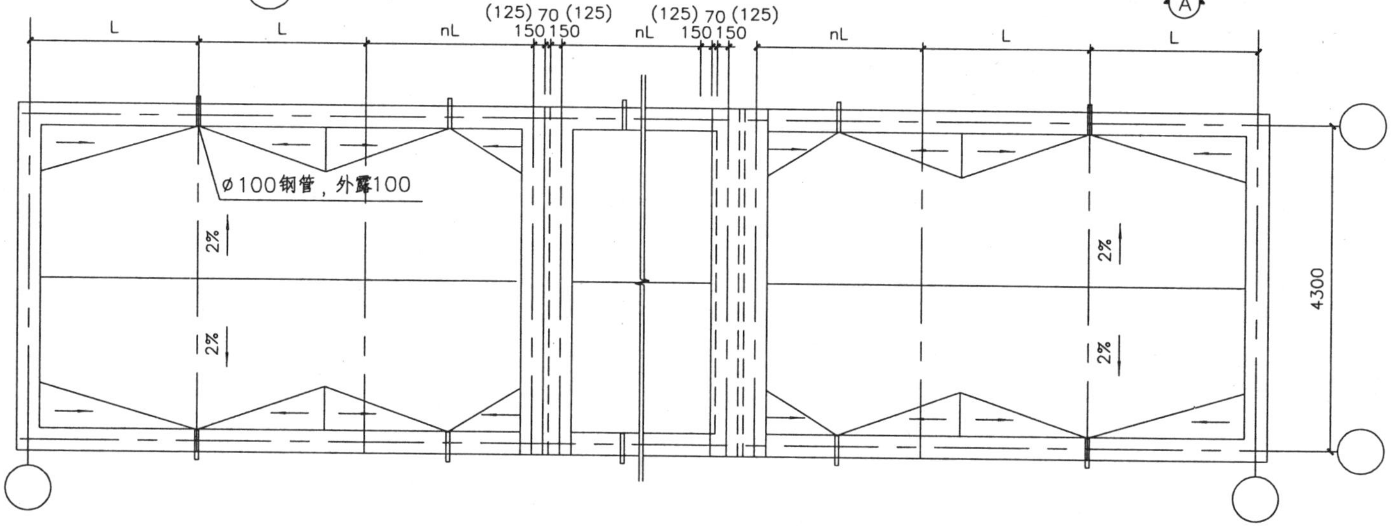

坡道屋顶层平面图

I 型坡道跌落式室外出入口防倒塌棚架平面图							图集号	07FJ02
审核	顾 群	顾群	校对	赵贵华	赵贵华	设计	李宝明	李宝明	页	52

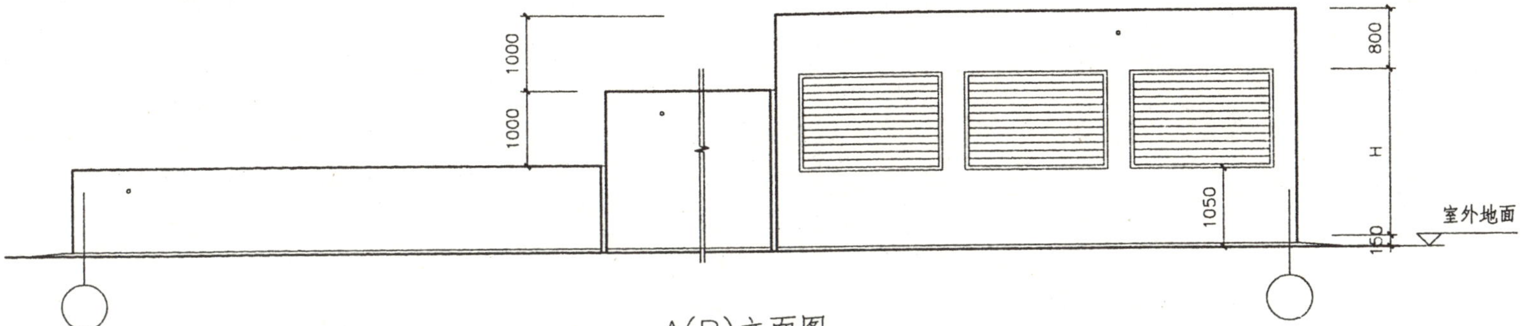

A(B)立面图

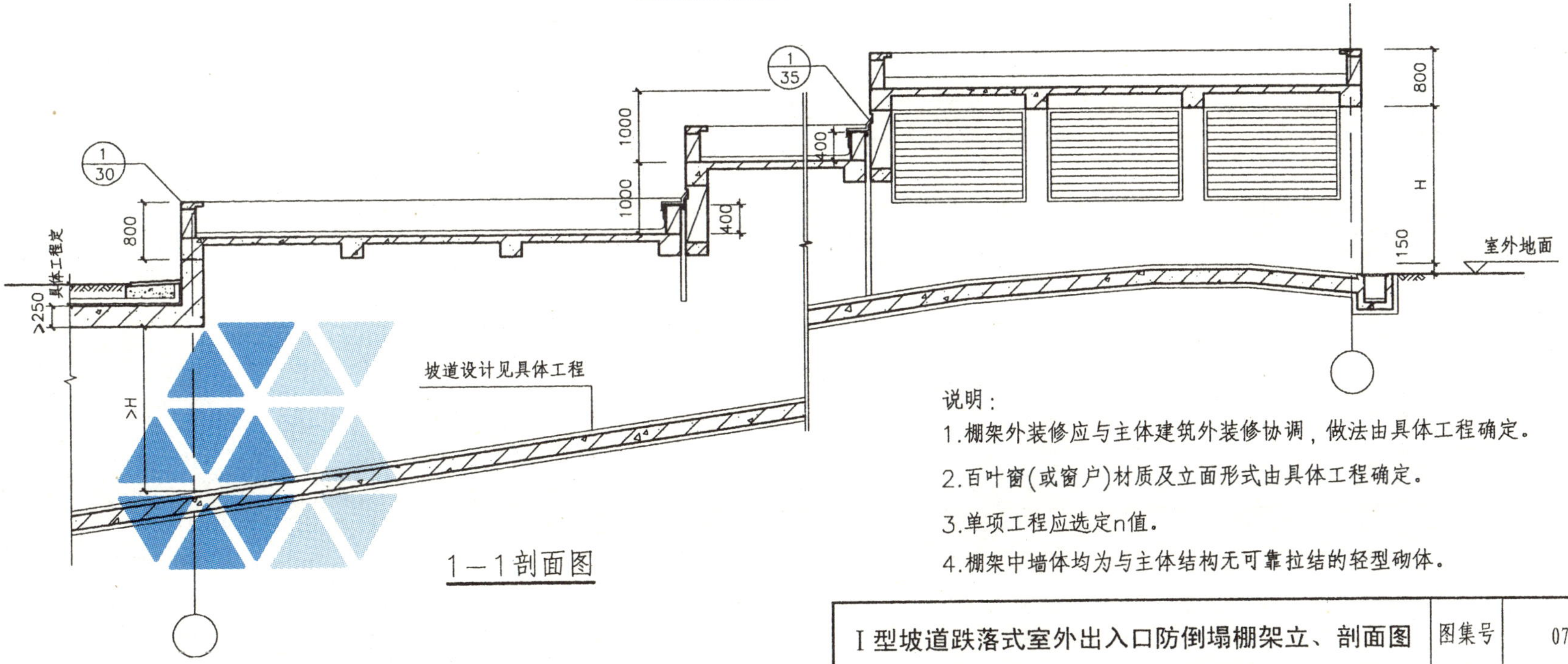

1—1剖面图

说明：

1.棚架外装修应与主体建筑外装修协调，做法由具体工程确定。

2.百叶窗(或窗户)材质及立面形式由具体工程确定。

3.单项工程应选定n值。

4.棚架中墙体均为与主体结构无可靠拉结的轻型砌体。

I型坡道跌落式室外出入口防倒塌棚架立、剖面图								图集号	07FJ02
审核	顾 群	顾群	校对	赵贵华	赵贵华	设计	李宝明	页	53

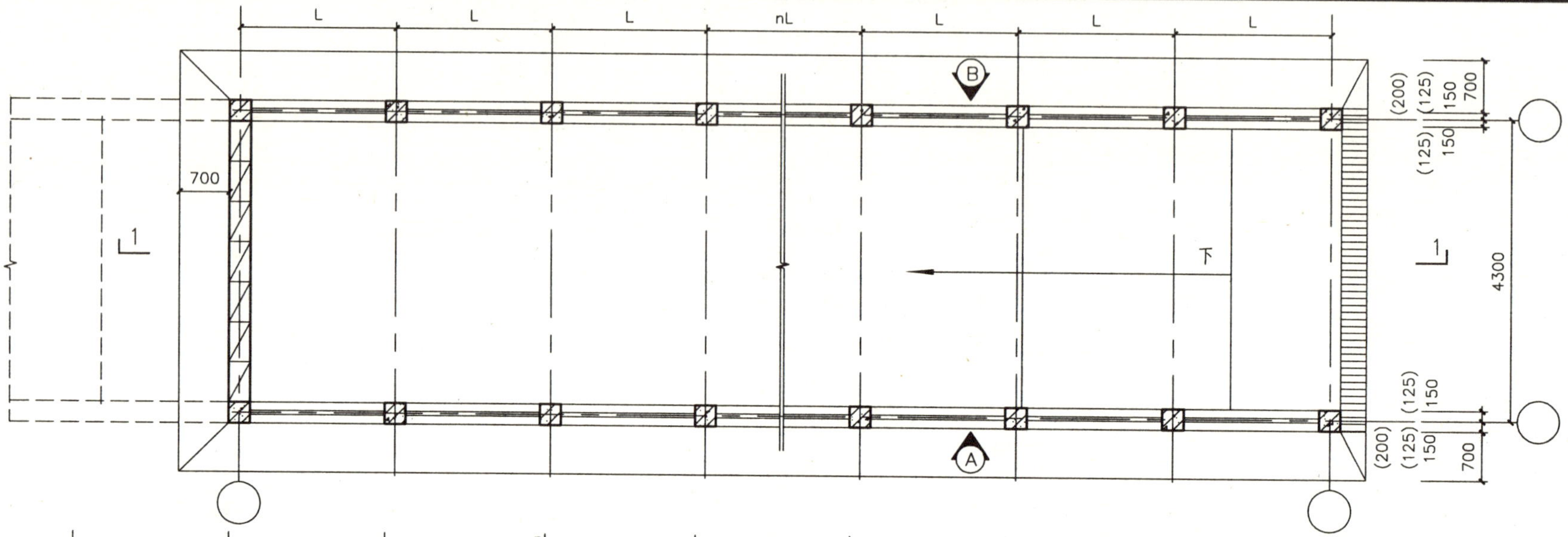

坡道地面层平面图

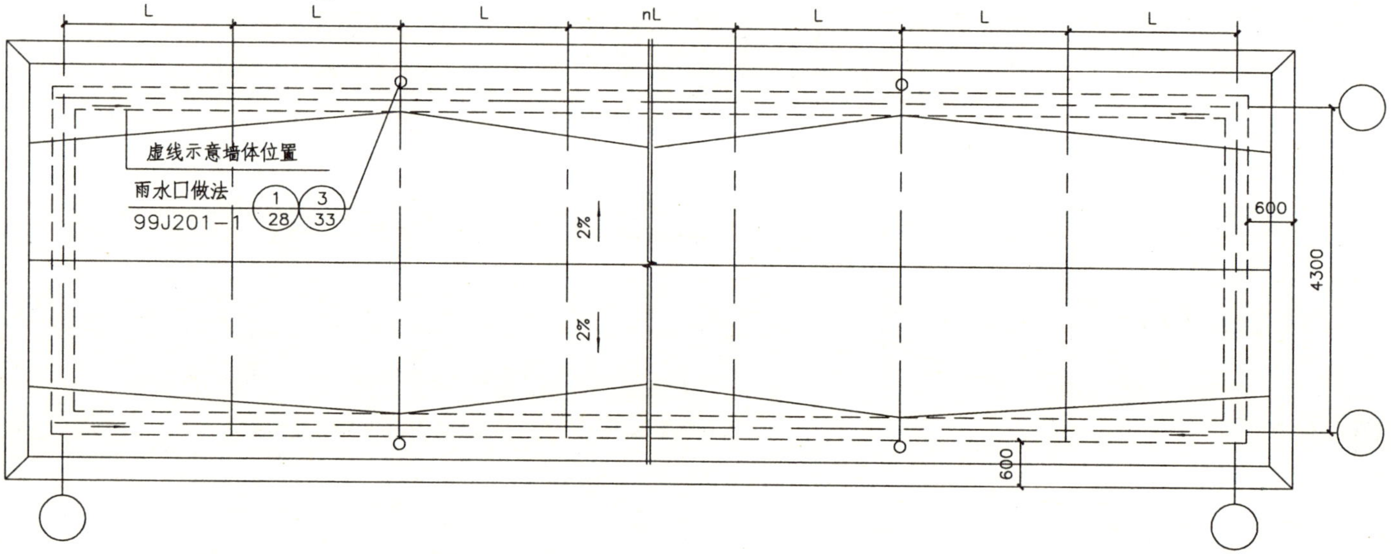

坡道屋顶层平面图

Ⅱ型坡道式室外出入口防倒塌棚架平面图							图集号	07FJ02
审核	顾 群	顾群	校对	赵贵华	赵贵华	设计 李宝明	李宝明	页 54

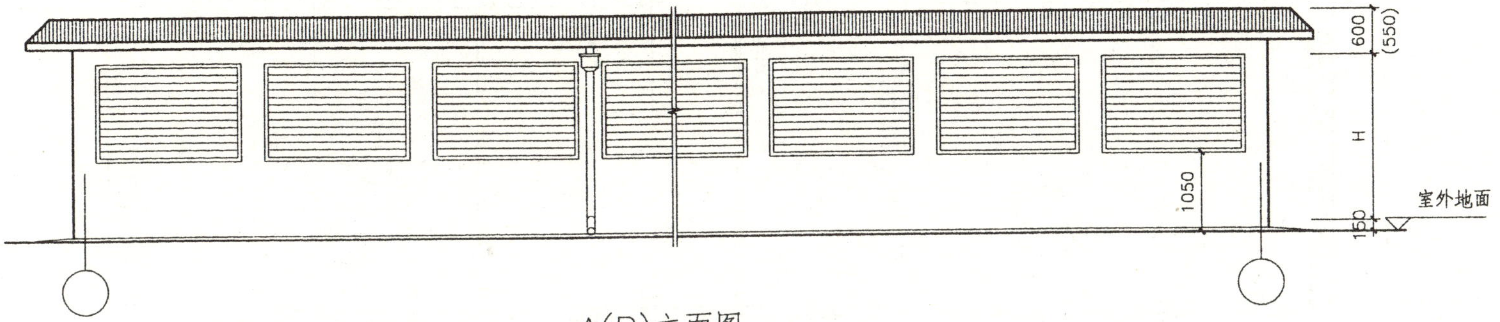

A(B)立面图

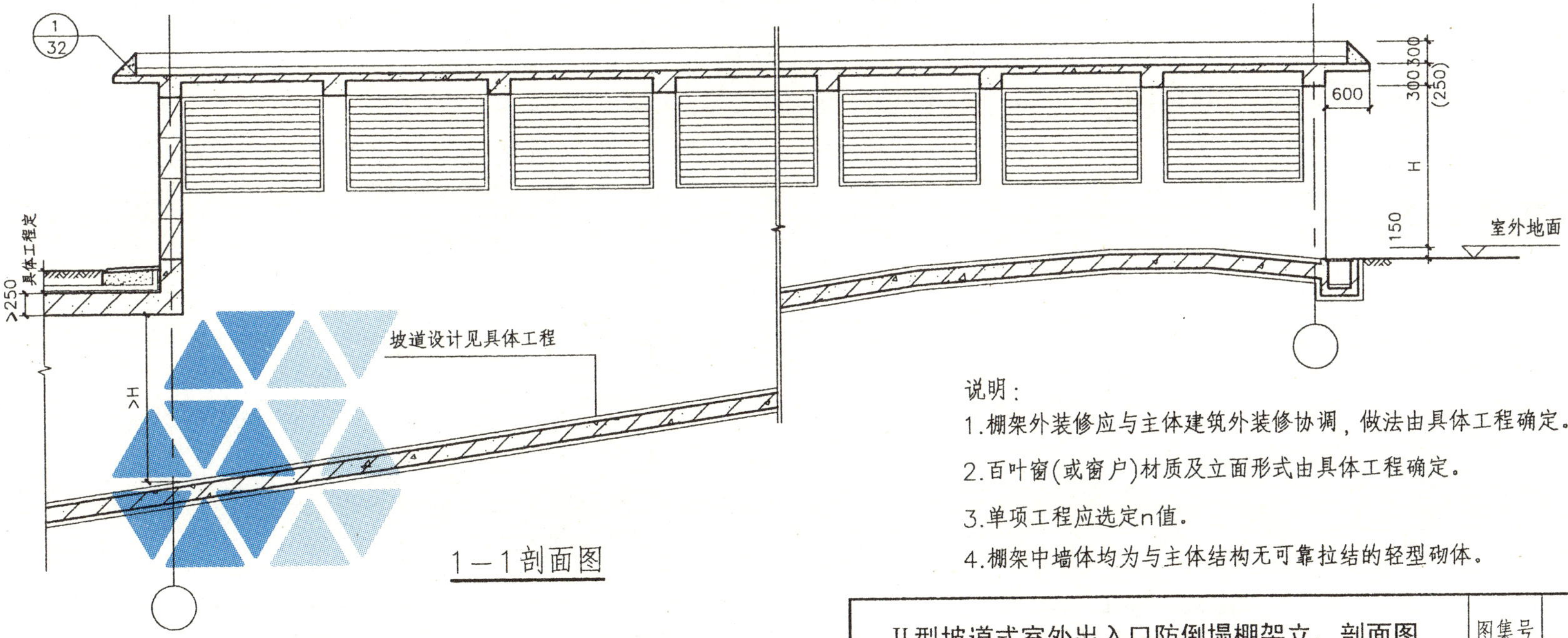

1－1剖面图

说明：

1.棚架外装修应与主体建筑外装修协调，做法由具体工程确定。

2.百叶窗(或窗户)材质及立面形式由具体工程确定。

3.单项工程应选定n值。

4.棚架中墙体均为与主体结构无可靠拉结的轻型砌体。

II型坡道式室外出入口防倒塌棚架立、剖面图								图集号	07FJ02
审核	顾 群	顾群	校对	赵贵华	赵贵华	设计	李宝明	页	55

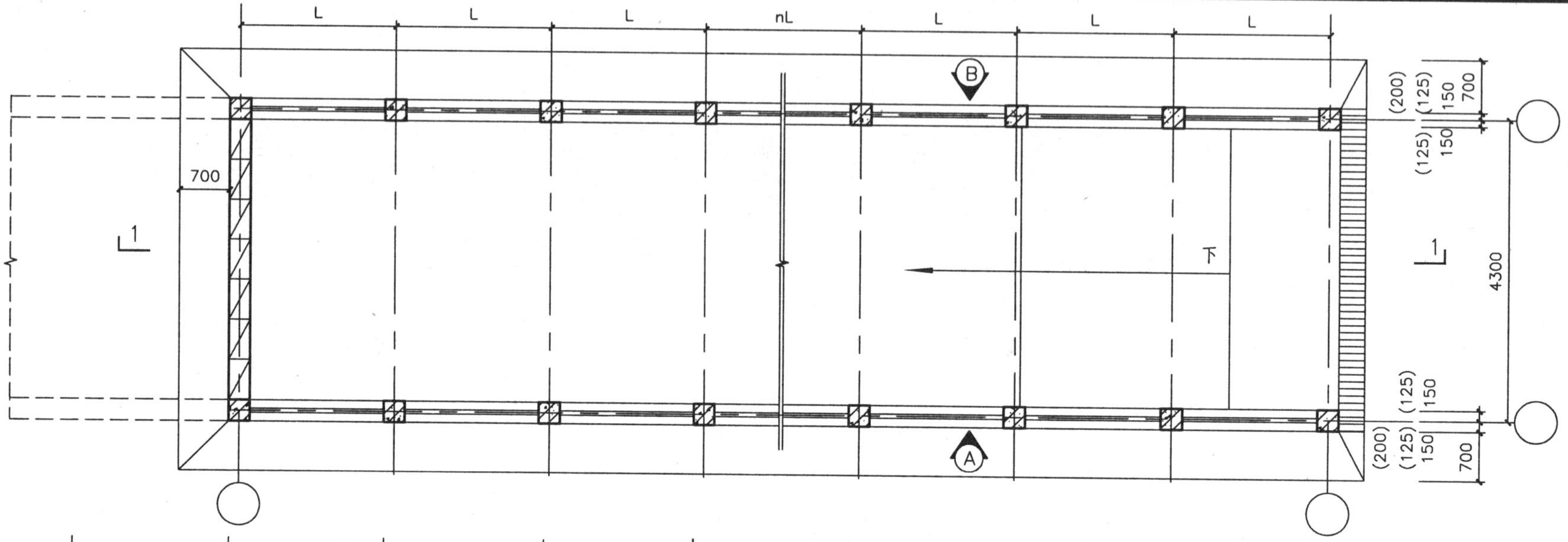

坡道地面层平面图

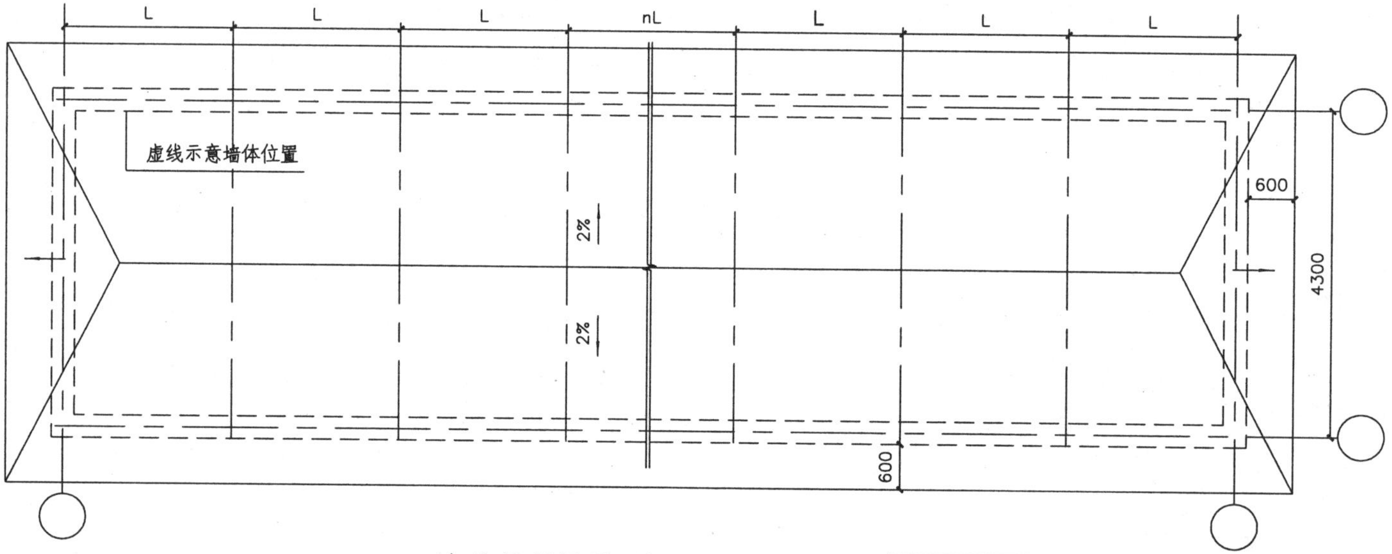

坡道屋顶层平面图

III型坡道式室外出入口防倒塌棚架平面图									图集号	07FJ02
审核	顾　群	顾群	校对	赵贵华	赵贵华	设计	李宝明	李宝明	页	56

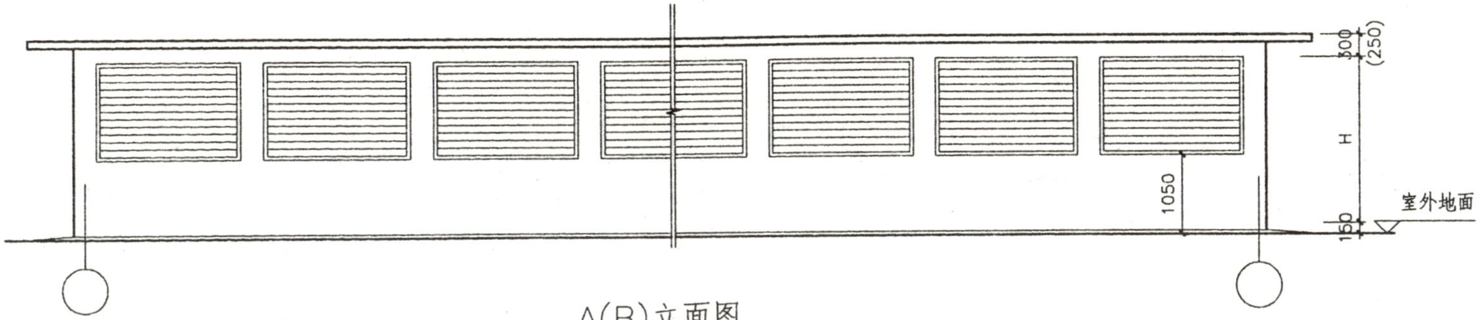

A(B)立面图

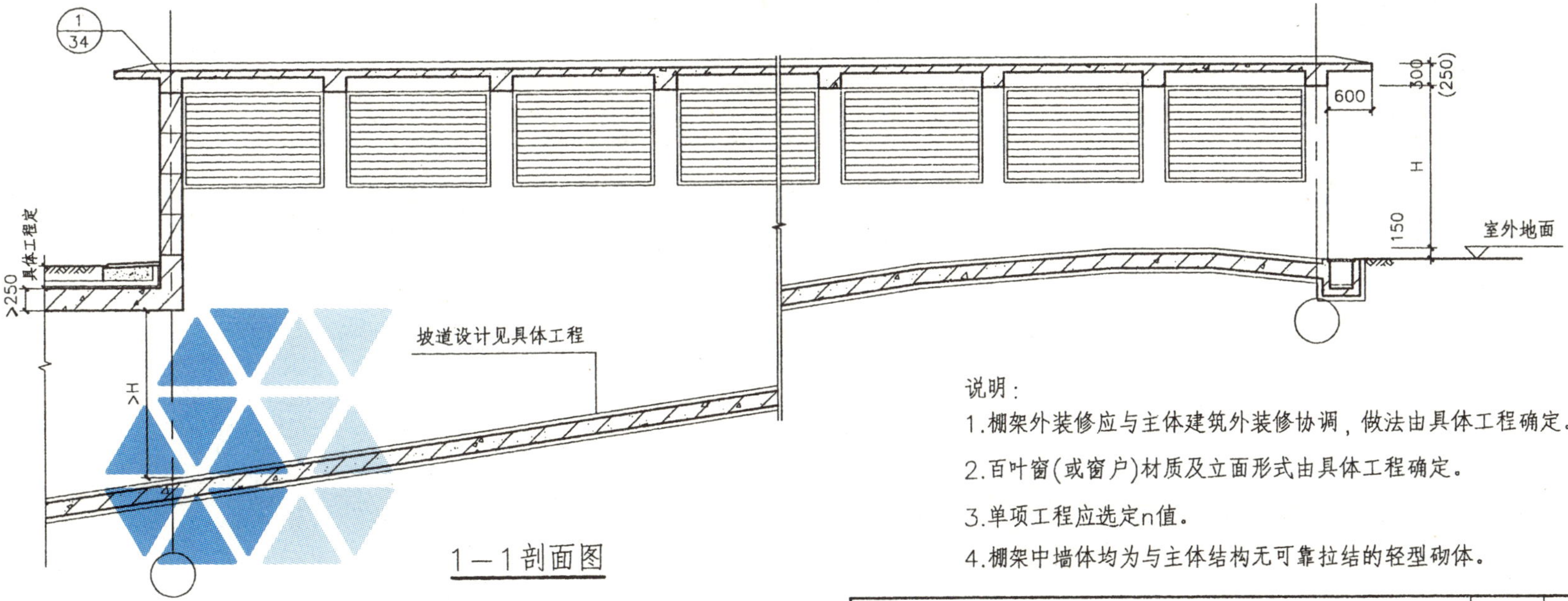

1—1剖面图

说明：

1.棚架外装修应与主体建筑外装修协调，做法由具体工程确定。

2.百叶窗(或窗户)材质及立面形式由具体工程确定。

3.单项工程应选定n值。

4.棚架中墙体均为与主体结构无可靠拉结的轻型砌体。

III型坡道式室外出入口防倒塌棚架立、剖面图								图集号	07FJ02
审核	顾 群	顾群	校对	赵贵华	赵贵华	设计	李宝明	页	57

坡道式室外出入口防倒塌棚架选用表

棚架编号						棚架编号					
核5级	核6级	核6B级	K	L	H	核5级	核6级	核6B级	K	L	H
5PJ4322-22	6PJ4322-22	6BPJ4322-22	4300	2200	2200	5PJ4330-22	6PJ4330-22	6BPJ4330-22	4300	2200	3000
5PJ4322-24	6PJ4322-24	6BPJ4322-24	4300	2400	2200	5PJ4330-24	6PJ4330-24	6BPJ4330-24	4300	2400	3000
5PJ4322-26	6PJ4322-26	6BPJ4322-26	4300	2600	2200	5PJ4330-26	6PJ4330-26	6BPJ4330-26	4300	2600	3000
5PJ4322-28	6PJ4322-28	6BPJ4322-28	4300	2800	2200	5PJ4330-28	6PJ4330-28	6BPJ4330-28	4300	2800	3000
5PJ4322-30	6PJ4322-30	6BPJ4322-30	4300	3000	2200	5PJ4330-30	6PJ4330-30	6BPJ4330-30	4300	3000	3000
5PJ4322-32	6PJ4322-32	6BPJ4322-32	4300	3200	2200	5PJ4330-32	6PJ4330-32	6BPJ4330-32	4300	3200	3000
5PJ4322-34	6PJ4322-34	6BPJ4322-34	4300	3400	2200	5PJ4330-34	6PJ4330-34	6BPJ4330-34	4300	3400	3000
5PJ4322-36	6PJ4322-36	6BPJ4322-36	4300	3600	2200	5PJ4330-36	6PJ4330-36	6BPJ4330-36	4300	3600	3000
5PJ4322-38	6PJ4322-38	6BPJ4322-38	4300	3800	2200	5PJ4330-38	6PJ4330-38	6BPJ4330-38	4300	3800	3000
5PJ4322-40	6PJ4322-40	6BPJ4322-40	4300	4000	2200	5PJ4330-40	6PJ4330-40	6BPJ4330-40	4300	4000	3000
5PJ4322-42	6PJ4322-42	6BPJ4322-42	4300	4200	2200	5PJ4330-42	6PJ4330-42	6BPJ4330-42	4300	4200	3000

通风采光窗井设计要点

适用范围	防空地下室通风采光窗井平时做法及临战封堵措施
类型	战时全填土式、战时半填土式、高出地平面式
结构形式	钢筋混凝土结构
窗井设置	开间(柱跨)2400≤L≤4800mm时，每开间(柱跨)设一个窗户， 当开间(柱跨)4800<L≤8100mm时，每开间(柱跨)设两个窗户
地下层层高	本图集按地下一层设计，窗井外墙高按3000～6000mm设计，其中室内外高差按300mm设计
窗井设计原则	每种窗井形式均按等开间设计，平面中窗户为居中设置，剖面中窗户尽可能靠上设置。窗井外墙防水、内装修做法由具体工程确定，本图集只设计了挡窗板的洞口尺寸，细部构造详见结构图集07FG05
窗井编号说明	QT(BT、GD)CJXXXX－X QT—全填土式；BT—半填土式；GD—高出地平面式；CJ—窗井；XX—开间(柱跨)；XX—窗井宽度；X—窗井类型 窗井类型有以下两种情况： Ⅰ型——代表每开间(柱跨)设一个窗户 Ⅱ型——代表每开间(柱跨)设两个窗户

索引表

通风采光窗井设计要点、索引表								图集号	07FJ02
审核	顾群	顾群	校对	赵贵华	赵贵华	设计	李宝明	页	59

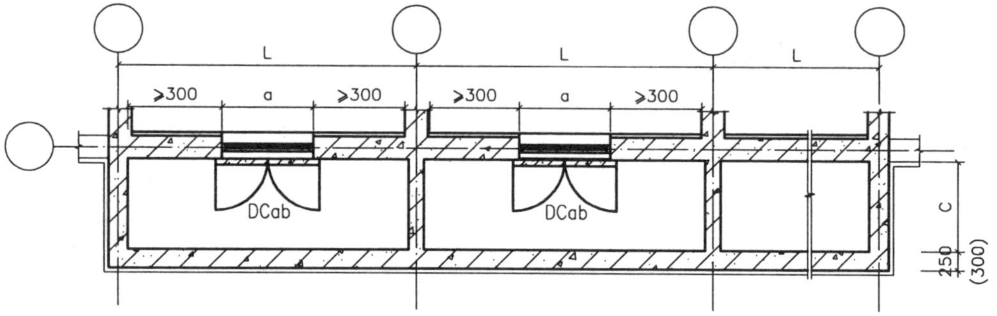

通风采光窗井地下层平面图

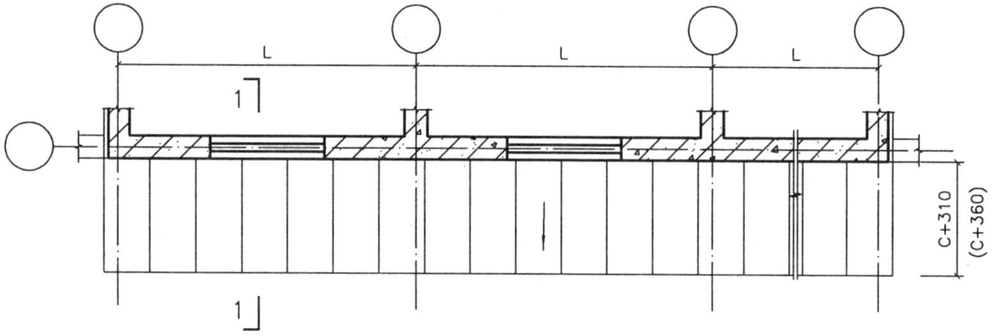

通风采光窗井地面层平面图

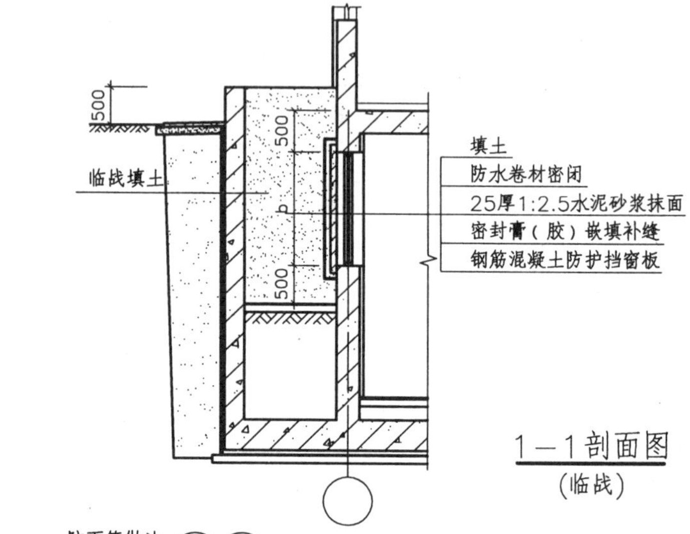

1—1剖面图
(临战)

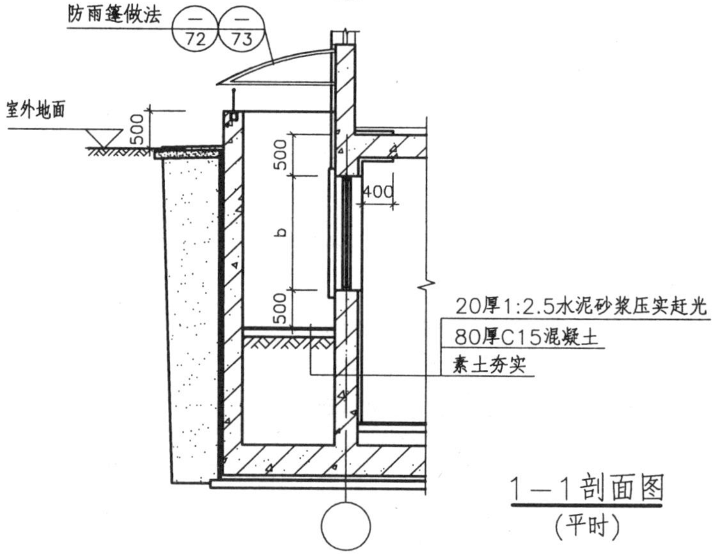

1—1剖面图
(平时)

防护挡窗板选用表

编号	a	b
DC0909	900	900
DC0912	900	1200
DC0915	900	1500
DC1209	1200	900
DC1212	1200	1200
DC1215	1200	1500
DC1509	1500	900
DC1512	1500	1200
DC1515	1500	1500

说明：

1.a、b分别为窗洞宽度和高度，尺寸详见本页防护挡窗板选用表，挡窗板组装图见结构图集07FG05。

2.窗框墙及窗井外墙配筋详见结构图集07FG05。

I型战时全填土式通风采光窗井（窗板封堵）						图集号	07FJ02
审核	顾 群	顾群	校对	赵贵华	赵贵华	设计 李宝明 李宝明	页 60

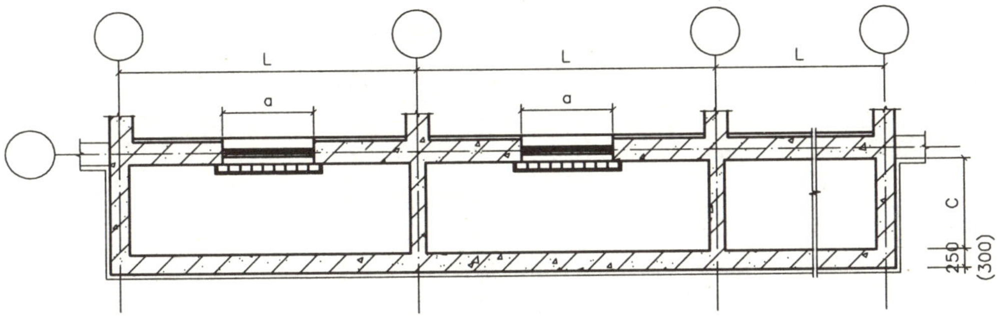

通风采光窗井地下层平面图

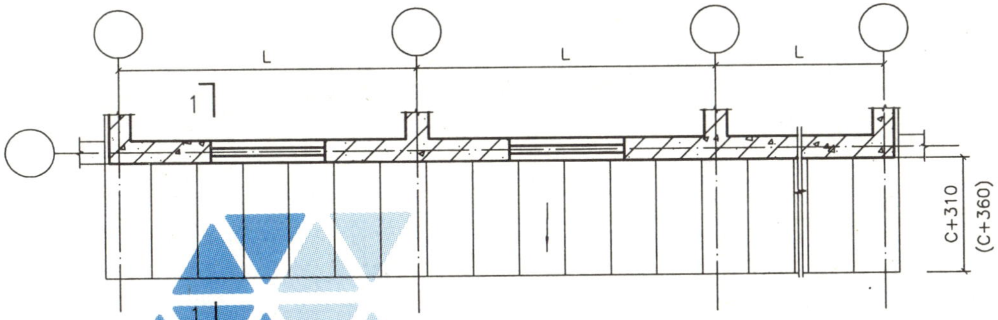

通风采光窗井地面层平面图

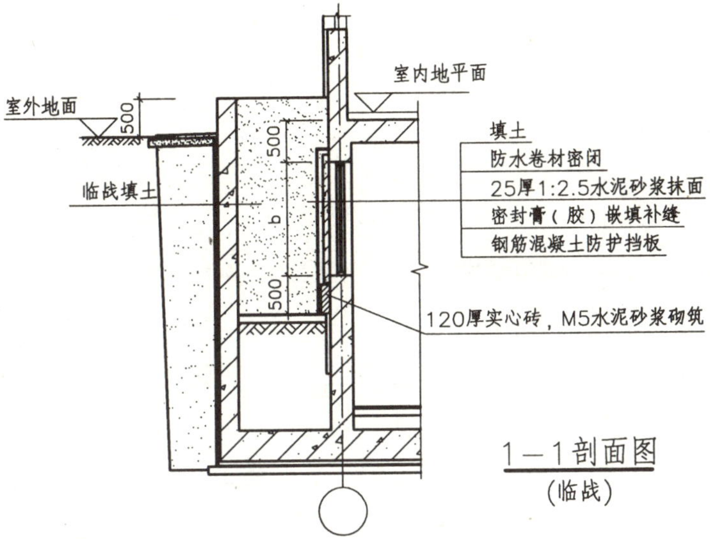

1—1剖面图
(临战)

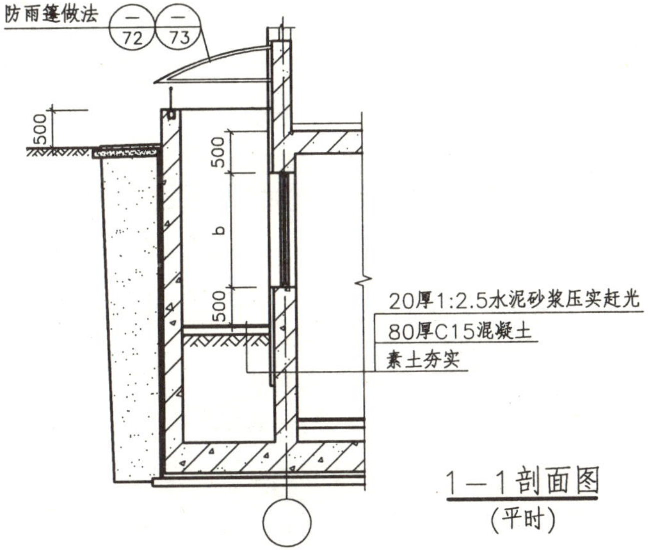

1—1剖面图
(平时)

说明：

1.a、b分别为窗洞宽度和高度，尺寸详见本图集第60页中防护挡窗板选用表。

2.挡板宽度为150mm,排列时每边宽出洞口75mm(100mm)，预埋件及构造要求详见结构图集07FG05,挡板排列见本图集第70页。

3.窗框墙及窗井外墙配筋详见结构图集07FG05。

Ⅰ型战时全填土式通风采光窗井(挡板封堵)								图集号	07FJ02
审核	顾 群	顾群	校对	赵贵华	赵贵华	设计	李宝明	页	61

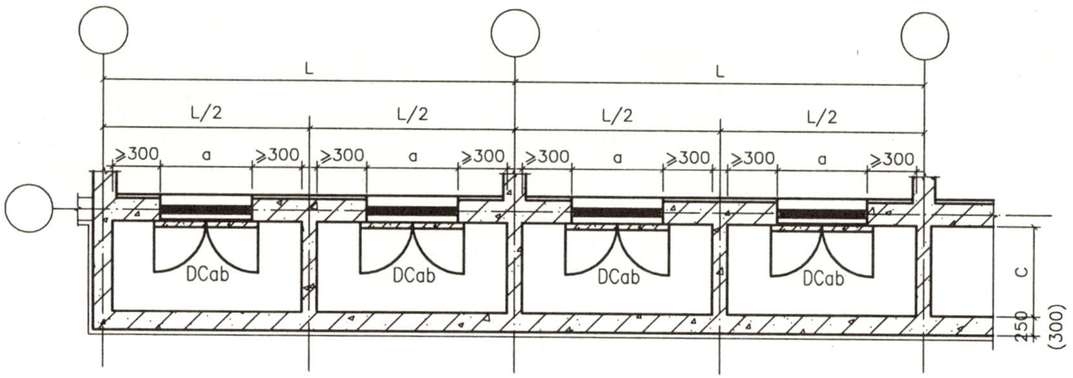

通风采光窗井地下层平面图

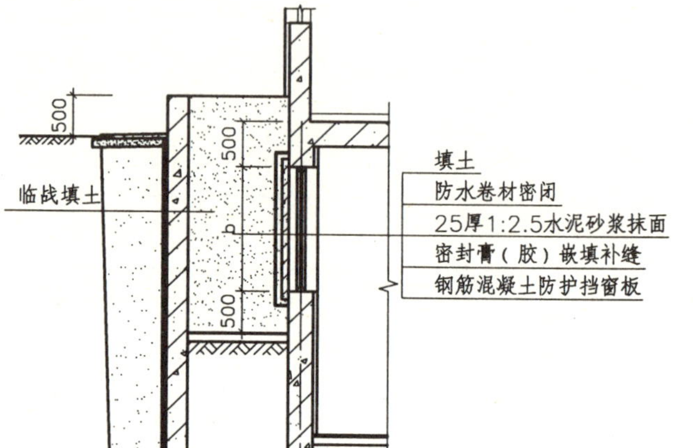

1—1剖面图
（临战）

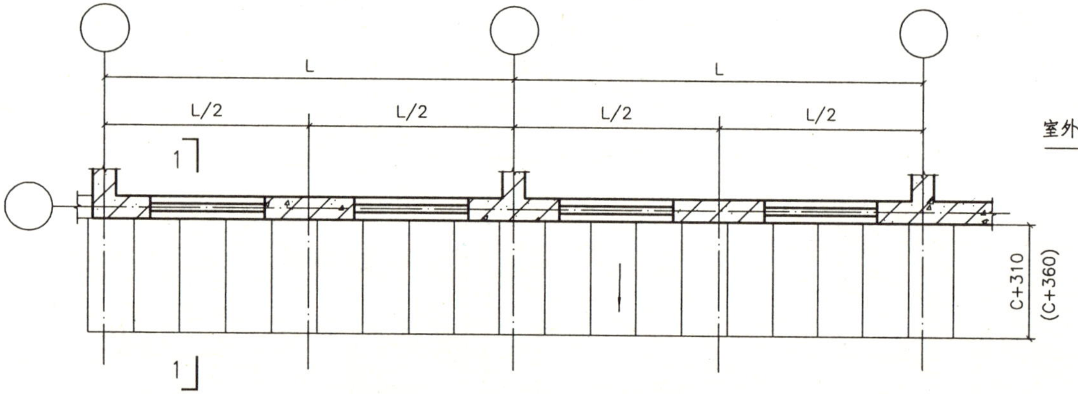

通风采光窗井地面层平面图

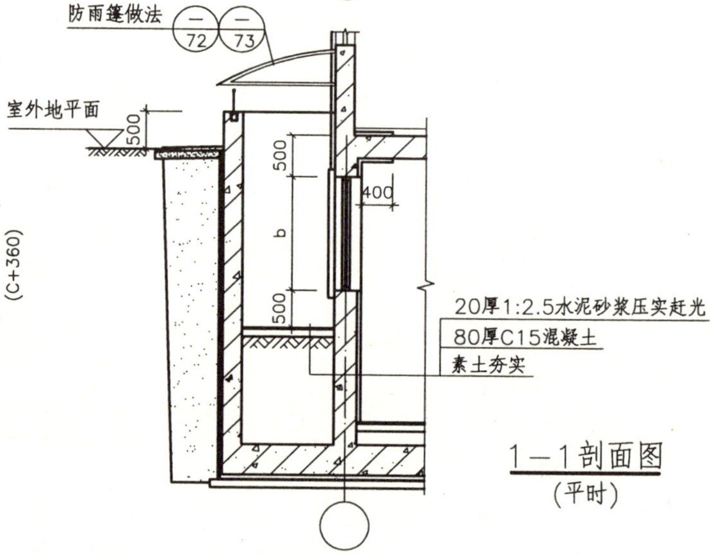

1—1剖面图
（平时）

说明：

1.a、b分别为窗洞宽度和高度，尺寸详本图集第60页防护挡窗板选用表，挡窗板组装图见结构图集07FG05。

2.窗框墙及窗井外墙配筋详见结构图集07FG05。

II型战时全填土式通风采光窗井（窗板封堵）		图集号	07FJ02
审核 顾 群 顾群	校对 赵贵华 赵贵华	设计 李宝明 李宝明	页	62

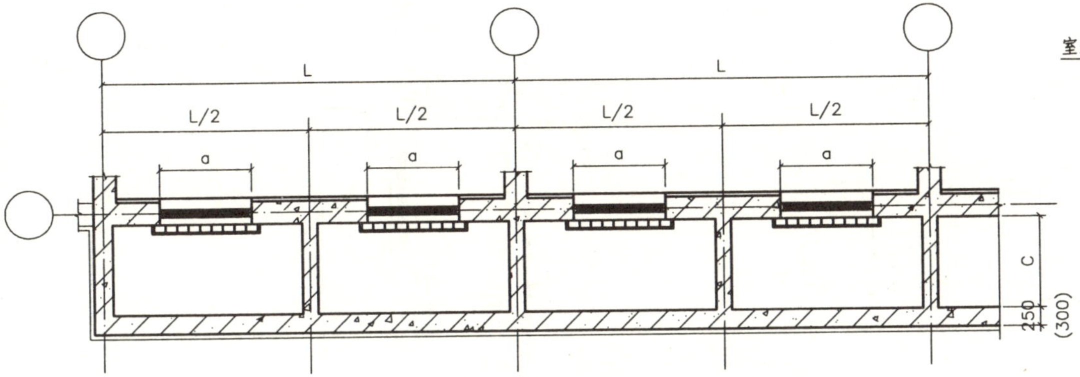

通风采光窗井地下层平面图

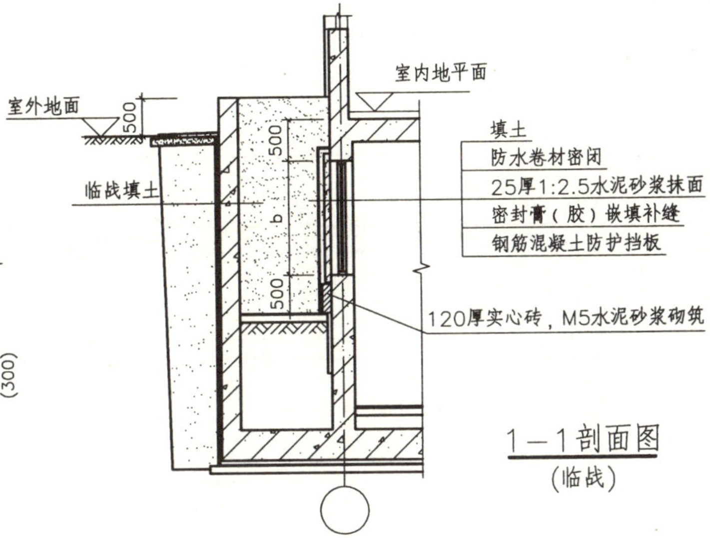

1—1剖面图

(临战)

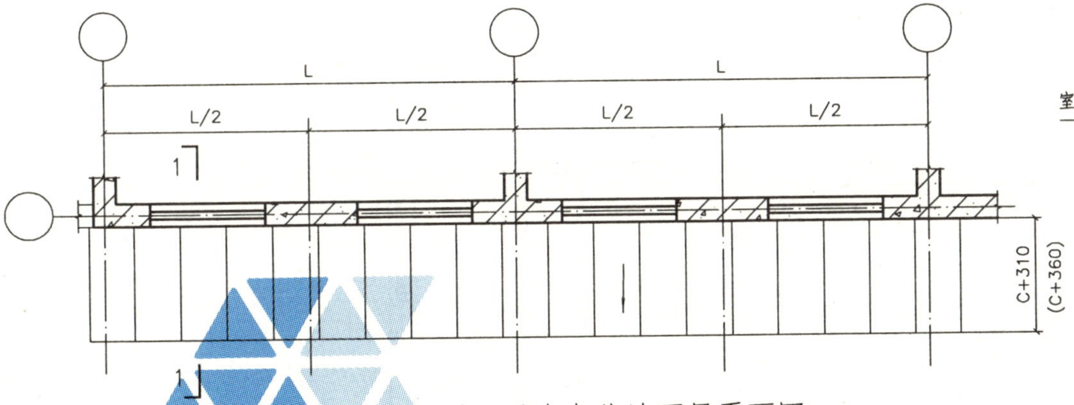

通风采光窗井地面层平面图

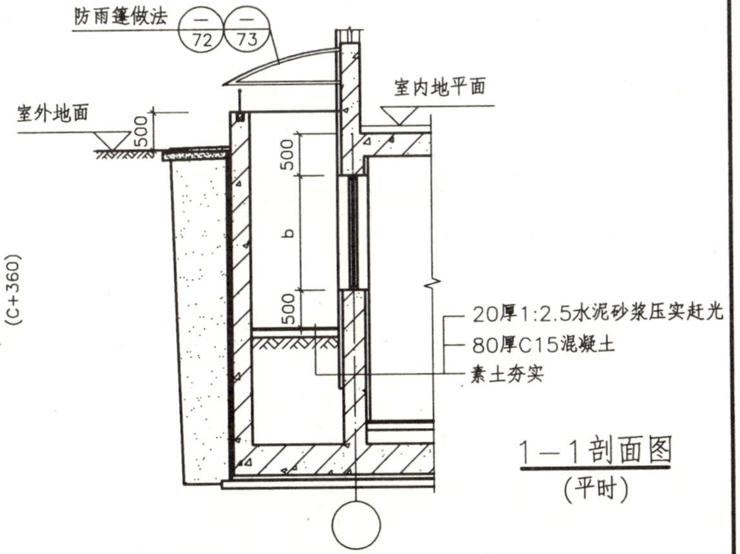

1—1剖面图

(平时)

说明：

1.a、b分别为窗洞宽度和高度，尺寸详见本图集第60页中防护挡窗板选用表。

2.挡板宽度为150mm,排列时每边宽出洞口75mm(100mm)，预埋件及构造要求详见结构图集07FG05,挡板排列见本图集第70页。

3.窗框墙及窗井外墙配筋详见结构图集07FG05。

II型战时全填土式通风采光窗井(挡板封堵)								图集号	07FJ02
审核	顾 群	顾群	校对	赵贵华	赵贵华	设计	李宝明	页	63

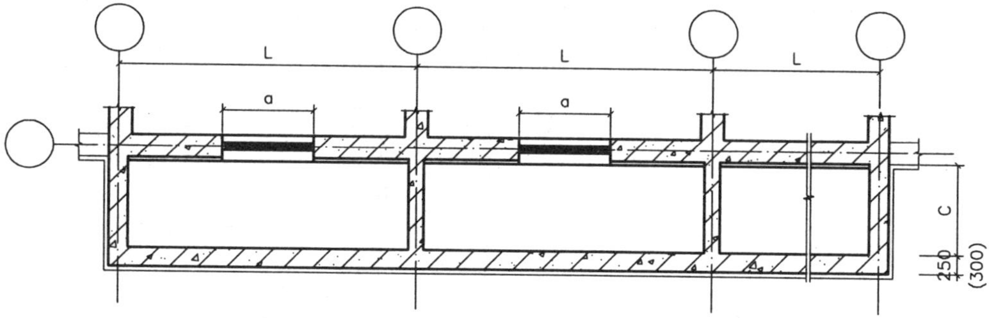

通风采光窗井地下层平面图

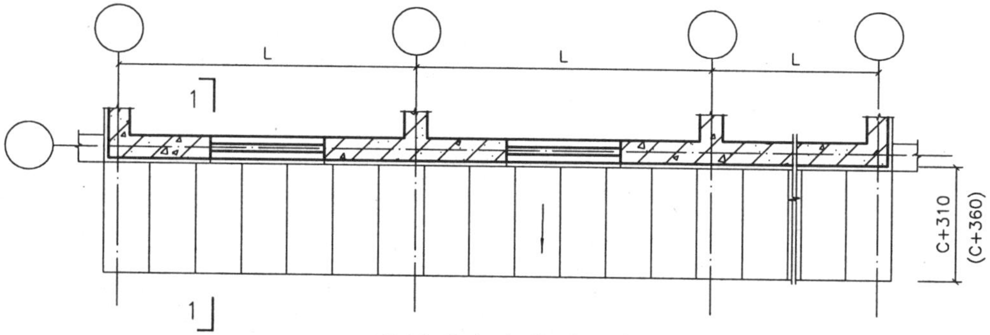

通风采光窗井地面层平面图

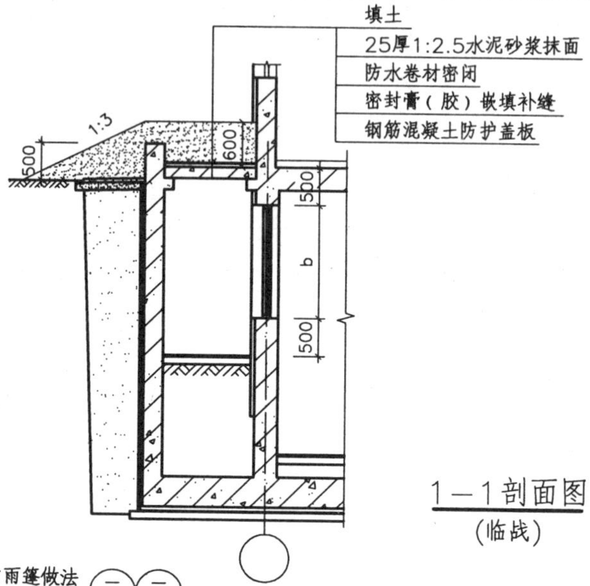

1—1剖面图
(临战)

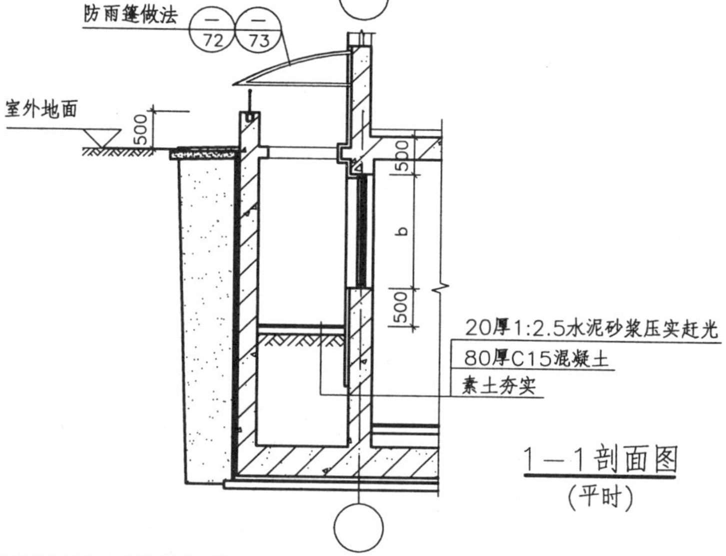

1—1剖面图
(平时)

说明：

1.a、b分别为窗洞宽度和高度，尺寸详见本图集第60页中挡窗板选用表，盖板排列见本图集中第71页，洞口尺寸可根据具体工程需要适当加大。

2.窗框墙及窗井外墙配筋详见结构图集07FG05。

Ⅰ型战时半填土式通风采光窗井（雨篷做法）							图集号	07FJ02
审核	顾 群	顾群	校对	赵贵华	赵贵华	设计 李宝明 李宝明	页	64

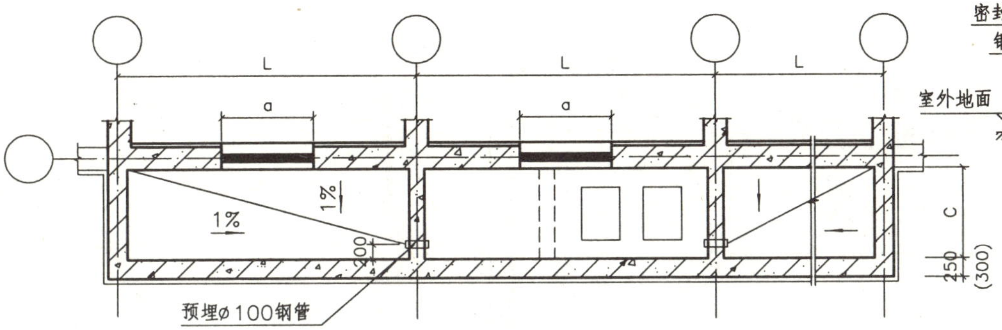

通风采光窗井地下层平面图

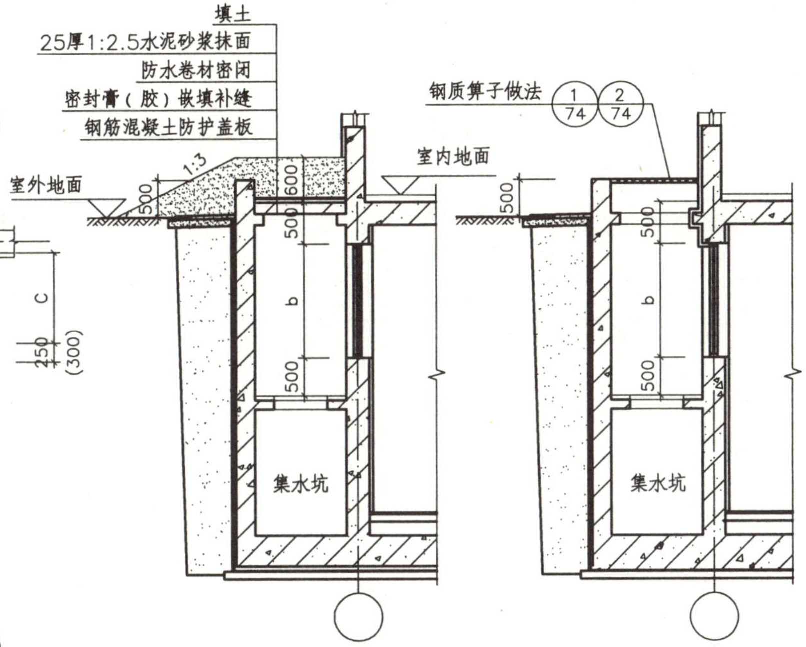

1—1剖面图
(临战)

1—1剖面图
(平时)

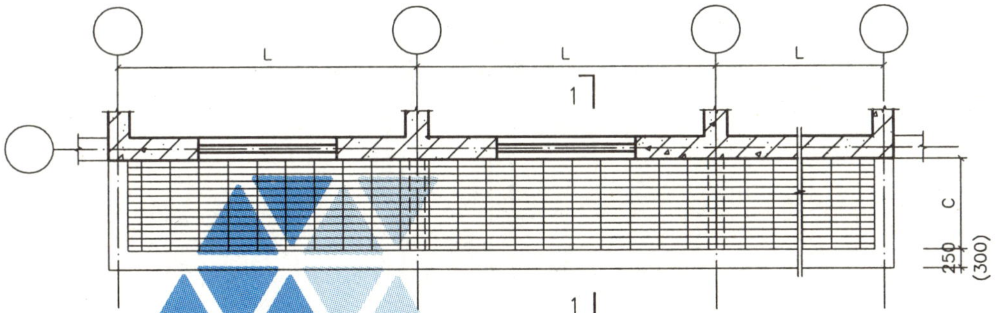

通风采光窗井地面层平面图

说明：

1.a、b分别为窗洞宽度和高度，尺寸详本图集第60页中挡窗板选用表，盖板排列见本图集第71页，洞口尺寸可根据具体工程需要适当加大。

2.窗框墙及窗井外墙配筋详见结构图集07FG05。

3.集水坑及排水方式由具体工程设计。

I型战时半填土式通风采光窗井(钢箅子做法)							图集号	07FJ02
审核	顾 群	顾群	校对	赵贵华	赵贵华	设计	李宝明	李宝明	页	65

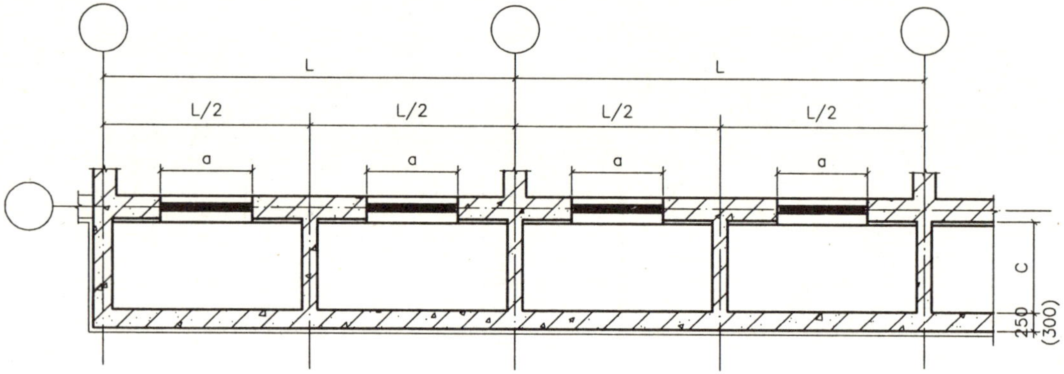

通风采光窗井地下层平面图

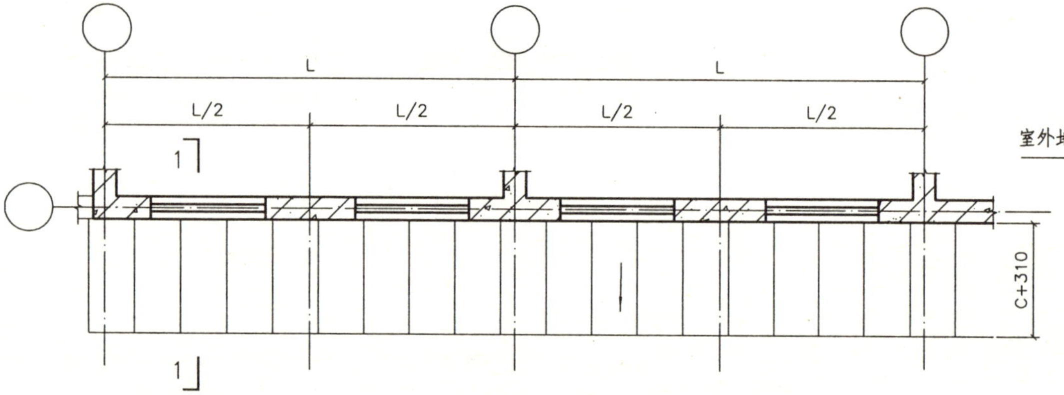

通风采光窗井地面层平面图

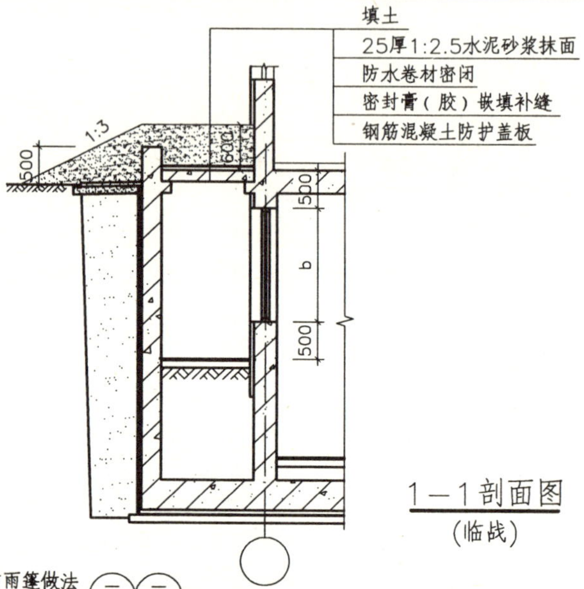

1—1剖面图
(临战)

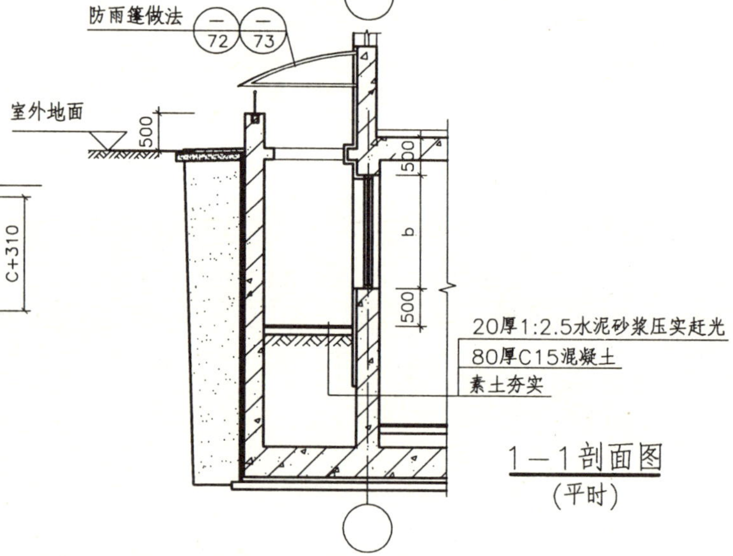

1—1剖面图
(平时)

说明：

1.a、b分别为窗洞宽度和高度，尺寸详见本图集第60页中挡窗板选用表，盖板排列见本图集中第71页，洞口尺寸可根据具体工程需要适当加大。

2.窗框墙及窗井外墙配筋详见结构图集07FG05。

II型战时半填土式通风采光窗井（雨篷做法）								图集号	07FJ02
审核	顾 群	顾群	校对	赵贵华	赵贵华	设计	李宝明	李宝明	页	66

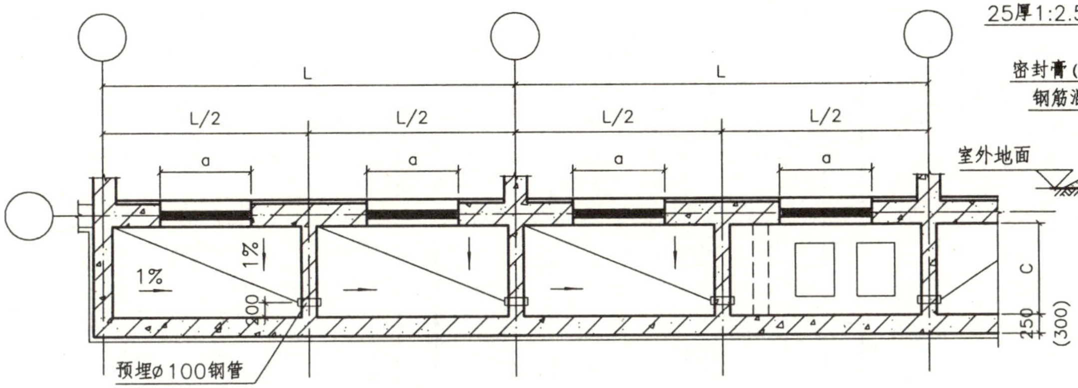

通风采光窗井地下层平面图

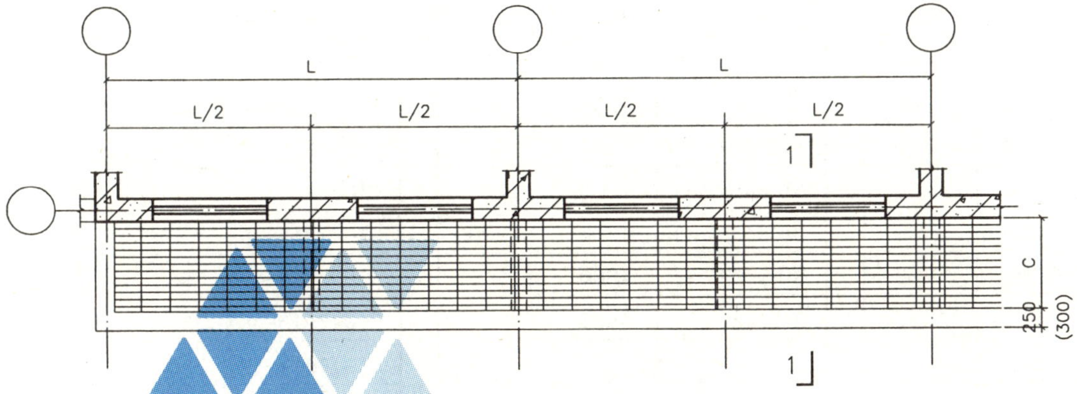

通风采光窗井地面层平面图

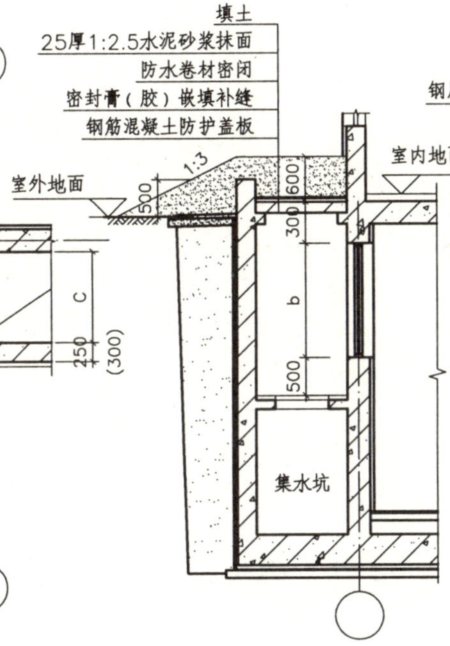

1—1剖面图

(临战)

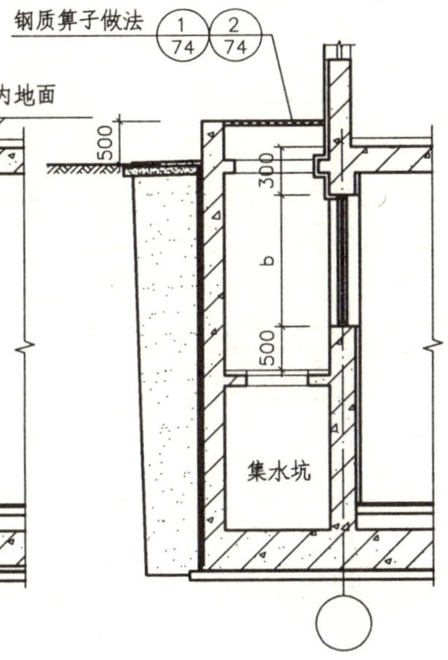

1—1剖面图

(平时)

说明：

1.a、b分别为窗洞宽度和高度，尺寸详本图集第60页中挡窗板选用表，盖板排列见本图集第71页，洞口尺寸可根据具体工程需要适当加大。

2.窗框墙及窗井外墙配筋详见结构图集07FG05。

3.集水坑及排水方式由具体工程设计。

II型战时半填土式通风采光窗井(钢箅子做法)							图集号	07FJ02
审核	顾　群	顾群	校对	赵贵华	赵贵华	设计 李宝明 李宝明	页	67

Ⅰ型战时全填土式窗井选用表

窗井编号	L	C
QTCJ2412－Ⅰ	2400	1200
QTCJ2415－Ⅰ	2400	1500
QTCJ2712－Ⅰ	2700	1200
QTCJ2715－Ⅰ	2700	1500
QTCJ3012－Ⅰ	3000	1200
QTCJ3015－Ⅰ	3000	1500
QTCJ3312－Ⅰ	3300	1200
QTCJ3315－Ⅰ	3300	1500
QTCJ3612－Ⅰ	3600	1200
QTCJ3615－Ⅰ	3600	1500
QTCJ3912－Ⅰ	3900	1200
QTCJ3915－Ⅰ	3900	1500
QTCJ4212－Ⅰ	4200	1200
QTCJ4215－Ⅰ	4200	1500
QTCJ4512－Ⅰ	4500	1200
QTCJ4515－Ⅰ	4500	1500
QTCJ4812－Ⅰ	4800	1200
QTCJ4815－Ⅰ	4800	1500

Ⅱ型战时全填土式窗井选用表

窗井编号	L	C
QTCJ5112－Ⅱ	5100	1200
QTCJ5115－Ⅱ	5100	1500
QTCJ5412－Ⅱ	5400	1200
QTCJ5415－Ⅱ	5400	1500
QTCJ5712－Ⅱ	5700	1200
QTCJ5715－Ⅱ	5700	1500
QTCJ6012－Ⅱ	6000	1200
QTCJ6015－Ⅱ	6000	1500
QTCJ6312－Ⅱ	6300	1200
QTCJ6315－Ⅱ	6300	1500
QTCJ6612－Ⅱ	6600	1200
QTCJ6615－Ⅱ	6600	1500
QTCJ6912－Ⅱ	6900	1200
QTCJ6915－Ⅱ	6900	1500
QTCJ7212－Ⅱ	7200	1200
QTCJ7215－Ⅱ	7200	1500
QTCJ7512－Ⅱ	7500	1200
QTCJ7515－Ⅱ	7500	1500
QTCJ7812－Ⅱ	7800	1200
QTCJ7815－Ⅱ	7800	1500
QTCJ8112－Ⅱ	8100	1200
QTCJ8115－Ⅱ	8100	1500

Ⅰ型战时半填土式窗井选用表

窗井编号	L	C
BTCJ2412－Ⅰ	2400	1200
BTCJ2415－Ⅰ	2400	1500
BTCJ2712－Ⅰ	2700	1200
BTCJ2715－Ⅰ	2700	1500
BTCJ3012－Ⅰ	3000	1200
BTCJ3015－Ⅰ	3000	1500
BTCJ3312－Ⅰ	3300	1200
BTCJ3315－Ⅰ	3300	1500
BTCJ3612－Ⅰ	3600	1200
BTCJ3615－Ⅰ	3600	1500
BTCJ3912－Ⅰ	3900	1200
BTCJ3915－Ⅰ	3900	1500
BTCJ4212－Ⅰ	4200	1200
BTCJ4215－Ⅰ	4200	1500
BTCJ4512－Ⅰ	4500	1200
BTCJ4515－Ⅰ	4500	1500
BTCJ4812－Ⅰ	4800	1200
BTCJ4815－Ⅰ	4800	1500

Ⅱ型战时半填土式窗井选用表

窗井编号	L	C
BTCJ5112－Ⅱ	5100	1200
BTCJ5115－Ⅱ	5100	1500
BTCJ5412－Ⅱ	5400	1200
BTCJ5415－Ⅱ	5400	1500
BTCJ5712－Ⅱ	5700	1200
BTCJ5715－Ⅱ	5700	1500
BTCJ6012－Ⅱ	6000	1200
BTCJ6015－Ⅱ	6000	1500
BTCJ6312－Ⅱ	6300	1200
BTCJ6315－Ⅱ	6300	1500
BTCJ6612－Ⅱ	6600	1200
BTCJ6615－Ⅱ	6600	1500
BTCJ6912－Ⅱ	6900	1200
BTCJ6915－Ⅱ	6900	1500
BTCJ7212－Ⅱ	7200	1200
BTCJ7215－Ⅱ	7200	1500
BTCJ7512－Ⅱ	7500	1200
BTCJ7515－Ⅱ	7500	1500
BTCJ7812－Ⅱ	7800	1200
BTCJ7815－Ⅱ	7800	1500
BTCJ8112－Ⅱ	8100	1200
BTCJ8115－Ⅱ	8100	1500

全填土、半填土式通风采光窗井选用表								图集号	07FJ02
审核	顾 群	顾群	校对	赵贵华	赵贵华	设计	李宝明	页	68

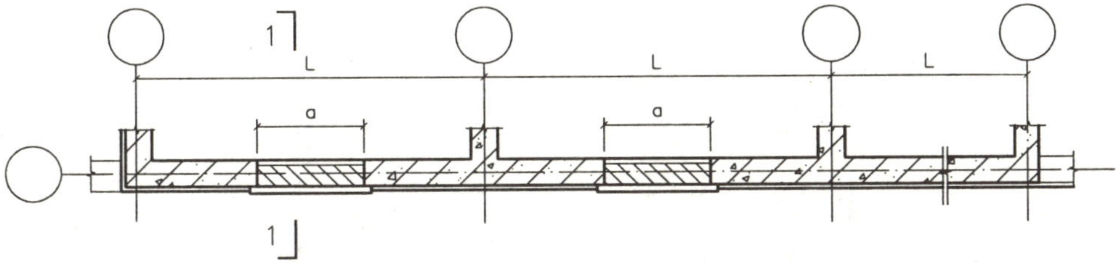

Ⅰ型高出地平面式通风采光窗地面层平面图

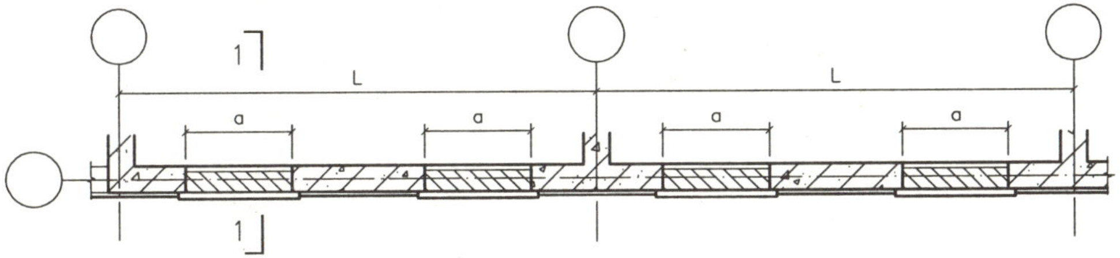

Ⅱ型高出地平面式通风采光窗地面层平面图

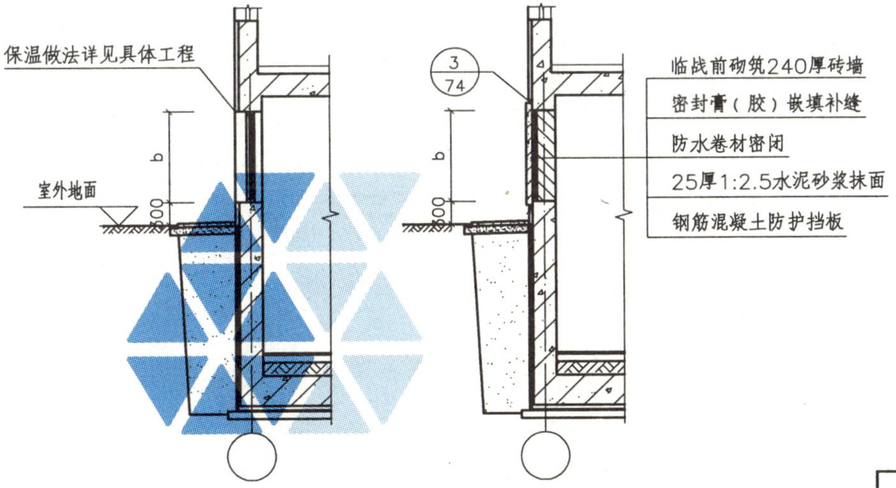

1—1剖面图 （平时）　　1—1剖面图 （临战）

Ⅰ型高出地平面式采光窗选用表

窗编号	L
GDCJ24—Ⅰ	2400
GDCJ27—Ⅰ	2700
GDCJ30—Ⅰ	3000
GDCJ33—Ⅰ	3300
GDCJ36—Ⅰ	3600
GDCJ39—Ⅰ	3900
GDCJ42—Ⅰ	4200
GDCJ45—Ⅰ	4500
GDCJ48—Ⅰ	4800

Ⅱ型高出地平面式采光窗选用表

窗编号	L
GDCJ51—Ⅱ	5100
GDCJ54—Ⅱ	5400
GDCJ57—Ⅱ	5700
GDCJ60—Ⅱ	6000
GDCJ63—Ⅱ	6300
GDCJ66—Ⅱ	6600
GDCJ69—Ⅱ	6900
GDCJ72—Ⅱ	7200
GDCJ75—Ⅱ	7500
GDCJ78—Ⅱ	7800
GDCJ81—Ⅱ	8100

窗洞口选用表

a	b
900	300
900	400
900	500
900	600
900	900
1200	300
1200	400
1200	500
1200	600
1200	900
1500	300
1500	400
1500	500
1500	600
1500	900

说明：

1.a、b分别为窗洞口宽度和高度，挡板布置见结构图集07FG05。

2.本图适用于甲、乙类防空地下室，其中甲类防空地下室仅考虑核6级、核6B级，窗洞高为300、400、500mm,乙类防空地下室窗洞高度为300、400、500、600、900mm。

高出地平面式通风采光窗							图集号	07FJ02
审核	顾群	顾群	校对	赵贵华	赵贵华	设计 李宝明 李宝明	页	69

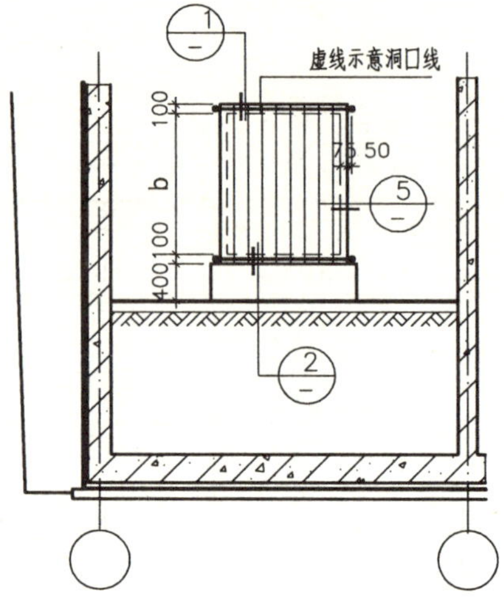

防护挡板竖放排列图

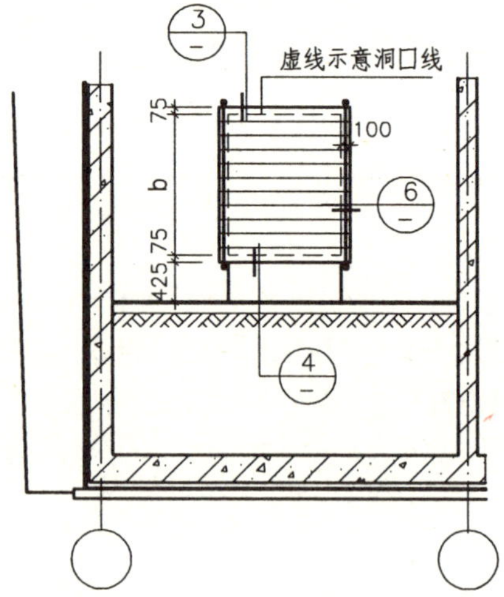

防护挡板横放排列图

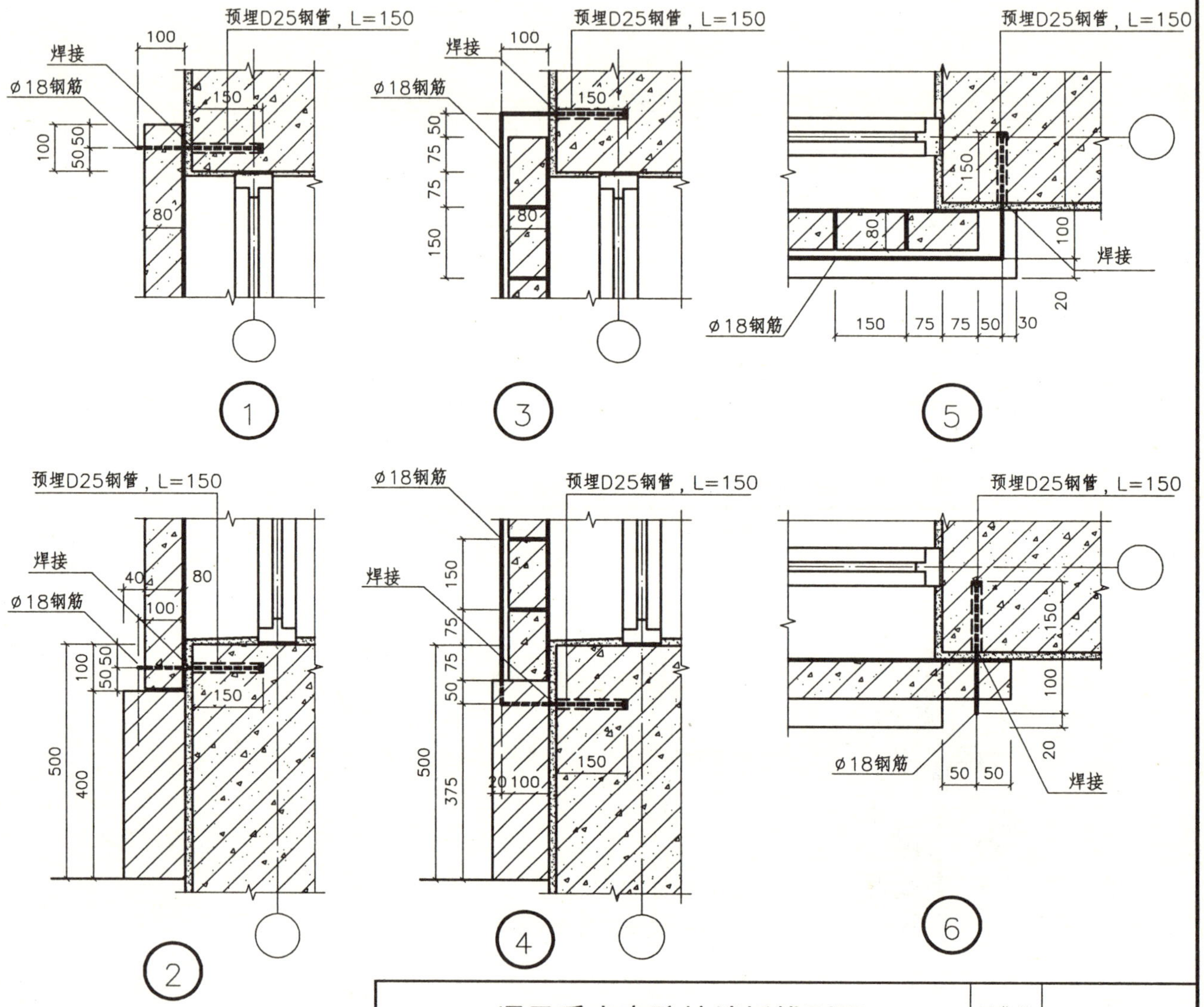

通风采光窗防护挡板排列图								图集号	07FJ02
审核	顾 群	顾群	校对	赵贵华	赵贵华	设计	李宝明	页	70

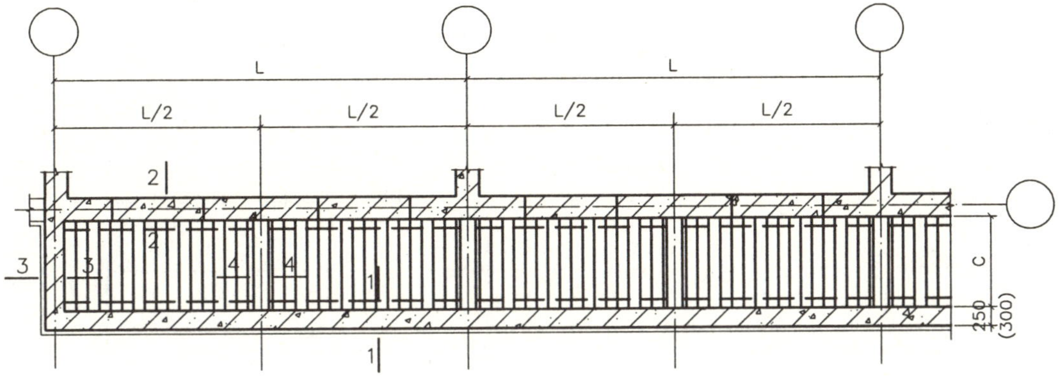

Ⅰ型通风采光窗井盖板布置图

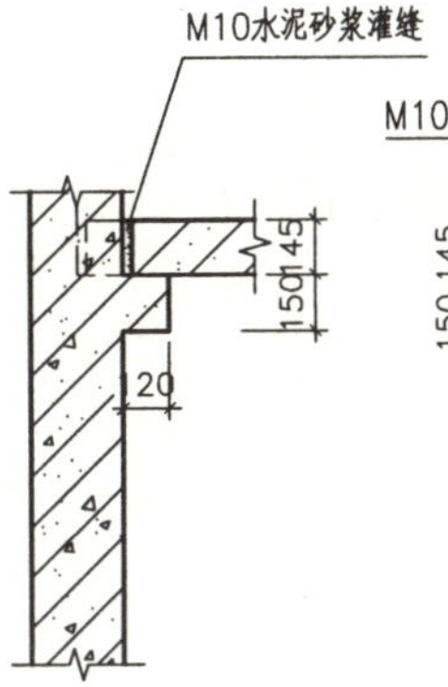

1—1

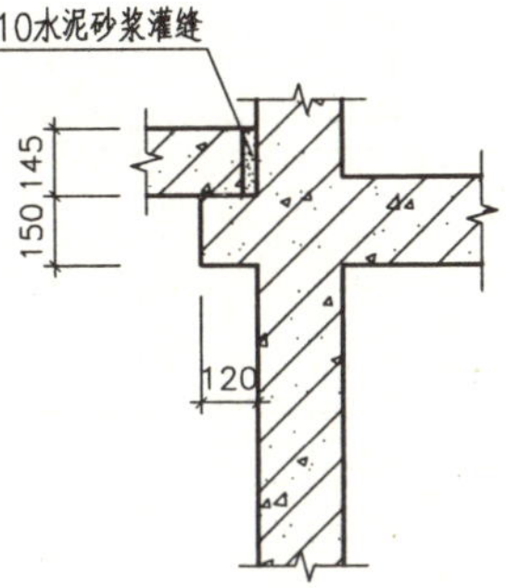

2—2

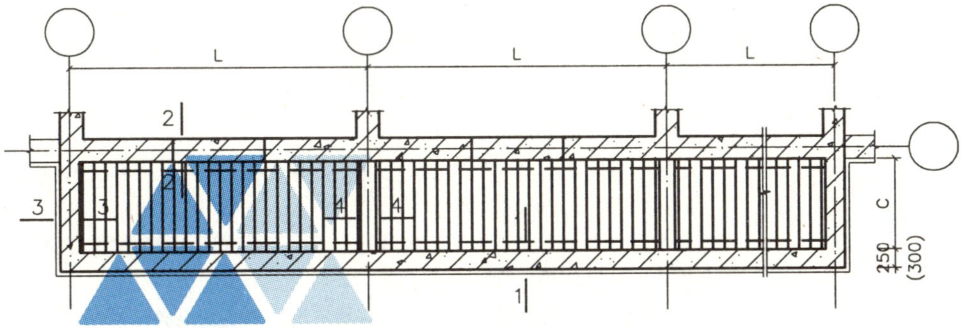

Ⅱ型通风采光窗井盖板布置图

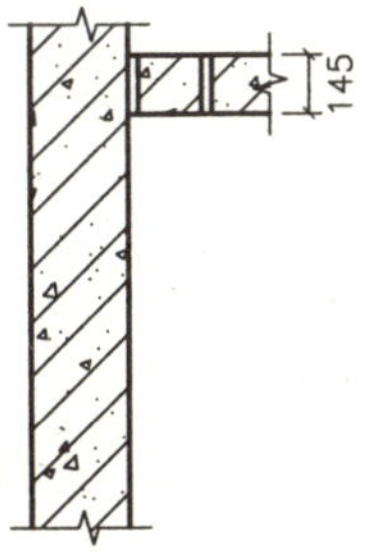

3—3

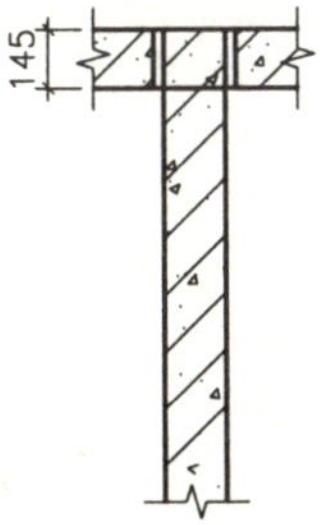

4—4

通风采光窗井防护盖板排列图								图集号	07FJ02
审核	顾 群	顾群	校对	赵贵华	赵贵华	设计	李宝明	李宝明	页 71

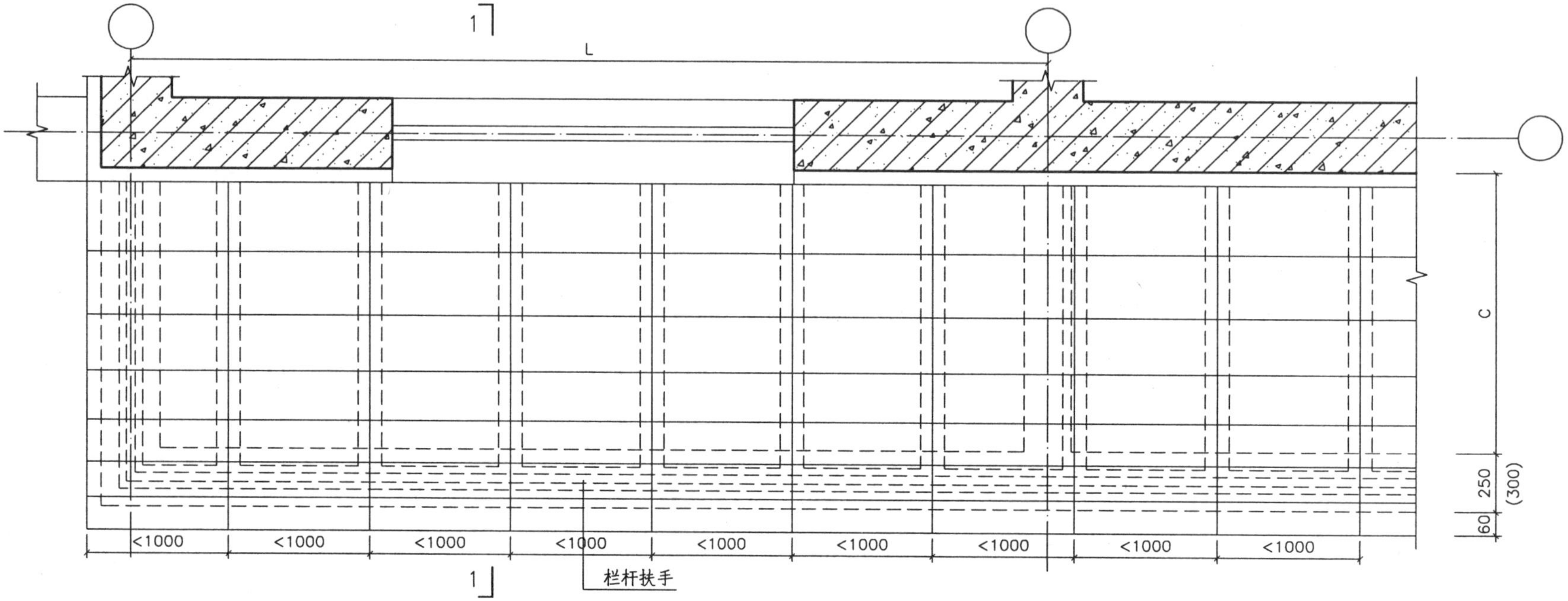

通风采光窗井防雨篷平面放大图

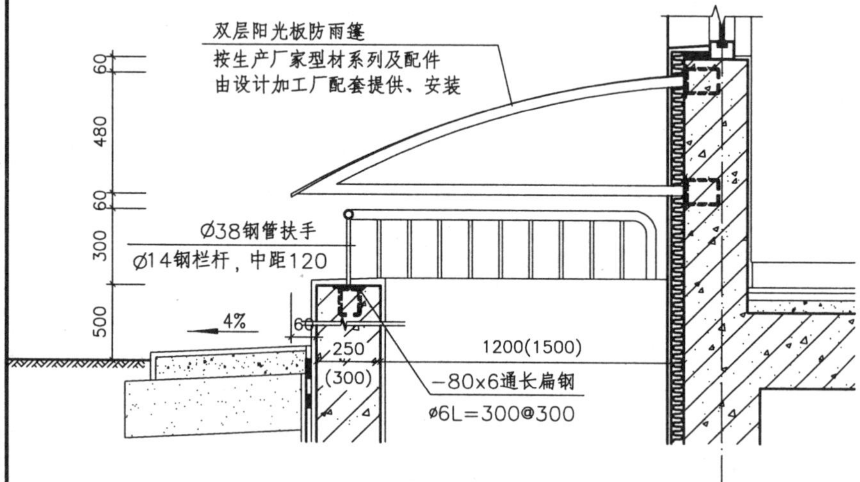

1－1剖面图

说明：

1.防雨篷采用6mm厚双层阳光板，平面分格及颜色由具体工程确定，每格小于1000mm。

2.本图仅表示阳光板防雨篷的构造，具体工程需专业厂家进行深化设计并经设计单位确认后方可施工。

3.外露铁件均刷防锈漆一道，调和漆两道，颜色由具体工程确定。

4.主体结构外墙按外保温设计，做法由具体工程设计。

防雨篷详图（阳光板做法）								图集号	07FJ02
审核	顾　群	顾群	校对	赵贵华	赵贵华	设计	李宝明	页	72

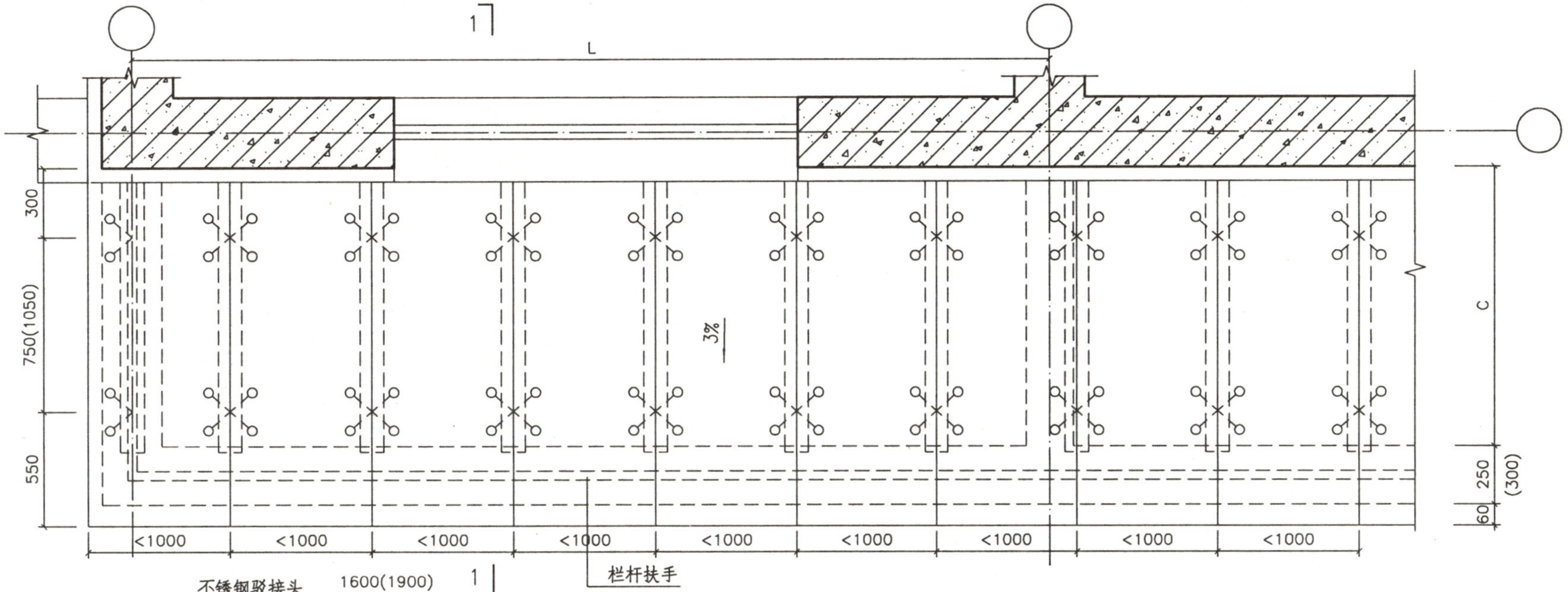

通风采光窗井防雨篷平面放大图

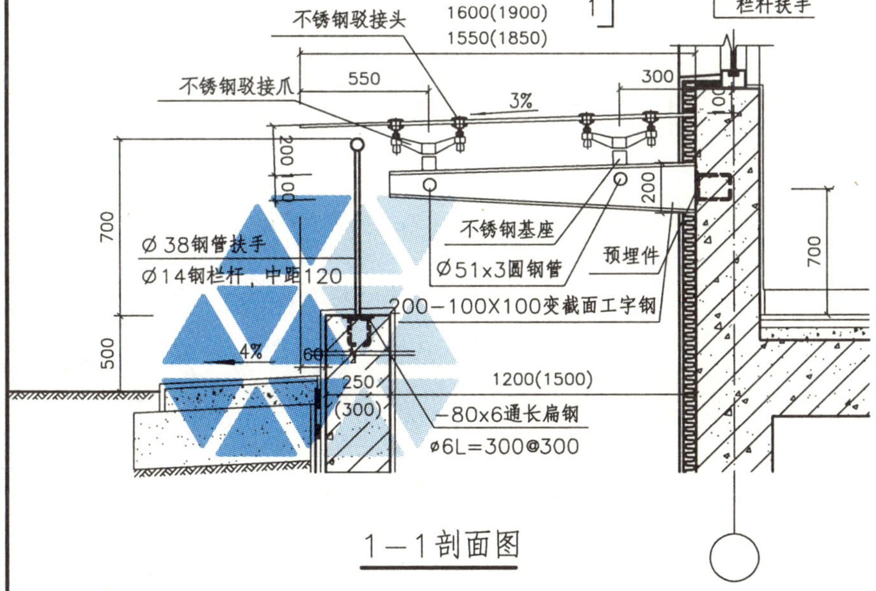

1—1剖面图

说明：

1.防雨篷采用6+0.76PVB+6钢化夹胶玻璃，平面分格及颜色由具体工程确定，每格小于1000mm。

2.本图仅表示点式玻璃防雨篷的构造，具体工程需专业厂家进行深化设计并经设计单位确认后方可施工。

3.外露铁件均刷防锈漆一道，调和漆两道，颜色由具体工程确定。

4.主体结构外墙按外保温设计，做法由具体工程设计。

防雨篷详图（钢化玻璃做法）								图集号	07FJ02
审核	顾　群	顾群	校对	赵贵华	赵贵华	设计	李宝明	页	73

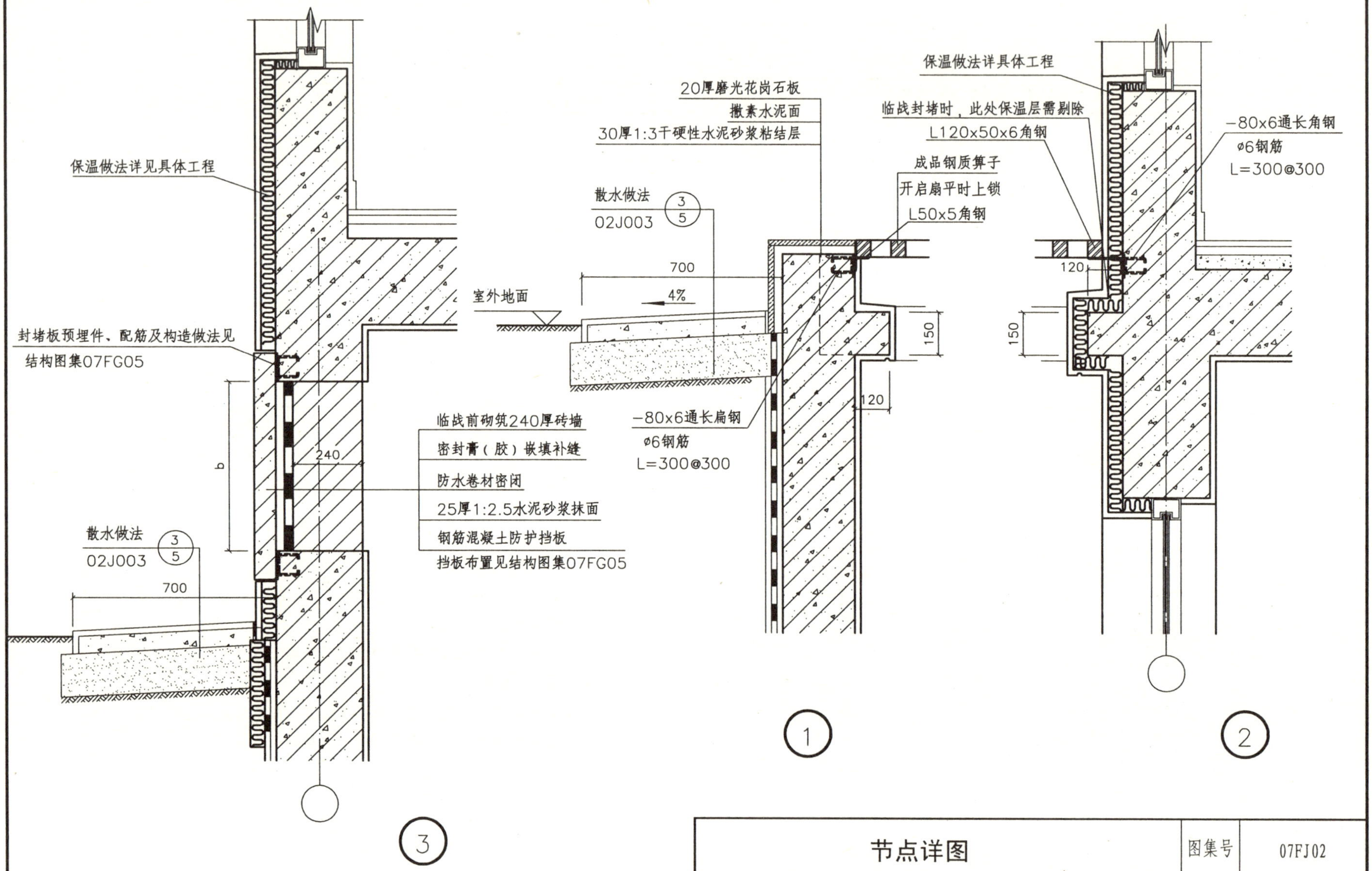

节点详图								图集号	07FJ02
审核	顾　群	顾群	校对	赵贵华	赵贵华	设计	李宝明	李宝明	页	74

竖井式出入口及通风竖井设计要点

适用范围	适用于防空地下室战时竖井式出入口和平战两用通风竖井及其防倒塌棚架设计
类型	独立式、外附壁式、内附壁式
结构形式	钢筋混凝土结构
设计要点	1.竖井式出入口平面不小于1000mmx1000mm，竖井出口高度按900mm设计。 2.通风竖井平面不小于800mmx1000mm,竖井百叶窗高可按300mm、600mm、900mm设计;百叶窗面积应满足通风专业要求。 3.在倒塌范围以内时，进风竖井出口下缘距室外地平面的高度不宜小于1.00m，对于非进风竖井，出口下缘高度可适当降低，但不宜小于0.50m。在倒塌范围以外时,竖井出口下缘距室外地平面的高度不宜小于0.50m。 4.竖井式出入口与滤毒室相连时，竖井顶板宜设置吊钩
地面结构形式	竖井位于防倒塌范围以内时按防倒塌棚架设计，棚架顶部给出三种形式
竖井编号说明	D(W、N)SJXXXX–X D—独立式；W—外附壁式；N—内附壁式；SJ—竖井；XX—竖井长度；XX—竖井宽度；X—顶部形式 其中： Ⅰ —代表顶部为女儿墙形式的竖井； Ⅱ —代表顶部为斜挑檐形式的竖井； Ⅲ —代表顶部为平挑檐形式的竖井

索引表

竖井设计要点、索引表								图集号	07FJ02
审核	顾群	顾群	校对	李宝明	李宝明	设计	赵贵华	页	75

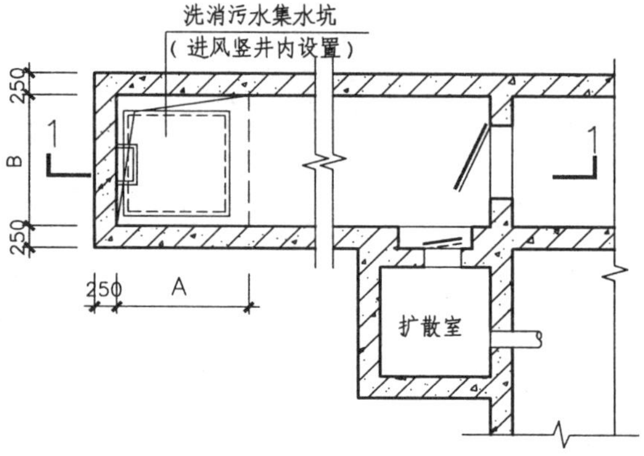

Ⅰ型地下层平面图

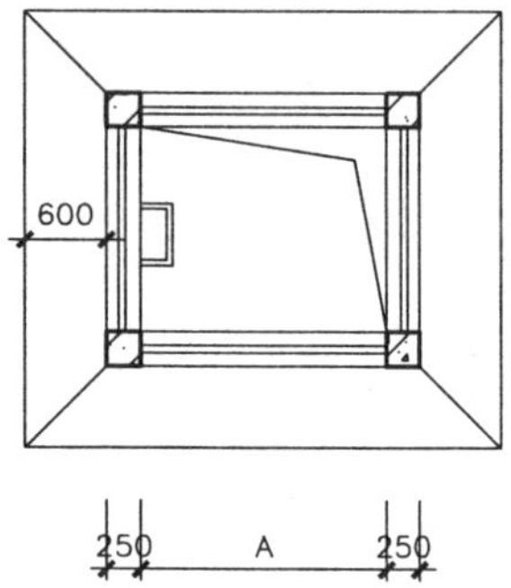

Ⅰ型地面层平面图

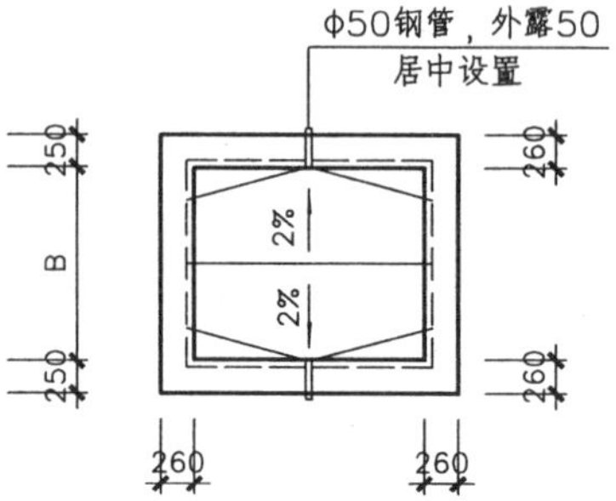

Ⅰ型屋顶层平面图

竖井选用表

编号	A	B	备注
DSJ0810－Ⅰ	800	1000	仅适用于通风竖井
DSJ0812－Ⅰ	800	1200	
DSJ1010－Ⅰ	1000	1000	适用于竖井式出入口和通风竖井
DSJ1012－Ⅰ	1000	1200	
DSJ1015－Ⅰ	1000	1500	
DSJ1212－Ⅰ	1200	1200	
DSJ1215－Ⅰ	1200	1500	
DSJ1218－Ⅰ	1200	1800	
DSJ1515－Ⅰ	1500	1500	
DSJ1518－Ⅰ	1500	1800	
DSJ1521－Ⅰ	1500	2100	

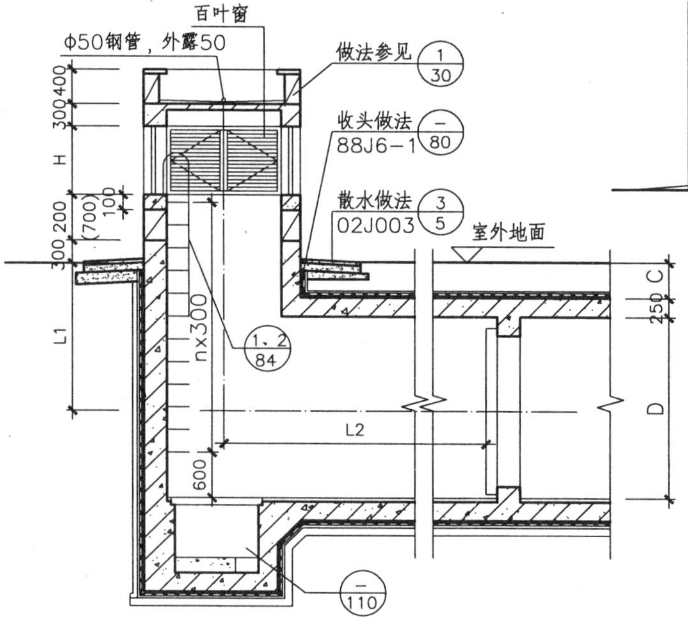

1－1剖面图

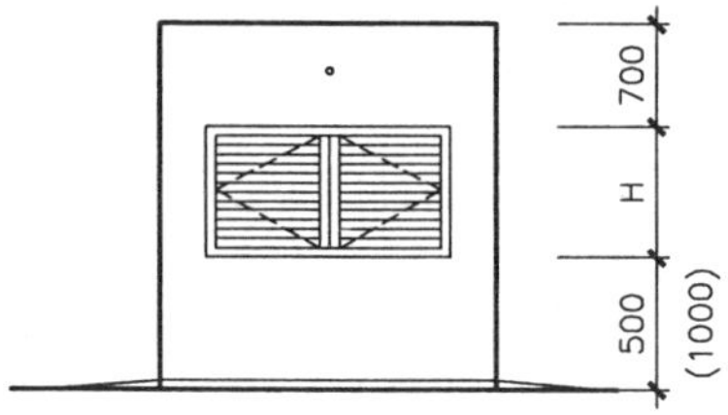

Ⅰ型立面图

说明：

1.当竖井在倒塌范围以内时，其高出室外地面部分应按防倒塌棚架设计，顶板取120mm厚，窗口下缘距室外地平面的高度按1000mm设计。在倒塌范围以外时窗口下缘距室外地平面的高度按500mm设计。

2.对于竖井式出入口，必须满足L1+L2≥5.0m；对于通风竖井不做此要求。通道净高D和覆土厚度C由具体工程确定。

3.对于竖井式出入口，在一侧居中设置爬梯，出口上端宜设置安全抓杆，与滤毒室相连接时在其上口的顶板宜设置吊钩，见吊钩详图。

4.竖井作为战时进风口时，应设置洗消污水集水坑，其他情况可不设置。

5.图示百叶窗可采用钢制防雨百叶窗。竖井式出入口百叶窗高H取900mm。通风竖井百叶窗高H可选用300、600、900mm三种。

6.竖井立面装修宜与地面建筑相协调，由具体工程确定。

Ⅰ型独立式竖井出入口及通风竖井							图集号	07FJ02
审核	顾群	顾群	校对	李宝明	李宝明	设计	赵贵华	赵贵华	页	76

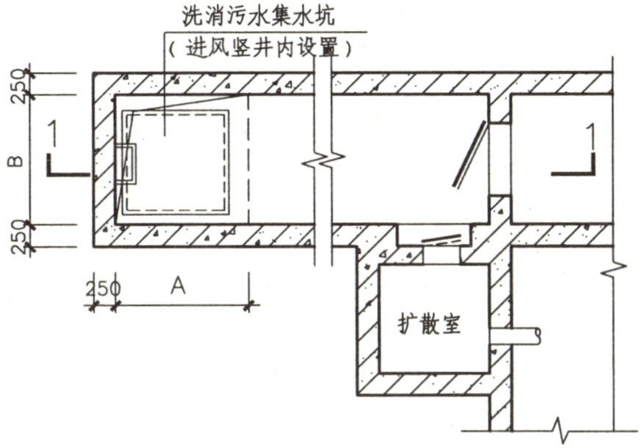

Ⅱ型地下层平面图

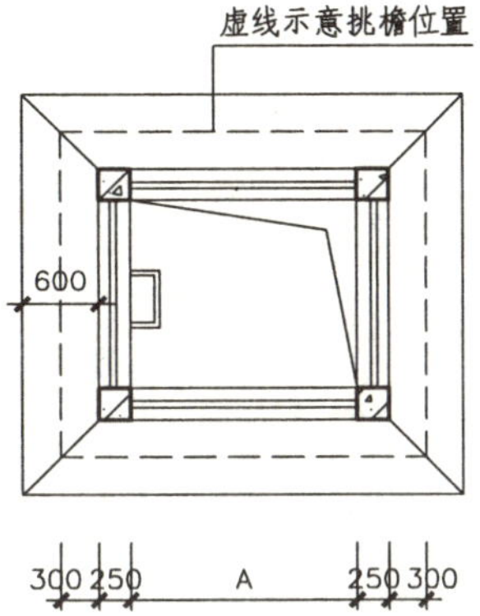

Ⅱ型地面层平面图

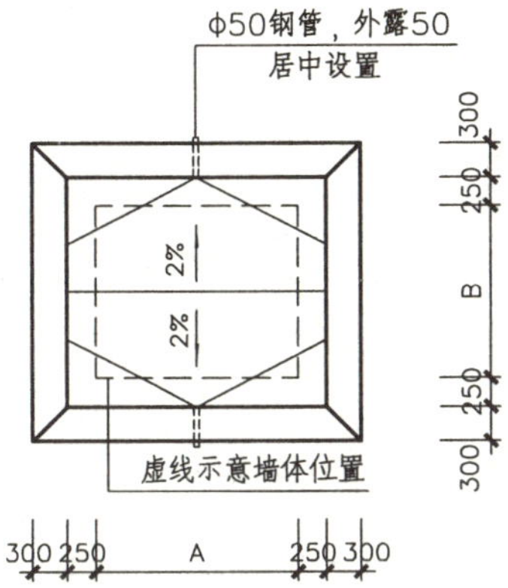

Ⅱ型屋顶层平面图

竖井选用表

编号	A	B	备注
DSJ0810−Ⅱ	800	1000	仅适用于通风竖井
DSJ0812−Ⅱ	800	1200	
DSJ1010−Ⅱ	1000	1000	适用于竖井式出入口和通风竖井
DSJ1012−Ⅱ	1000	1200	
DSJ1015−Ⅱ	1000	1500	
DSJ1212−Ⅱ	1200	1200	
DSJ1215−Ⅱ	1200	1500	
DSJ1218−Ⅱ	1200	1800	
DSJ1515−Ⅱ	1500	1500	
DSJ1518−Ⅱ	1500	1800	
DSJ1521−Ⅱ	1500	2100	

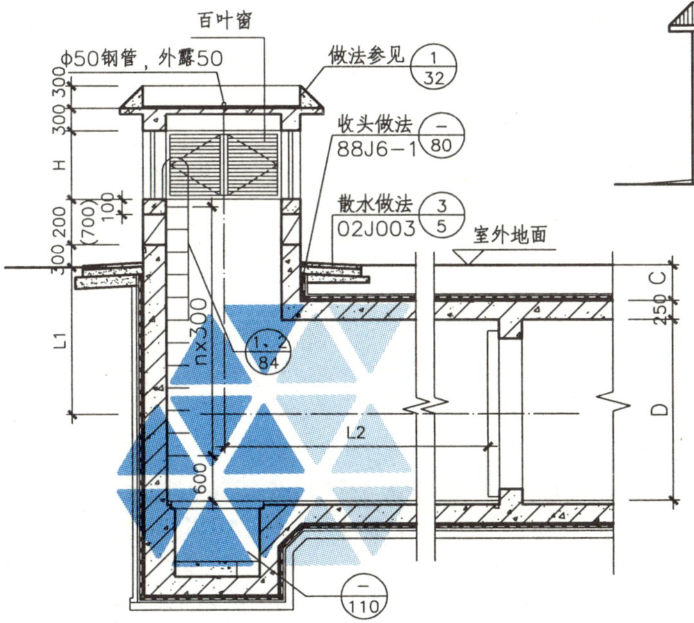

1−1剖面图

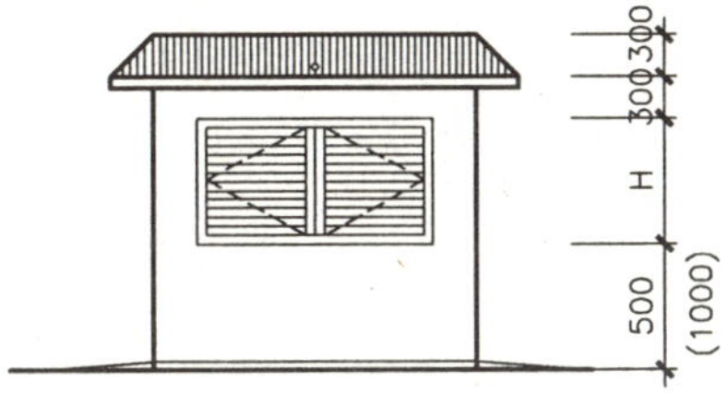

Ⅱ型立面图

说明：

1.当竖井在倒塌范围以内时，其高出室外地面部分应按防倒塌棚架设计，顶板取120mm厚，窗口下缘距室外地平面的高度按1000mm设计，在倒塌范围以外时窗口下缘距室外地平面的高度按500mm设计。

2.对于竖井式出入口，必须满足L1+L2≥5.0m；对于通风竖井不做此要求。通道净高D和覆土厚度C由具体工程确定。

3.对于竖井式出入口，在一侧居中设置爬梯，出口上端宜设置安全抓杆，与滤毒室相连接时在其上口的顶板宜设置吊钩，见吊钩详图。

4.竖井作为战时进风口时，应设置洗消污水集水坑，其他情况可不设置。

5.图示百叶窗可采用钢制防雨百叶窗。竖井式出入口百叶窗高H取900mm。通风竖井百叶窗高H可选用300、600、900mm三种。

6.竖井立面装修宜与地面建筑相协调，由具体工程确定。

Ⅱ型独立式竖井出入口及通风竖井							图集号	07FJ02
审核	顾群	顾群	校对	李宝明	李宝明	设计 赵贵华 赵贵华	页	77

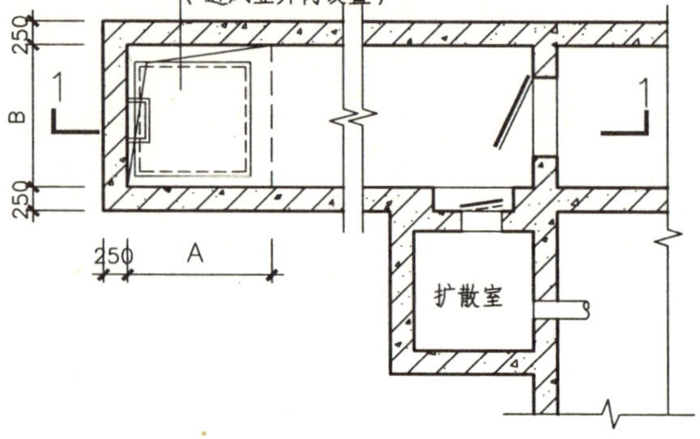

Ⅲ型地下层平面图

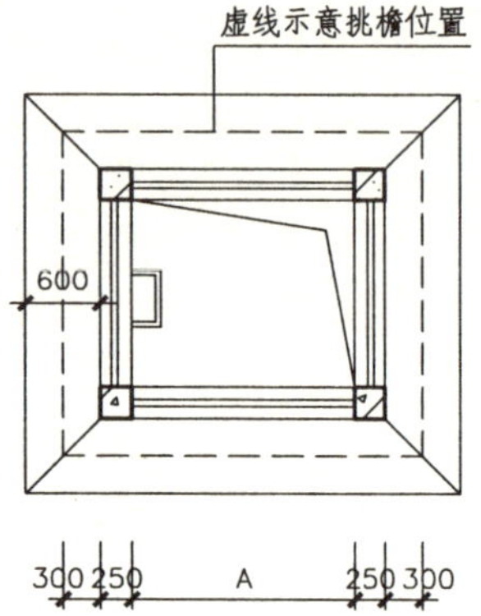

Ⅲ型地面层平面图

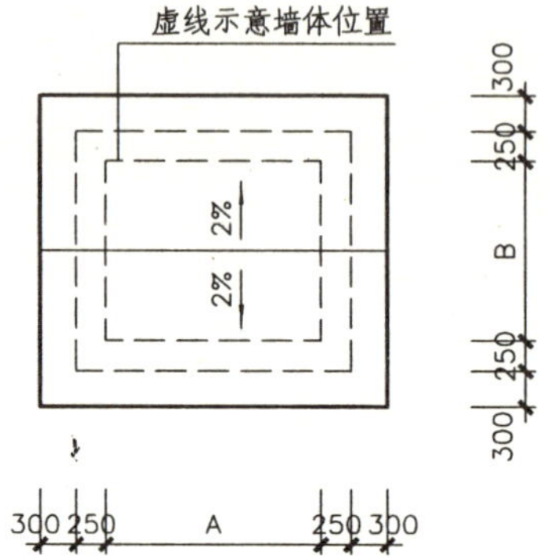

Ⅲ型屋顶层平面图

竖井选用表

编号	A	B	备注
DSJ0810−Ⅲ	800	1000	仅适用于通风竖井
DSJ0812−Ⅲ	800	1200	
DSJ1010−Ⅲ	1000	1000	适用于竖井式出入口和通风竖井
DSJ1012−Ⅲ	1000	1200	
DSJ1015−Ⅲ	1000	1500	
DSJ1212−Ⅲ	1200	1200	
DSJ1215−Ⅲ	1200	1500	
DSJ1218−Ⅲ	1200	1800	
DSJ1515−Ⅲ	1500	1500	
DSJ1518−Ⅲ	1500	1800	
DSJ1521−Ⅲ	1500	2100	

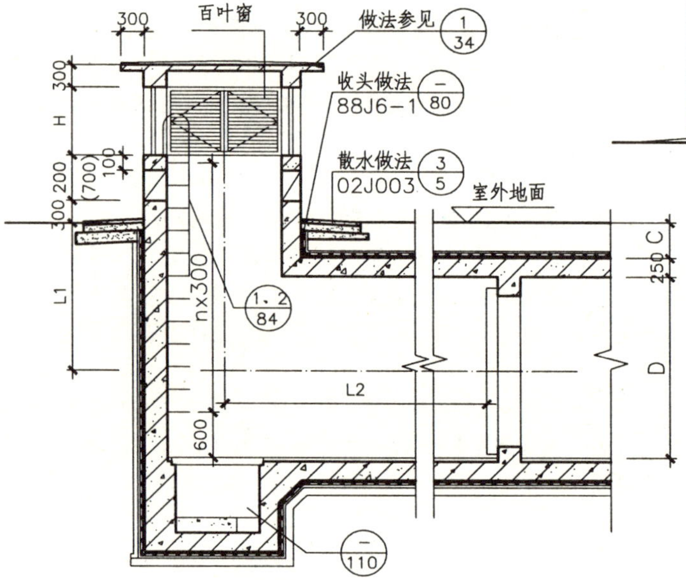

1−1剖面图

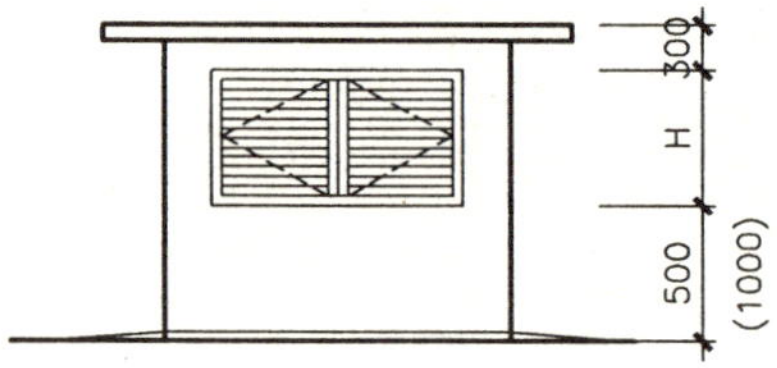

Ⅲ型立面图

说明：

1.当竖井在倒塌范围以内时，其高出室外地面部分应按防倒塌棚架设计，顶板取120mm厚，窗口下缘距室外地平面的高度按1000mm设计，在倒塌范围以外时窗口下缘距室外地平面的高度按500mm设计。

2.对于竖井式出入口，必须满足L1+L2≥5.0m；对于通风竖井不做此要求。通道净高D和覆土厚度C由具体工程确定。

3.对于竖井式出入口，在一侧居中设置爬梯，出口上端宜设置安全抓杆，与滤毒室相连接时在其上口的顶板宜设置吊钩，见吊钩详图。

4.竖井作为战时进风口时，应设置洗消污水集水坑，其他情况可不设置。

5.图示百叶窗可采用钢制防雨百叶窗。竖井式出入口百叶窗高H取900mm。通风竖井百叶窗高H可选用300、600、900mm三种。

6.竖井立面装修宜与地面建筑相协调，由具体工程确定。

Ⅲ型独立式竖井出入口及通风竖井								图集号	07FJ02
审核	顾 群	顾群	校对	李宝明	李宝明	设计	赵贵华	页	78

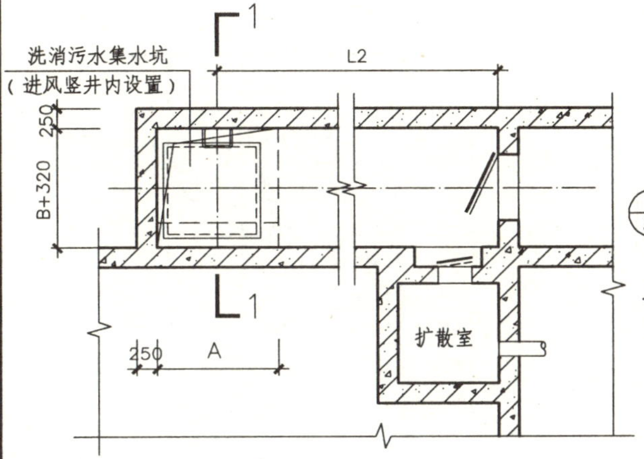

Ⅰ型地下层平面图

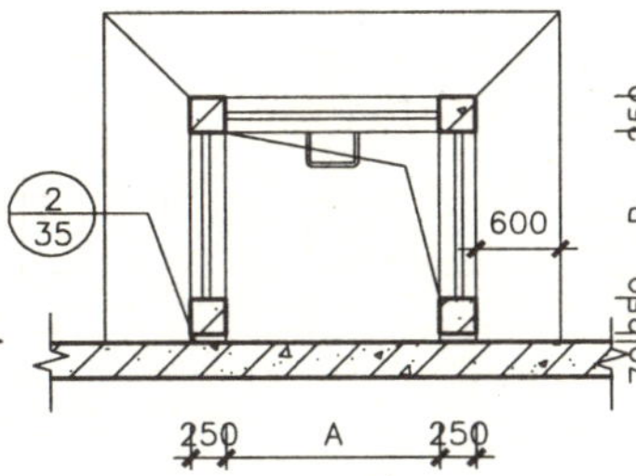

Ⅰ型地面层平面图

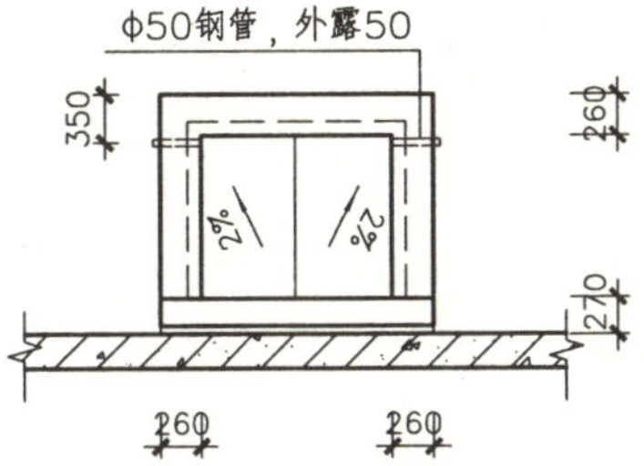

Ⅰ型屋顶层平面图

竖井选用表

编号	A	B	备注
WSJ0810-Ⅰ	800	1000	仅适用于通风竖井
WSJ0812-Ⅰ	800	1200	
WSJ1010-Ⅰ	1000	1000	适用于竖井式出入口和通风竖井
WSJ1012-Ⅰ	1000	1200	
WSJ1015-Ⅰ	1000	1500	
WSJ1212-Ⅰ	1200	1200	
WSJ1215-Ⅰ	1200	1500	
WSJ1218-Ⅰ	1200	1800	
WSJ1515-Ⅰ	1500	1500	
WSJ1518-Ⅰ	1500	1800	
WSJ1521-Ⅰ	1500	2100	

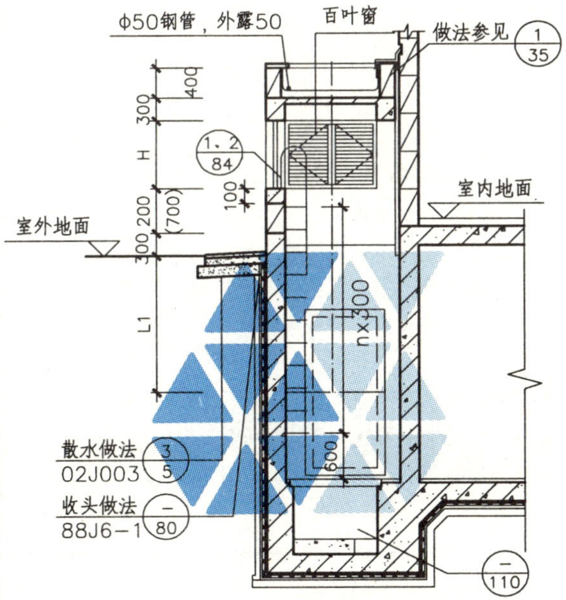

1-1剖面图

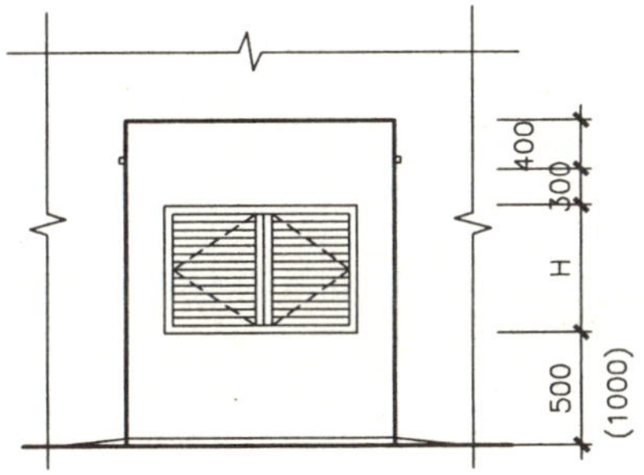

Ⅰ型立面图

说明：

1.当竖井在倒塌范围以内时，其高出室外地面部分应按防倒塌棚架设计，顶板取120mm厚，窗口下缘距室外地平面的高度按1000mm设计，在倒塌范围以外时窗口下缘距室外地平面的高度按500mm设计。

2.对于竖井式出入口，必须满足L1+L2≥5.0m；对于通风竖井不做此要求。通道净高由具体工程确定。

3.对于竖井式出入口，在一侧居中设置爬梯，出口上端宜设置安全抓杆，与滤毒室相连接时在其上口的顶板宜设置吊钩，见吊钩详图。

4.竖井作为战时进风口时，应设置洗消污水集水坑，其他情况可不设置。

5.图示百叶窗可采用钢制防雨百叶窗。竖井式出入口百叶窗高H取900mm。通风竖井百叶窗高H可选用300、600、900mm三种。

6.竖井立面装修宜与地面建筑相协调，由具体工程确定。

Ⅰ型外附壁式竖井出入口及通风竖井						图集号	07FJ02
审核	顾群	校对	李宝明	设计	赵贵华	页	79

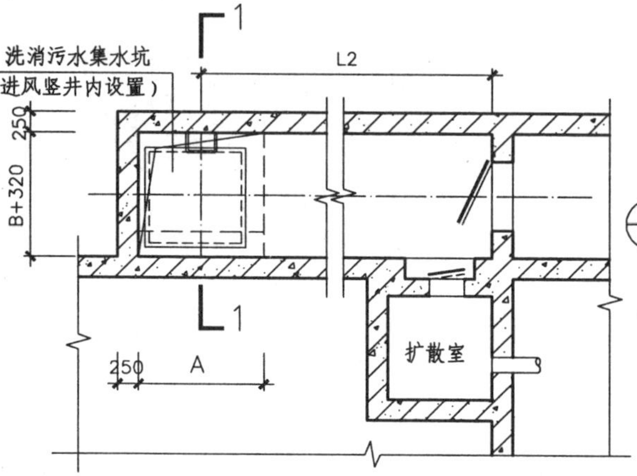

II 型地下层平面图

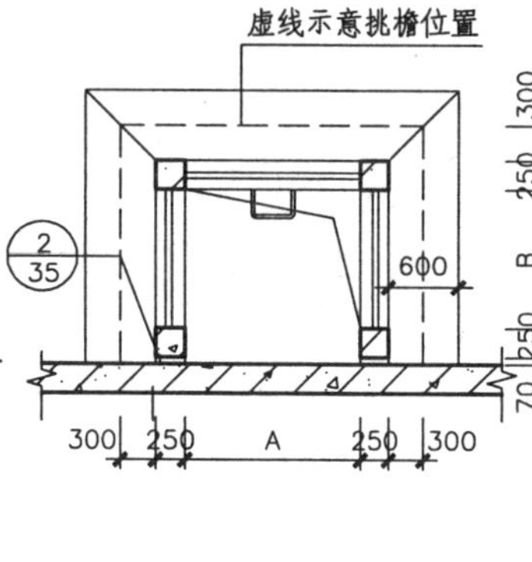

II 型地面层平面图

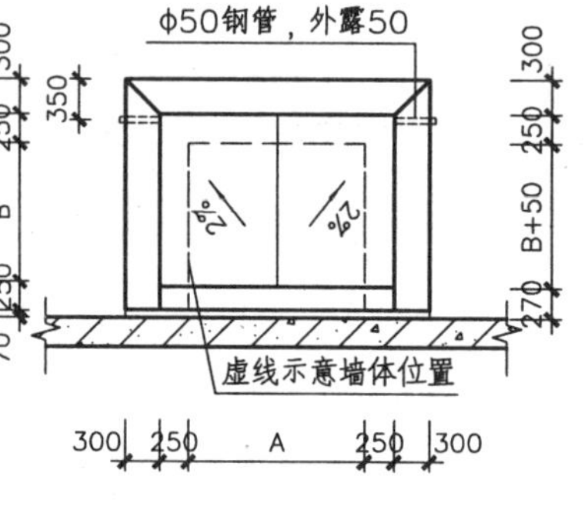

II 型屋顶层平面图

竖井选用表

编号	A	B	备注
WSJ0810−II	800	1000	仅适用于通风竖井
WSJ0812−II	800	1200	
WSJ1010−II	1000	1000	适用于竖井式出入口和通风竖井
WSJ1012−II	1000	1200	
WSJ1015−II	1000	1500	
WSJ1212−II	1200	1200	
WSJ1215−II	1200	1500	
WSJ1218−II	1200	1800	
WSJ1515−II	1500	1500	
WSJ1518−II	1500	1800	
WSJ1521−II	1500	2100	

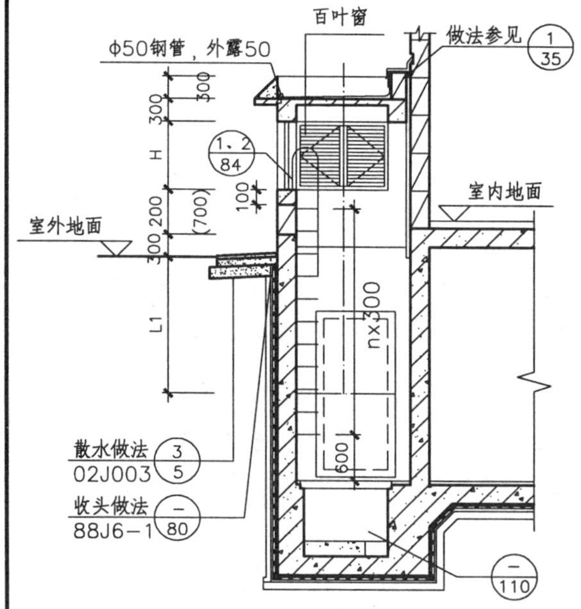

1—1剖面图

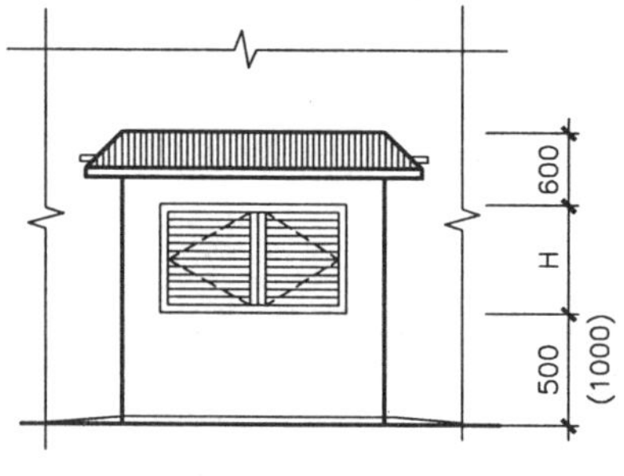

II 型立面图

说明：

1.当竖井在倒塌范围以内时，其高出室外地面部分应按防倒塌棚架设计，顶板取120mm厚，窗口下缘距室外地平面的高度按1000mm设计，在倒塌范围以外时窗口下缘距室外地平面的高度按500mm设计。

2.对于竖井式出入口，必须满足L1+L2≥5.0m；对于通风竖井不做此要求。通道净高由具体工程确定。

3.对于竖井式出入口，在一侧居中设置爬梯，出口上端宜设置安全抓杆，与滤毒室相连接时在其上口的顶板宜设置吊钩，见吊钩详图。

4.竖井作为战时进风口时，应设置洗消污水集水坑，其他情况可不设置。

5.图示百叶窗可采用钢制防雨百叶窗。竖井式出入口百叶窗高H取900mm。通风竖井百叶窗高H可选用300、600、900mm三种。

6.竖井立面装修宜与地面建筑相协调，由具体工程确定。

II型外附壁式竖井出入口及通风竖井						图集号	07FJ02
审核 顾群	顾群	校对	李宝明	李宝明	设计 赵贵华 赵贵华	页	80

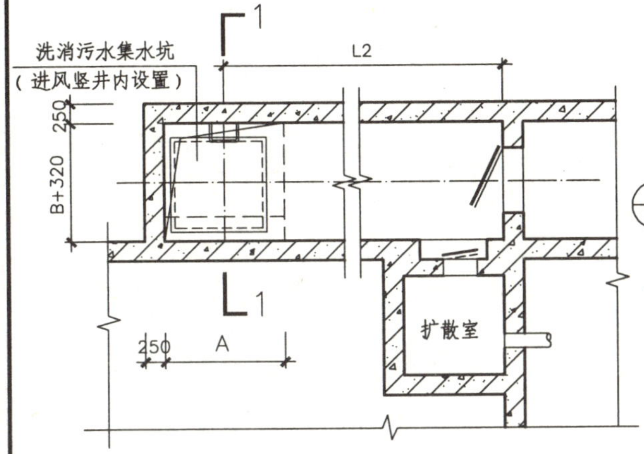

Ⅲ型地下层平面图

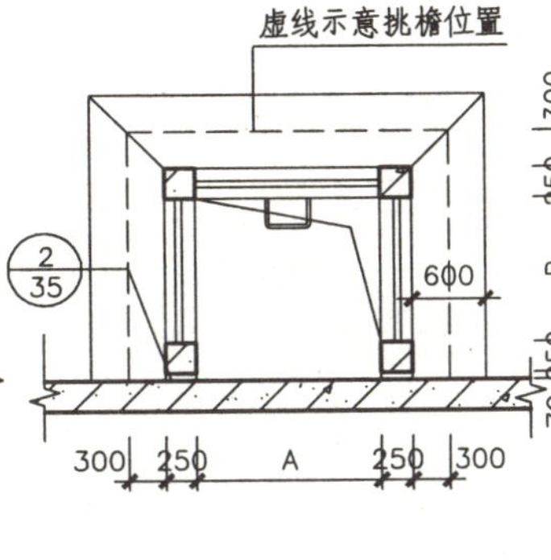

Ⅲ型地面层平面图

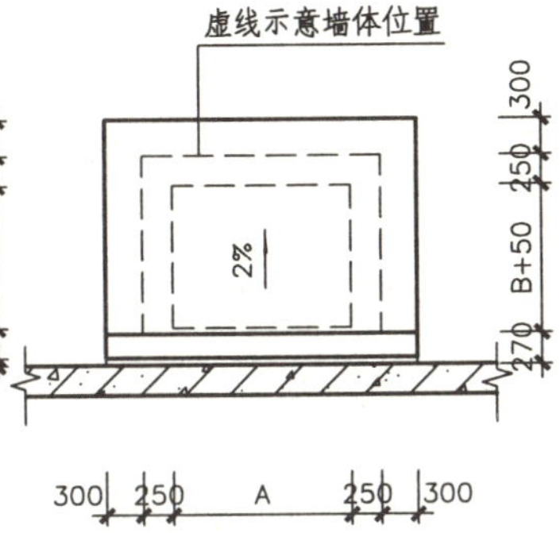

Ⅲ型屋顶层平面图

竖井选用表

编号	A	B	备注
WSJ0810—Ⅲ	800	1000	仅适用于通风竖井
WSJ0812—Ⅲ	800	1200	
WSJ1010—Ⅲ	1000	1000	适用于竖井式出入口和通风竖井
WSJ1012—Ⅲ	1000	1200	
WSJ1015—Ⅲ	1000	1500	
WSJ1212—Ⅲ	1200	1200	
WSJ1215—Ⅲ	1200	1500	
WSJ1218—Ⅲ	1200	1800	
WSJ1515—Ⅲ	1500	1500	
WSJ1518—Ⅲ	1500	1800	
WSJ1521—Ⅲ	1500	2100	

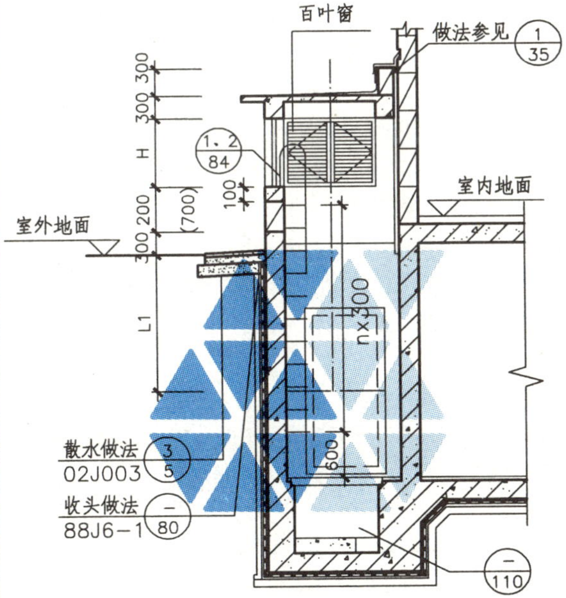

1—1剖面图

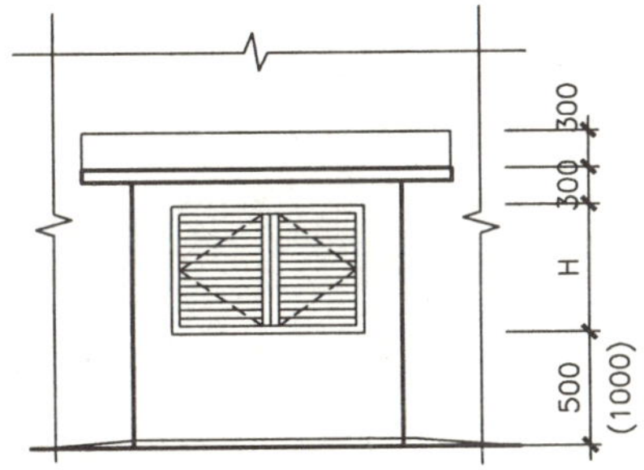

Ⅲ型立面图

说明：

1.当竖井在倒塌范围以内时，其高出室外地面部分应按防倒塌棚架设计，顶板取120mm厚，窗口下缘距室外地平面的高度按1000mm设计，在倒塌范围以外时窗口下缘距室外地平面的高度按500mm设计。

2.对于竖井式出入口，必须满足L1+L2≥5.0m；对于通风竖井不做此要求。通道净高由具体工程确定。

3.对于竖井式出入口，在一侧居中设置爬梯，出口上端宜设置安全抓杆，与滤毒室相连接时在其上口的顶板宜设置吊钩，见吊钩详图。

4.竖井作为战时进风口时，应设置洗消污水集水坑，其它情况可不设置。

5.图示百叶窗可采用钢制防雨百叶窗。竖井式出入口百叶窗高H取900mm。通风竖井百叶窗高H可选用300、600、900mm三种。

6.竖井立面装修宜与地面建筑相协调，由具体工程确定。

Ⅲ型外附壁式竖井出入口及通风竖井						图集号	07FJ02
审核	顾群	校对	李宝明	设计	赵贵华	页	81

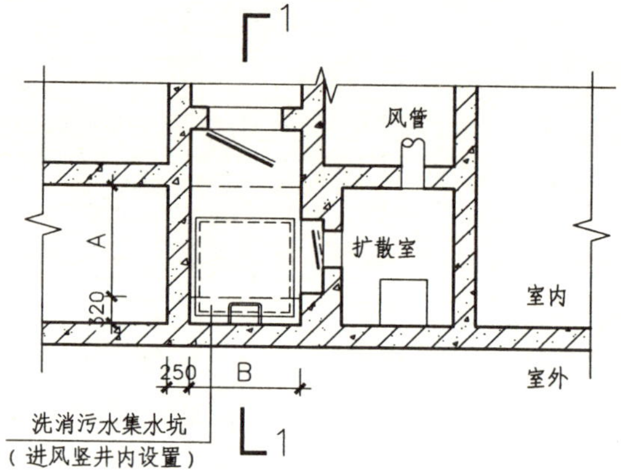

地下层平面图

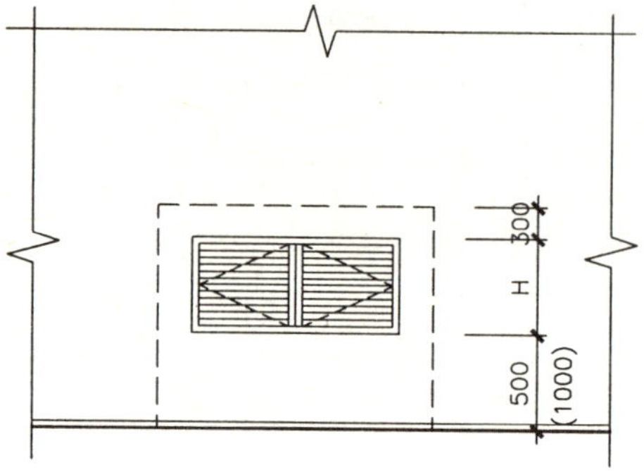

立面图

竖井选用表

编号	A	B	备注
NSJ0810	800	1000	仅适用于通风竖井
NSJ0812	800	1200	
NSJ1010	1000	1000	适用于竖井式出入口和通风竖井
NSJ1012	1000	1200	
NSJ1015	1000	1500	
NSJ1212	1200	1200	
NSJ1215	1200	1500	
NSJ1218	1200	1800	
NSJ1515	1500	1500	
NSJ1518	1500	1800	
NSJ1521	1500	2100	

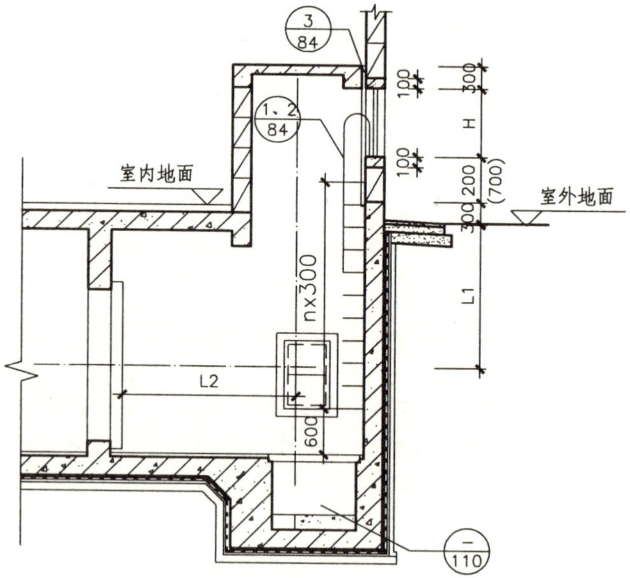

1—1剖面图

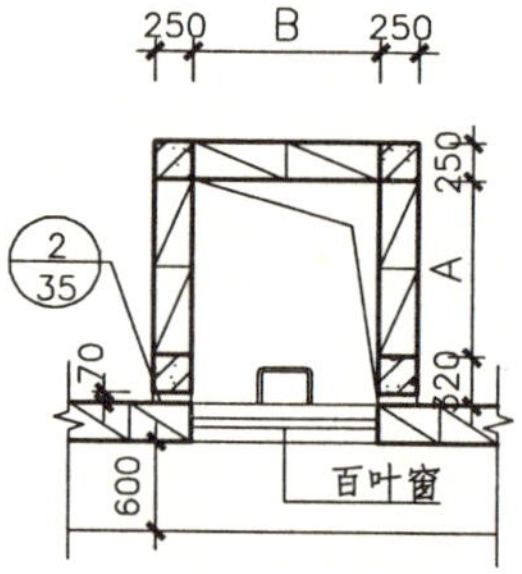

地面层平面图

说明：

1.当竖井在倒塌范围以内时，其高出室外地面部分应按防倒塌棚架设计，顶板取120mm厚，窗口下缘距室外地平面的高度按1000mm设计，在倒塌范围以外时窗口下缘距室外地平面的高度按500mm设计。

2.对于竖井式出入口，必须满足L1+L2≥5.0m；对于通风竖井不做此要求。通道净高由具体工程确定。

3.对于竖井式出入口，在一侧居中设置爬梯，出口上端宜设置安全抓杆，与滤毒室相连接时在其上口的顶板宜设置吊钩，见吊钩详图。

4.竖井作为战时进风口时，应设置洗消污水集水坑，其他情况可不设置。

5.图示百叶窗可采用钢制防雨百叶窗。竖井式出入口百叶窗高H取900mm。通风竖井百叶窗高H可选用300、600、900mm三种。

6.竖井立面装修宜与地面建筑相协调，由具体工程确定。

内附壁式竖井出入口及通风竖井							图集号	07FJ02
审核	顾群	顾群	校对	李宝明	李宝明	设计 赵贵华 赵贵华	页	82

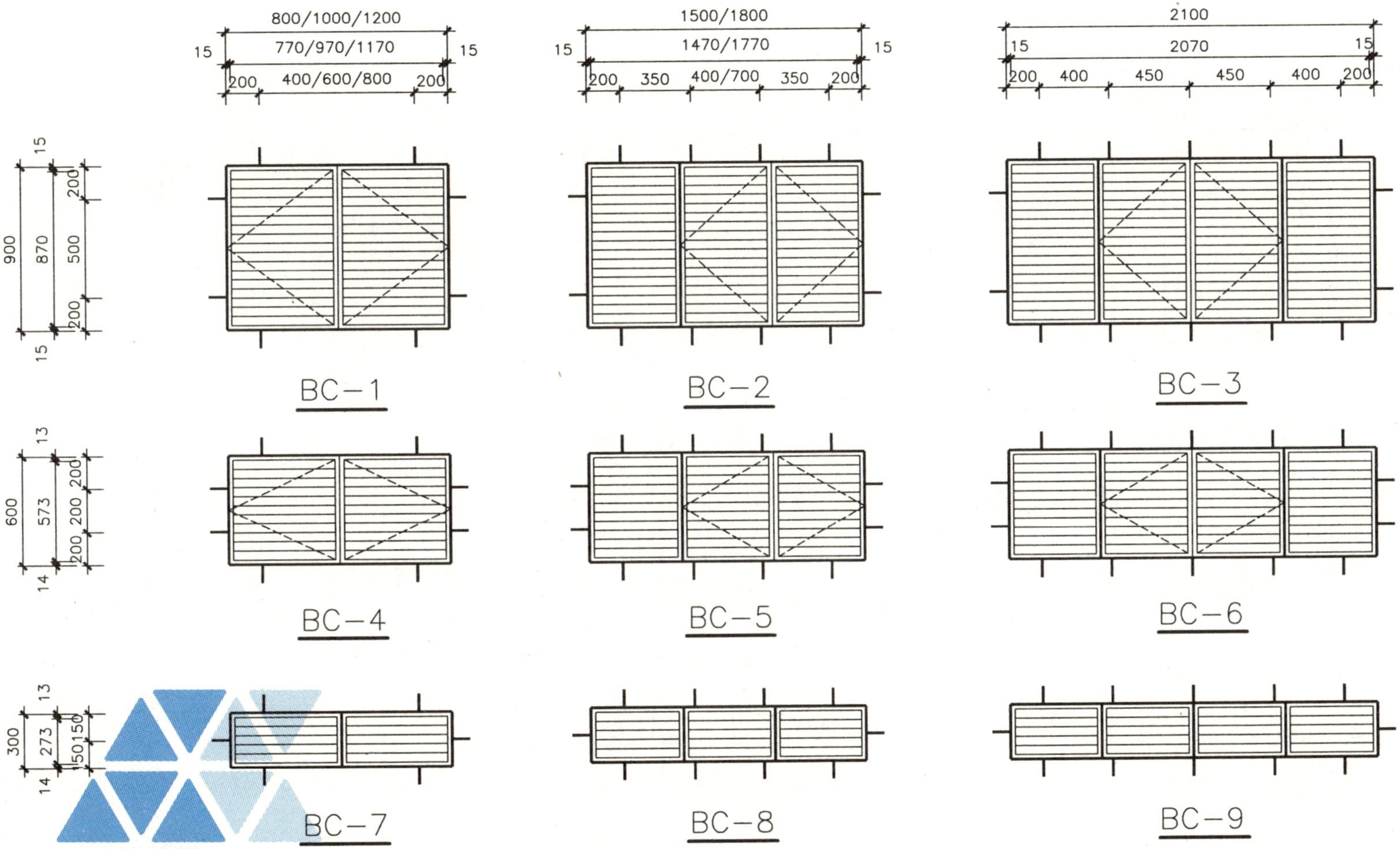

说明：

1. 百叶窗采用金属窗料，由具体工程确定。
2. 百叶窗因考虑作为人员备用出入口，在多扇窗部分将中梃去掉。

百叶窗详图							图集号	07FJ02
审核	顾 群	顾群	校对	李宝明	李宝明	设计 赵贵华 赵贵华	页	83

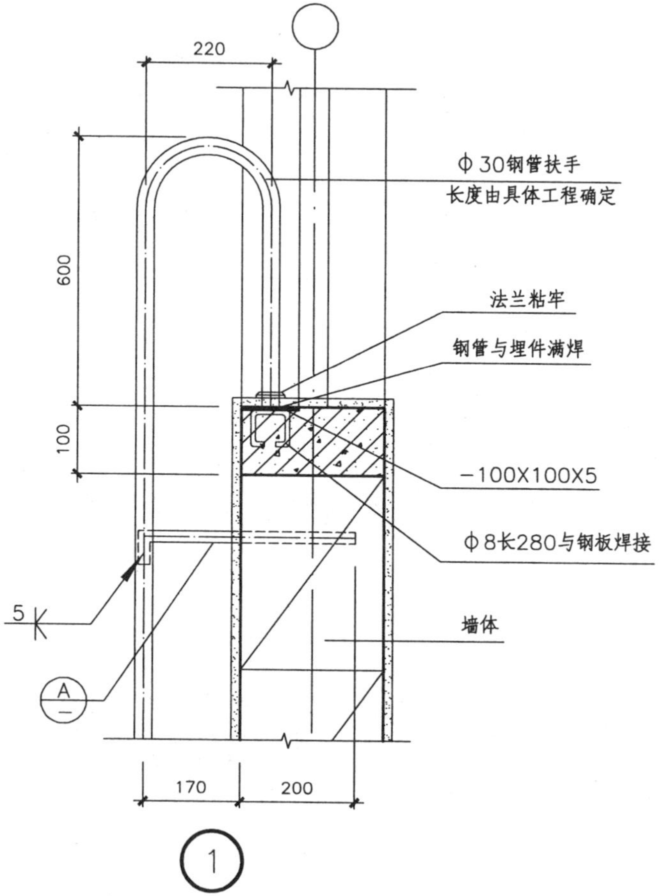

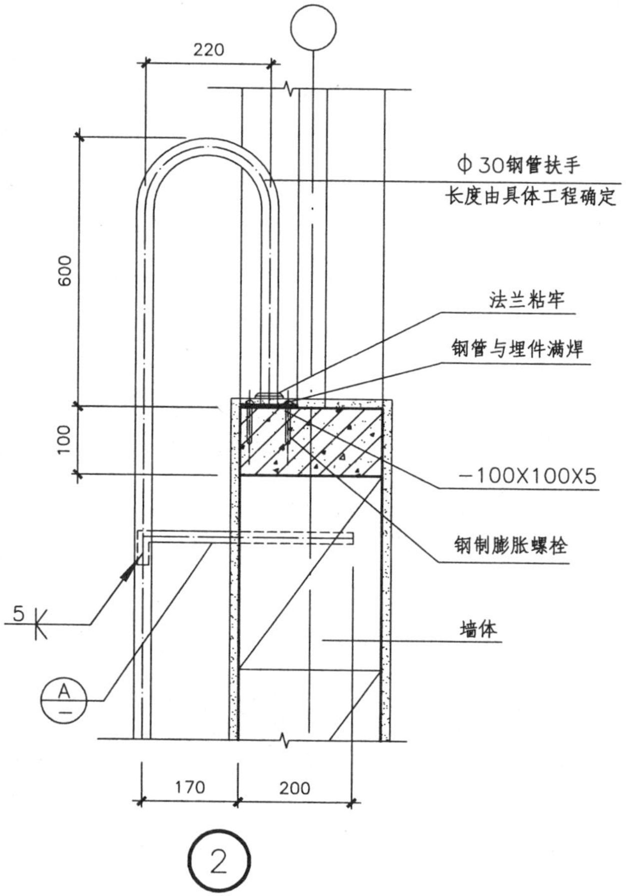

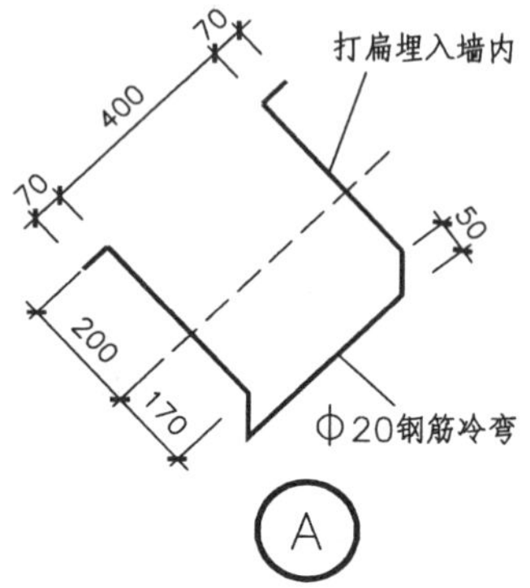

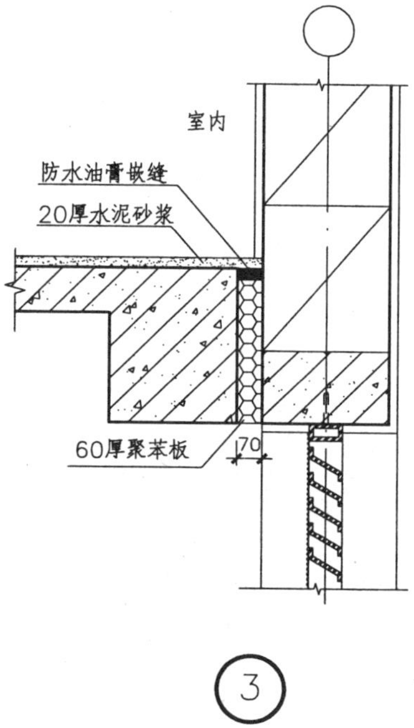

节点详图							图集号	07FJ02
审核	顾 群	顾群	校对	李宝明	李宝明	设计 赵贵华 赵贵华	页	84

扩散室设计要点

适用范围	适用于核5级、核6级、核6B级的甲类防空地下室和乙类防空地下室的扩散室设计
类型	根据活门通风量大小进行分类，主要有战时最大风量2000、3600、5700、8000、11000、14500、22000 m^3/h的扩散室七种
结构形式	钢筋混凝土结构
设计要点	规范中相关规定为第3.4.6条、第3.4.7条;扩散室的空间尺寸既应满足规范要求,还要满足大管径风管的空间布置要求等；扩散室内应设置地漏或集水坑；与扩散室相连的风管位置满足规范第3.4.7条规定；若为排烟扩散室，活门可适当靠上设置
设计说明	本图集按工程抗力等级、平时最大通风量和战时最大通风量、接管方式、排水设施类型等因素确定扩散室型号;悬板活门型号可依据防空地下室抗力等级和战时风量确定；图中bs、ls、hs分别表示扩散室的最小宽度、最小长度和最小净高
编号说明	XKSXXXX-X 抗力级别 扩散室 扩散室型号 活门的最大风量 其中：Ⅰ—代表设有地漏的侧墙接管扩散室 Ⅱ—代表设有地漏的后墙接管扩散室 Ⅲ—代表设有集水坑的侧墙接管扩散室 Ⅳ—代表设有集水坑的后墙接管扩散室 Ⅴ—代表平战两用的平时大风量的扩散室

索引表

扩散室设计要点、索引表								图集号	07FJ02
审核	顾群	顾群	校对	李宝明	李宝明	设计	赵贵华	赵贵华	页 85

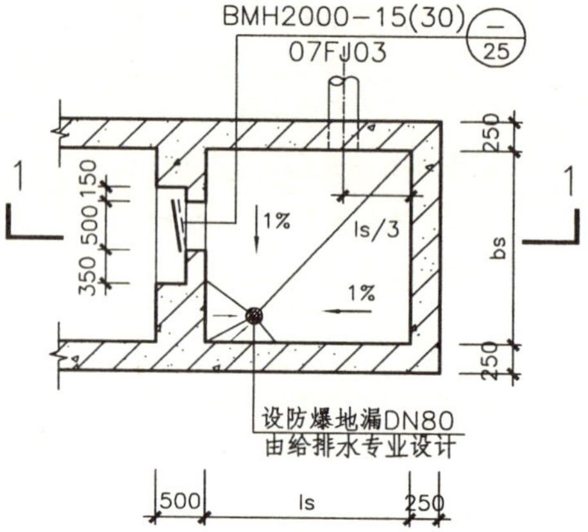

6(5)KS2000—Ⅰ平面图

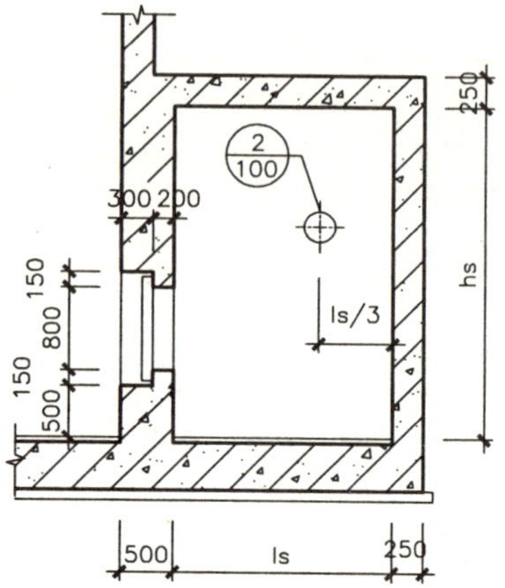

1—1

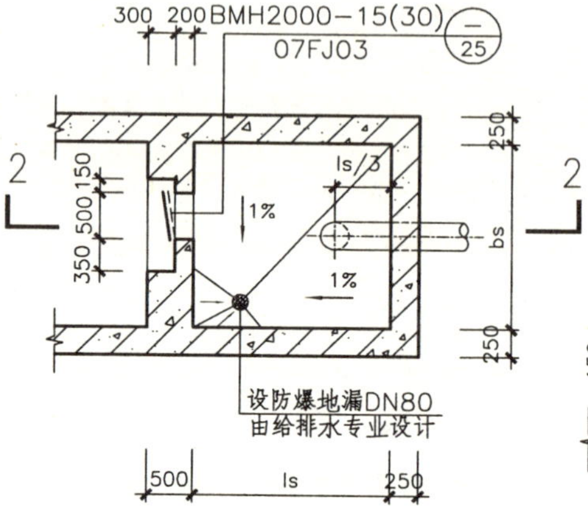

6(5)KS2000—Ⅱ平面图

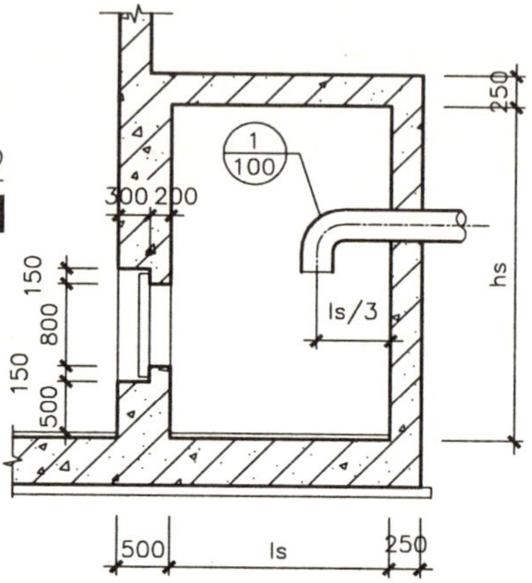

2—2

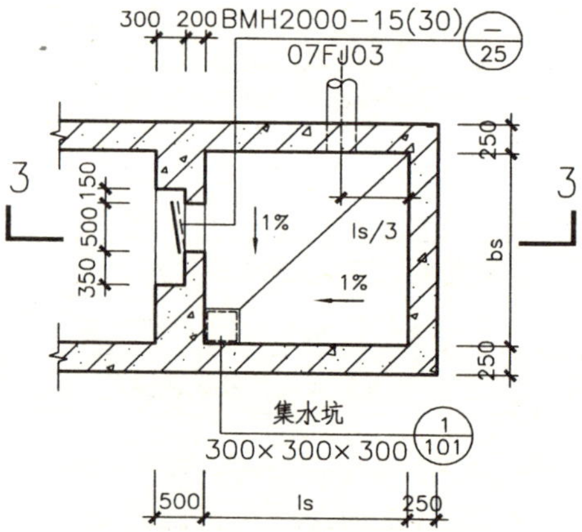

6(5)KS2000—Ⅲ平面图

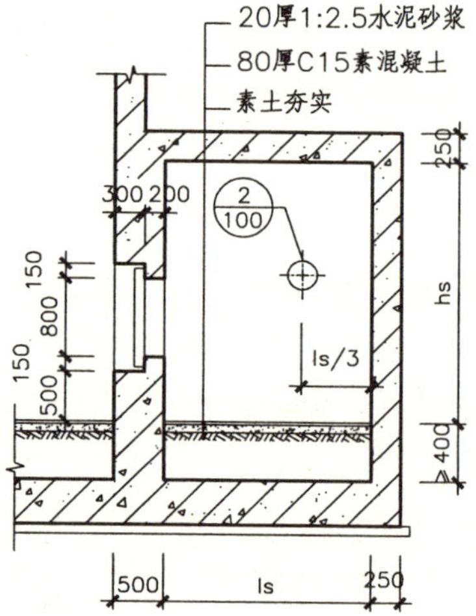

3—3

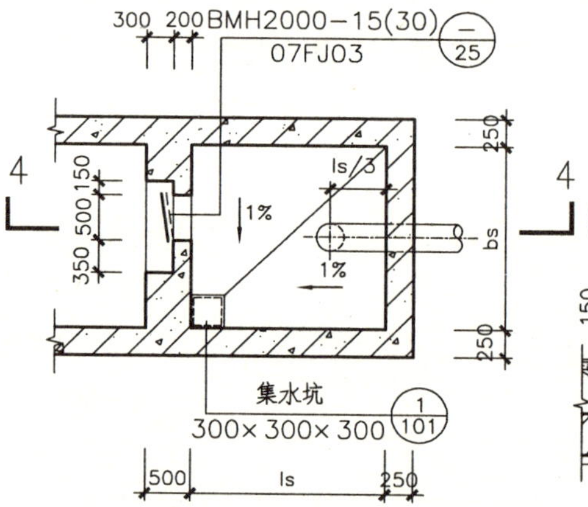

6(5)KS2000—Ⅳ平面图

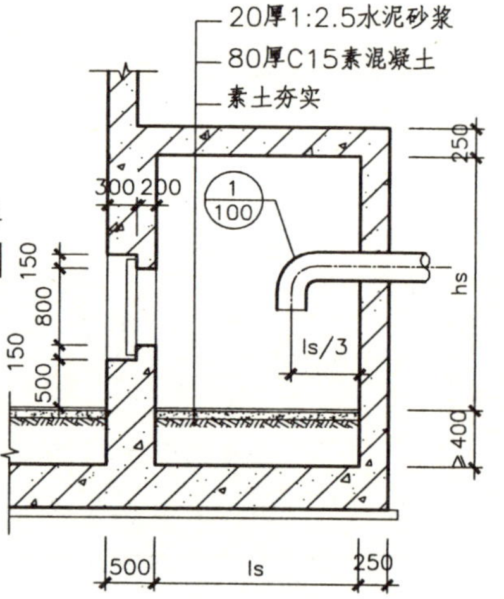

4—4

Ⅰ~Ⅳ型风量2000的扩散室							图集号	07FJ02
审核	顾群	顾群	校对	李宝明	李宝明	设计	赵贵华	赵贵华	页	86

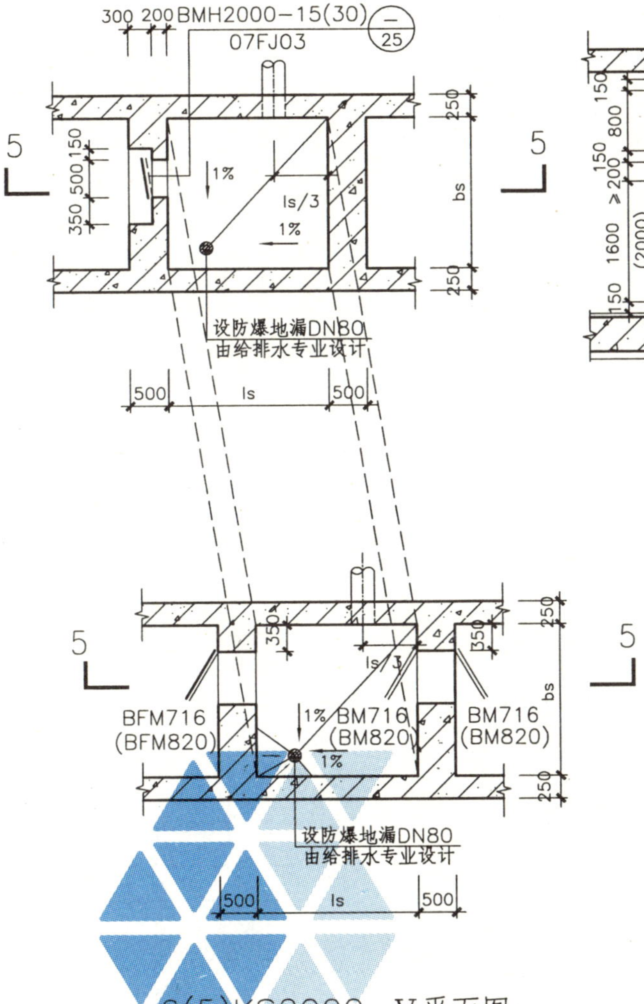

6(5)KS2000-V平面图

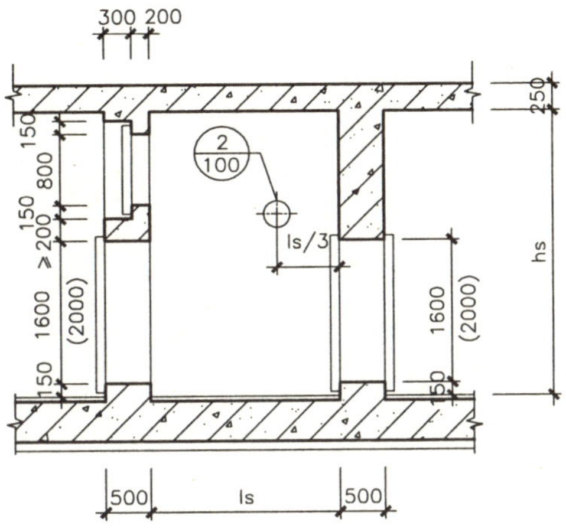

5-5

核5级和核6级扩散室最小尺寸选用表

扩散室型号	扩散室所接风管直径(mm)	侧墙接管时最小尺寸 bs×ls×hs(m)	后墙接管时最小尺寸 bs×ls×hs(m)
Ⅰ～Ⅳ型	300	1.0×1.0×1.6	1.0×1.0×1.6
	400	1.0×1.0×1.6	1.0×1.2×1.6
	500	1.0×1.0×1.6	1.0×1.5×1.6
	600	1.0×1.0×1.6	1.0×1.8×1.6
	700	1.0×1.1×1.6	1.0×2.1×1.6
	800	1.0×1.2×1.6	1.0×2.4×1.6
Ⅴ型	300	1.3×1.2×3.1	
	800	1.3×1.2×3.1	
	900	1.3×1.4×3.1	
	1000	1.3×1.5×3.1	

说明：

1.专供战时使用的风量2000m^3/h的扩散室，后面接直径300mm的风管；若Ⅰ～Ⅳ型扩散室平战两用，风管直径一般介于300～800mm之间；而平战两用工程中，当活门门扇全开仍无法满足平时通风量时，使用Ⅴ型扩散室，平时可利用门扇开启来通风，风管直径一般介于800～1000mm之间；具体风管直径视工程而定。

2.在平战两用工程中，当平时通风所需风管直径大于1000mm时，通常采用图集07FJ01第75页D型集气室和扩散室相邻设置的形式。

3.扩散室的最小空间尺寸应满足上表的要求；扩散室可根据工程需要加长、加宽。扩散室净高宜同相邻房间的净高，但不得小于所给最低高度。

4.因通道净高较大，当地下室净高不足时，可采取降低通道地面标高的做法。

Ⅴ型风量2000的扩散室						图集号	07FJ02
审核	顾 群	校对	李宝明	设计	赵贵华	页	87

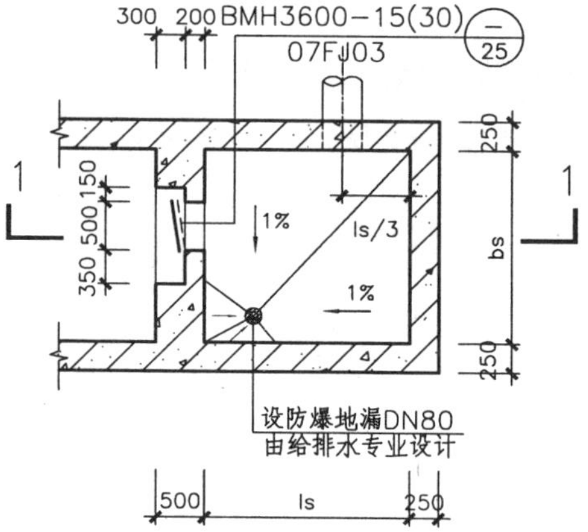

6(5)KS3600－Ⅰ平面图

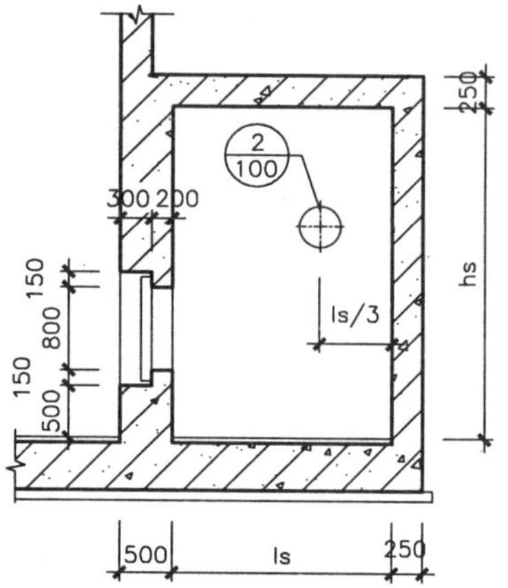

1—1

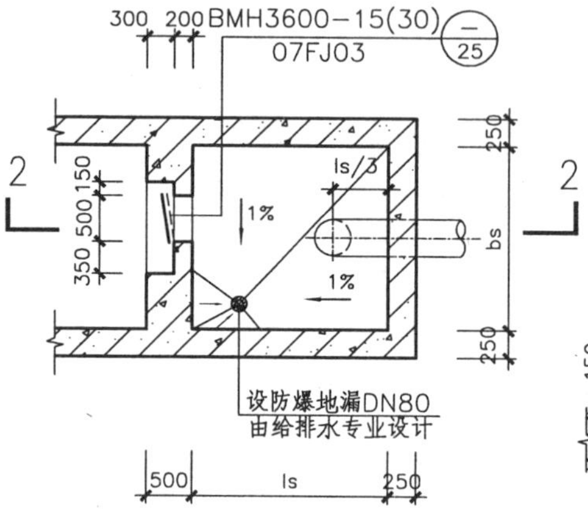

6(5)KS3600－Ⅱ平面图

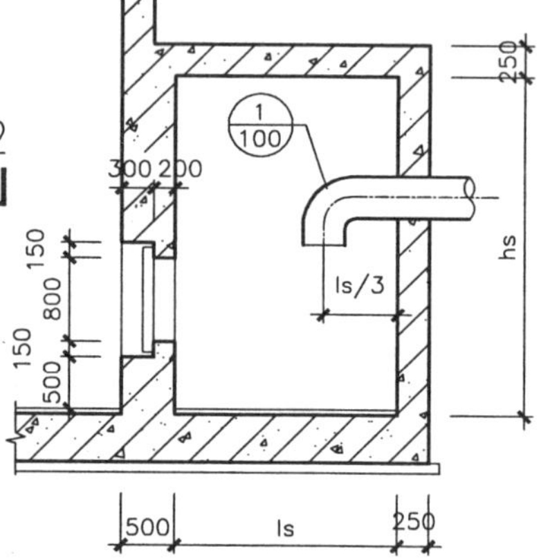

2—2

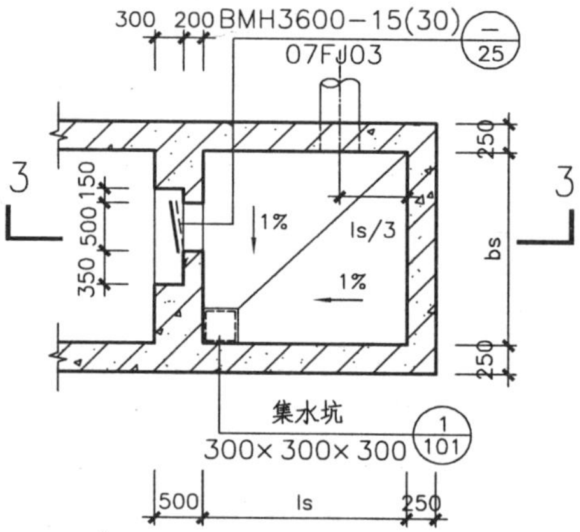

6(5)KS3600－Ⅲ平面图

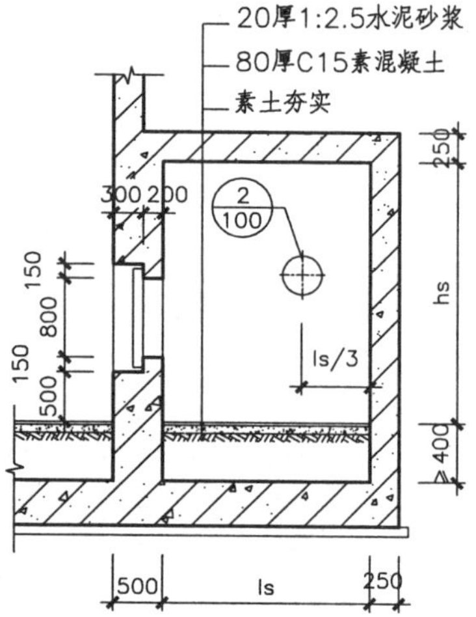

3—3

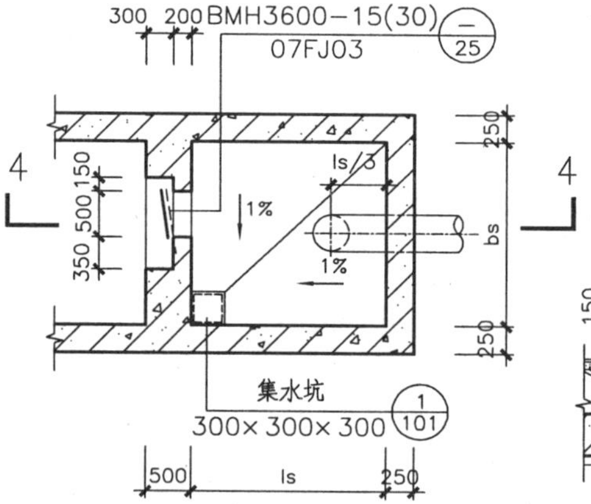

6(5)KS3600－Ⅳ平面图

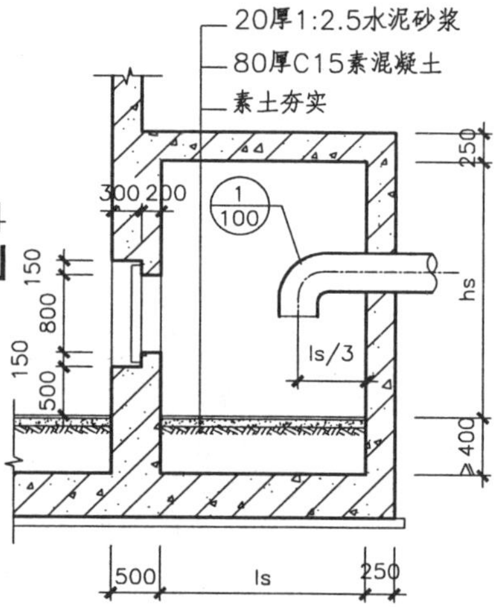

4—4

Ⅰ～Ⅳ型风量3600的扩散室						图集号	07FJ02
审核 顾 群	顾群	校对	李宝明	李宝明	设计 赵贵华 赵贵华	页	88

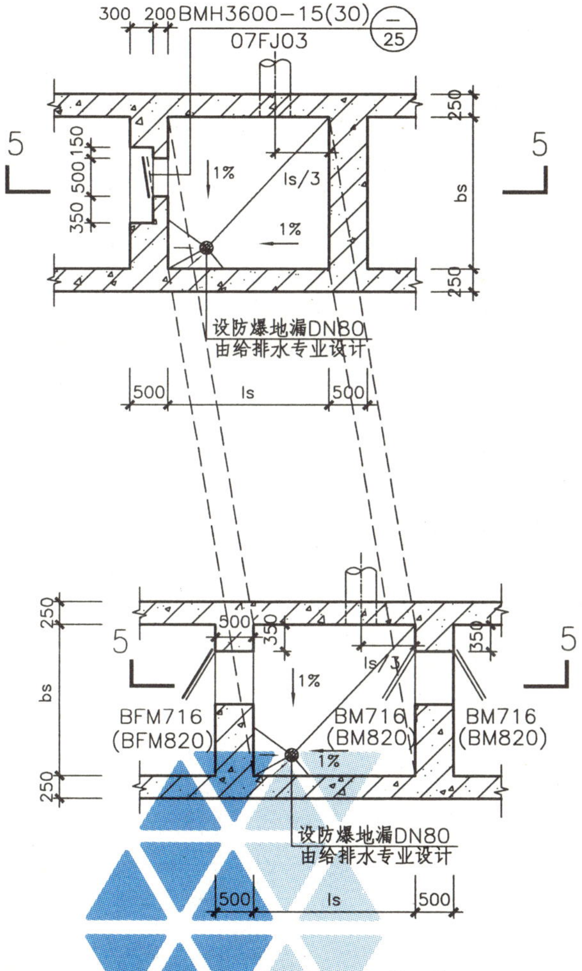

6(5)KS3600-V平面图

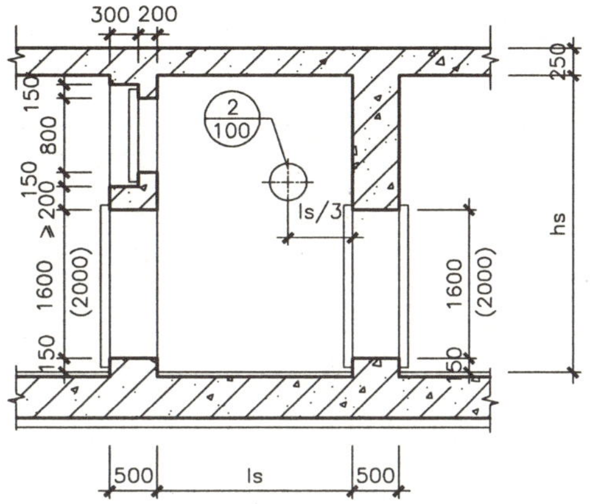

5-5

说明：

1.专供战时使用的风量3600m³/h的扩散室，后面接直径400mm的风管；若Ⅰ～Ⅳ型扩散室平战两用，风管直径一般介于400～800mm之间；而平战两用工程中,当活门门扇全开仍无法满足平时通风量时，使用Ⅴ型扩散室，平时可利用门扇开启来通风，风管直径一般介于800～1000mm之间；具体风管直径视工程而定。

2.在平战两用工程中，当平时通风所需风管直径大于1000mm时，通常采用图集07FJ01第75页D型集气室和扩散室相邻设置的形式。

3.扩散室的最小空间尺寸应满足上表的要求；扩散室可根据工程需要加长、加宽。扩散室净高宜同相邻房间的净高，但不得小于所给最低高度。

4.因通道净高较大，当地下室净高不足时，可采取降低通道地面标高的做法。

核5级扩散室最小尺寸选用表

扩散室型号	扩散室所接风管直径(mm)	侧墙接管时最小尺寸	后墙接管时最小尺寸
		bs×ls×hs(m)	bs×ls×hs(m)
Ⅰ～Ⅳ型	400	1.5×1.5×2.0	1.5×1.5×2.0
	500	1.5×1.5×2.0	1.5×1.5×2.0
	600	1.5×1.5×2.0	1.5×1.8×2.0
	700	1.5×1.5×2.0	1.5×2.1×2.0
	800	1.5×1.5×2.0	1.5×2.4×2.0
Ⅴ型	400	1.5×1.5×3.1	—
	800	1.5×1.5×3.1	—
	900	1.5×1.5×3.1	—
	1000	1.5×1.5×3.1	—

核6级扩散室最小尺寸选用表

扩散室型号	扩散室所接风管直径(mm)	侧墙接管时最小尺寸	后墙接管时最小尺寸
		bs×ls×hs(m)	bs×ls×hs(m)
Ⅰ～Ⅳ型	400	1.2×1.2×1.8	1.2×1.2×1.8
	500	1.2×1.2×1.8	1.2×1.5×1.8
	600	1.2×1.2×1.8	1.2×1.8×1.8
	700	1.2×1.2×1.8	1.2×2.1×1.8
	800	1.2×1.2×1.8	1.2×2.4×1.8
Ⅴ型	400	1.3×1.2×3.1	—
	800	1.3×1.2×3.1	—
	900	1.3×1.2×3.1	—
	1000	1.3×1.2×3.1	—

Ⅴ型风量3600的扩散室							图集号	07FJ02
审核	顾 群	顾群	校对	李宝明	李宝明	设计 赵贵华 赵贵华	页	89

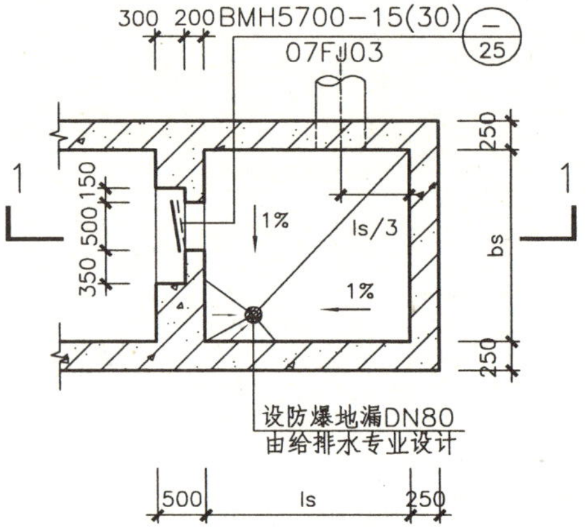

6(5)KS5700－Ⅰ平面图

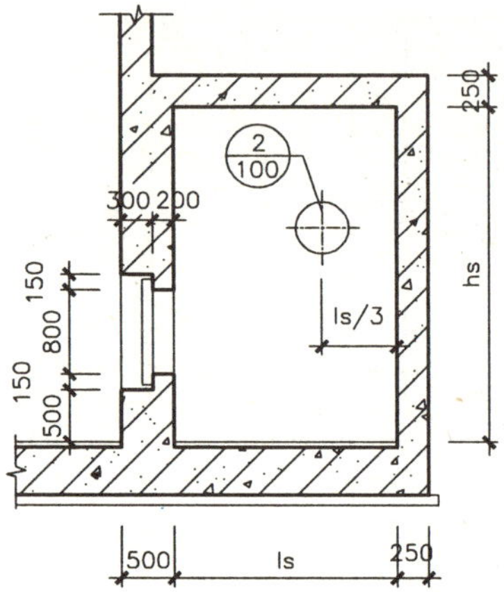

1－1

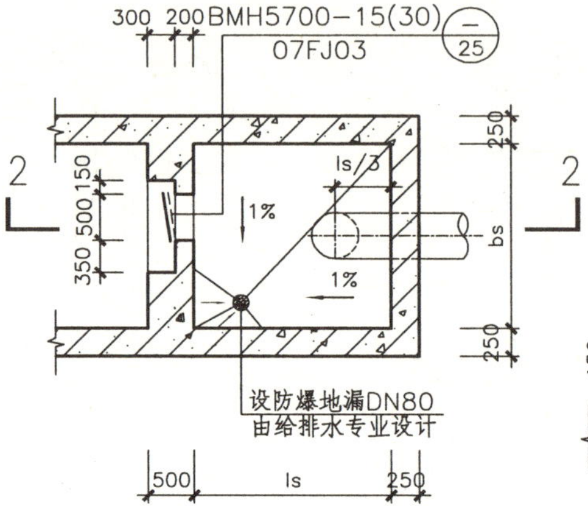

6(5)KS5700－Ⅱ平面图

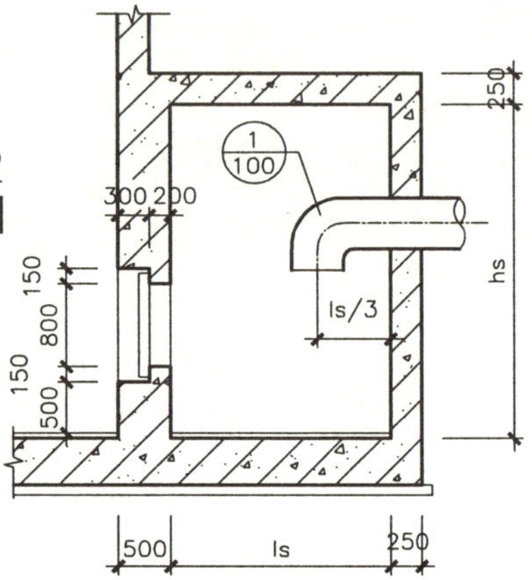

2－2

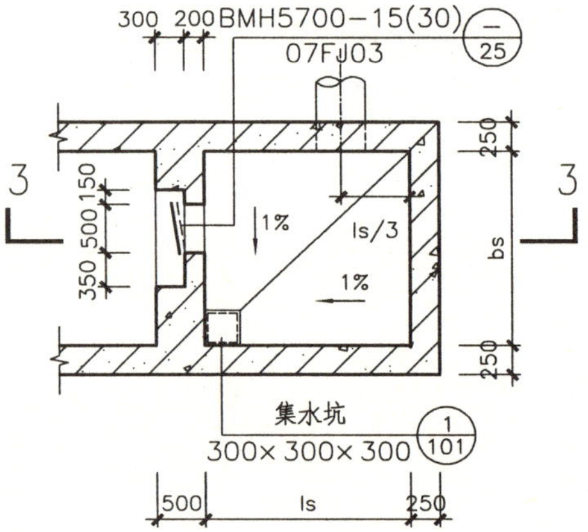

6(5)KS5700－Ⅲ 平面图

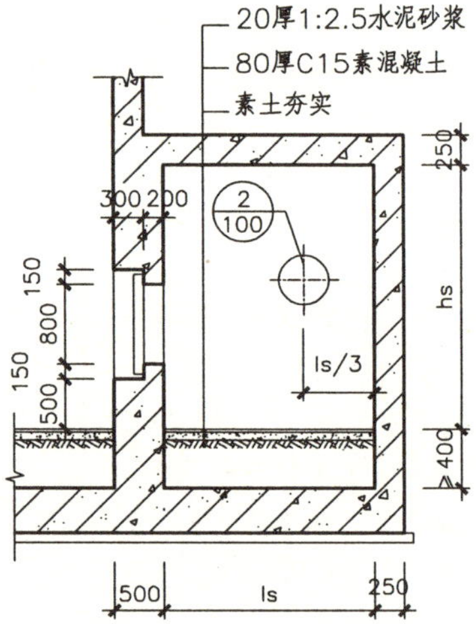

3－3

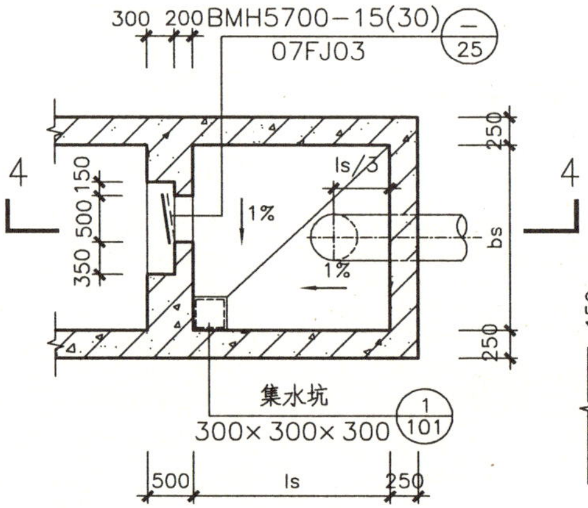

6(5)KS5700－Ⅳ 平面图

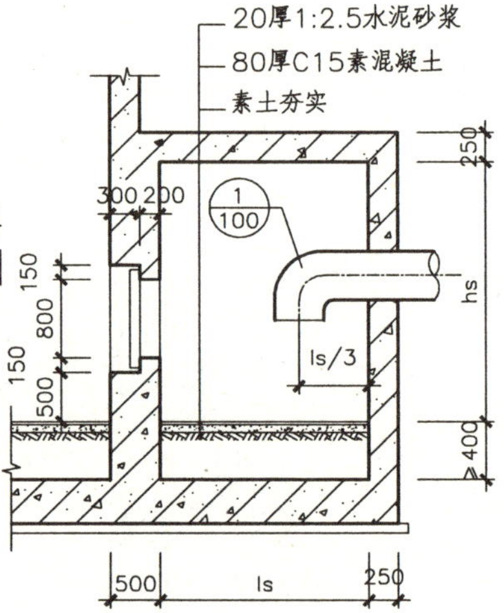

4－4

Ⅰ~Ⅳ型风量5700的扩散室						图集号	07FJ02
审核	顾 群	顾群	校对 李宝明	李宝明	设计 赵贵华	赵贵华	页	90

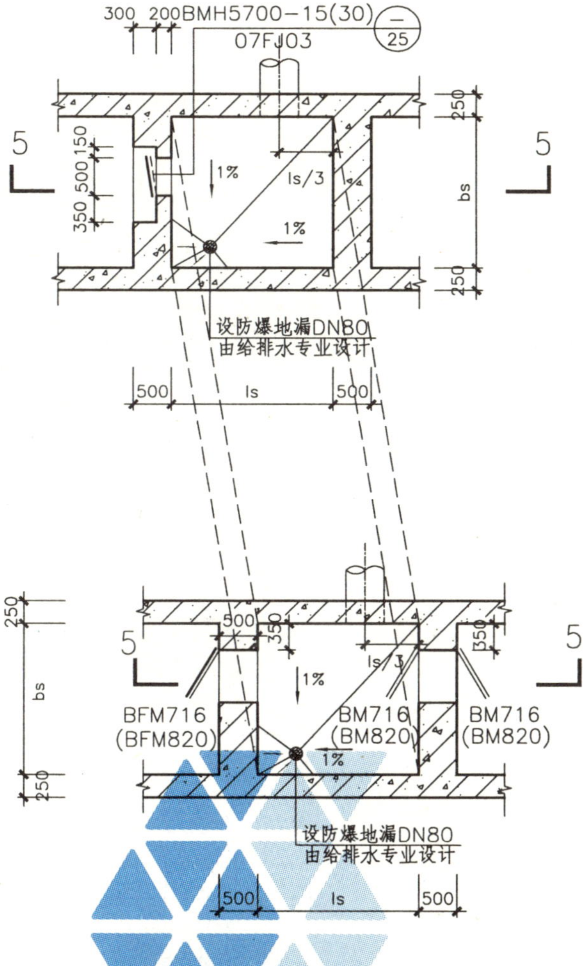

6(5)KS5700-V 平面图

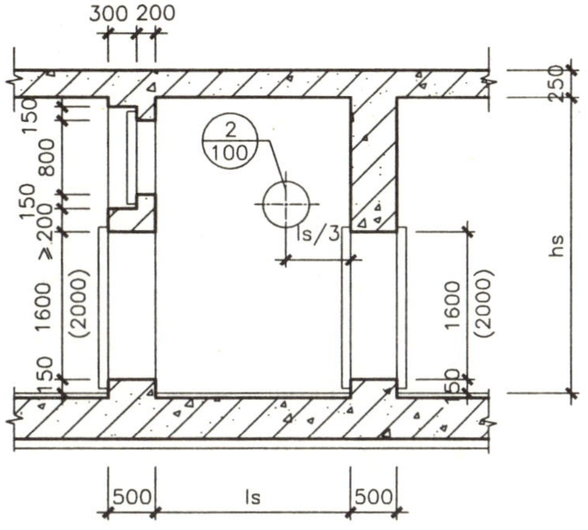

5-5

说明：

1.专供战时使用的风量5700m³/h的扩散室，后面接直径500mm的风管；若Ⅰ～Ⅳ型扩散室平战两用，风管直径一般介于500～800mm之间；而平战两用工程中,当活门门扇全开仍无法满足平时通风量时，使用Ⅴ型扩散室，平时可利用门扇开启来通风，风管直径一般介于800～1000mm之间；具体风管直径视工程而定。

2.在平战两用工程中，当平时通风所需风管直径大于1000mm时，通常采用图集07FJ01第75页D型集气室和扩散室相邻设置的形式。

3.扩散室的最小空间尺寸应满足上表的要求；扩散室可根据工程需要加长、加宽。扩散室净高宜同相邻房间的净高，但不得小于所给最低高度。

4.因通道净高较大，当地下室净高不足时，可采取降低通道地面标高的做法。

核5级扩散室最小尺寸选用表

扩散室型号	扩散室所接风管直径(mm)	侧墙接管时最小尺寸 bs×ls×hs(m)	后墙接管时最小尺寸 bs×ls×hs(m)
Ⅰ～Ⅳ型	500	1.8×1.8×2.2	1.8×1.8×2.2
	600	1.8×1.8×2.2	1.8×1.8×2.2
	700	1.8×1.8×2.2	1.8×2.1×2.2
	800	1.8×1.8×2.2	1.8×2.4×2.2
Ⅴ型	500	1.8×1.8×3.1	–
	800	1.8×1.8×3.1	–
	900	1.8×1.8×3.1	–
	1000	1.8×1.8×3.1	–

核6级扩散室最小尺寸选用表

扩散室型号	扩散室所接风管直径(mm)	侧墙接管时最小尺寸 bs×ls×hs(m)	后墙接管时最小尺寸 bs×ls×hs(m)
Ⅰ～Ⅳ型	500	1.5×1.5×2.0	1.5×1.5×2.0
	600	1.5×1.5×2.0	1.5×1.8×2.0
	700	1.5×1.5×2.0	1.5×2.1×2.0
	800	1.5×1.5×2.0	1.5×2.4×2.0
Ⅴ型	500	1.5×1.5×3.1	–
	800	1.5×1.5×3.1	–
	900	1.5×1.5×3.1	–
	1000	1.5×1.5×3.1	–

Ⅴ型风量5700的扩散室						图集号	07FJ02
审核 顾群	顾群	校对 李宝明	李宝明	设计 赵贵华	赵贵华	页	91

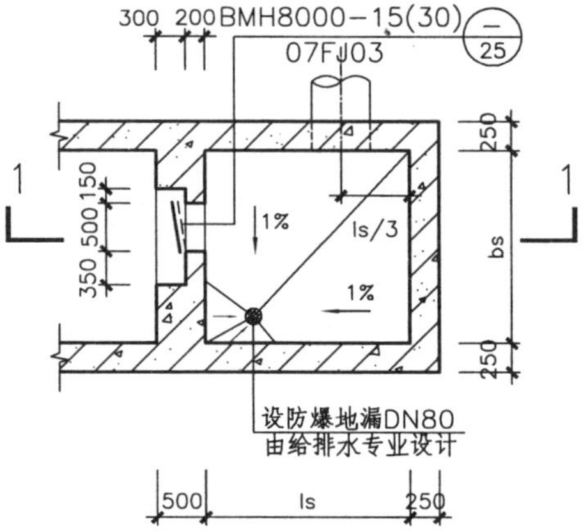

6(5)KS8000-Ⅰ 平面图

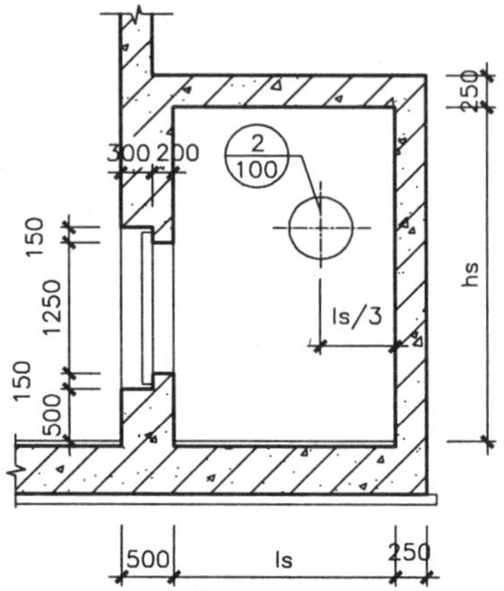

1—1

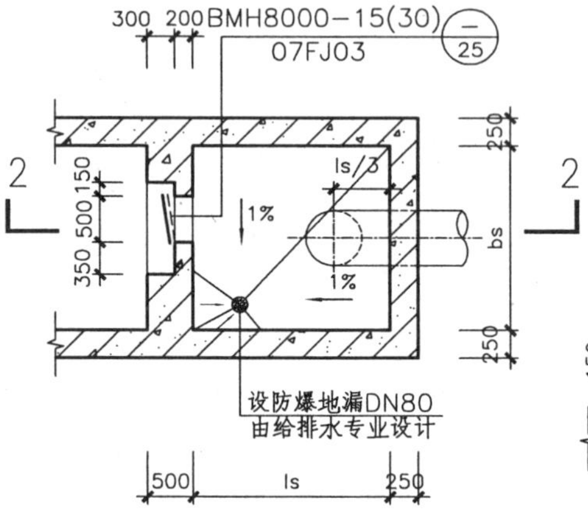

6(5)KS8000-Ⅱ 平面图

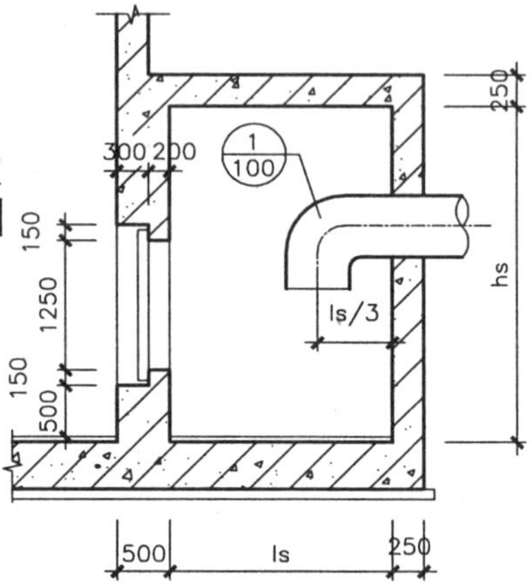

2—2

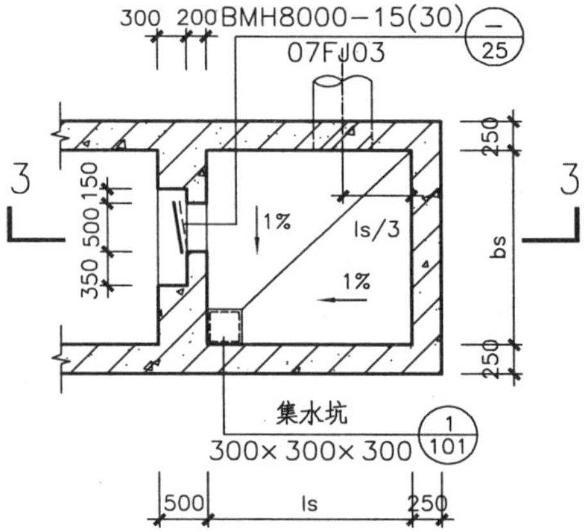

6(5)KS8000-Ⅲ 平面图

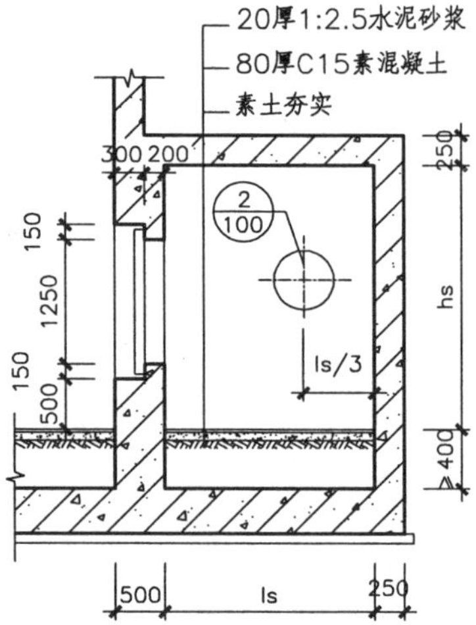

3—3

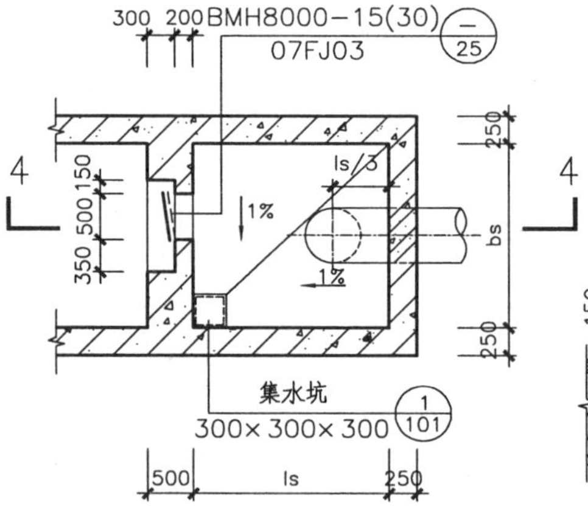

6(5)KS8000-Ⅳ 平面图

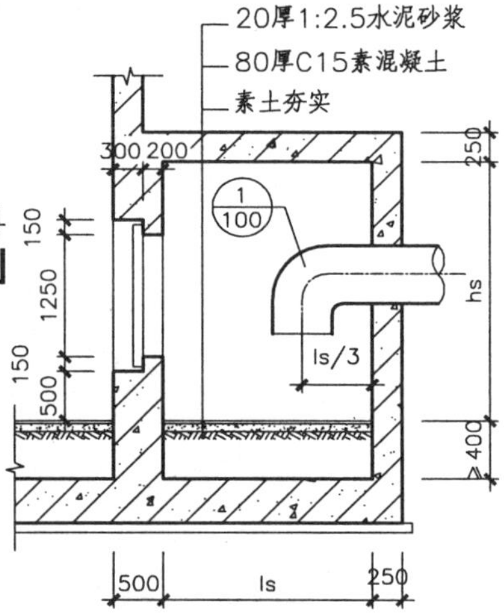

4—4

Ⅰ~Ⅳ型风量8000的扩散室							图集号	07FJ02
审核	顾 群	顾群	校对	李宝明	李宝明	设计	赵贵华	赵贵华
							页	92

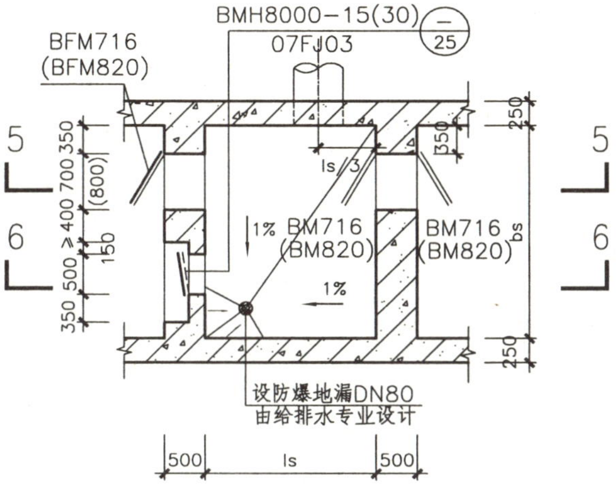

6(5)KS8000-V平面图

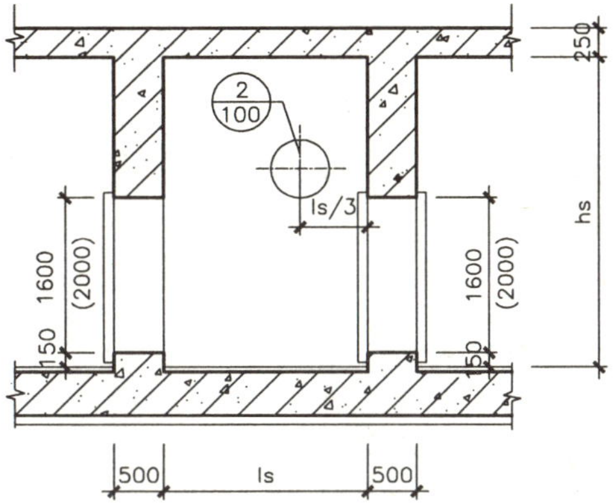

5—5

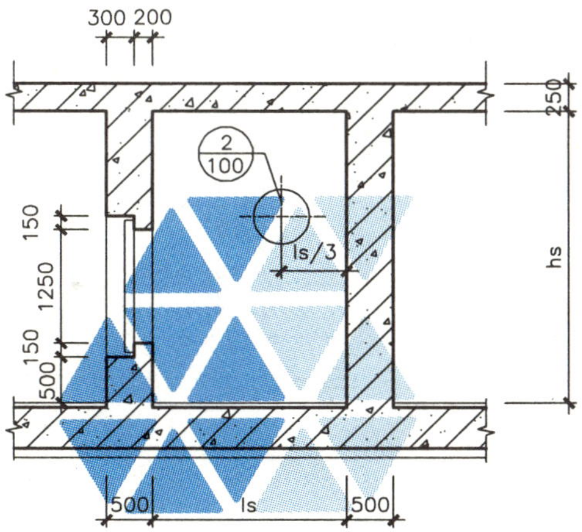

6—6

说明：

1.专供战时使用的风量8000m³/h的扩散室，后面接直径600mm的风管；若Ⅰ～Ⅳ型扩散室平战两用，风管直径一般介于600～900mm之间；而平战两用工程中，当活门门扇全开仍无法满足平时通风量时，使用Ⅴ型扩散室，平时可利用门扇开启来通风，风管直径一般介于900～1000mm之间；具体风管直径视工程而定。

2.在平战两用工程中，当平时通风所需风管直径大于1000mm时，通常采用图集07FJ01第75页D型集气室和扩散室相邻设置的形式。

3.扩散室的最小空间尺寸应满足上表的要求；扩散室可根据工程需要加长、加宽。扩散室净高宜同相邻房间的净高，但不得小于所给最低高度。

4.因通道净高较大，当地下室净高不足时，可采取降低通道地面标高的做法。

核5级扩散室最小尺寸选用表

扩散室型号	扩散室所接风管直径(mm)	侧墙接管时最小尺寸	后墙接管时最小尺寸
		bs×ls×hs(m)	bs×ls×hs(m)
Ⅰ～Ⅳ型	600	1.8×1.8×2.2	1.8×1.8×2.2
	700	1.8×1.8×2.2	1.8×2.1×2.2
	800	1.8×1.8×2.2	1.8×2.4×2.2
	900	1.8×1.8×2.2	1.8×2.7×2.2
Ⅴ型	600	2.7×1.8×2.4	—
	900	2.7×1.8×2.4	—
	1000	2.7×1.8×2.4	—

核6级扩散室最小尺寸选用表

扩散室型号	扩散室所接风管直径(mm)	侧墙接管时最小尺寸	后墙接管时最小尺寸
		bs×ls×hs(m)	bs×ls×hs(m)
Ⅰ～Ⅳ型	600	1.5×1.5×2.0	1.5×1.8×2.0
	700	1.5×1.5×2.0	1.5×2.1×2.0
	800	1.5×1.5×2.0	1.5×2.4×2.0
	900	1.5×1.5×2.0	1.5×2.7×2.0
Ⅴ型	600	2.7×1.5×2.4	—
	900	2.7×1.5×2.4	—
	1000	2.7×1.5×2.4	—

Ⅴ型风量8000的扩散室						图集号	07FJ02
审核 顾 群	顾群	校对 李宝明	李宝明	设计 赵贵华	赵贵华	页	93

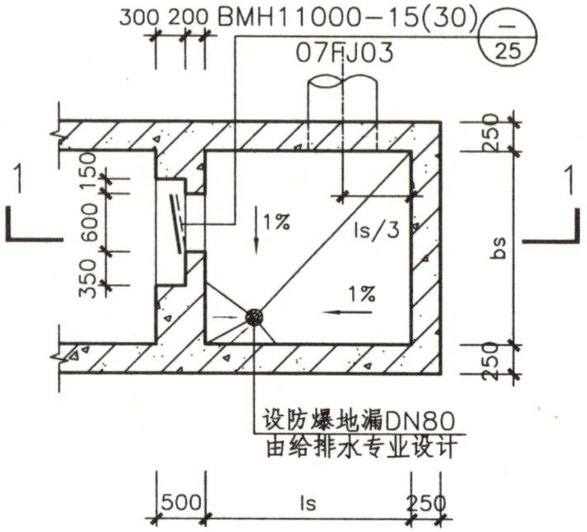

6(5)KS11000−Ⅰ平面图

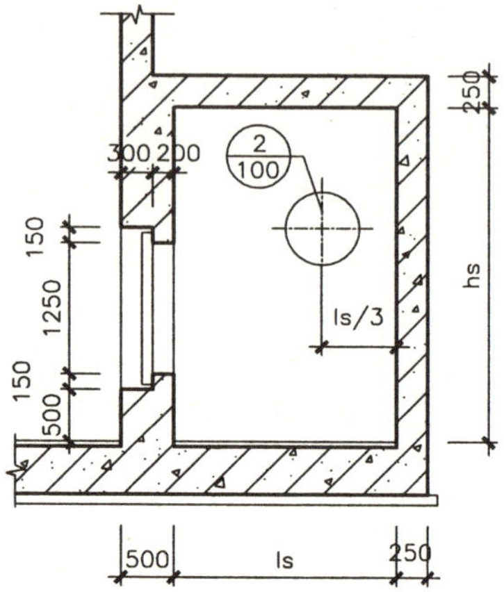

1−1

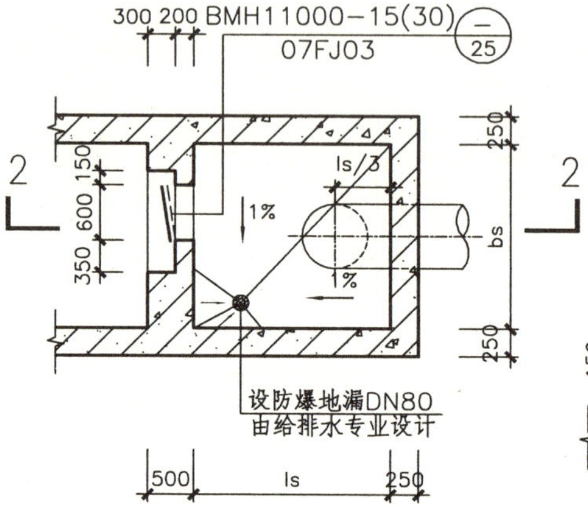

6(5)KS11000−Ⅱ平面图

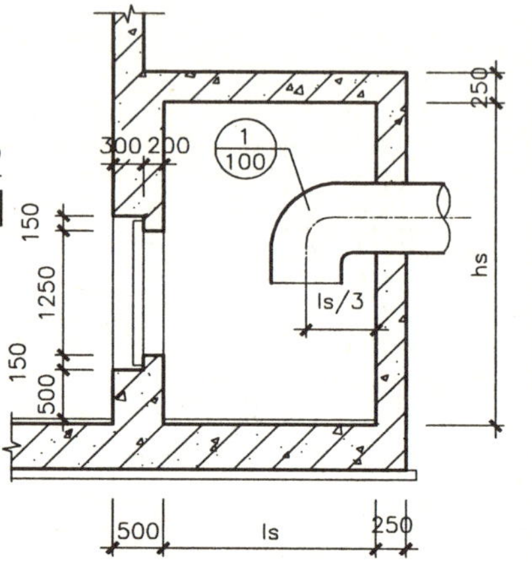

2−2

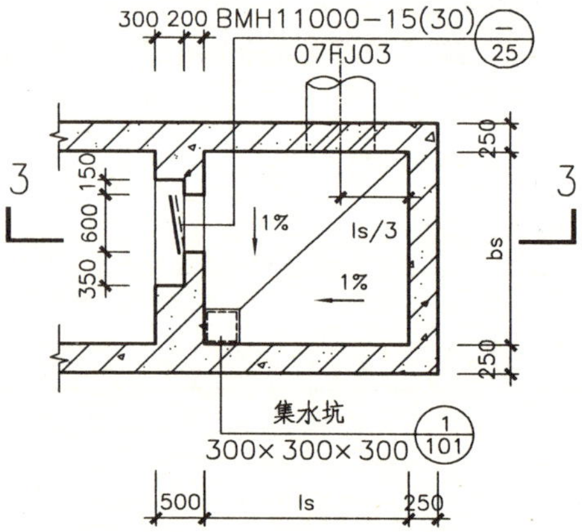

6(5)KS11000−Ⅲ平面图

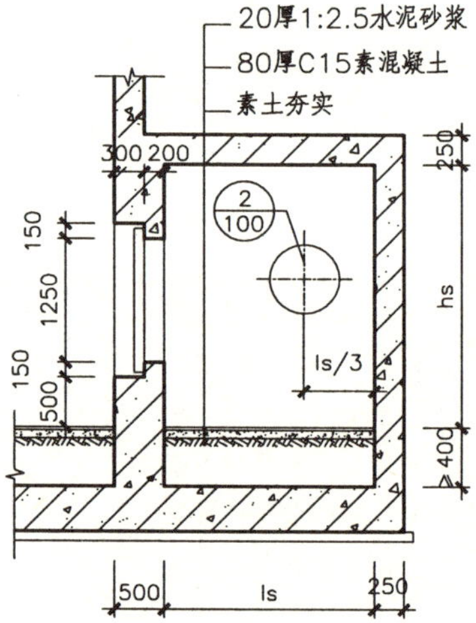

3−3

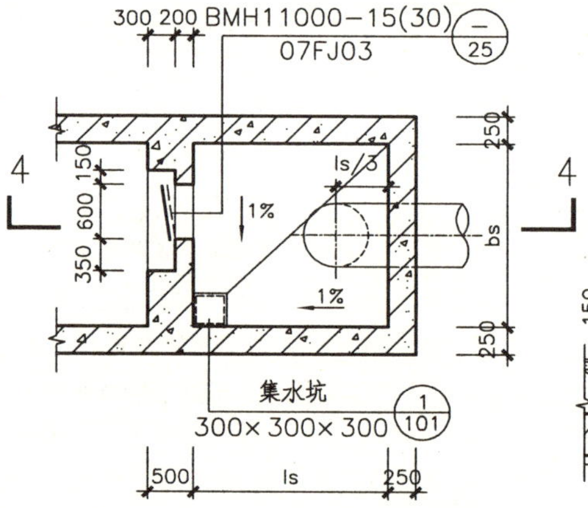

6(5)KS11000−Ⅳ平面图

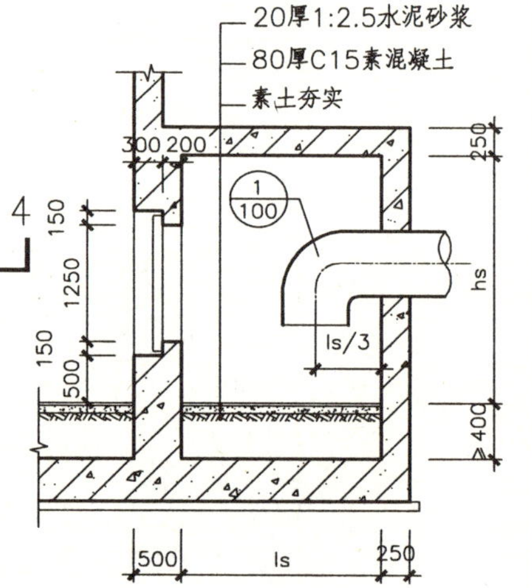

4−4

Ⅰ～Ⅳ型风量11000的扩散室							图集号	07FJ02
审核	顾 群	顾群	校对	李宝明	李宝明	设计 赵贵华 赵贵华	页	94

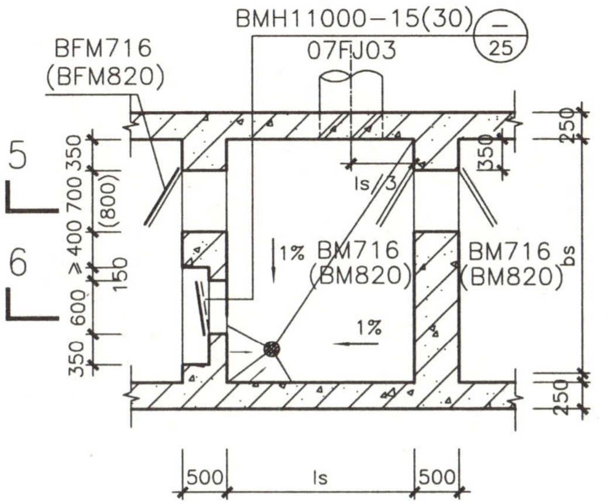

6(5)KS11000-V平面图

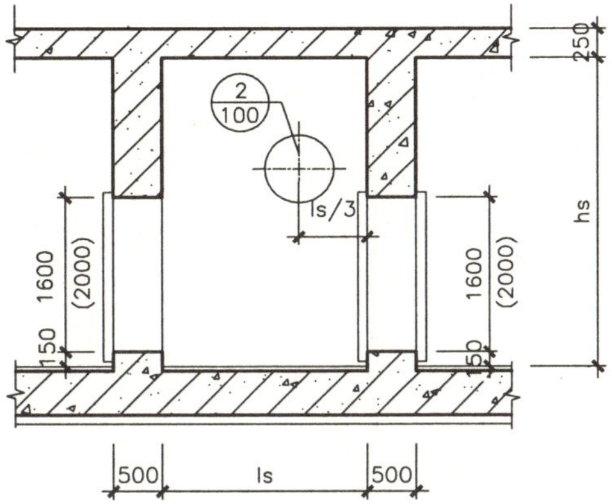

5-5

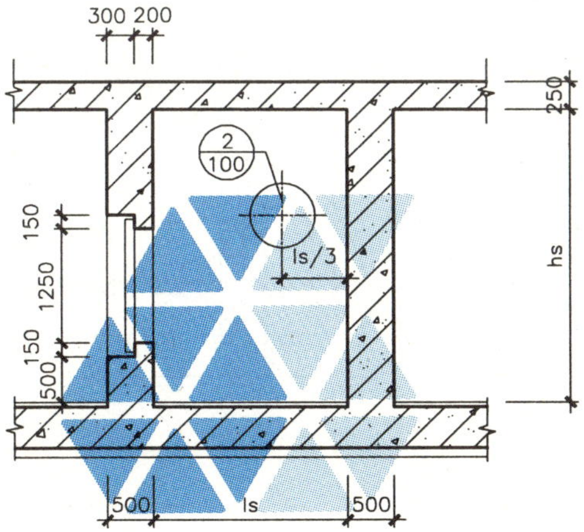

6-6

说明：

1.专供战时使用的风量11000m^3/h的扩散室，后面接直径700mm的风管；若Ⅰ～Ⅳ型扩散室平战两用，风管直径一般介于700～1000mm之间；而平战两用工程中,平时通风所需风管直径不超过1000mm且需要设置备用出入口时，可使用Ⅴ型扩散室。

2.在平战两用工程中，当平时通风所需风管直径大于1000mm时，通常采用图集07FJ01第75页D型集气室和扩散室相邻设置的形式。

3.扩散室的最小空间尺寸应满足上表的要求；扩散室可根据工程需要加长、加宽。扩散室净高宜同相邻房间的净高，但不得小于所给最低高度。

4.因通道净高较大，当地下室净高不足时，可采取降低通道地面标高的做法。

核5级扩散室最小尺寸选用表

扩散室型号	扩散室所接风管直径(mm)	侧墙接管时最小尺寸 bs×ls×hs(m)	后墙接管时最小尺寸 bs×ls×hs(m)
Ⅰ～Ⅳ型	700	2.0×2.0×2.4	2.0×2.1×2.4
	800	2.0×2.0×2.4	2.0×2.4×2.4
	900	2.0×2.0×2.4	2.0×2.7×2.4
	1000	2.0×2.0×2.4	2.0×3.0×2.4
Ⅴ型	700	2.8×2.0×2.4	–
	1000	2.8×2.0×2.4	–

核6级扩散室最小尺寸选用表

扩散室型号	扩散室所接风管直径(mm)	侧墙接管时最小尺寸 bs×ls×hs(m)	后墙接管时最小尺寸 bs×ls×hs(m)
Ⅰ～Ⅳ型	700	1.8×1.8×2.4	1.8×2.1×2.4
	800	1.8×1.8×2.4	1.8×2.4×2.4
	900	1.8×1.8×2.4	1.8×2.7×2.4
	1000	1.8×1.8×2.4	1.8×3.0×2.4
Ⅴ型	700	2.8×1.8×2.4	–
	1000	2.8×1.8×2.4	–

Ⅴ型风量11000的扩散室						图集号	07FJ02
审核 顾 群	顾群	校对 李宝明	李宝明	设计 赵贵华	赵贵华	页	95

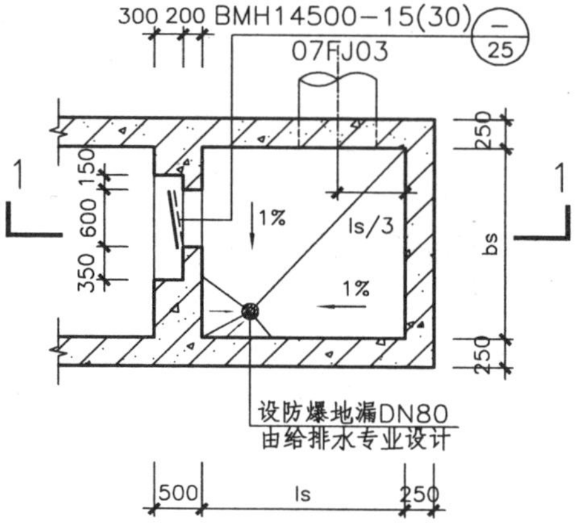

6(5)KS14500—Ⅰ平面图

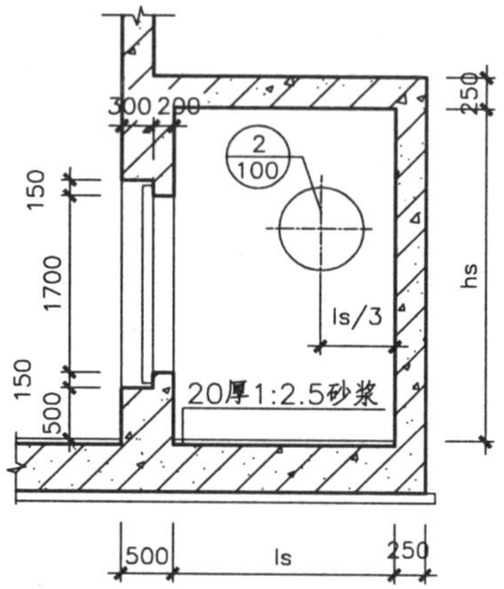

1—1

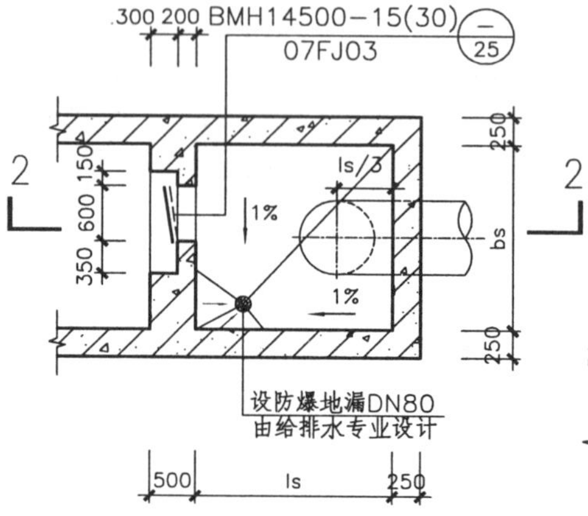

6(5)KS14500—Ⅱ 平面图

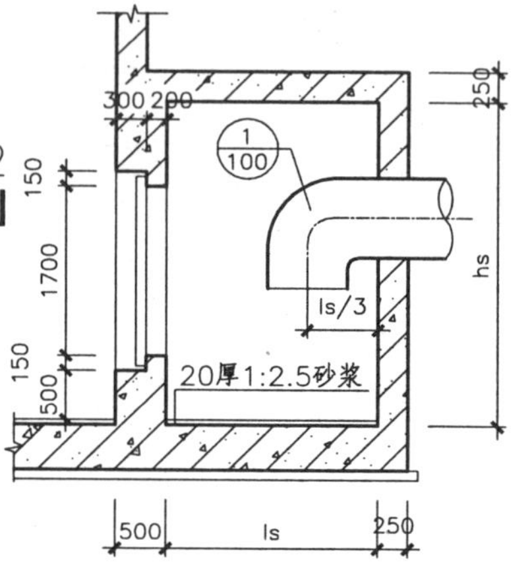

2—2

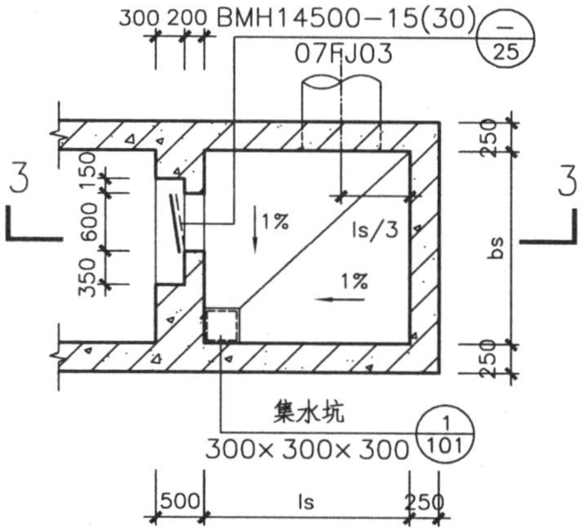

6(5)KS14500—Ⅲ 平面图

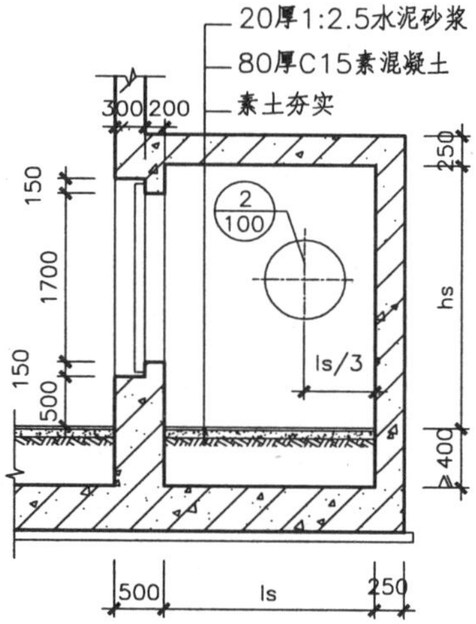

3—3

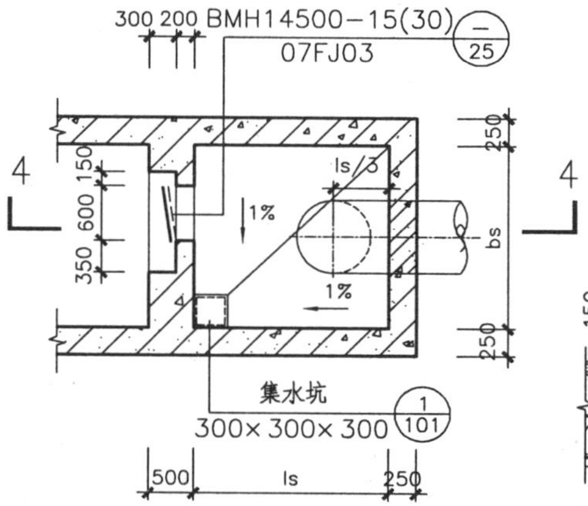

6(5)KS14500—Ⅳ 平面图

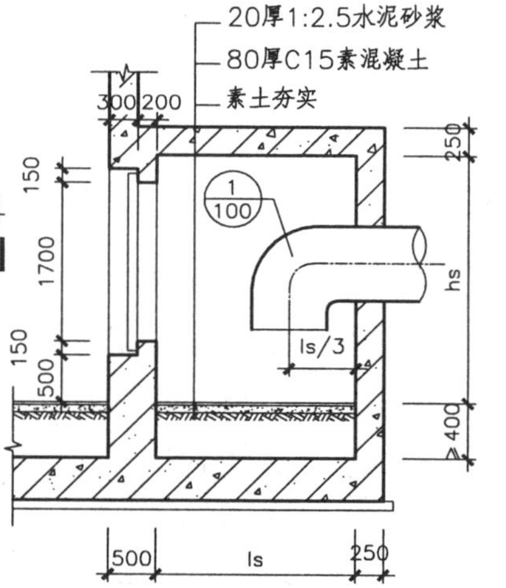

4—4

Ⅰ~Ⅳ型风量14500的扩散室								图集号	07FJ02
审核	顾 群	顾群	校对	李宝明	李宝明	设计	赵贵华	页	96

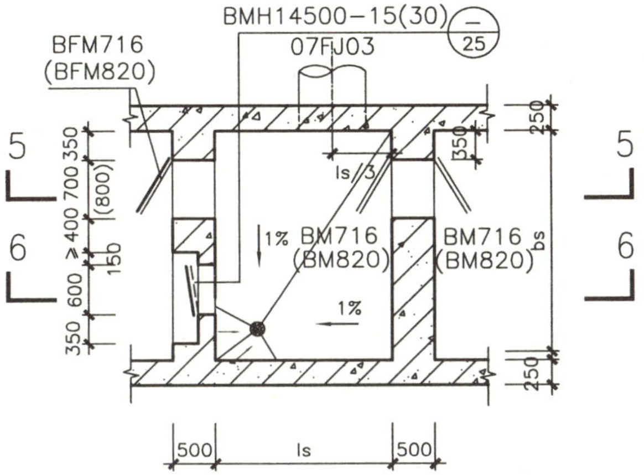

6(5)KS14500-V平面图

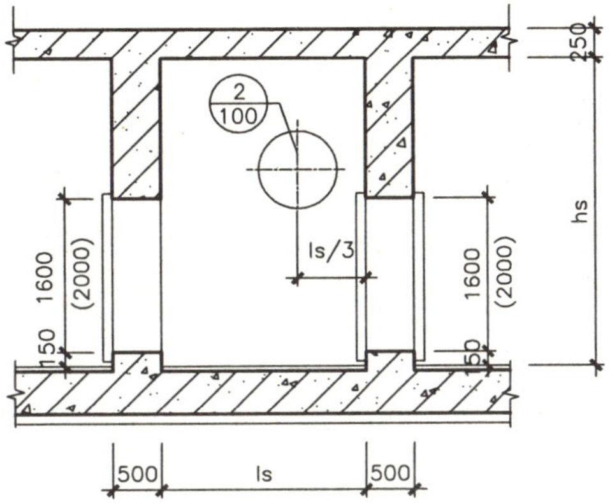

5-5

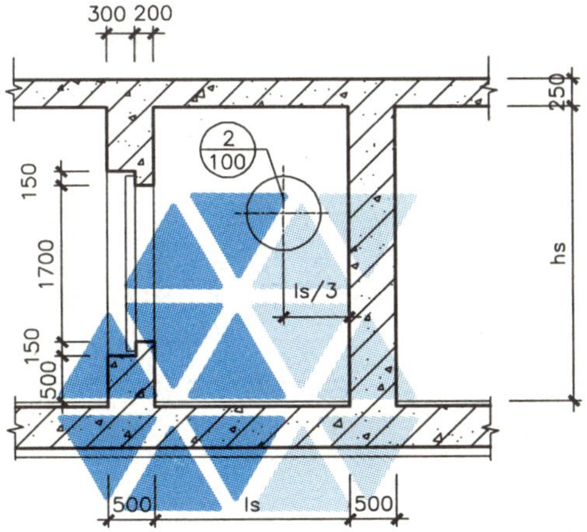

6-6

说明：

1.专供战时使用的风量14500m³/h的扩散室，后面接直径800mm的风管；若Ⅰ～Ⅳ型扩散室平战两用，风管直径一般介于800～1000mm之间；而平战两用工程中平,时通风所需风管直径不超过1000mm且需要设置备用出入口时，可使用Ⅴ型扩散室。

2.在平战两用工程中，当平时通风所需风管直径大于1000mm时，通常采用图集07FJ01第75页D型集气室和扩散室相邻设置的形式。

3.扩散室的最小空间尺寸应满足上表的要求；扩散室可根据工程需要加长、加宽。扩散室净高宜同相邻房间的净高，但不得小于所给最低高度。

4.因通道净高较大，当地下室净高不足时，可采取降低通道地面标高的做法。

核5级扩散室最小尺寸选用表

扩散室型号	扩散室所接风管直径(mm)	侧墙接管时最小尺寸 bs×ls×hs(m)	后墙接管时最小尺寸 bs×ls×hs(m)
Ⅰ～Ⅳ型	800	2.2×2.2×2.4	2.2×2.4×2.4
	900	2.2×2.2×2.4	2.2×2.7×2.4
	1000	2.2×2.2×2.4	2.2×3.0×2.4
Ⅴ型	800	2.8×2.2×2.5	–
	1000	2.8×2.0×2.5	–

核6级扩散室最小尺寸选用表

扩散室型号	扩散室所接风管直径(mm)	侧墙接管时最小尺寸 bs×ls×hs(m)	后墙接管时最小尺寸 bs×ls×hs(m)
Ⅰ～Ⅳ型	800	2.0×2.0×2.4	2.0×2.4×2.4
	900	2.0×2.0×2.4	2.0×2.7×2.4
	1000	2.0×2.0×2.4	2.0×3.0×2.4
Ⅴ型	800	2.8×2.0×2.5	–
	1000	2.8×2.0×2.5	–

Ⅴ型风量14500的扩散室						图集号	07FJ02
审核 顾群	顾群	校对 李宝明	李宝明	设计 赵贵华	赵贵华	页	97

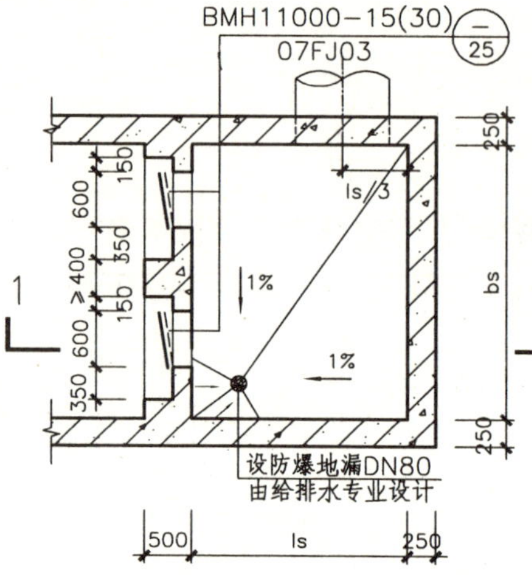

6(5)KS22000－Ⅰ平面图

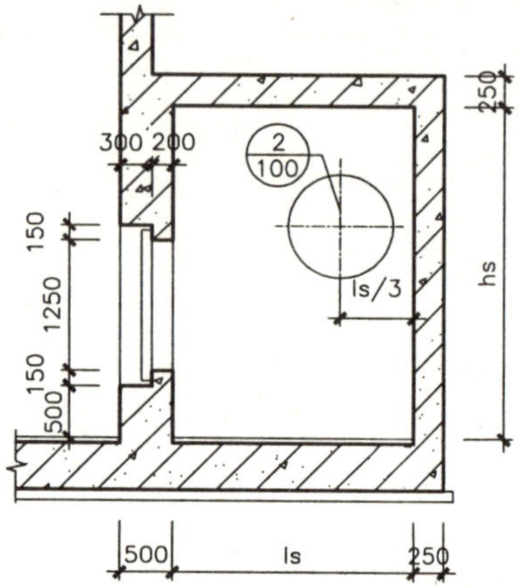

1—1

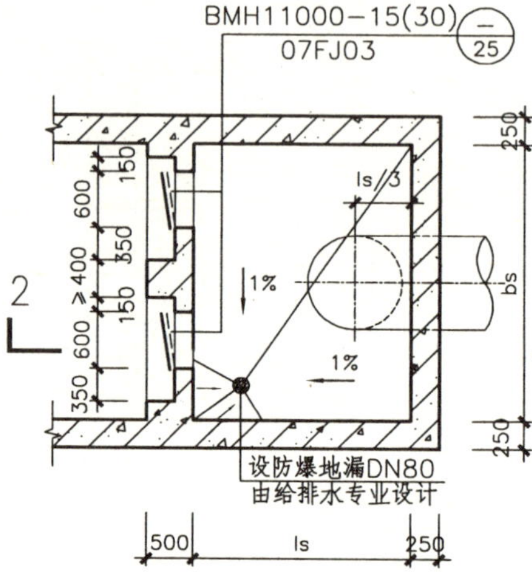

6(5)KS22000－Ⅱ平面图

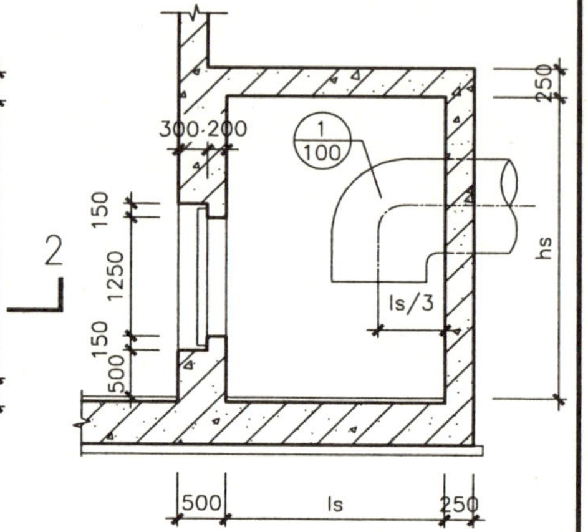

2—2

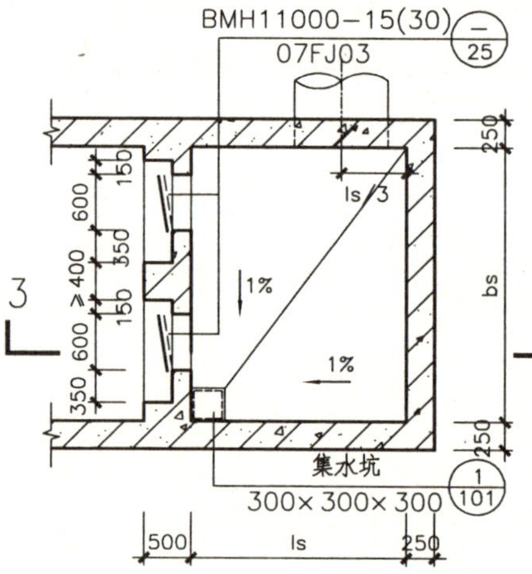

6(5)KS22000－Ⅲ平面图

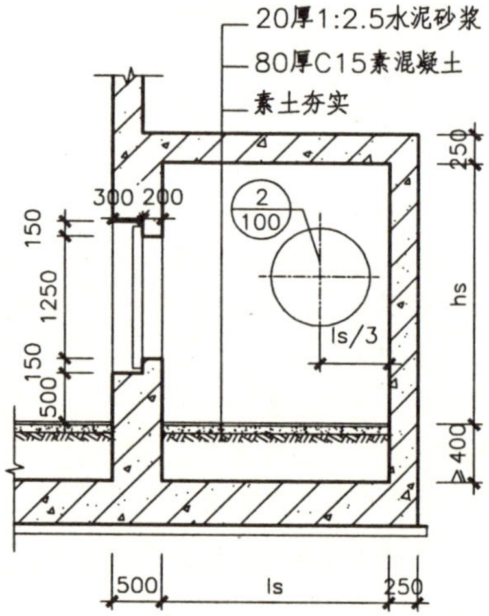

3—3

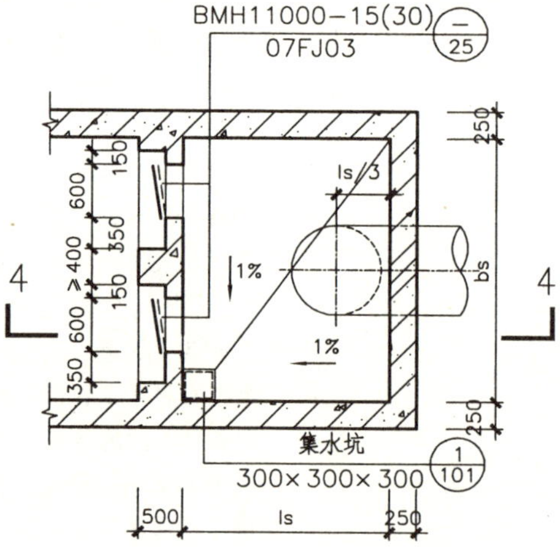

6(5)KS22000－Ⅳ平面图

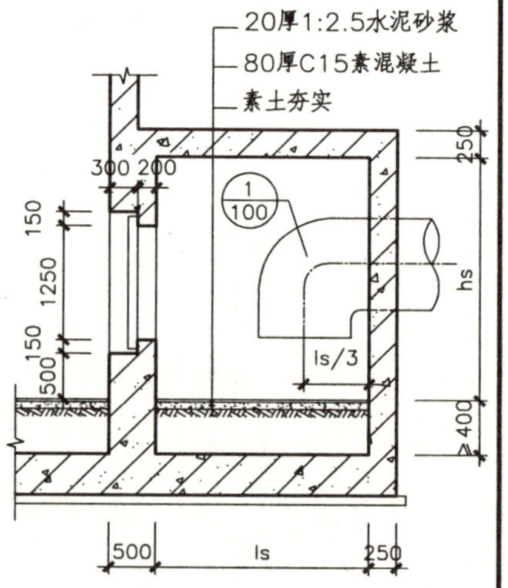

4—4

Ⅰ~Ⅳ型风量22000的扩散室							图集号	07FJ02
审核	顾 群	顾群	校对	李宝明	李宝明	设计 赵贵华 赵贵华	页	98

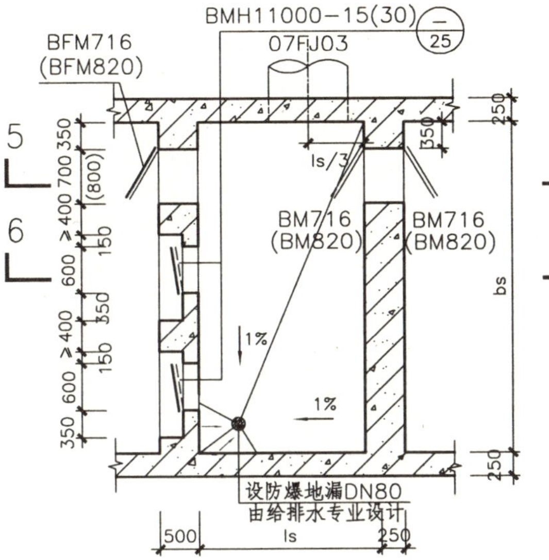

6(5)KS22000—V 平面图

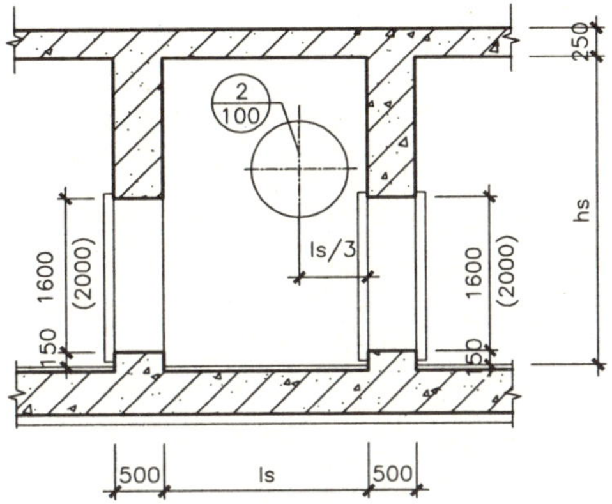

5—5

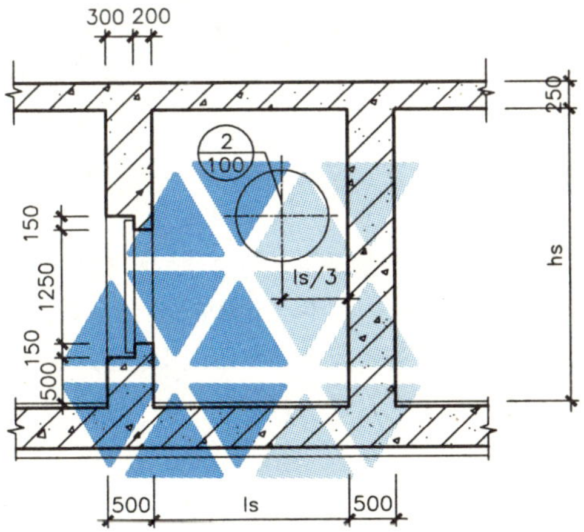

6—6

说明：

1.专供战时使用的风量22000m^3/h的扩散室，后面接直径1000mm的风管；若Ⅰ～Ⅳ型扩散室平战两用，风管直径一般采用1000mm；而平战两用工程中，平时通风量所需风管直径不超过1000mm且需要设置备用出入口时，可使用Ⅴ型扩散室。

2.在平战两用工程中，当平时风量所需风管直径大于1000mm时，通常采用图集07FJ01第75页D型集气室和扩散室相邻设置的形式。

3.扩散室的最小空间尺寸应满足上表的要求；扩散室可根据工程需要加长、加宽。扩散室净高宜同相邻房间的净高，但不得小于所给最低高度。

4.因通道净高较大，当地下室净高不足时，可采取降低通道地面标高的做法。

核5级扩散室最小尺寸选用表

扩散室型号	扩散室所接风管直径(mm)	侧墙接管时最小尺寸	后墙接管时最小尺寸
		bs× ls× hs(m)	bs× ls× hs(m)
Ⅰ～Ⅳ型	1000	2.8×2.0×2.4	2.8×3.0×2.4
Ⅴ型	1000	4.2×2.0×2.4	—

核6级扩散室最小尺寸选用表

扩散室型号	扩散室所接风管直径(mm)	侧墙接管时最小尺寸	后墙接管时最小尺寸
		bs× ls× hs(m)	bs× ls× hs(m)
Ⅰ～Ⅳ型	1000	2.6×1.8×2.4	2.6×3.0×2.4
Ⅴ型	1000	4.2×2.0×2.4	—

Ⅴ型风量22000的扩散室						图集号	07FJ02
审核	顾 群	校对	李宝明	设计	赵贵华	页	99

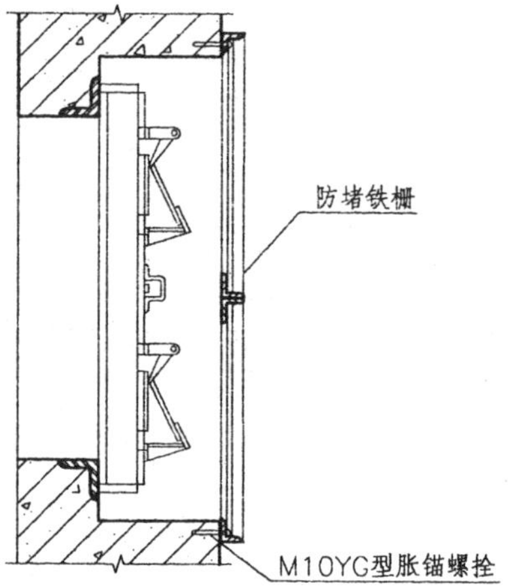

防堵铁栅安装示意

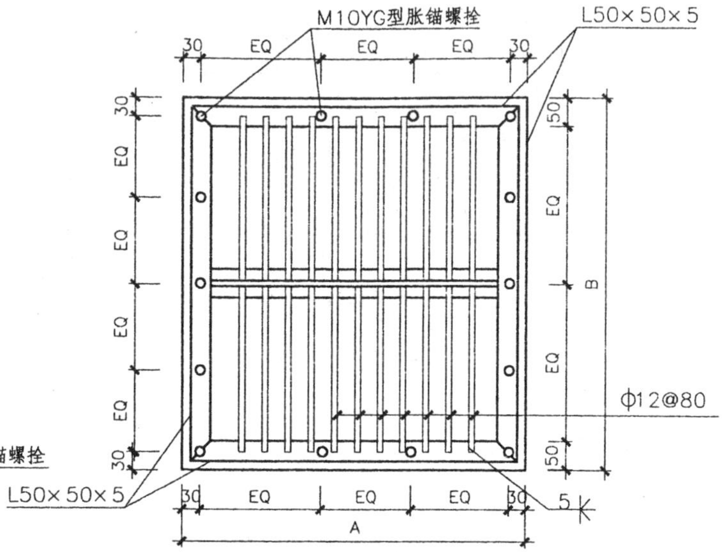

防堵铁栅正视图

防堵铁栅尺寸

适用悬板活门型号		防堵铁栅尺寸 A×B(mm)
MH2000−30	MH2000−15	600×900
MH3600−30	MH3600−15	600×900
MH5700−30	MH5700−15	600×900
MH8000−30	MH8000−15	600×1350
MH11000−30	MH11000−15	700×1350
MH14500−30	MH14500−15	700×1800

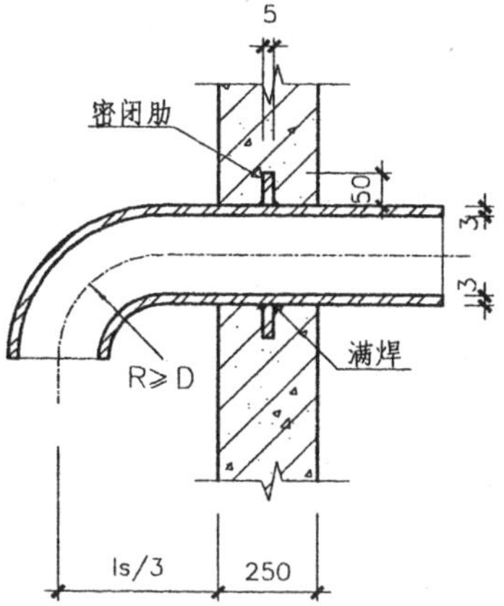

① 后墙接管示意图

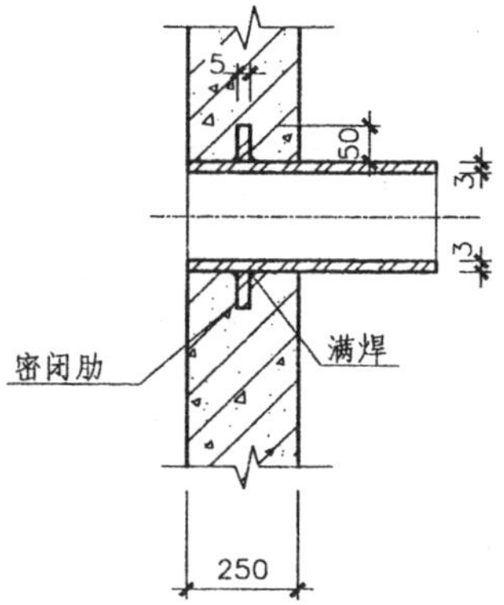

② 侧墙接管示意图

说明：

1.设洗消间或简易洗消间的防空地下室，其战时排风口应设在室外主要出入口。当只有一个室外出入口，战时进风口宜在室外单独设置。当室外确无单独设置进风口条件时，进风口可结合室内出入口设置，但在悬板活门外侧应设置防堵塞铁栅。

2.防堵铁栅尺寸及其适用的悬板活门型号见上表。

3.后墙接管的弯头半径R一般不小于风管直径D，具体尺寸由通风专业设计，风管的密闭详图参见通风专业图纸。

悬板活门防堵塞措施及接管示意图						图集号	07FJ02
审核	顾群	校对	李宝明	设计	赵贵华	页	100

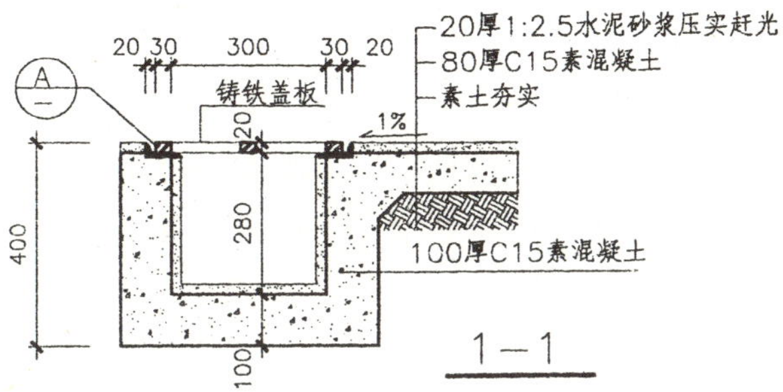

1—1

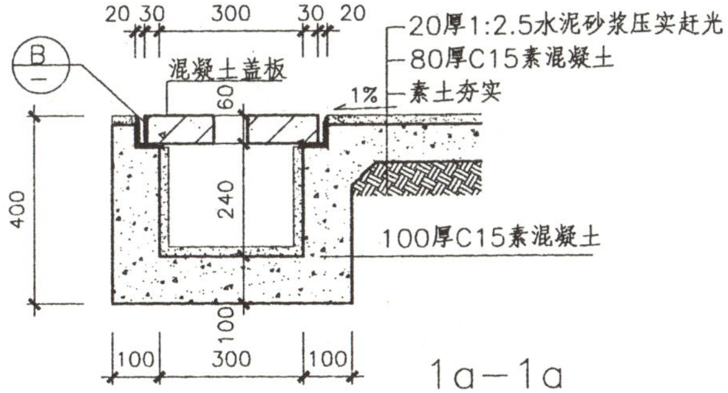

1a—1a

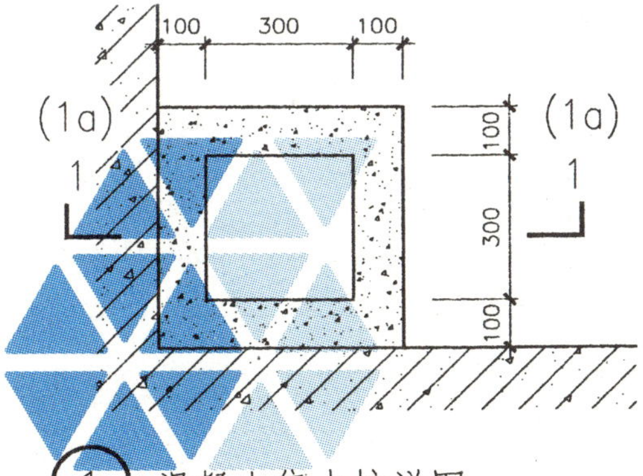

1 混凝土集水坑详图

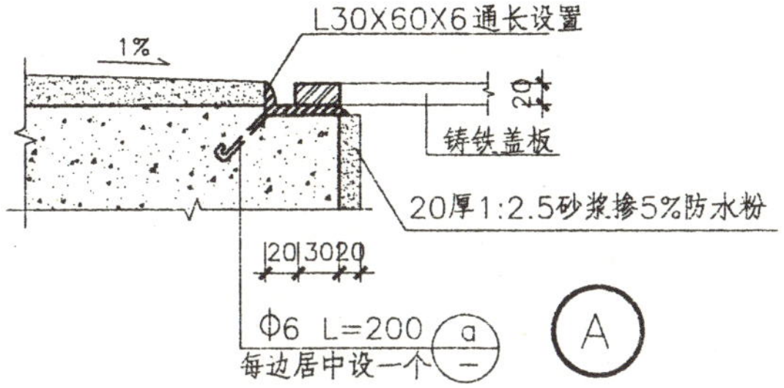

A

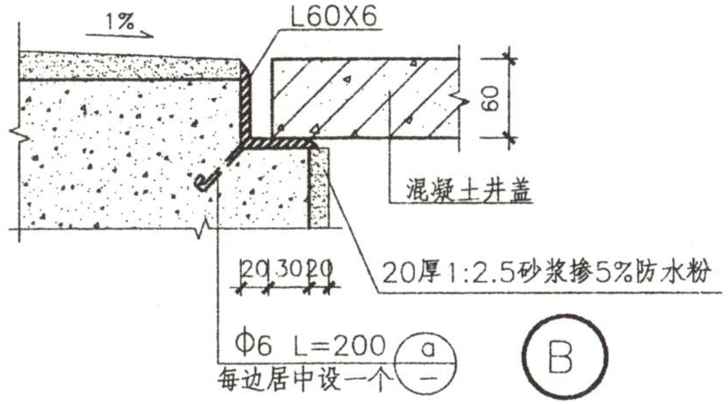

B

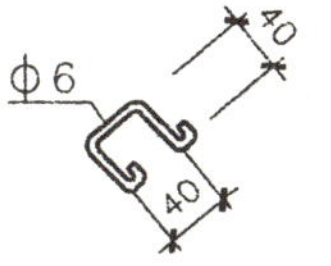

a

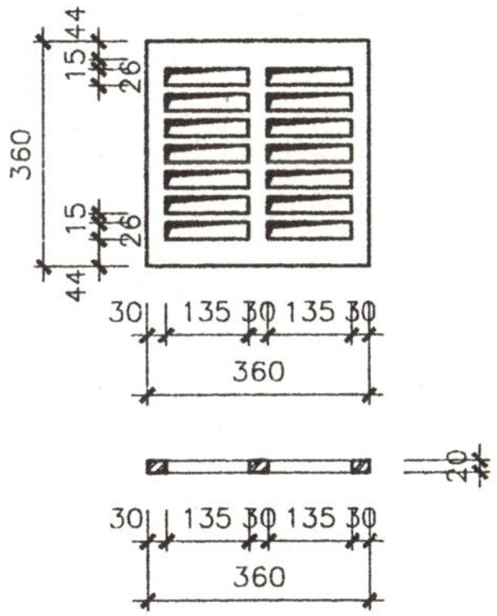

铸铁盖板详图

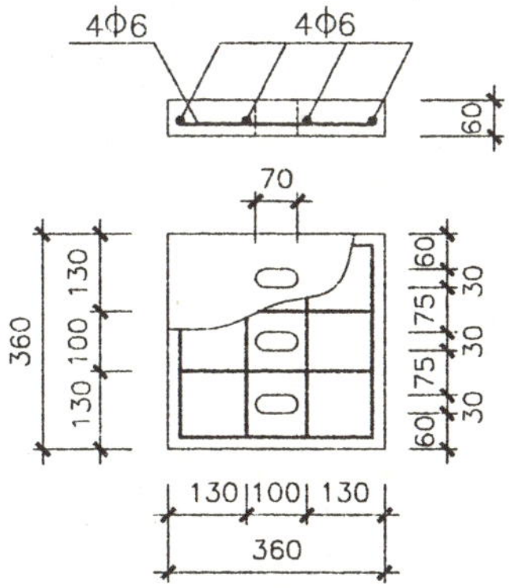

钢筋混凝土盖板详图

C20混凝土

扩散室内集水坑及盖板详图								图集号	07FJ02
审核	顾 群	顾群	校对	李宝明	李宝明	设计	赵贵华	页	101

防爆波电缆井设计要点

适用范围	适用于核5级、核6级、核6B级的甲类防空地下室和乙类防空地下室的防爆波电缆井设计
类型	外附壁式、内附壁式、顶部式
结构形式	钢筋混凝土结构
设置要求	1、规范中相关规定为第3.4.11条，第7.4.5条，第7.4.8条;防爆波电缆井宜紧靠防空地下室外墙设置;为避免互相干扰，应分别设置强电和弱电防爆波电缆井。 2、盖板厚度与相邻外墙（或顶板）厚度之和应满足规范表3.2.2−1中最小防护厚度要求。不满足要求的，可局部增加外墙（或顶板）厚度或战时覆土
设计说明	1、本图集根据电缆井与主体相邻的位置不同给出外附壁式、内附壁式、顶部式三种类型，其中内附壁式给出顶部开孔和侧面开孔两种做法，具体工程应根据需要选用。 2、本图集给出常用平面尺寸，电缆井的高度由具体工程确定
编号说明	W(N、D)DJXXXX 井的类型 防爆波电缆井 井的宽度B 井的长度L 其中： W—代表外附壁式电缆井 N—代表内附壁式电缆井 D—代表顶部式电缆井

索引表

防爆波电缆井设计要点、索引表						图集号	07FJ02
审核 顾群	顾群	校对 李宝明	李宝明	设计 赵贵华	赵贵华	页	102

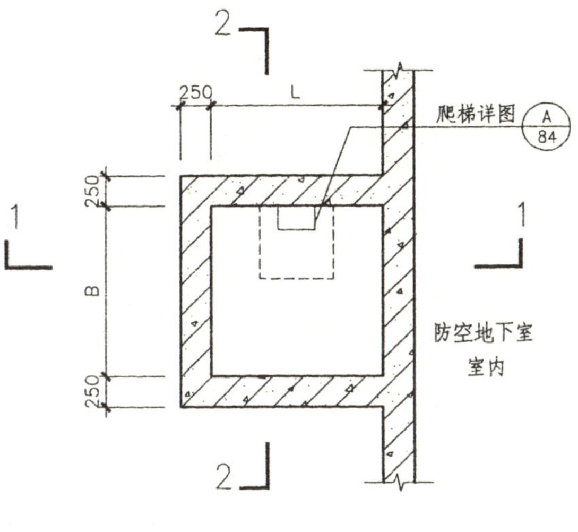

电缆井平面图

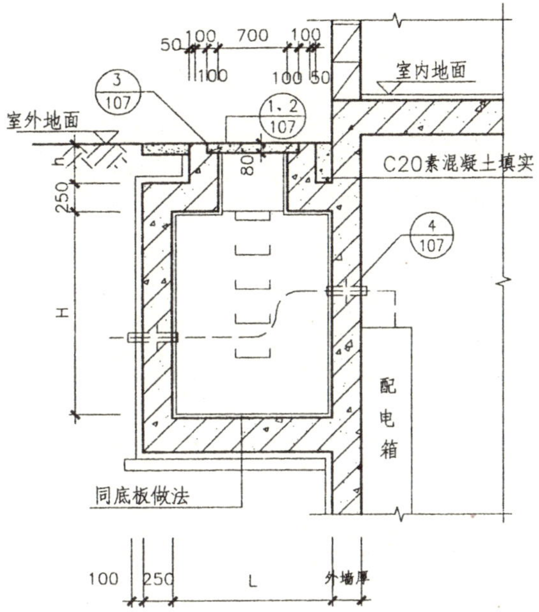

1—1

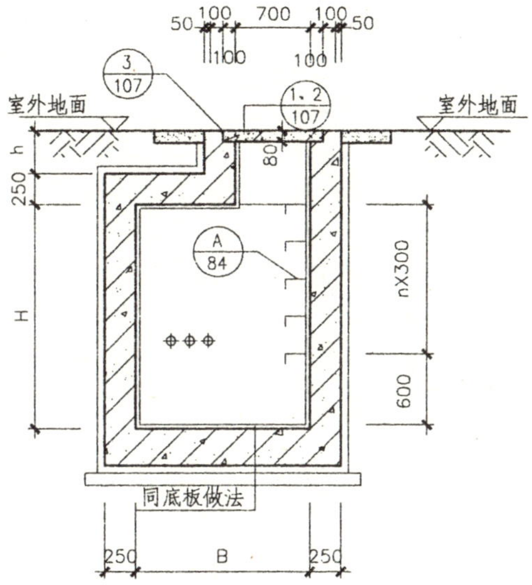

2—2

外附壁式防爆波电缆井选用表(mm)

电缆井编号	平面尺寸(BXL)
WDJ1010	1000X1000
WDJ1212	1200X1200
WDJ1515	1500X1500
WDJ1818	1800X1800

说明：

1.本图适用于核5级、核6级、核6B级的甲类防空地下室和常5级、常6级的乙类防空地下室的强电和弱电防爆波电缆井。

2.井体和盖板为C30、S6防水钢筋混凝土；井壁的防水做法由具体工程设计。

3.电缆井按照手孔井设计净高H≥1.1m,按照人孔井设计净高H≥1.8m,覆土厚度h宜在300~800mm之间。

4.井口靠一侧居中设置，电缆安装就位以后可用沥青砂浆密闭封口。

5.盖板厚度与相邻外墙厚度之和应满足规范表3.2.2-1中最小防护厚度要求。不满足要求的，可局部增加外墙厚度或战时覆土。

6.电缆埋深应在冰冻线以下，电缆支架和电缆预埋管的数量、直径、防水密闭做法以及具体位置等由具体工程设计。

外附壁式防爆波电缆井								图集号	07FJ02
审核	顾 群	顾群	校对	李宝明	李宝明	设计	赵贵华	页	103

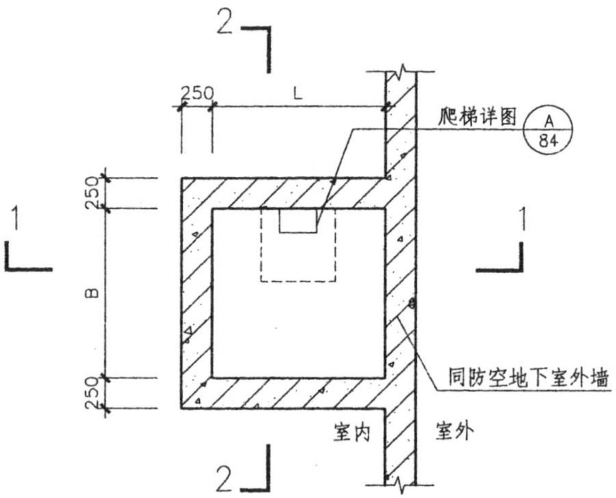

电缆井平面图

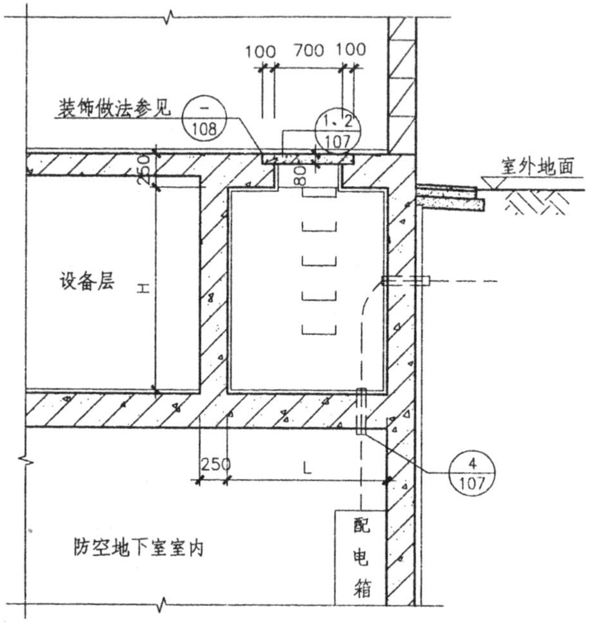

I 型1—1

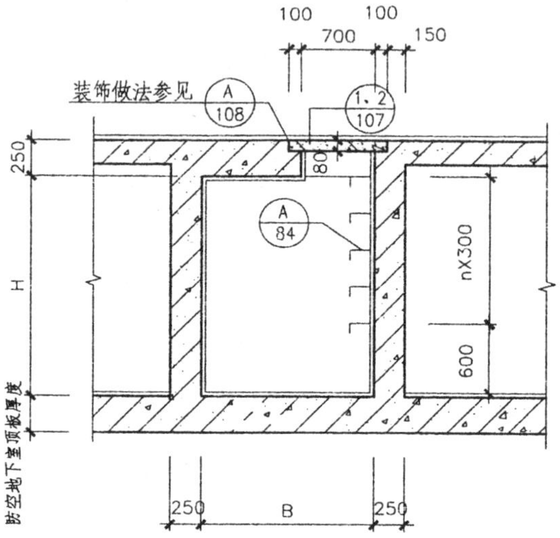

I 型2—2

说明：

1.本图适用于核5级、核6级、核6B级的甲类防空地下室和常5级、常6级的乙类防空地下室的强电和弱电防爆波电缆井，I 型为顶部开孔做法。

2.电缆井井口上表面宜与设备层顶板上表面齐平，井口靠一侧居中设置，混凝土盖板装饰做法同楼面，装饰石材盖板可参见本图集第108页装饰石材盖板详图。

3.电缆井按照手孔井设计净高H≥1.1m，按照人孔井设计净高H≥1.8m。

4.盖板厚度与相邻顶板厚度之和应满足规范表3.2.2—1中最小防护厚度要求。不满足要求的，可局部增加顶板厚度或战时覆土。

5.电缆埋深应在冰冻线以下，电缆支架和电缆预埋管的数量、直径、防水密闭做法以及具体位置等由具体工程设计。

内附壁式防爆波电缆井选用表（mm）

电缆井编号	平面尺寸（BXL）
NDJ1010—I	1000X1000
NDJ1212—I	1200X1200
NDJ1515—I	1500X1500
NDJ1818—I	1800X1800

I 型内附壁式防爆波电缆井									图集号	07FJ02
审核	顾 群	顾群	校对	李宝明	李宝明	设计	赵贵华	赵贵华	页	104

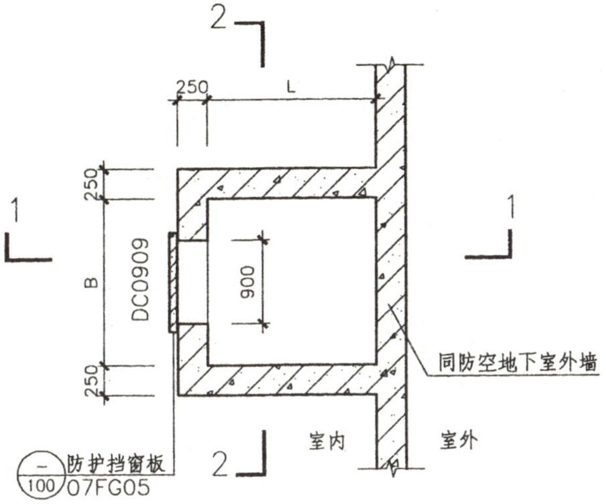

电缆井平面图

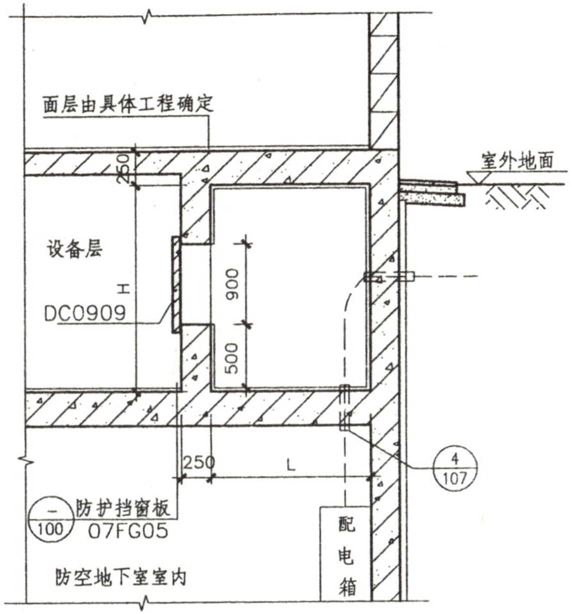

II型1－1

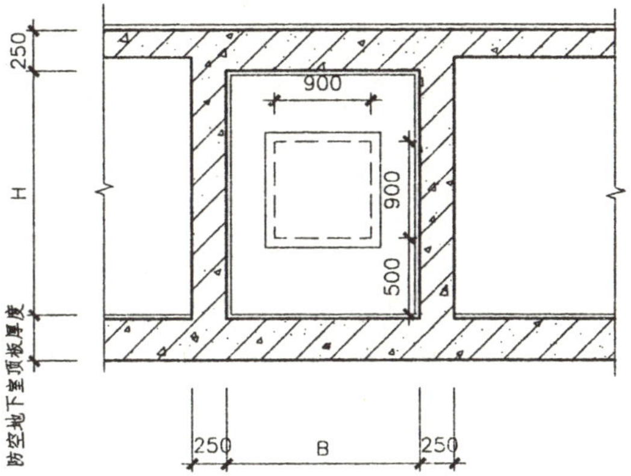

II型2－2

说明：

1.本图适用于核5级、核6级、核6B级的甲类防空地下室和常5级、常6级的乙类防空地下室的强电和弱电防爆波电缆井，II型为侧墙开孔做法。

2.电缆井可在紧邻设备层的侧墙上开孔900mmX900mm，采用挡窗板DC0909封堵，做法参见图集07FG05，电缆井净高H≥1.5m。

3.盖板厚度与相邻顶板厚度之和应满足规范表3.2.2－1中最小防护厚度要求。不满足要求的，可局部增加顶板厚度或战时覆土。

4.电缆埋深应在冰冻线以下，电缆支架和电缆预埋管的数量、直径、防水密闭做法以及具体位置等由具体工程设计。

内附壁式防爆波电缆井选用表（mm）

电缆井编号	平面尺寸（BXL）
NDJ1010－II	1000X1000
NDJ1212－II	1200X1200
NDJ1515－II	1500X1500
NDJ1818－II	1800X1800

II型内附壁式防爆波电缆井							图集号	07FJ02
审核	顾 群	顾群	校对	李宝明	李宝明	设计 赵贵华 赵贵华	页	105

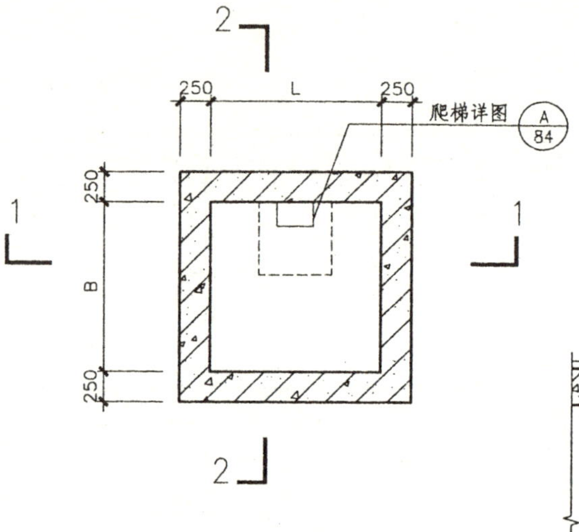

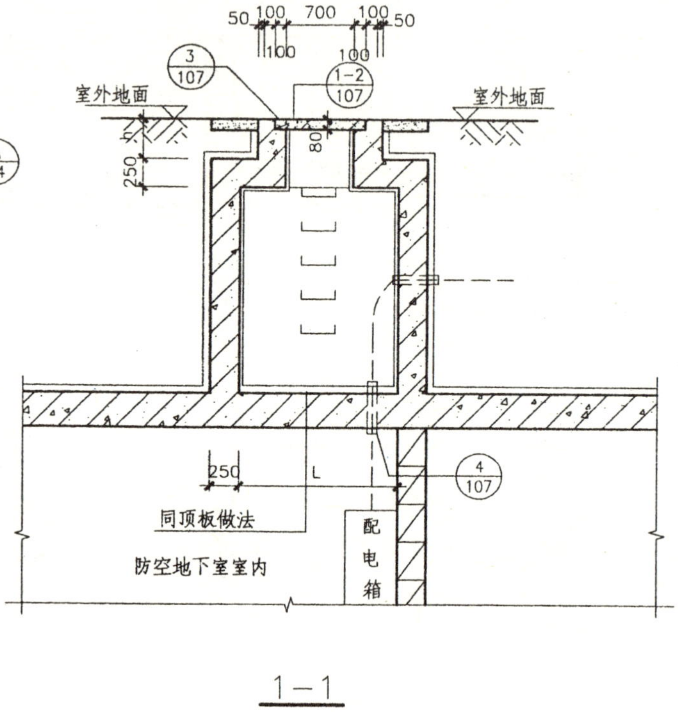

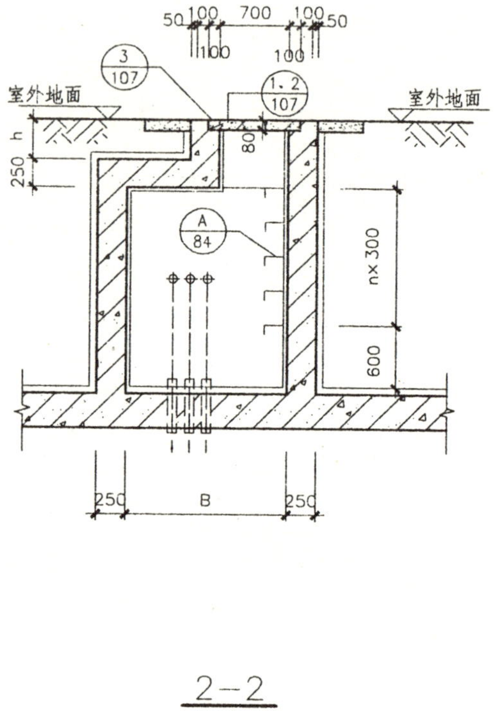

顶部式防爆波电缆井选用表（mm）

电缆井编号	平面尺寸（BXL）
DDJ1010	1000X1000
DDJ1212	1200X1200
DDJ1515	1500X1500
DDJ1818	1800X1800

说明：

1.本图适用于核5级、核6级、核6B级的甲类防空地下室和常5级、常6级的乙类防空地下室的强电和弱电防爆波电缆井。

2.井体和盖板为C30、S6防水钢筋混凝土；井壁的防水做法由具体工程设计。

3.电缆井按照手孔井设计净高H≥1.1m，按照人孔井设计净高H≥1.8m，覆土厚度h宜在300~800mm之间。

4.井口靠一侧居中设置，电缆安装就位以后可用沥青砂浆密闭封口。

5.盖板厚度与相邻顶板厚度之和应满足规范表3.2.2-1中最小防护厚度要求。不满足要求的，可局部增加顶板厚度或战时覆土。

6.电缆埋深应在冰冻线以下，电缆支架和电缆预埋管的数量、直径、防水密闭做法以及具体位置等由具体工程设计。

顶部式防爆波电缆井								图集号	07FJ02
审核	顾 群	顾群	校对	李宝明	李宝明	设计	赵贵华	页	106

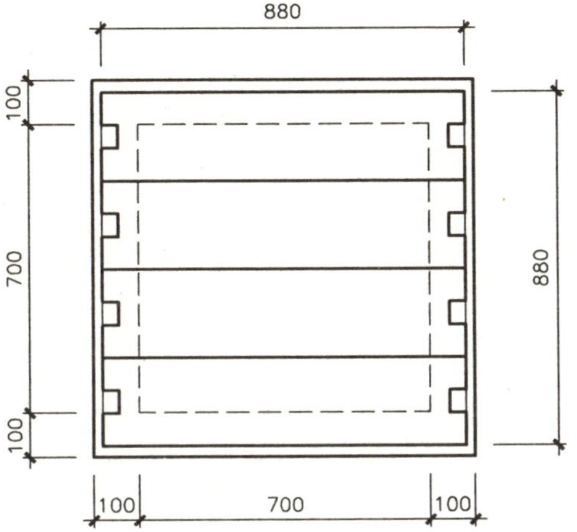

1 混凝土井盖布置图

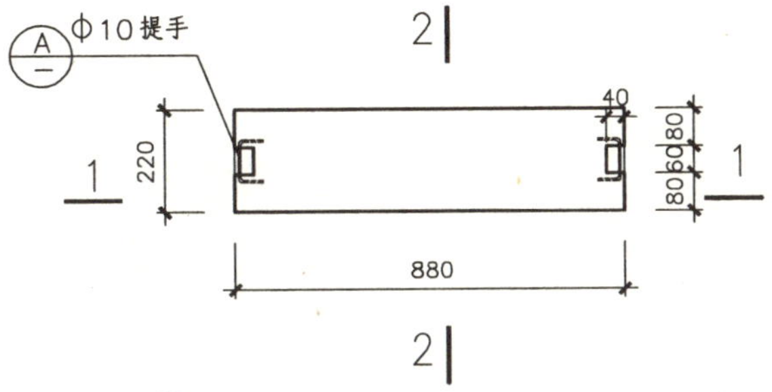

2 混凝土井盖平面图

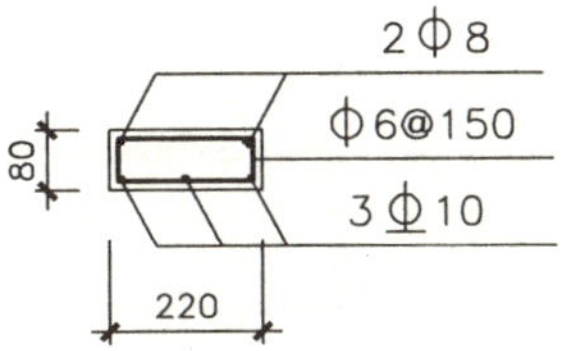

2—2

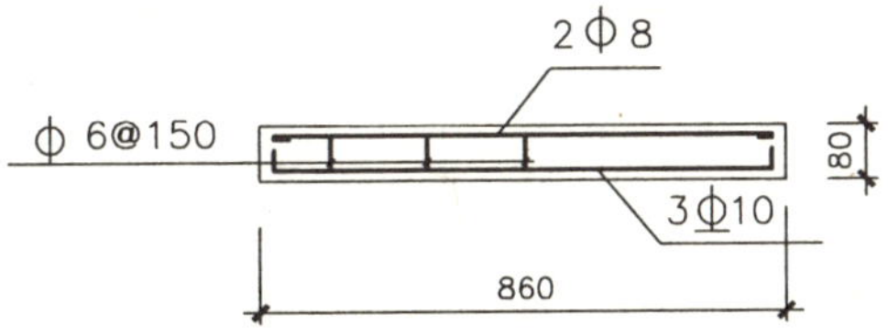

1—1

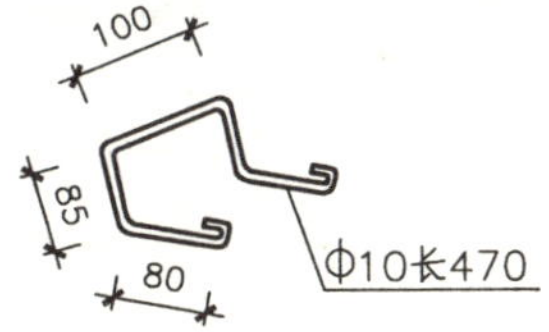

a

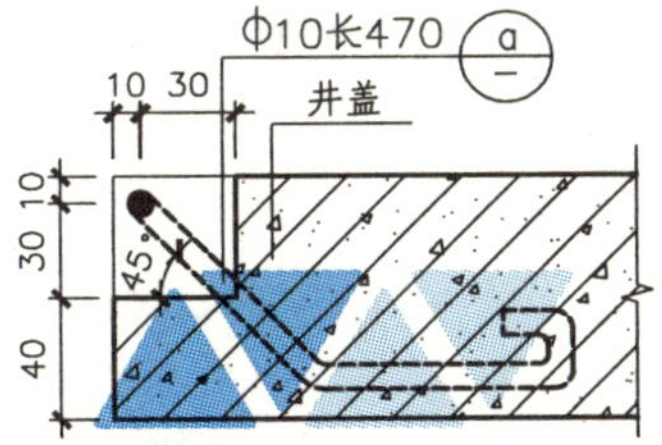

A

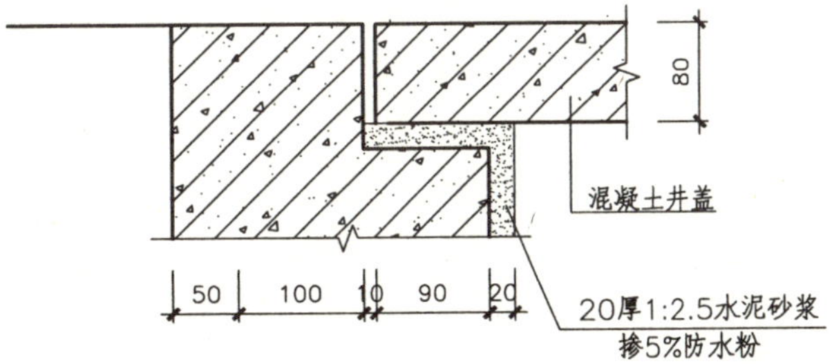

3

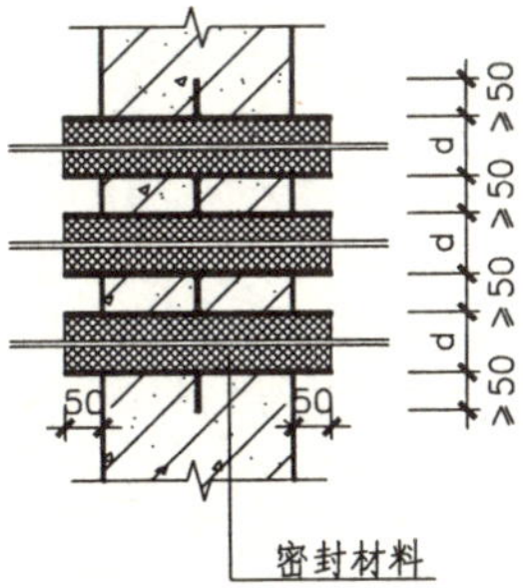

4 穿管详图

说明：

1.有防水要求的位置设置电缆井时，电缆安装就位以后可用沥青砂浆密封盖板缝隙。

2.电缆预埋管和电缆支架的直径d、数量、具体位置及防水密闭、防腐做法由具体工程确定。

节点详图								图集号	07FJ02
审核	顾群	顾群	校对	李宝明	李宝明	设计	赵贵华	页	107

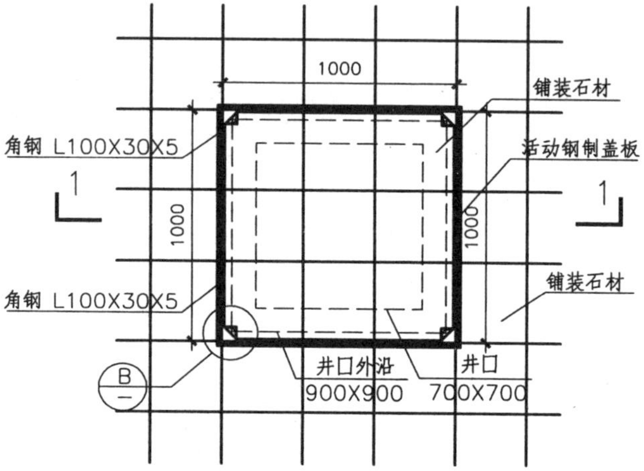

装饰石材盖板平面图

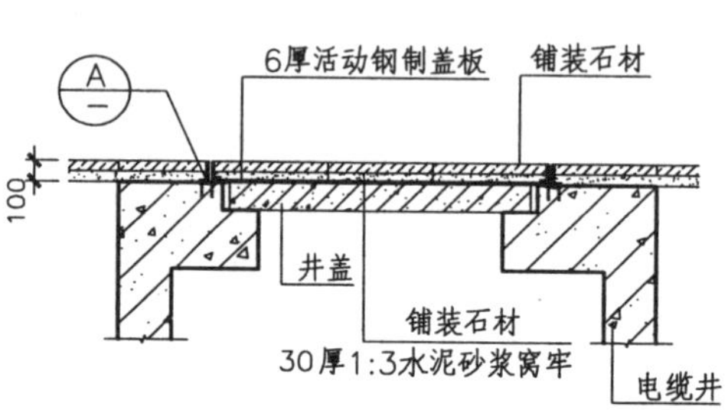

1—1

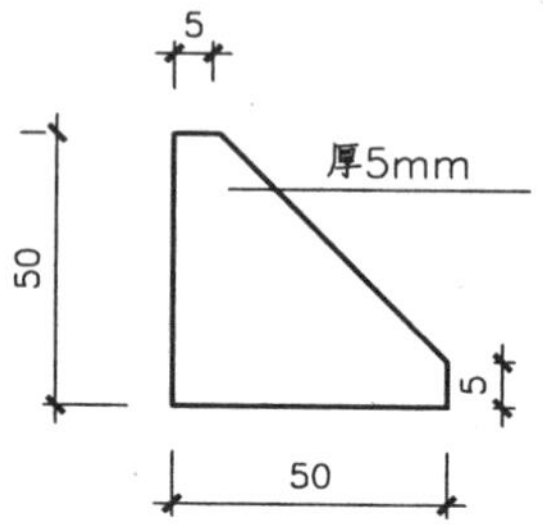

D 异型钢板

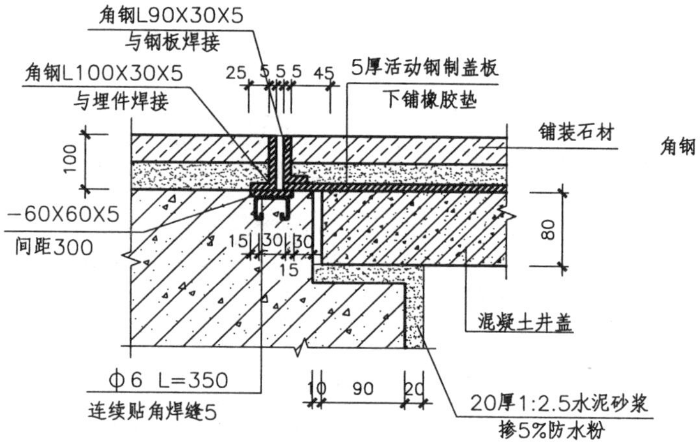

A

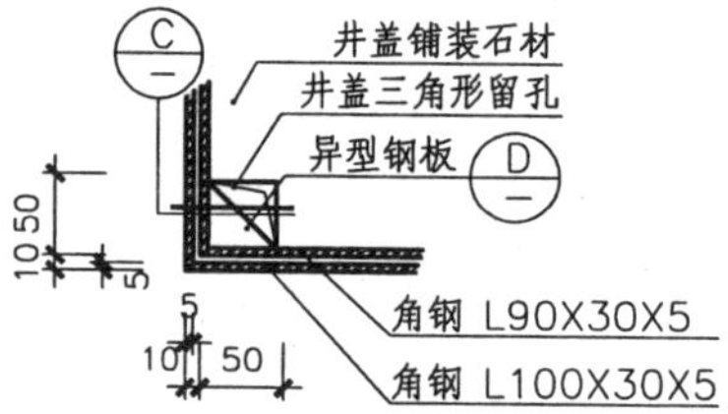

B

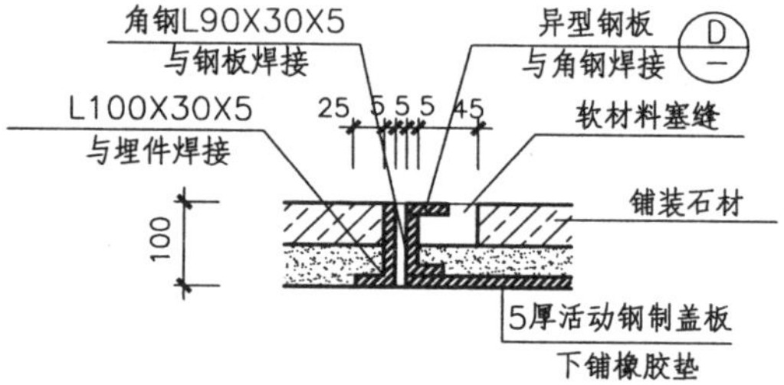

C

说明：

1.装饰石材盖板的面层具体做法由具体工程确定。

2.装饰盖板上的石材用水泥砂浆窝牢，其中四块边角铺装石材应留有50X50的缺口，石材尺寸(BXL)及厚度可根据具体工程设计，角钢型号也可做出适当调整。

装饰石材盖板详图								图集号	07FJ02
审核	顾 群	顾群	校对	李宝明	李宝明	设计	赵贵华	页	108

洗消污水集水坑设计要点

适用范围	适用于核5级、核6级、核6B级的甲类防空地下室和乙类防空地下室的洗消污水集水坑
类型	不靠墙设置和靠墙设置两种
结构形式	钢筋混凝土结构
设置要求	规范中相关规定有第3.4.10条、第6.4.5条、第6.4.6 条、第6.4.7条、6.4.8条。口部洗消污水集水坑仅用于汇集战时人防围护结构之外的洗消用水，图中集水坑容量仅按口部洗消水设计，冲洗水量宜按5～10L/m^2 冲洗一次确定。坑深不宜小于0.6m，容积不宜小于0.5m^3
防水要求	地面应找1%坡,使水流向集水坑,防水做法由具体工程确定
编号说明	JSKXXXX：JSK——洗消污水集水坑；XX——长度；XX——宽度

索引表

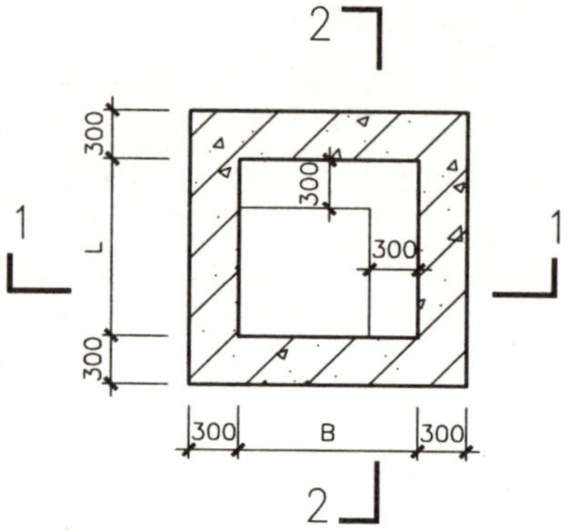

I 型平面图

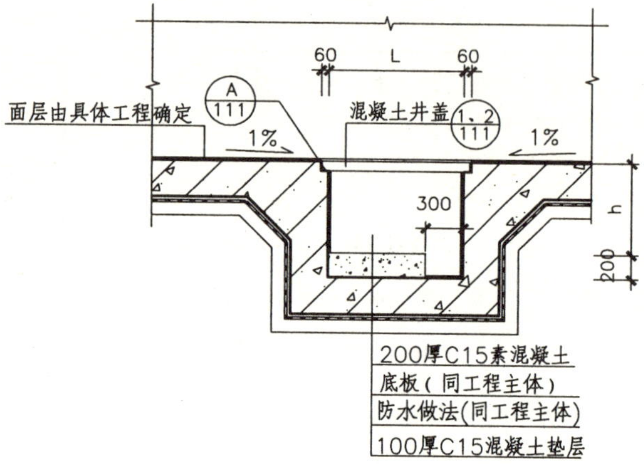

1—1

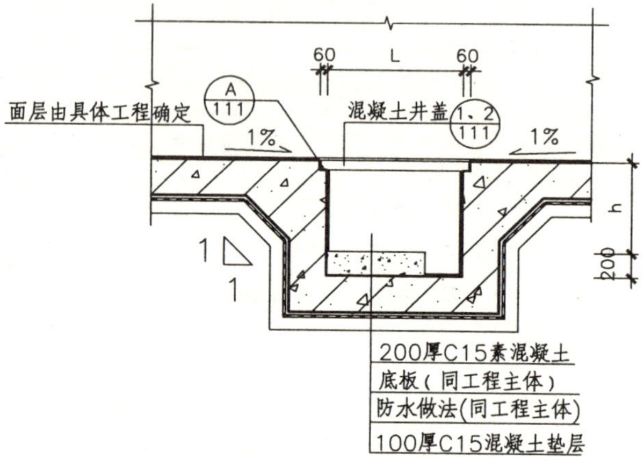

2—2

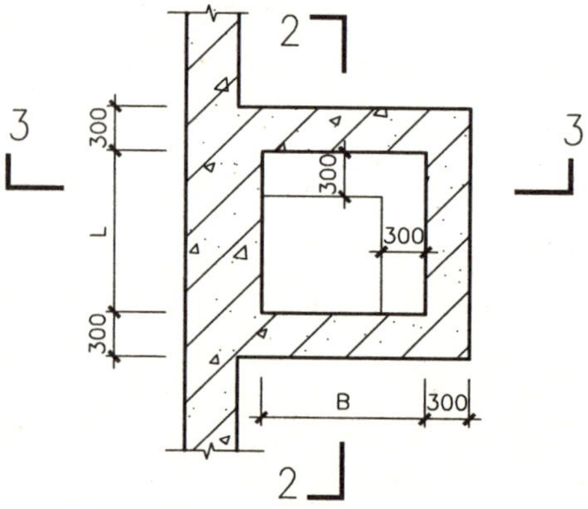

II 型平面图

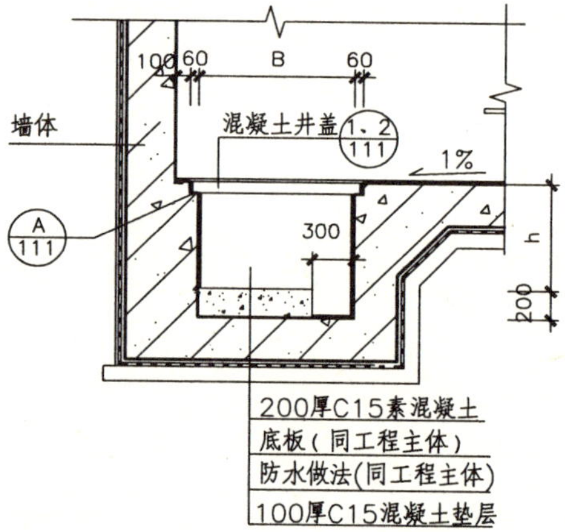

3—3

洗消污水集水坑选用表(mm)

型号	平面尺寸(BXL)	坑深（h）
JSK0808	800×800	800～1200
JSK0909	900×900	800～1200
JSK1010	1000×1000	600～1200
JSK1111	1100×1100	600～1200
JSK1212	1200×1200	600～1200

说明：

1. I 型为不靠墙设置形式，II 型为靠墙设置形式。
2. 集水坑位置及深度见单项工程设计,坑壁可与周围墙体结合;地面应找1%坡,使水流向集水坑,防水做法由具体工程确定。

洗消污水集水坑						图集号	07FJ02
审核 顾群	顾群	校对 李宝明	李宝明	设计 赵贵华	赵贵华	页	110

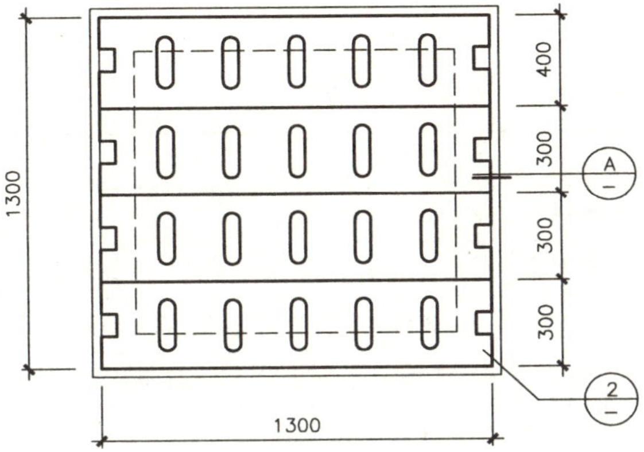

1 混凝土盖板布置图

(以JSK1212井盖布置为例进行说明)

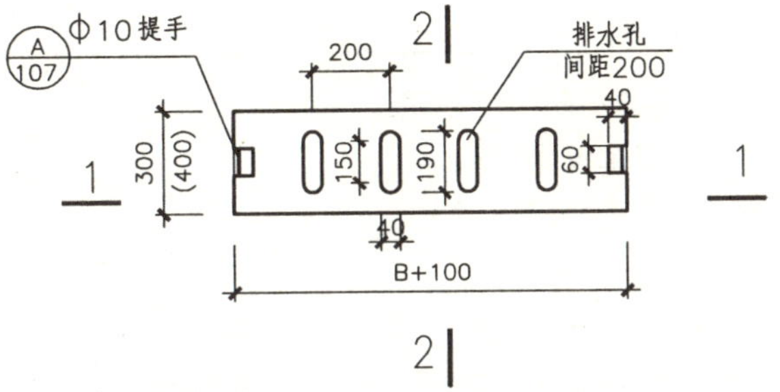

2 混凝土盖板

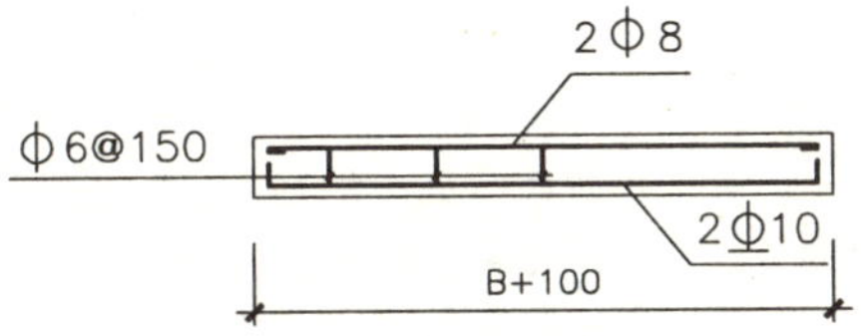

1—1

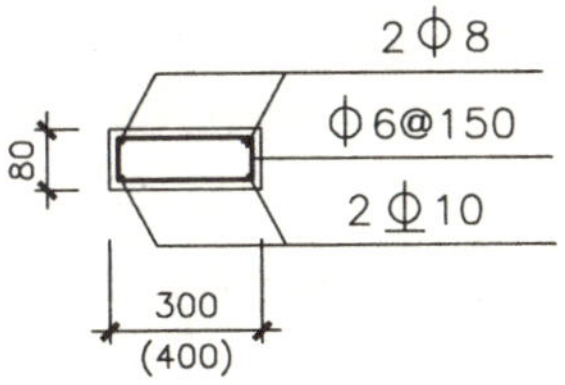

2—2

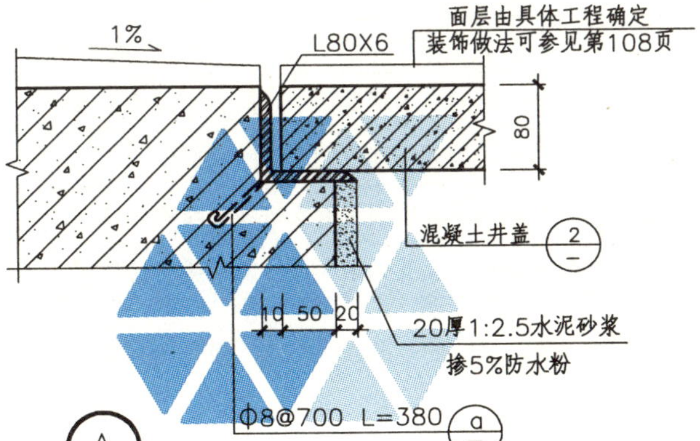

A

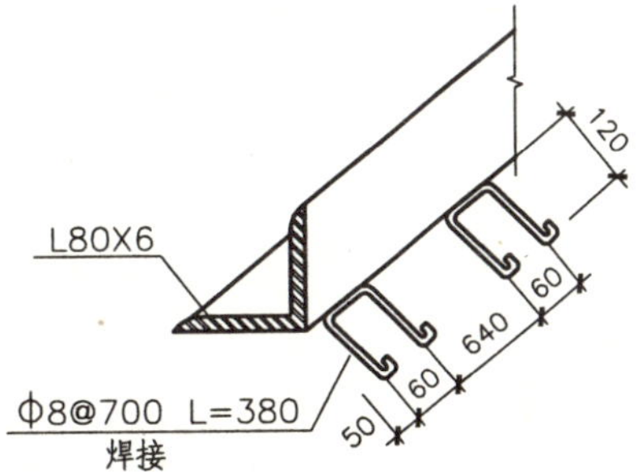

a

说明：

1.图中B指洗消污水集水坑的宽度。

2.面层具体做法、石材尺寸及厚度可根据具体工程设计，角钢型号也可做出适当相应调整。

洗消污水集水坑盖板详图						图集号	07FJ02
审核	顾 群	校对	李宝明	设计	赵贵华	页	111

临战封堵设计要点

适用范围	1.防核武器抗力级别为5~6B级或防常规武器抗力级别为5、6级。 2.构件封堵的洞口宽度不宜大于7.0m，高度不宜大于3.0m。 3.专为平时使用而设置的临战封堵的洞口
封堵方法	1.以防护密闭门为主的封堵做法，宜优先采用。转换工作量小，数量不受限制。 2.预制构件封堵做法的洞口周边，应按战时的防护密闭要求预留或预埋封堵所需要的预埋件，预制构件应与工程施工同步做好，并应设置构件的存放位置。封堵口数量受到严格限制
封堵转换时限	1.直接对外洞口的封堵措施应在3d转换时限内完成。 2.防护单元间洞口的封堵措施应在15d转换时限内完成
封堵部位及构件封堵的限制	1.防空地下室顶板上或在多层防空地下室中防护密闭楼板上开设的采光窗，平时风管穿板孔和设备吊装口，一个防护单元中合计不宜超过2个。 2.专供平时使用的出入口，一个防护单元中合计不宜超过2个。 3.防护单元隔墙上开设的平时通行口，以及平时通风管穿墙孔，其净宽度之和不宜大于应建防护单元隔墙总长度的1/2。 4.根据平时使用需要设置的通风采光窗详见本图集

索引表

临战封堵设计要点、索引表									图集号	07FJ02
审核	陈宗耀	陈宗耀	校对	沈志红	沈志红	设计	孙晓秋	孙晓秋	页	112

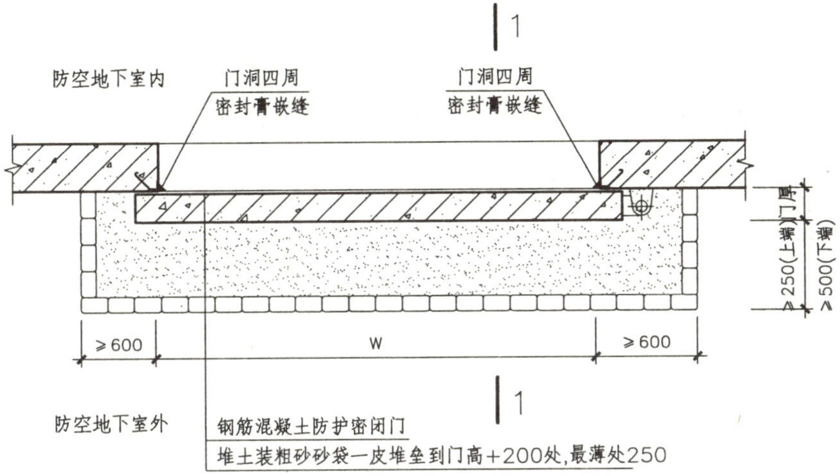

钢筋混凝土防护密闭门临战封堵平面图

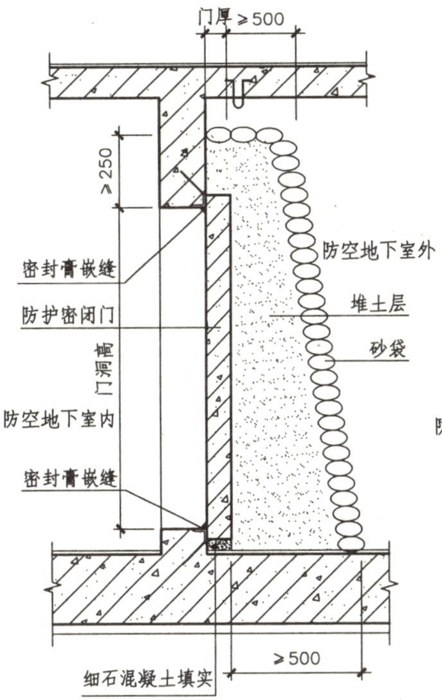

1－1剖面图(固定门槛)

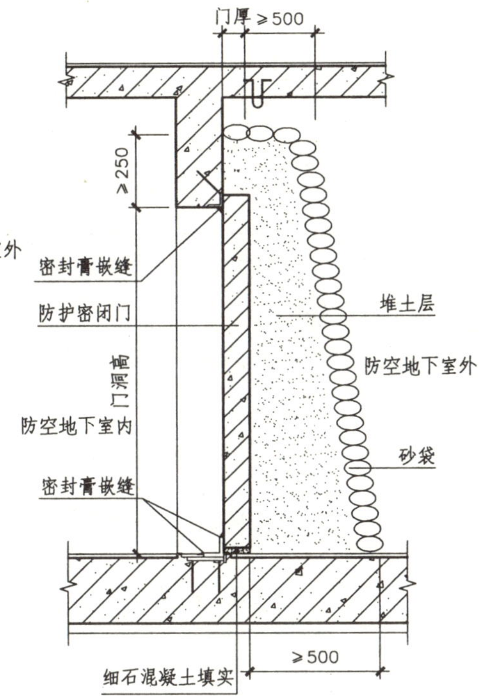

1－1剖面图(活门槛)

说明:

1．本图仅表明有防早期核辐射要求的人员掩蔽所及人防物资库专供平时使用的出入口封堵做法。

2．装备掩蔽部、人防汽车库平时出入口临战封堵，只设置一道防护密闭门即可；口部采取防破片措施的乙类防空地下室，可取消堆土和砂袋。

3．采用钢筋混凝土防护密闭门临战封堵，封堵口数量不受限制。

4．使用场合:

(1) 洞口封堵宜优先采用转换快、转换工作量小的标准定型防护密闭门。特别当一般洞口尺寸较小，可用单扇防护密闭门封堵的,建议优先采用本图方法封堵。

(2) 防护单元中临战封堵口数量超过限定数量时，宜用防护密闭门封堵做法。

平时出入口一道钢筋混凝土防护密闭门临战封堵								图集号	07FJ02
审核	陈宗耀	陈宗耀	校对	沈志红	沈志红	设计	孙晓秋	页	113

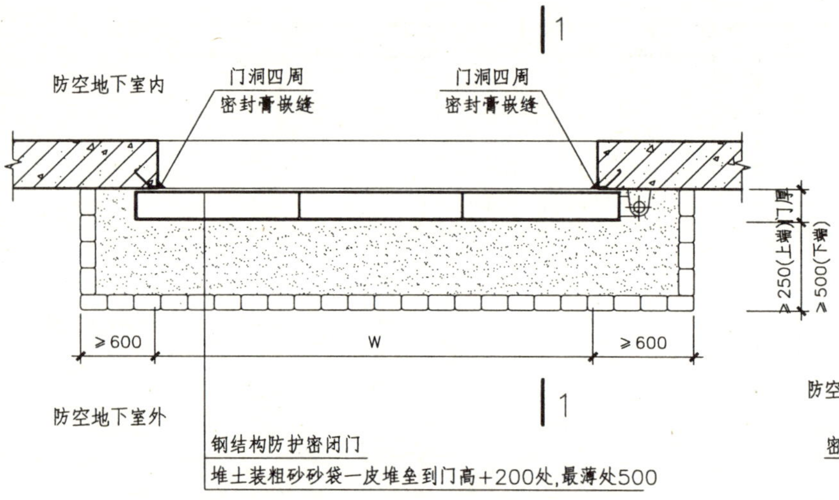

钢结构防护密闭门临战封堵平面图

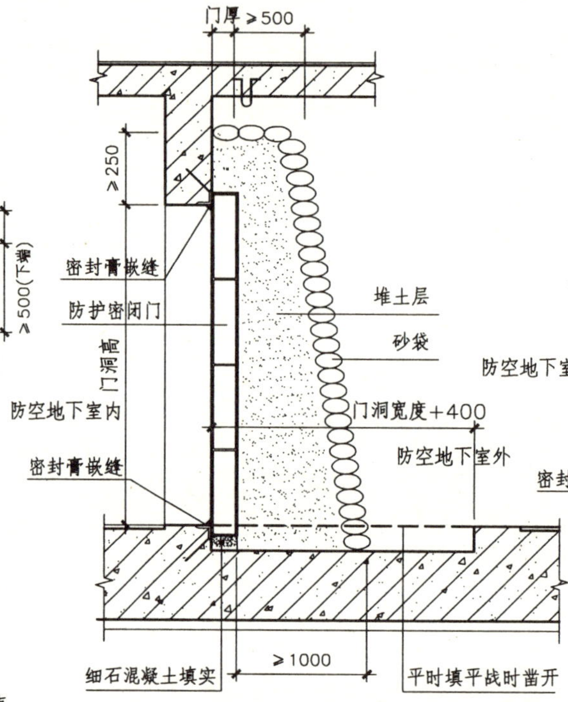

1—1剖面图(固定门槛)

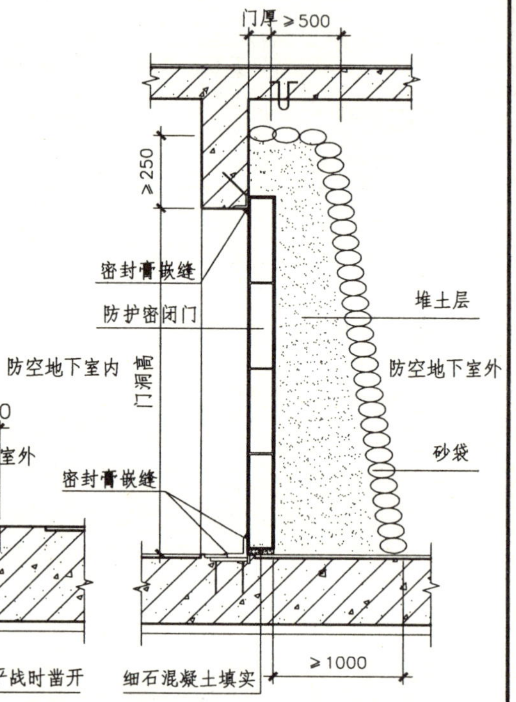

1—1剖面图(活门槛)

说明:

1. 本图仅表明有防早期核辐射要求的人员掩蔽所及人防物资库专供平时使用的出入口一道钢结构门封堵做法。

2. 装备掩蔽部、人防汽车库平时出入口临战封堵,只设置一道防护密闭门即可;口部采取防破片措施的乙类防空地下室,可取消堆土和砂袋。

3. 采用钢结构防护密闭门临战封堵,封堵口数量不受限制。

4. 使用场合:

(1) 洞口封堵宜优先采用转换快、转换工作量小的标准定型防护密闭门。特别当一般洞口尺寸较小,可用单扇防护密闭门封堵的,建议优先采用本图方法封堵。

(2) 防护单元中临战封堵口数量超过限定数量时,宜用防护密闭门封堵做法。

平时出入口一道钢结构防护密闭门临战封堵						图集号	07FJ02
审核	陈宗耀	校对	沈志红	设计	孙晓秋	页	114

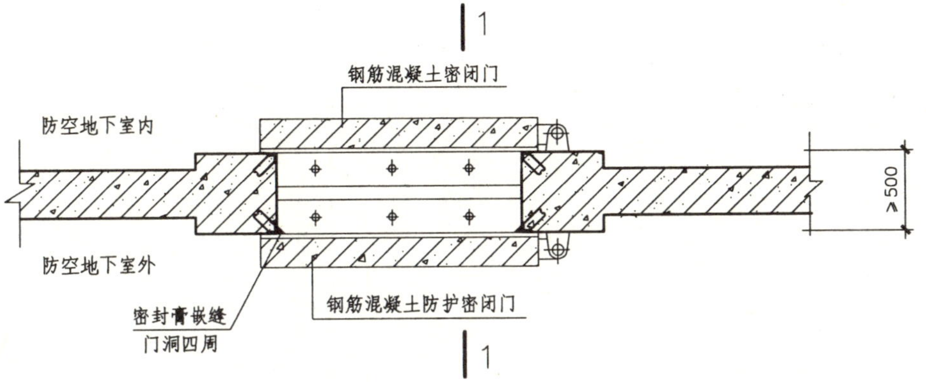

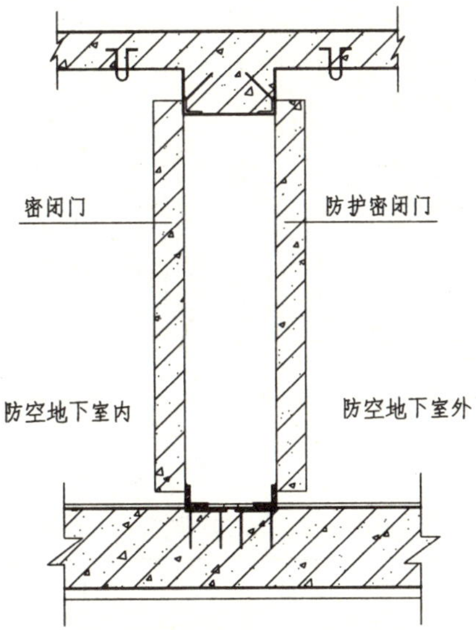

1—1剖面图

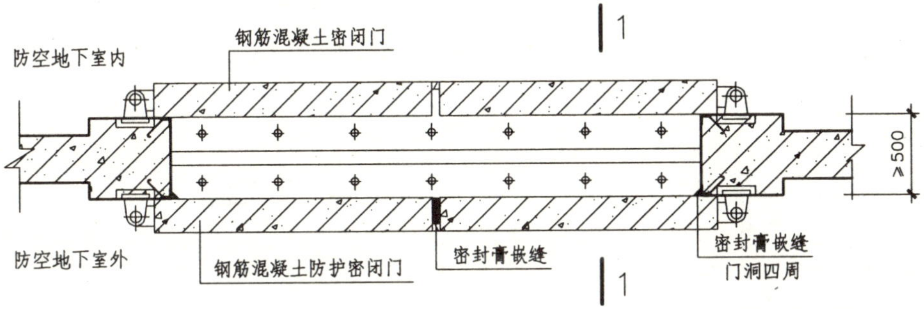

一道钢筋混凝土防护密闭门、一道钢筋混凝土密闭门封堵平面图

说明:

1. 本图适用于有防早期核辐射要求的人员掩蔽所及人防物资库专供平时使用的出入口封堵做法。本做法可用于平战两用通风口和仅供平时使用的通风口。
2. 装备掩蔽部、人防汽车库只设一道防护密闭门即可。
3. 采用本图方法封堵，封堵口数量不受限制。
4. 使用场合:
   (1) 对平战转换转换工作量控制严格的城市，可采用本图方法封堵。
   (2) 在防护单元中封堵口数量超过限定量时，可采用本图方法封堵。

平时出入口一道钢筋混凝土防护密闭门、一道钢筋混凝土密闭门临战封堵						图集号	07FJ02
审核	陈宗耀	校对	沈志红	设计	孙晓秋	页	115

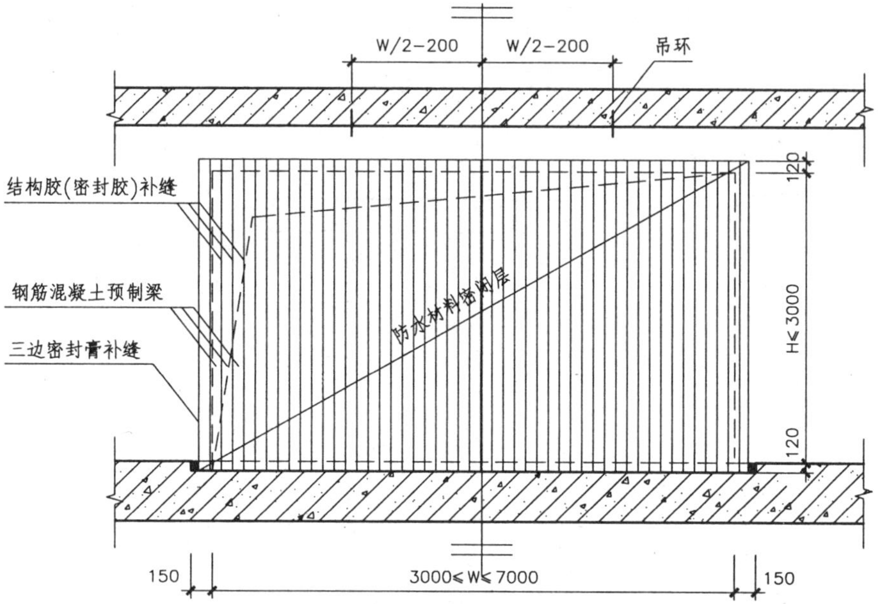

平时出入口钢筋混凝土预制梁封堵立面图

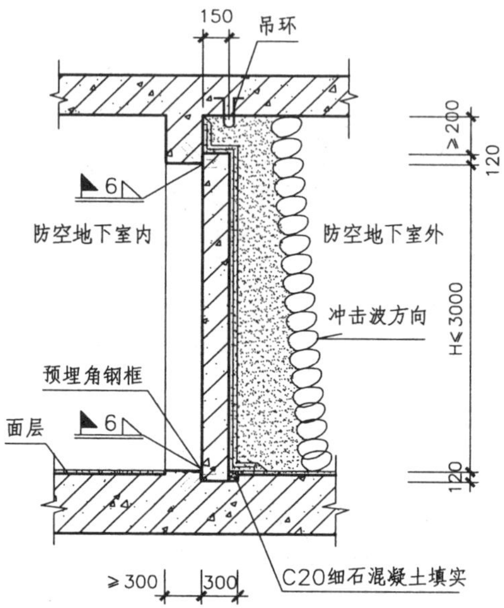

1—1剖面图

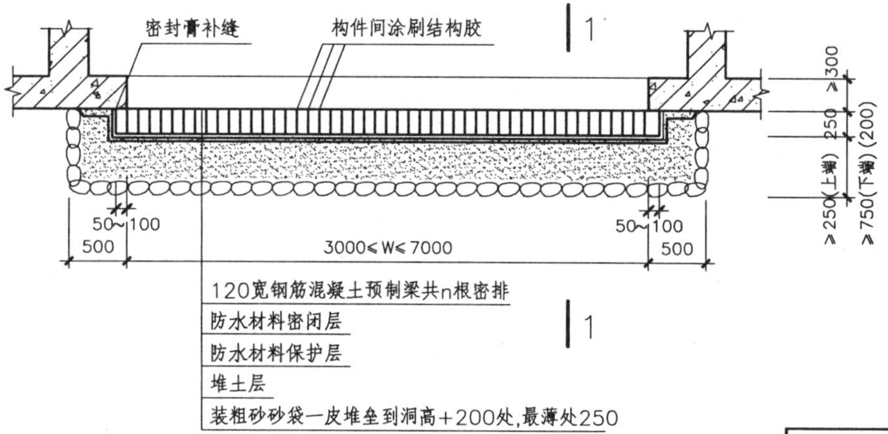

平时出入口钢筋混凝土预制梁封堵平面图

平时出入口钢筋混凝土预制梁临战封堵(一)						图集号	07FJ02
审核	陈宗耀	校对	沈志红	设计	孙晓秋	页	116

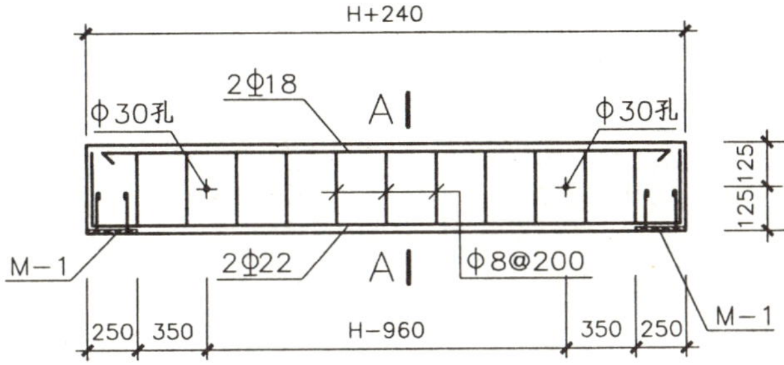

钢筋混凝土预制梁

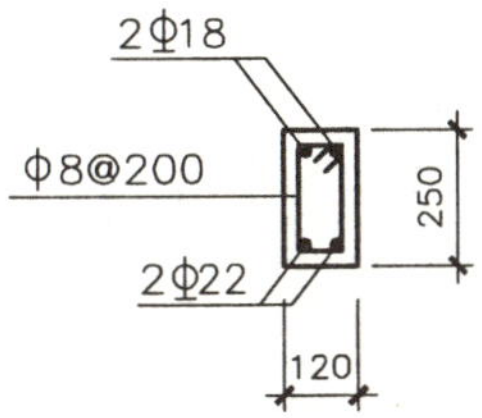

A-A

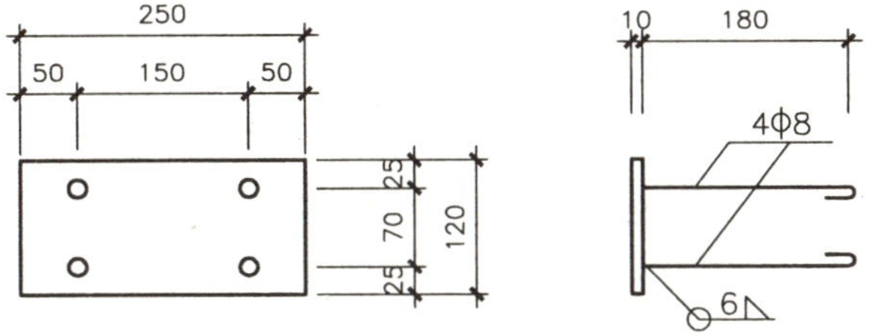

M-1

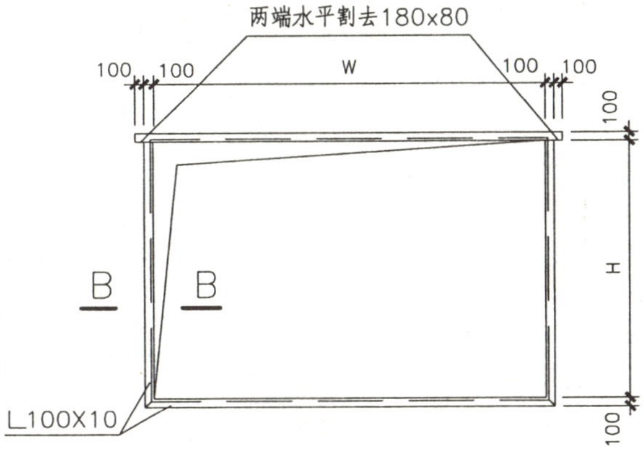

预埋角钢框示意

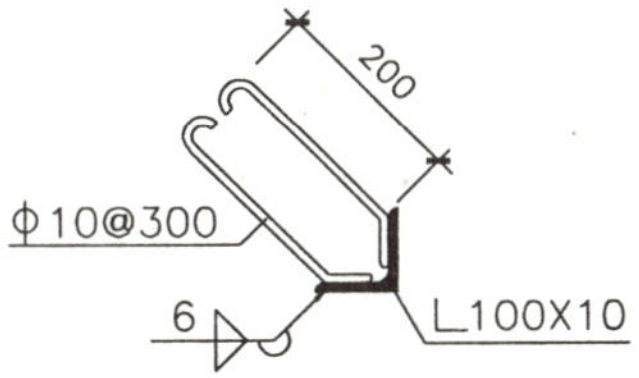

B-B 锚固筋

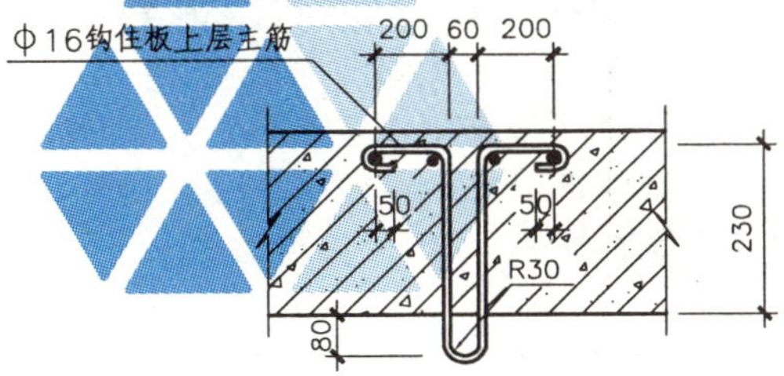

吊环

说明：

1. 本图适用于核5级常5级甲类、常5级乙类工程直通式、单向式、竖井式专供平时井式使用的门洞(高H≤3000mm，宽W为3000～7000mm)的临战封堵。
2. 预埋件、预留孔等应在工程施工中一次就位，预制构件应与工程施工同步做好，并应设置构件的存放位置。临战时采用预制构件封堵的平时出入口，其数量在一个防护单元中不宜超过2个。
3. 钢筋混凝土预制构件宜选用钢模板加工，要求混凝土振捣密实，表面平整。受力钢筋和预埋铁件位置朝向不得有误。外露预埋铁件表面涂防锈漆两道。
4. 预埋角钢框应在工厂平整台座上焊接成形,正面的不平整度小于2mm。外刷防锈漆两道,应支撑牢固，严防浇筑混凝土时位置变形。
5. 防水材料可采用防水卷材或涂膜防水。涂膜防水宜采用不小于两布三涂的增强涂布做法。
6. 封堵时将构件逐根竖起，构件侧面满涂结构胶，密排靠紧，电焊固定。
7. 封堵处门洞应按工程抗力等级门框墙设计。
8. 钢筋混凝土预制梁的混凝土强度等级C40，Φ表示HRB335钢筋，Φ表示HPB235钢筋。混凝土保护层厚25mm。
9. 钢筋混凝土预制梁的数量为(W/120+0.5)取整数。

平时出入口钢筋混凝土预制梁临战封堵(二)						图集号	07FJ02
审核	陈宗耀	校对	沈志红	设计	孙晓秋	页	117

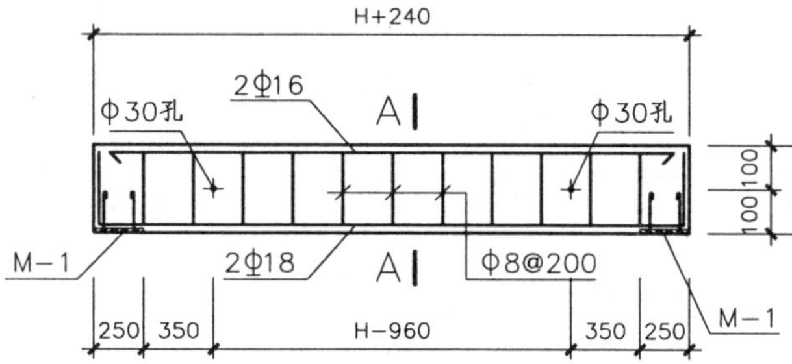

钢筋混凝土预制梁

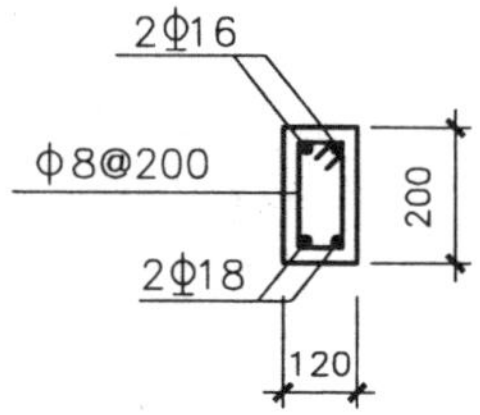

A—A

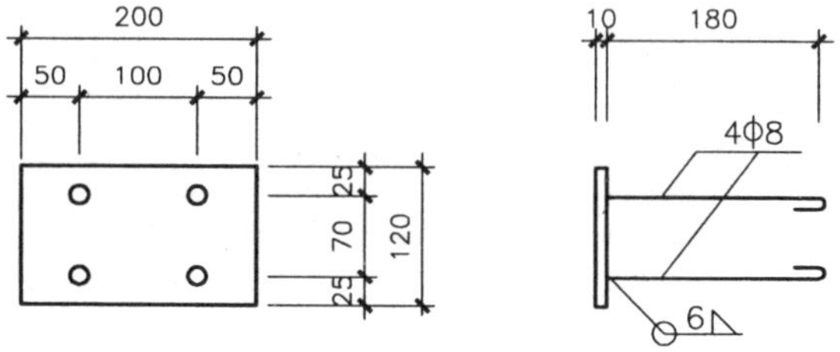

M—1

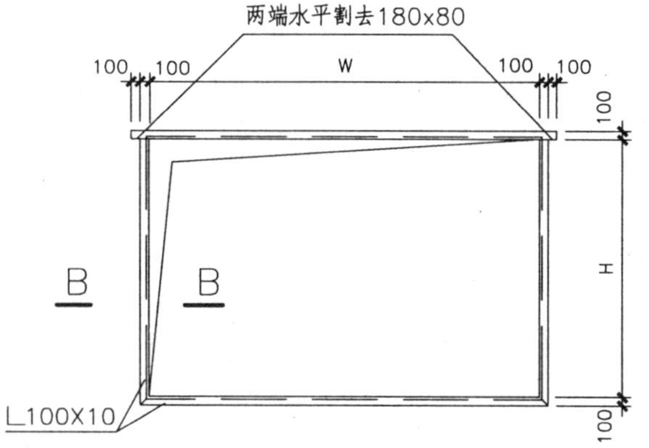

预埋角钢框示意

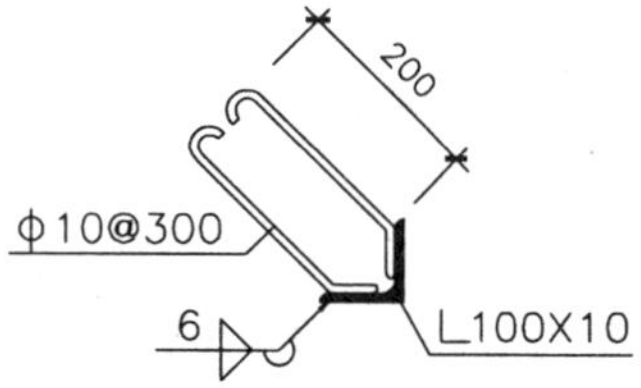

B—B 锚固筋

说明：

1. 本图适用于核6级常6级甲类、核6B级常6级甲类、常6级乙类工程直通式、单向式、竖井式专供平时使用的门洞(高H≤3000mm，宽W为3000～7000mm)的临战封堵。

2. 预埋件、预留孔等应在工程施工中一次就位，预制构件应与工程施工同步做好，并应设置构件的存放位置。临战时采用预制构件封堵的平时出入口，其数量在一个防护单元中不宜超过2个。

3. 筋混凝土预制构件宜选用钢模板加工，要求混凝土振捣密实，表面平整。受力钢筋和预埋铁件位置朝向不得有误。外露预埋铁件表面涂防锈漆两道。

4. 预埋角钢框应在工厂平整台座上焊接成形,正面的不平整度小于2mm。外刷防锈漆两道,应支撑牢固，严防浇筑混凝土时位置变形。

5. 防水材料可采用防水卷材或涂膜防水。涂膜防水宜采用不小于两布三涂的增强涂布做法。

6. 封堵时将构件逐根竖起，构件侧面满涂结构胶，密排靠紧，电焊固定。

7. 封堵处门洞应按工程抗力等级门框墙设计。

8.钢筋混凝土预制梁的混凝土强度等级C40，Φ表示HRB335钢筋，ф表示HPB235钢筋。混凝土保护层厚25mm。

9. 钢筋混凝土预制梁的数量为(W/120+0.5)取整数。

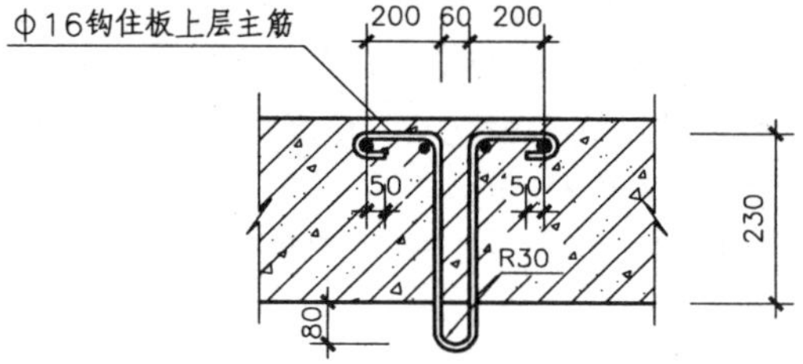

吊环

平时出入口钢筋混凝土预制梁临战封堵(三)							图集号	07FJ02
审核	陈宗耀	校对	沈志红		设计	孙晓秋	页	118

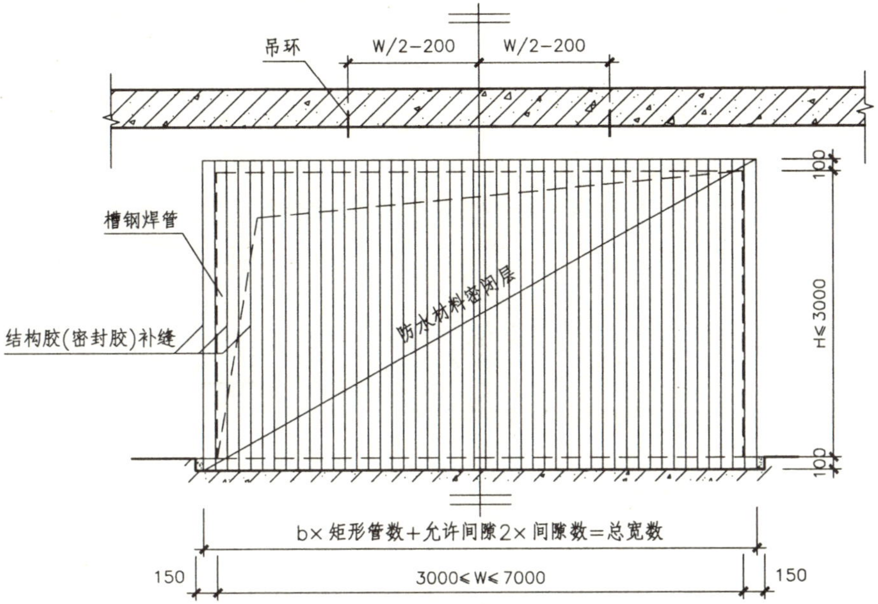

平时出入口槽钢焊管封堵立面图

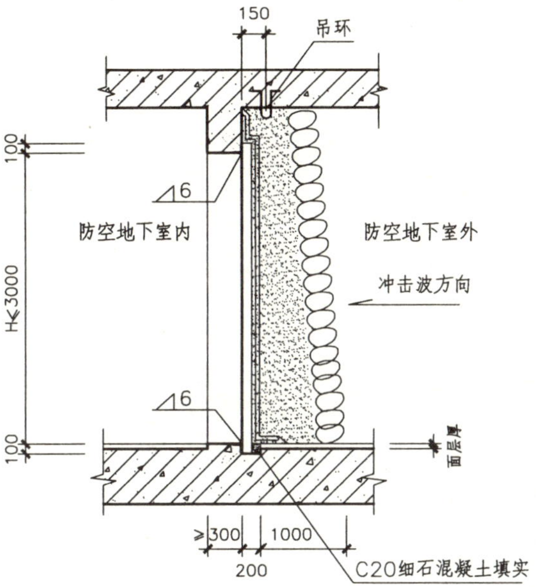

1—1剖面图

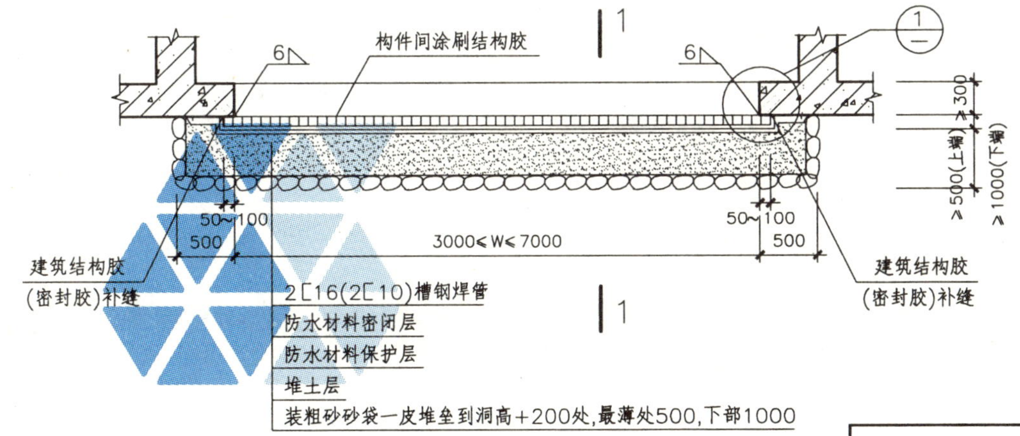

平时出入口槽钢封堵平面图

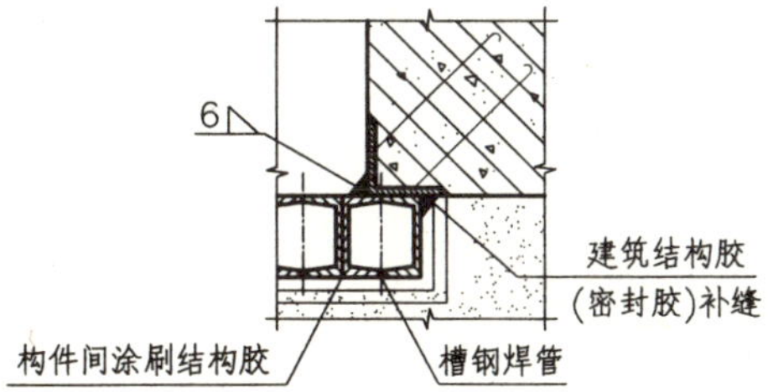

1

平时出入口型钢竖向临战封堵(一)						图集号	07FJ02
审核	陈宗耀	校对	沈志红	设计	孙晓秋	页	119

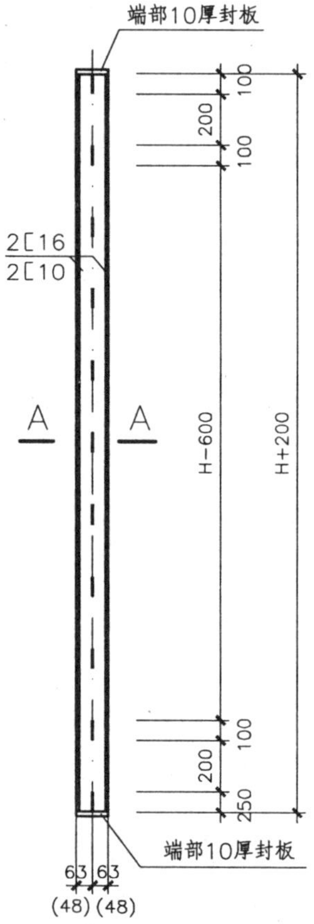

槽钢焊管

数量=(w+150)/b取整数

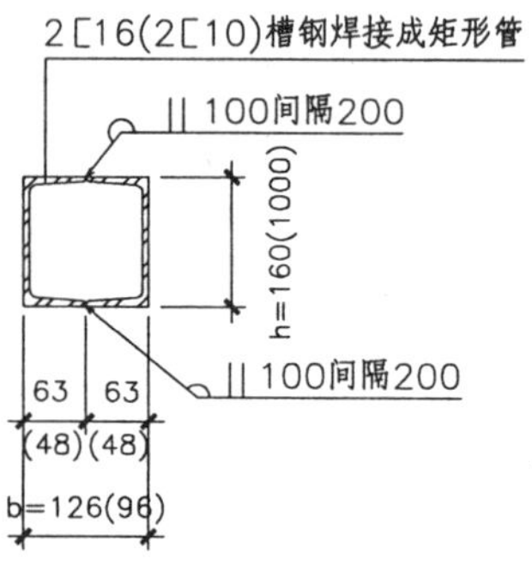

A—A

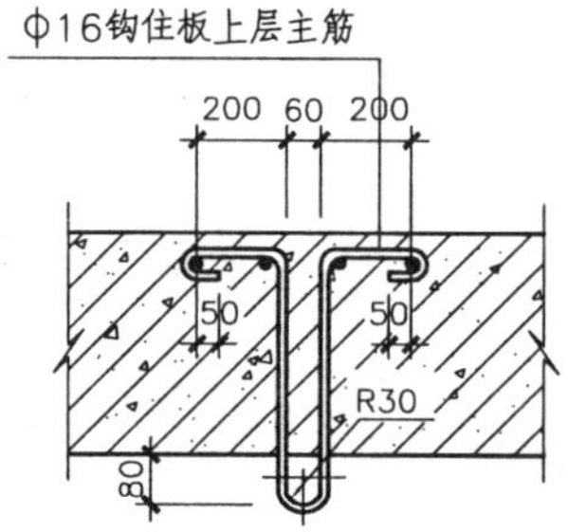

吊环

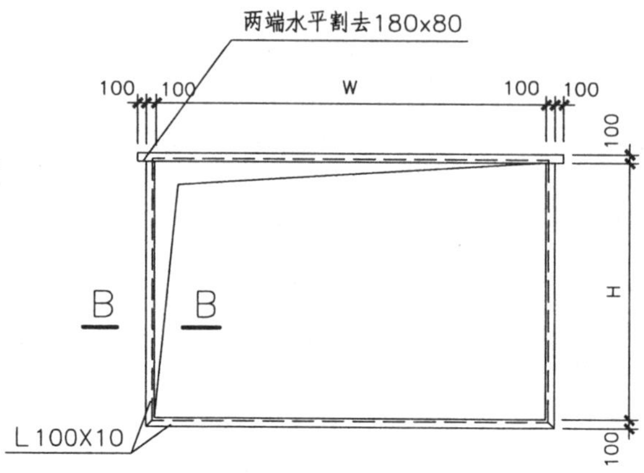

预埋角钢框示意

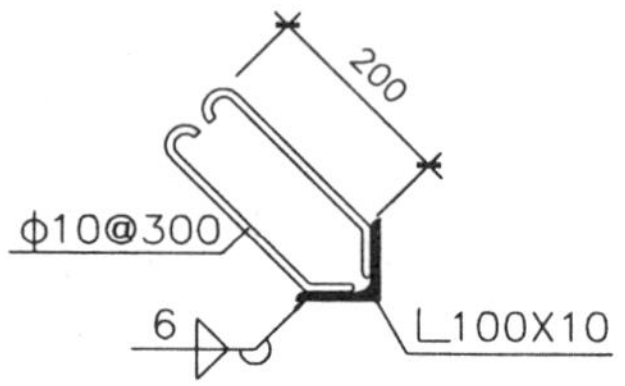

B—B 锚固筋

说明：

1. 可用于核5级常5级甲类、常5级乙类、甲类常6核6、核6B级常6级甲类、常6级乙类直通式、单向式、竖井式专供平时使用门洞(高H≤3000mm，宽W为3000~7000mm)的临战封堵。
2. 临战时采用预制构件封堵的平时出入口，其数量在一个防护单元中不宜超过2个。
3. 核5级常5级甲类、常5级乙类工程H≤3000mm的洞口封堵采用2[16焊接成矩形管封堵；其他级别工程采用2[10焊接成矩形管封堵,图中用括号内数字表示。
4. 封堵型钢采用热轧普通槽钢,焊条用E4303，选用时应注明W、H实际尺寸。
5. 槽钢焊管之间及槽钢与墙体之间均用建筑结构胶粘接补缝。
6. 封堵处门洞应按工程抗力等级门框墙设计。
7. 预埋角钢框应在工厂平台上焊接成形，正面的不平整度小于2mm。外刷防锈漆两道，严防浇筑混凝土时位置变形。
8. 为方便就地取材，可以用热轧普通工字钢替代槽钢组合梁。核5级常5级甲类、常5级乙类工程H≤3000mm的洞口可用I16替代。其他级别可采用I10替代。工字钢上应加槽钢压顶，并与工字钢焊牢。

平时出入口型钢竖向临战封堵（二）								图集号	07FJ02
审核	陈宗耀	陈宗耀	校对	沈志红	沈志红	设计	孙晓秋	页	120

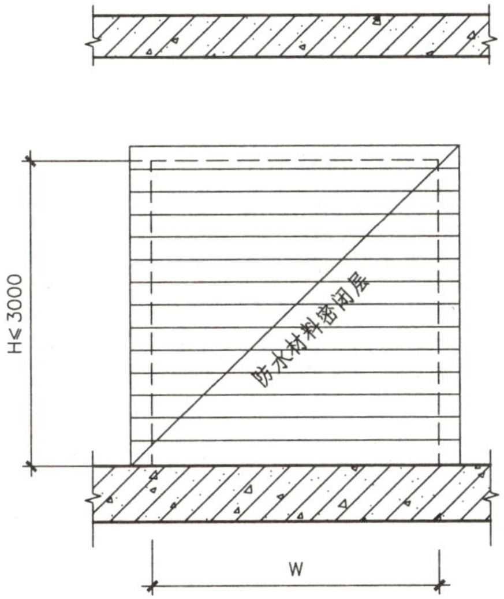

平时出入口型钢封堵立面图

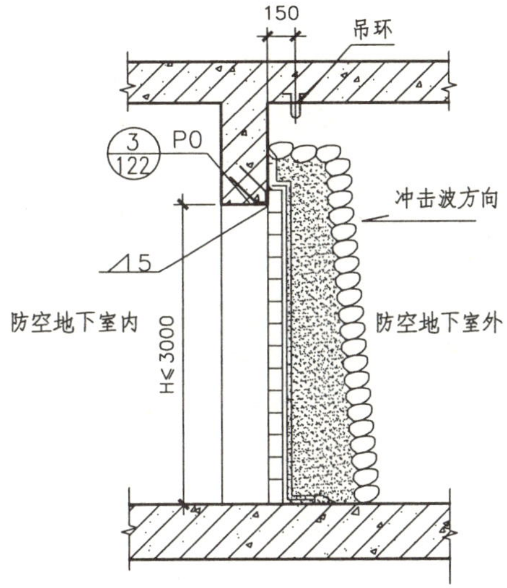

1－1剖面图

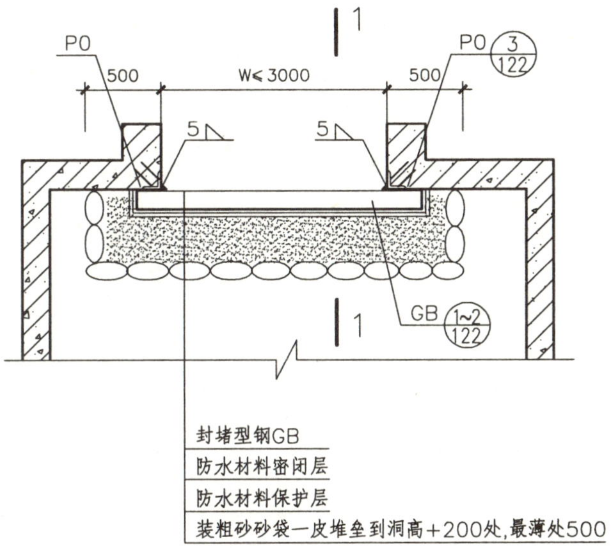

平时出入口型钢封堵平面图

说明：

门孔两侧与上侧均预埋角钢P0；封堵钢板GB与P0均以5mm贴角焊固定。

平时出入口（宽≤3000mm）型钢横向临战封堵（一）						图集号	07FJ02
审核	陈宗耀	校对	沈志红	设计	孙晓秋	页	121

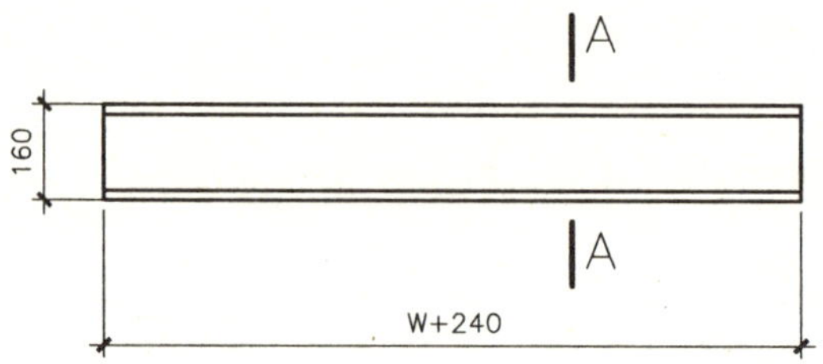

① GB1

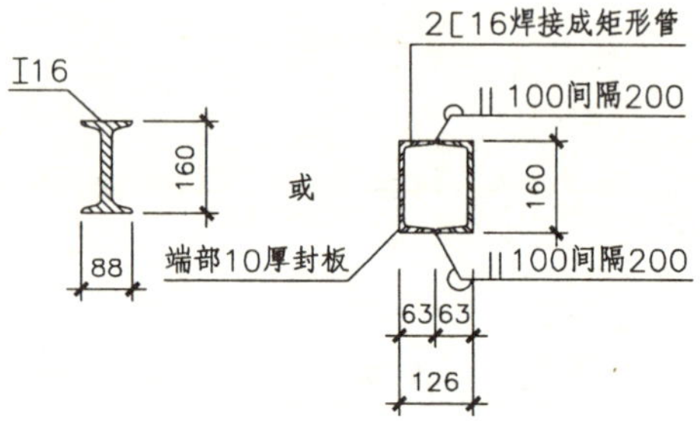

A—A

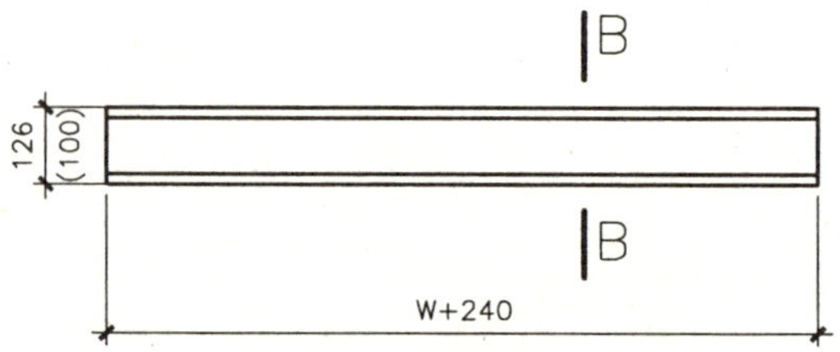

② GB2

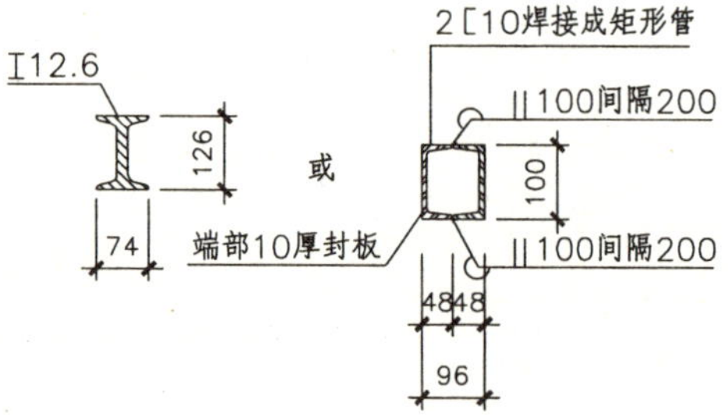

B—B

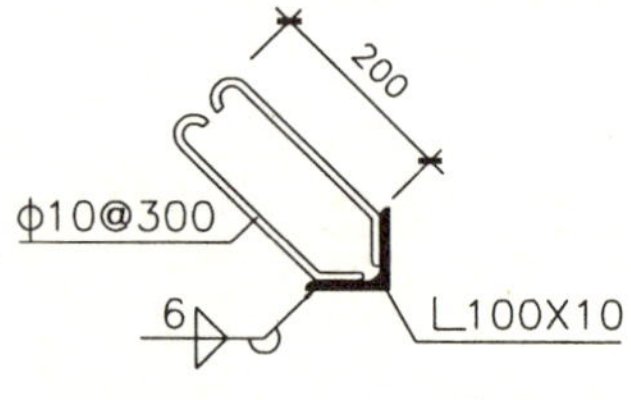

③ PO

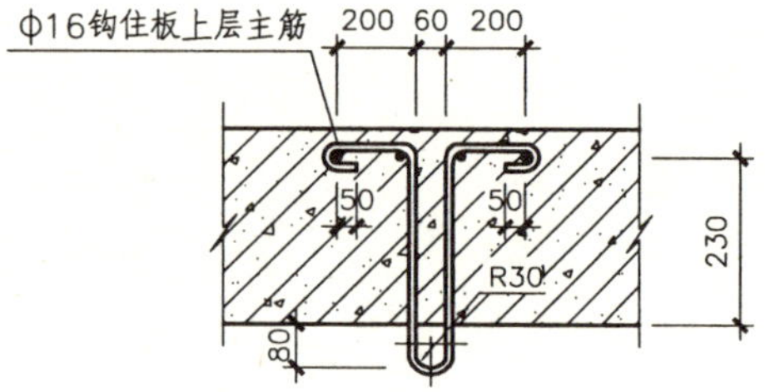

吊环

说明：

1. 选用时应注明W、H实际尺寸。
2. 封堵型钢采用Q235B或Q235C钢，焊条尺寸采用E4303型。
3. 型钢之间及型钢与墙体之间均用建筑结构胶粘接补缝。
4. 预埋角钢应在工厂平整台座上焊接成形，正面的不平整度小于2mm。外刷防锈漆两道，应支撑牢固，严防浇筑时位置移动变形。
5. 封堵处墙体应按人防门框墙加固配筋。
6. 本图适用于核5级常5级甲类、常5级乙类、核6级常6级甲类、核6B级常6级甲类、常6级乙类直通式、单向式、竖井式专供平时使用的门洞高H≤3000mm，宽W≤3000mm出入口临战封堵。封堵型钢GB数量约为门洞高H/型钢宽加一根整数值。
7. 采用本图构件封堵的平时出入口，其数量在一个防护单元中不宜超过2个。
8. 本图GB1构件适用于核5级常5级甲类、常5级乙类工程，洞口宽2000mm<W≤3000mm的临战封堵。GB2构件适用于核5级常5级甲类、常5级乙类工程,洞口宽W≤2000mm；及核6级常6级甲类、核6B级常6级甲类、常6级乙类工程，洞口宽W≤3000mm的临战封堵。
9. 洞口需预埋角钢PO共三根，其中高度H方向两根，宽度W方向一根。

平时出入口（宽≤3000mm）型钢横向临战封堵（二）						图集号	07FJ02
审核	陈宗耀	校对	沈志红	设计	孙晓秋	页	122

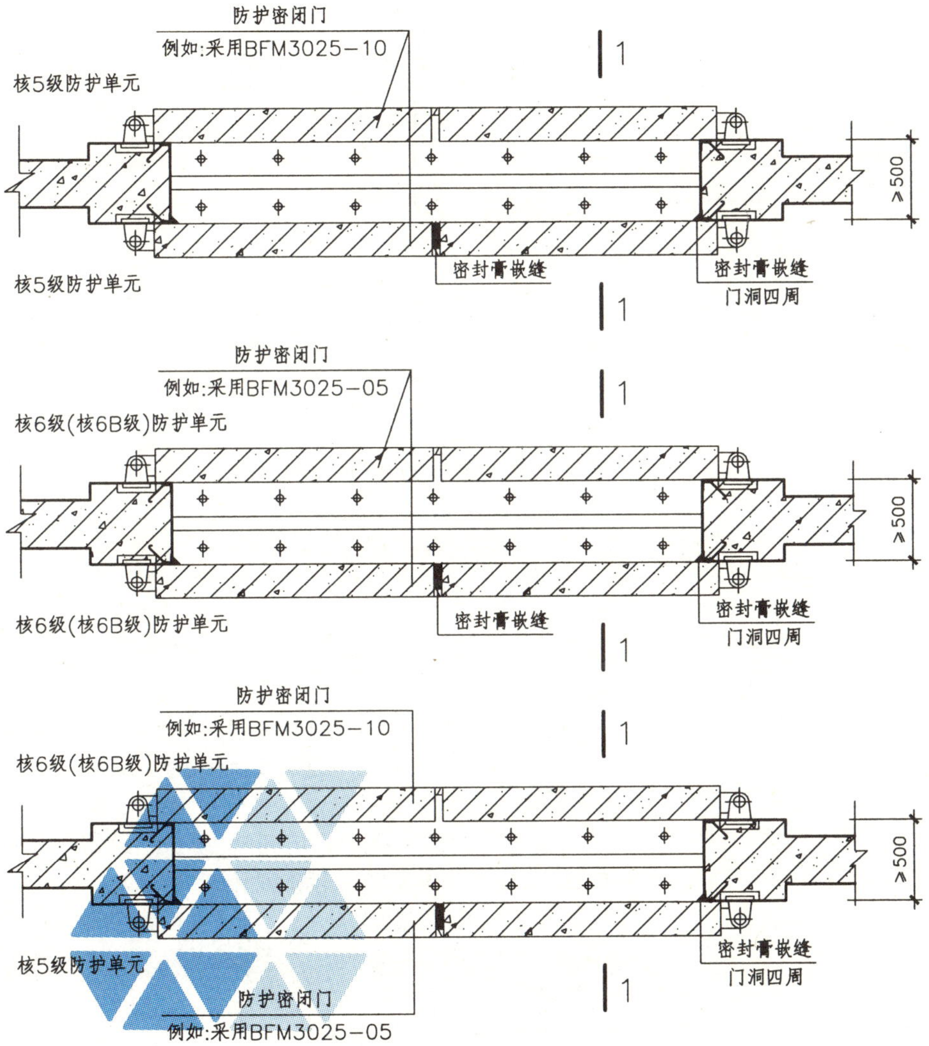

防护单元隔墙孔口两道防护密闭门封堵平面图

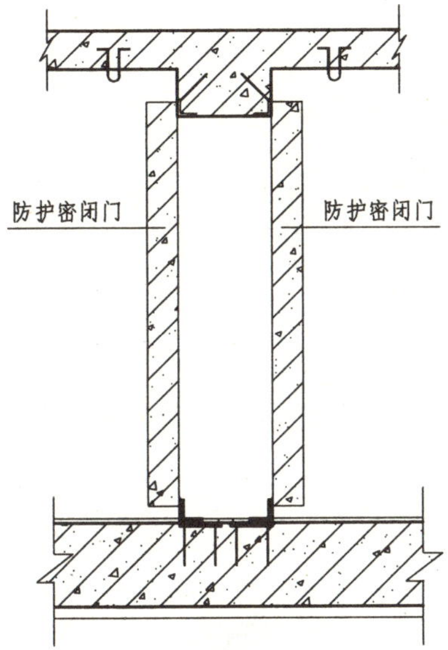

1—1剖面图

说明：

1. 在防护单元隔墙上开设的平时通行口可采用两道防护密闭门两侧封堵做法，在门框墙的两侧各设一道防护密闭门，与防护单元连通口做法相同。
2. 选用的防护密闭门应满足规范第3.2.10条中防护单元连通口防护密闭门设计压力值要求。
3. 对于防护单元隔墙上的封堵口，可不考虑早期核辐射的影响。
4. 采用防护密闭门临战封堵，可不受规范第3.7.3条封堵口总长度的限制。
5. 门洞尺寸可具体工程确定。

相邻防护单元隔墙孔口两道防护密闭门临战封堵							图集号	07FJ02
审核	陈宗耀	陈宗耀	校对	沈志红	沈志红	设计 孙晓秋 孙晓秋	页	123

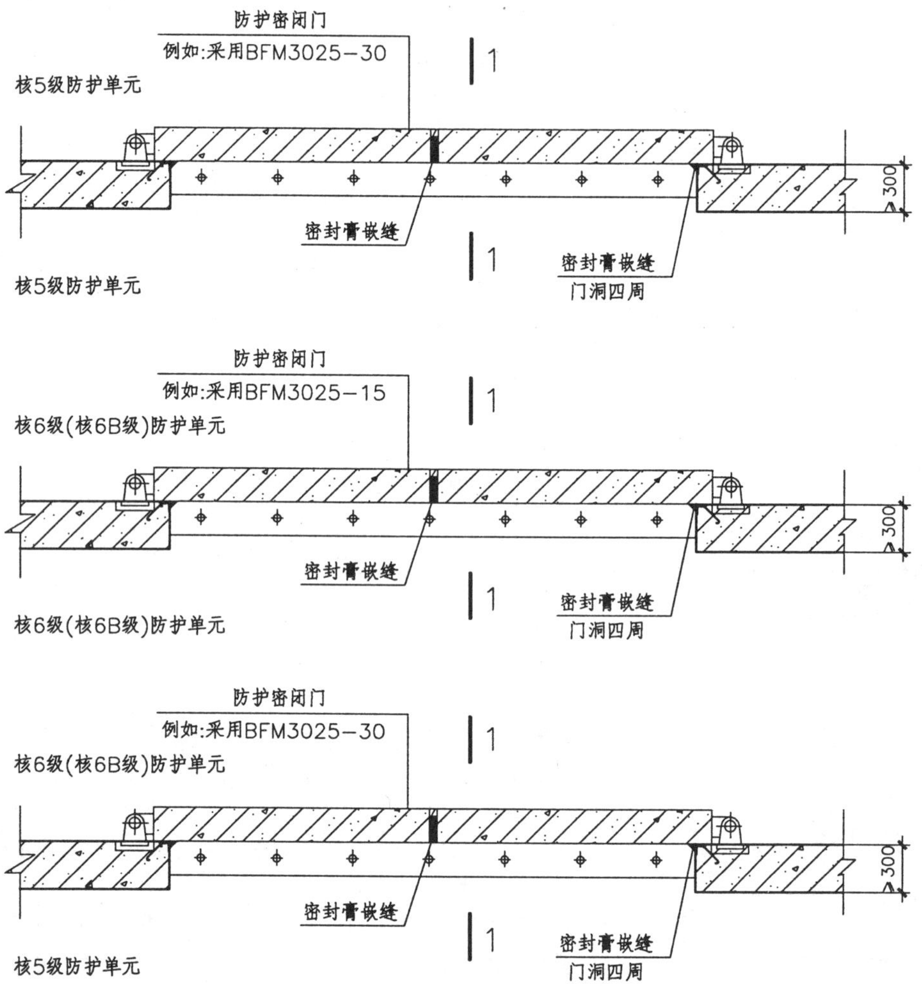

防护单元隔墙孔口一道防护密闭门封堵平面图

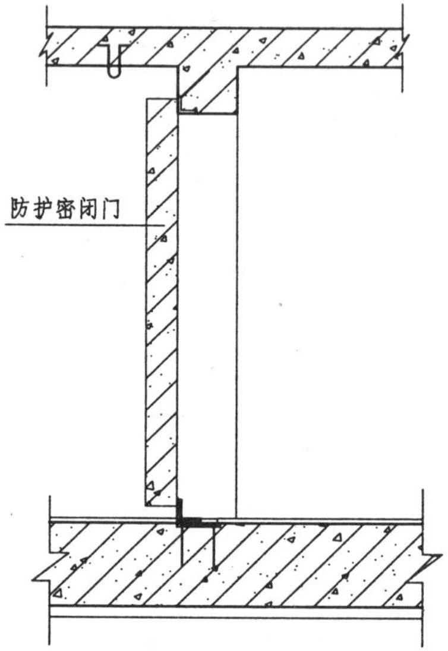

1—1剖面图

说明：

1. 在防护单元隔墙上开设的平时通行口可采用一道防护密闭门单侧封堵做法，防护密闭门的正向设计压力值必须满足防空地下室出入口处的设计压力值（规范中表3.3.18—2）要求。
2. 当两相邻防护单元抗力级别不同时，防护密闭门的设计压力值应按高抗力防护单元出入口处的设计压力值确定。
3. 对于防护单元隔墙上的封堵口，可不考虑早期核辐射的影响。
4. 采用防护密闭门临战封堵，可不受规范第3.7.3条封堵口总长度的限制。
5. 门洞尺寸可具体工程确定。

相邻防护单元隔墙孔口一道防护密闭门临战封堵							图集号	07FJ02
审核	陈宗耀	陈宗耀	校对	沈志红	沈志红	设计 孙晓秋 孙晓秋	页	124

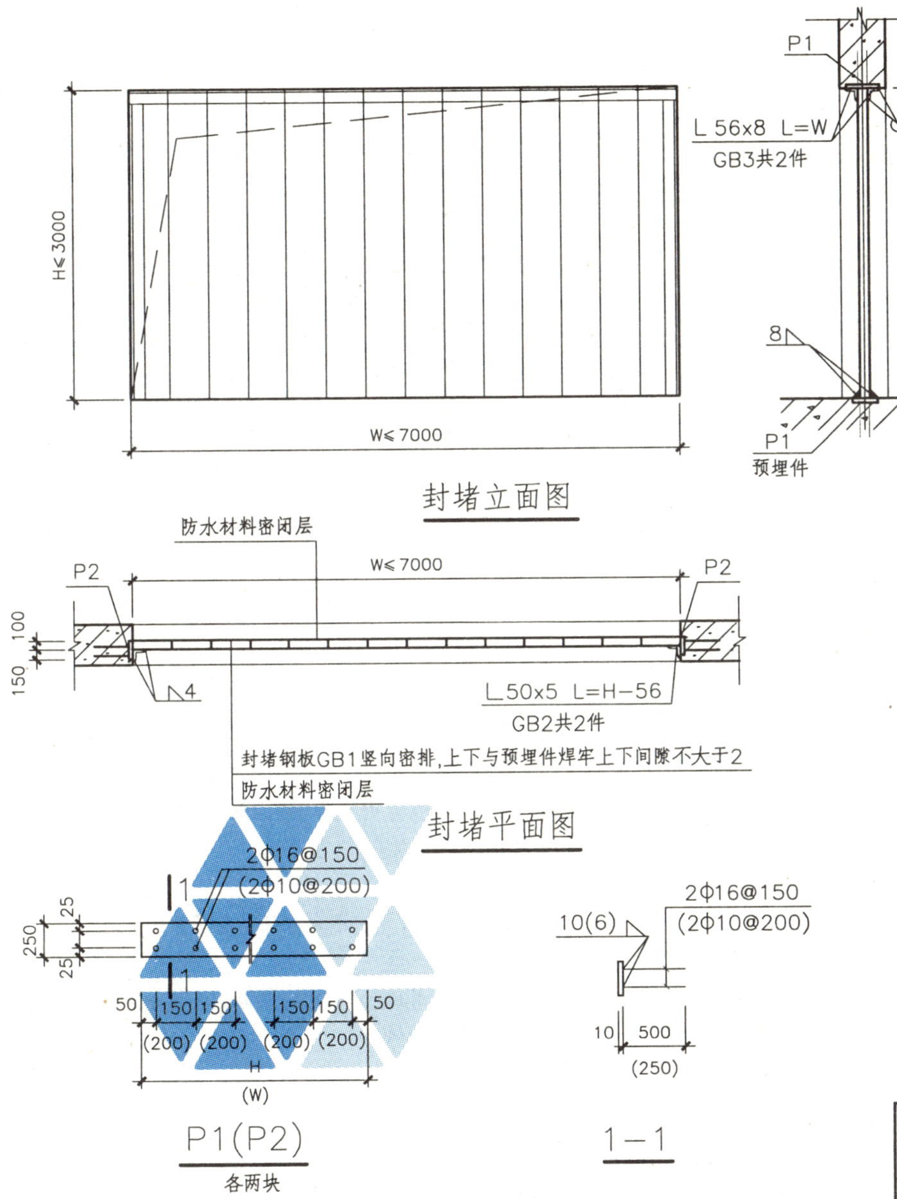

说明：

1. 本图适用于核5级常5级甲类、常5级乙类、常6级核6级甲类、核6B级常6级甲类、常6级乙类，相同或不同抗力级别的相邻防护单元间临战封堵。
2. 采用本图构件封堵的平时通行口，其净宽之和不宜大于应建防护单元隔墙总长度的1/2。
3. 封堵型钢采用Q235B。焊条采用E4303型。
4. 封堵钢板之间采用建筑结构胶粘结。
5. 预埋铁件P1、P2应在工厂加工，正面不平整度小于2mm，外刷防锈漆两道。主体结构浇筑时埋入。
6. 本图中预制构件GB1需在主体结构施工完成后，按封堵部位的实际尺寸制作。其宽度尺寸300可根据门洞宽W调整，其中GB1数量=W/300，取整数。
7. 选用时应注明W、H实际尺寸。
8. 防水材料可采用防水卷材或涂膜防水，涂膜防水宜采用不小于两布三涂的增强涂布做法。

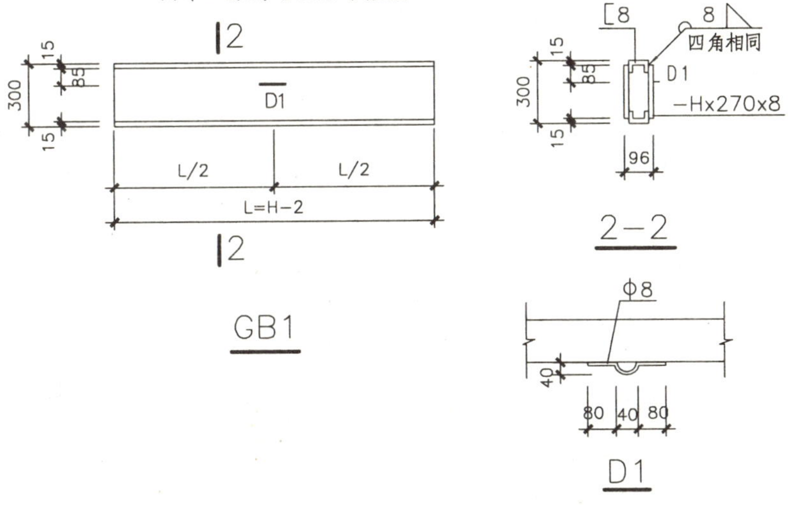

相邻防护单元隔墙孔口型钢临战封堵						图集号	07FJ02
审核	陈宗耀	校对	沈志红	设计	孙晓秋	页	125

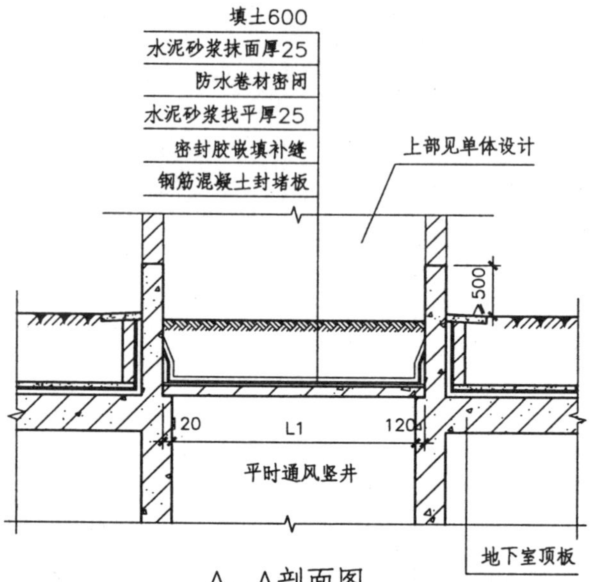

A—A剖面图

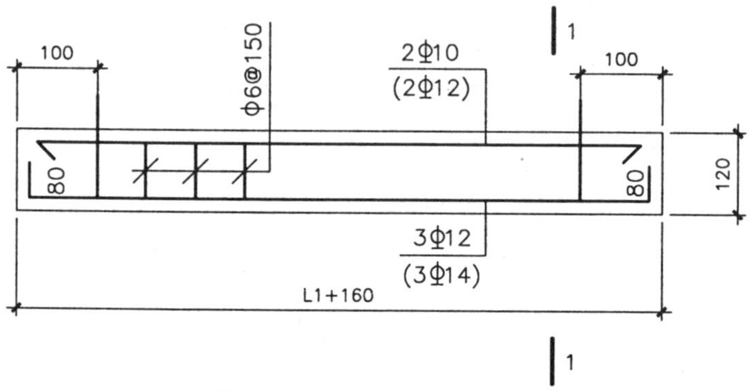

钢筋混凝土封堵板

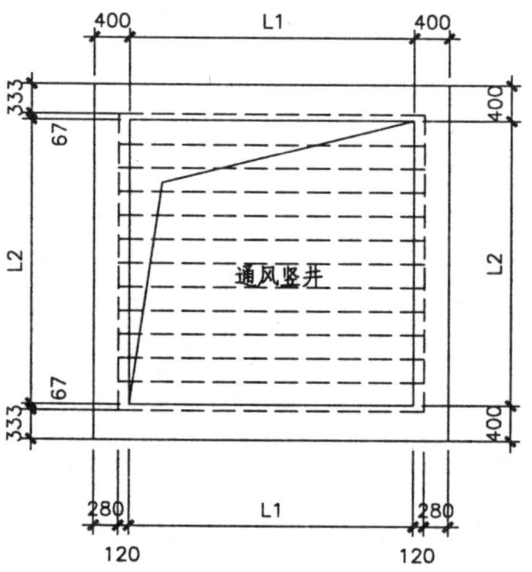

平时通风竖井平面图

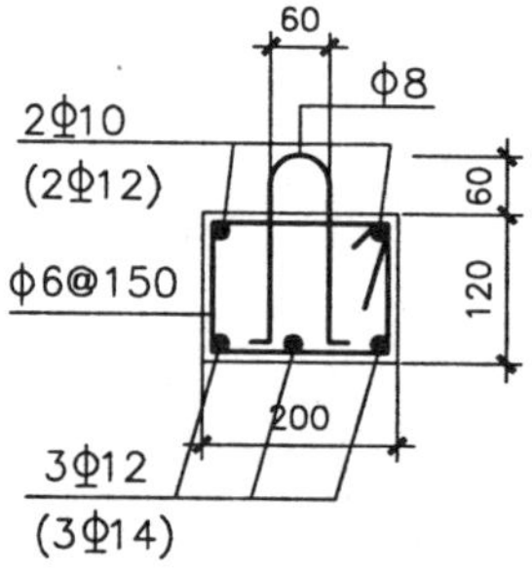

1—1

说明：

1. 本图适用于常5级、核5级、常6级、核6级、核6B级。其中括号内为常5级、核5级数值。
2. 材料:防水混凝土C40。
3. 钢筋净保护层厚度:20。
4. 封堵板就位后，把吊环打弯，用沥青砂浆密闭封口。
5. L1、L2一般取1.0m、1.2m、1.5m。

平时通风竖井钢筋混凝土封堵板临战封堵								图集号	07FJ02
审核	陈宗耀	[signature]	校对	沈志红	[signature]	设计	孙晓秋	页	126

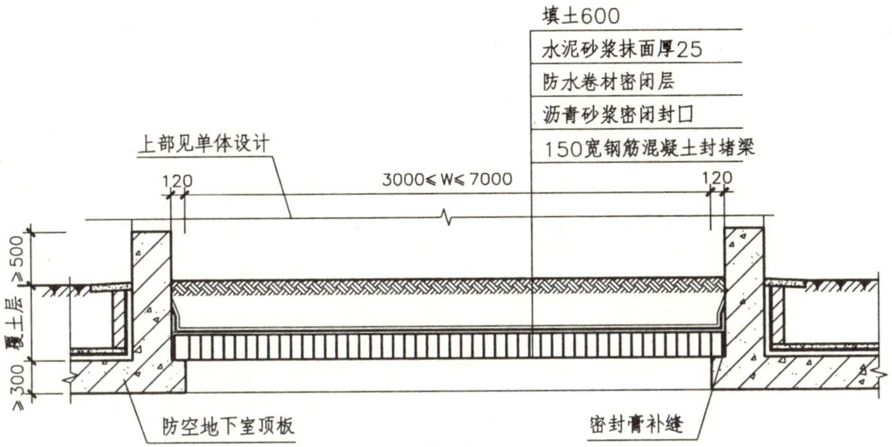

A—A剖面

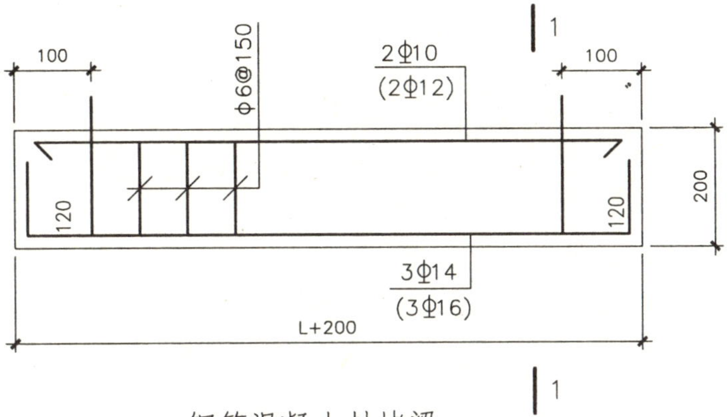

钢筋混凝土封堵梁

(也可用工12.6代替)

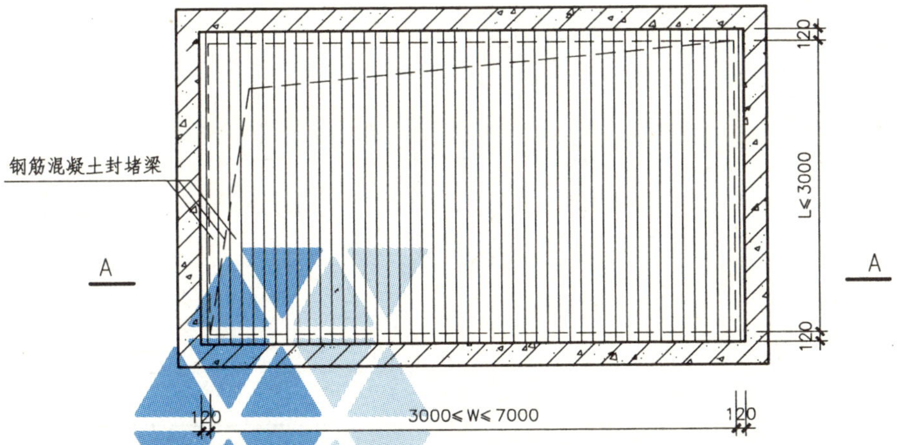

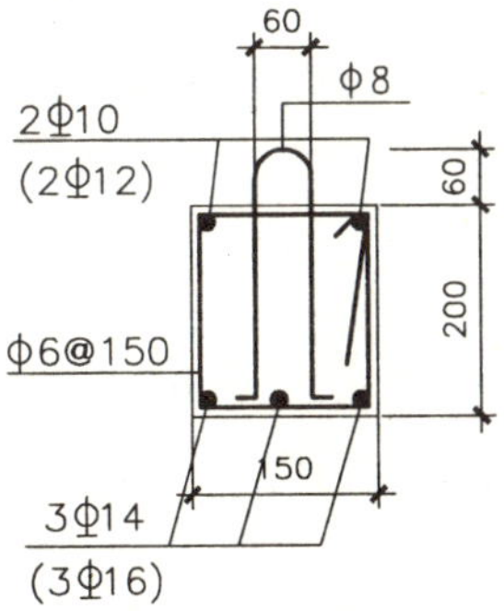

1—1

说明：

1. 本图适用于常5级、核5级、常6级、核6级、核6B级。其中括号内为常5级、核5级数值。
2. 材料:防水混凝土C40。
3. 钢筋净保护层厚度:20。
4. 封堵板就位后，把吊环打弯，用沥青砂浆密闭封口。
5. L一般取2.0m、3.0m。

顶板通风采光孔钢筋混凝土预制梁封堵平面图

顶板通风采光孔钢筋混凝土预制梁临战封堵						图集号	07FJ02
审核	陈宗耀	校对	沈志红	设计	孙晓秋	页	127

变形缝和防护型变形缝设计要点

适用范围	1.变形缝适用于防护单元之外的结构厚度不小于300mm、并能承受一定土中压缩波作用的伸缩缝、沉降缝。 2.防护型变形缝适用于防护单元内必须设置的伸缩缝、沉降缝，采取可靠加固措施，以保证人防工程的防护密闭功能
类型	1.中埋式止水带。变形缝应能承受土中压缩波的作用，宜采用橡胶止水带。当埋深深、水头高、变形量较大时，可采用钢边橡胶止水带(不宜采用塑料止水带)。 2.内装可卸式止水带是利用杠杆原理使螺栓拧力与止水带接触面的压应力呈倍数关系，压密止水效果较好的新型内装止水带可用于预留连通口的变形缝
设置要求	1.中埋式止水带应兜绕成圈，水平安装时应呈V形，浇捣混凝土宜从靠近模板的止水带处开始浇筑，转角处宜用圆弧转角，止水带接槎应设在顶板中部。其中心线应与变形缝中心线重合。 2.内装可卸式止水装置应注意提高变形缝两侧混凝土密实度，尤其应重视预留金属件与混凝土间的防水。设置时应先固定四个转角，且先上后下排铺止水带，止水带的压条应连续排布
防护型变形缝设计要点	1.防护型变形缝应位于人防工程单建掘开式部分，其上部必须有覆土。 2.采用中埋式止水带+内装可卸式止水装置+防水嵌缝材料多道复合防水构造形式。 3.变形缝宽采用6～10mm

索引表

变形缝和防护型变形缝设计要点、索引表						图集号	07FJ02
审核	陈宗耀	校对	孙晓秋	设计	沈志红	页	128

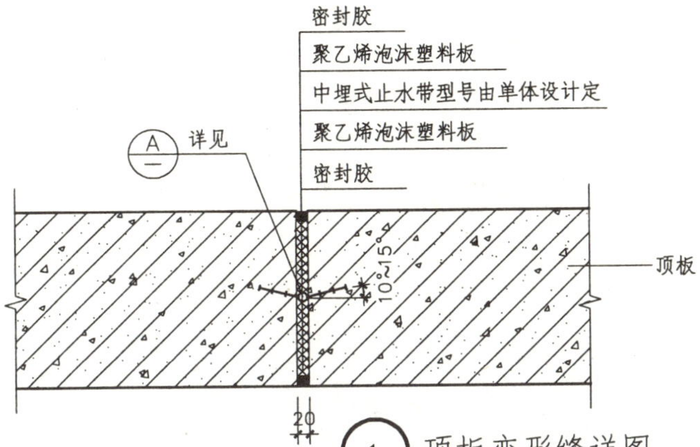

1 顶板变形缝详图

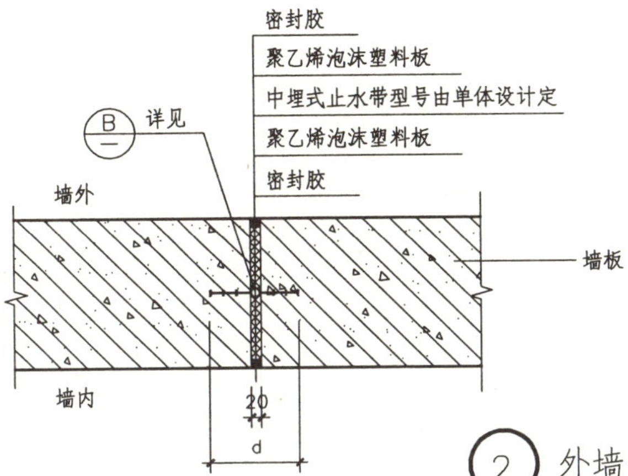

2 外墙变形缝详图

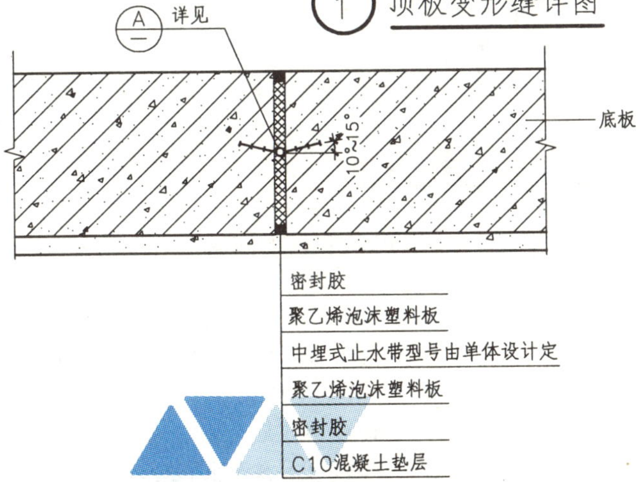

3 底板变形缝详图

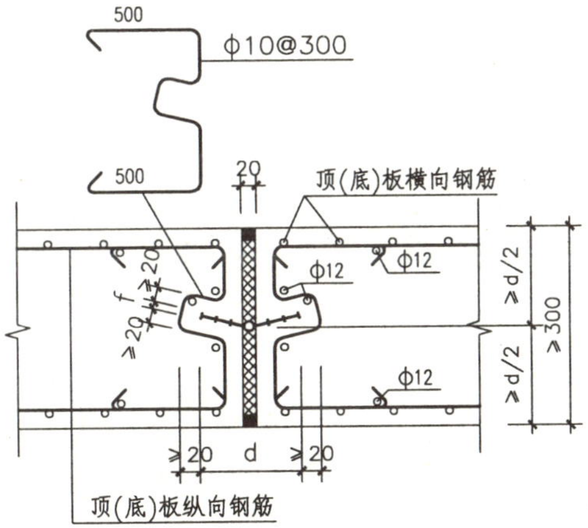

A 中埋式止水带在顶(底)板固定构造

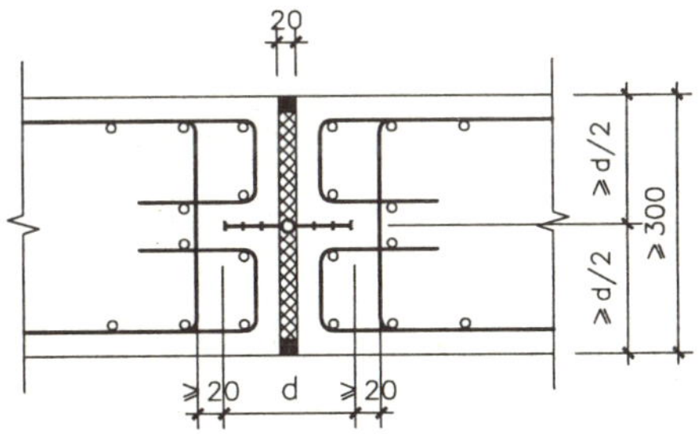

B 中埋式止水带在外墙固定构造

说明：

1. 本图中d为中埋式止水带宽度；为止水带全高。
2. 本详图适用于防护单元外变形缝。
3. 止水带宜按单体设计实际长度在工厂定型加工为环形，转弯半径不小于200mm；环形接头应留在较高部位。
4. 止水带在浇筑混凝土前，必须妥善固定于专用的钢筋套中，并在止水带的边沿用镀锌铁丝绑牢。

变形缝详图							图集号	07FJ02
审核	陈宗耀	陈宗耀	校对	孙晓秋	孙晓秋	设计 沈志红 沈志红	页	129

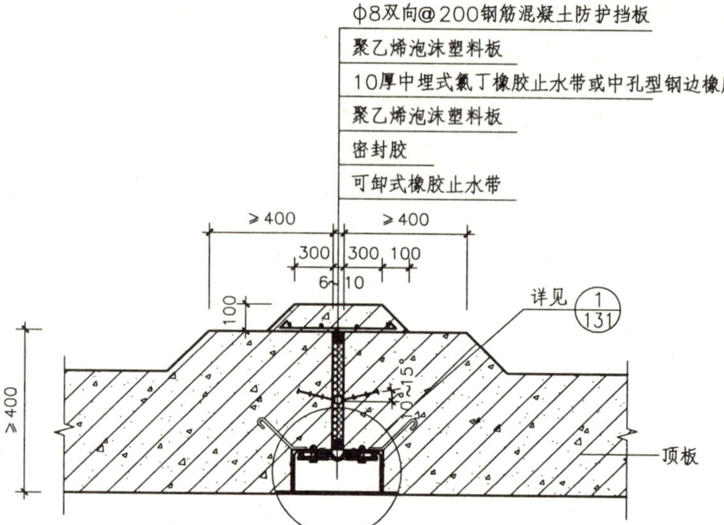

1 防护型沉降缝顶板详图

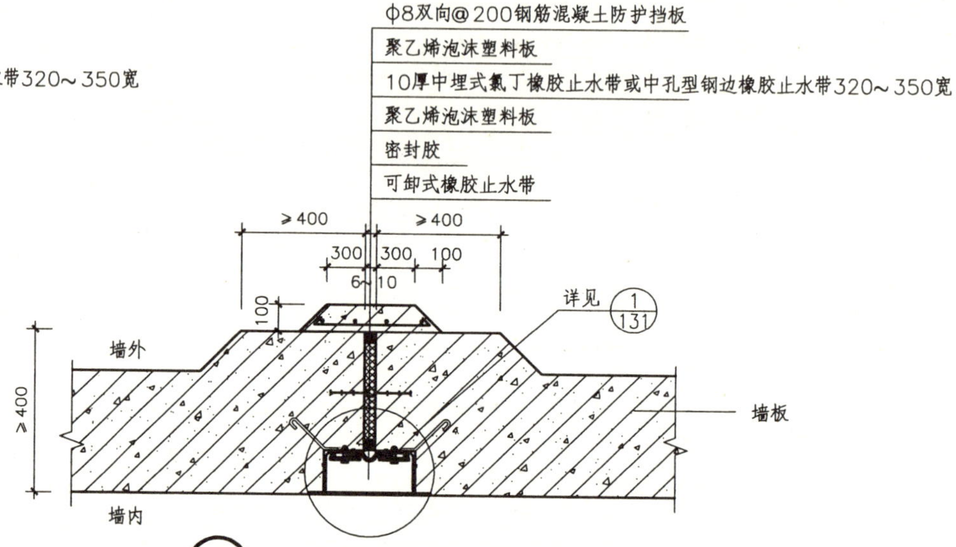

2 防护型沉降缝墙板详图

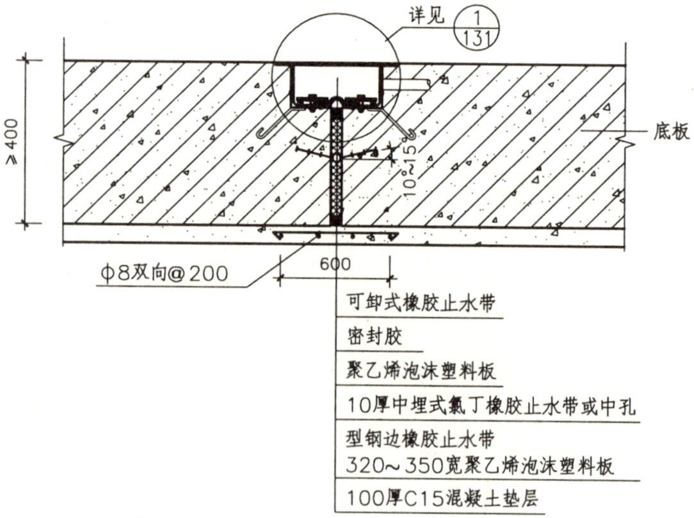

3 防护型沉降缝底板详图

说明：

1. 在防护单元内不宜设置沉降缝、伸缩缝。特殊情况下防护单元内必须设置变形缝时，应按本图采取可靠加固措施：
   (1) 防护型变形缝应位于单建掘开式部分，即其上部必须有覆土。
   (2) 采用中埋式止水带+内装可卸式止水装置+防水嵌缝材料多道复合防水构造形式。
   (3) 变形缝宽采用6～10mm。
2. 应严格限制变形缝的相对沉降差，其最大允许沉降差值不应大于30mm。埋深较深、水头较高时可采用中埋式橡胶止水带；埋深深、水头高、变形量大时可采用钢边橡胶止水带。止水带应满足在0.6MPa水压下，接缝膨缩20mm时不渗漏的要求。
3. 中埋式止水带应环绕成圈，转角处宜用圆弧转角，半径不小于250mm。水平安装时应呈V形，浇捣混凝土宜从止水带处开始。
4. 地下室如做外防水、并做不小于40mm的细石混凝土保护层时可取消防护挡板。
5. 内装可卸式止水带小齿与预埋角钢接触部分应平铺未硫化丁基橡胶腻子薄片。

防护型变形缝详图(一)						图集号	07FJ02
审核	陈宗耀	校对	孙晓秋	设计	沈志红	页	130

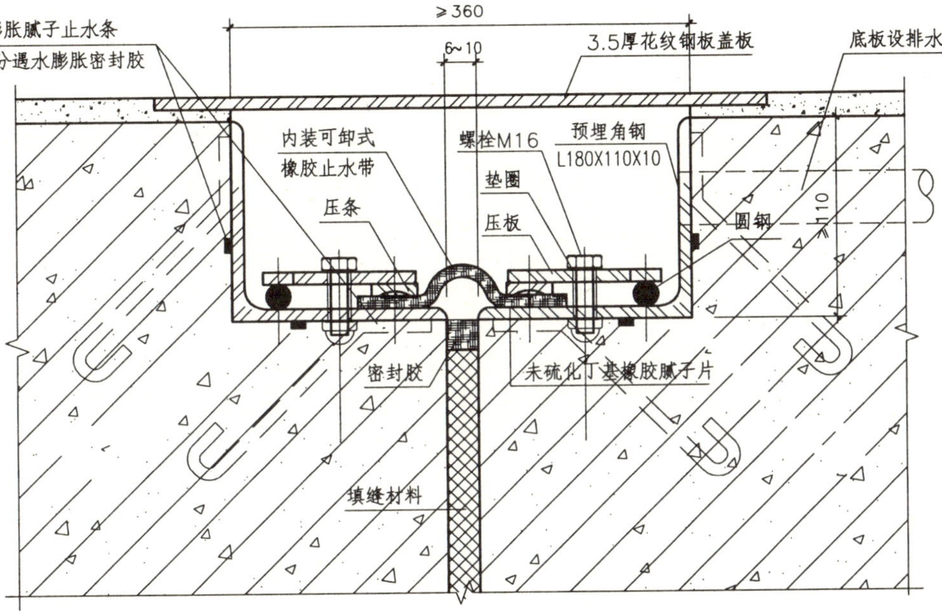

① 内装可卸式止水装置(顶板、侧墙、底板)

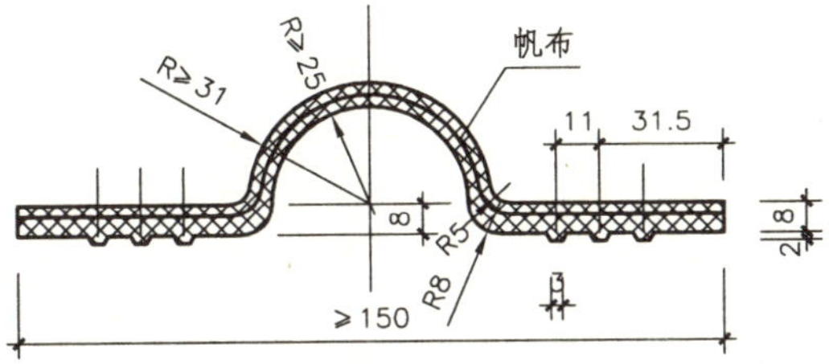

内装可卸式橡胶止水带构造

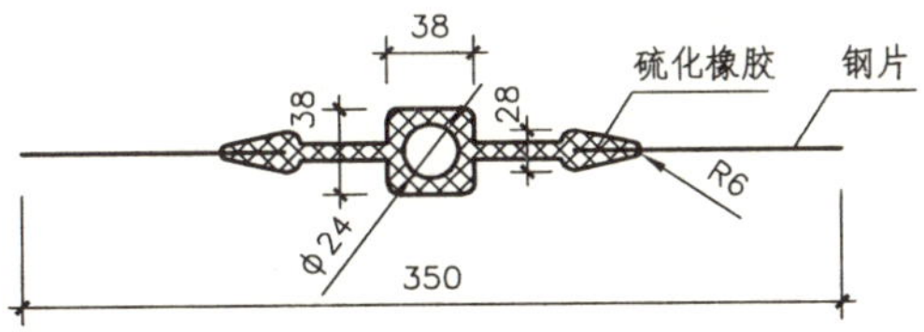

中埋式(中孔型)钢边橡胶止水带构造

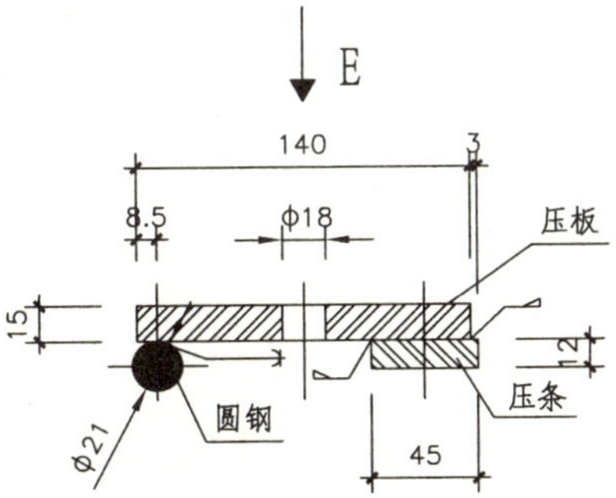

压件构造

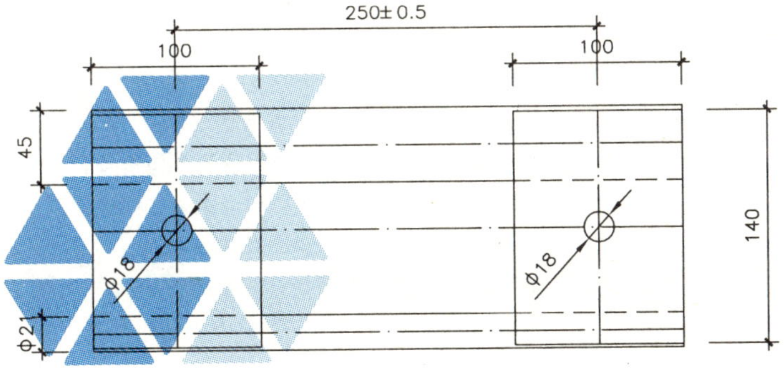

压件E向视图

防护型变形缝详图（二）						图集号	07FJ02
审核	陈宗耀	校对	孙晓秋	设计	沈志红	页	131

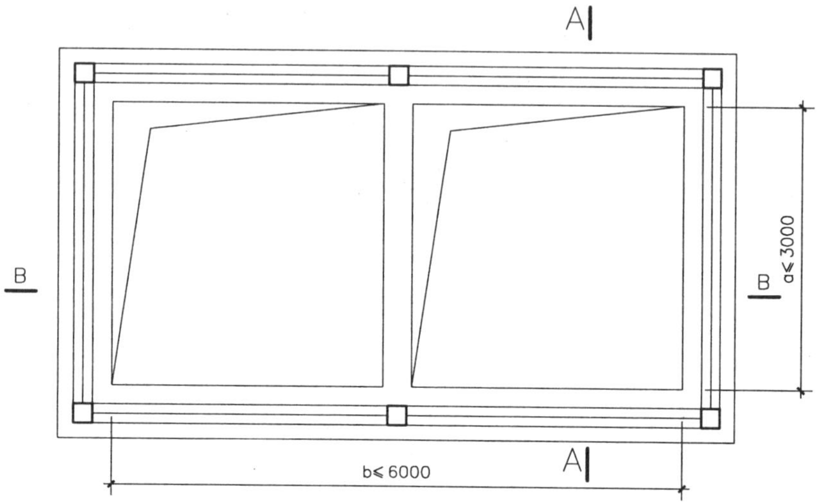

通风采光窗平面图

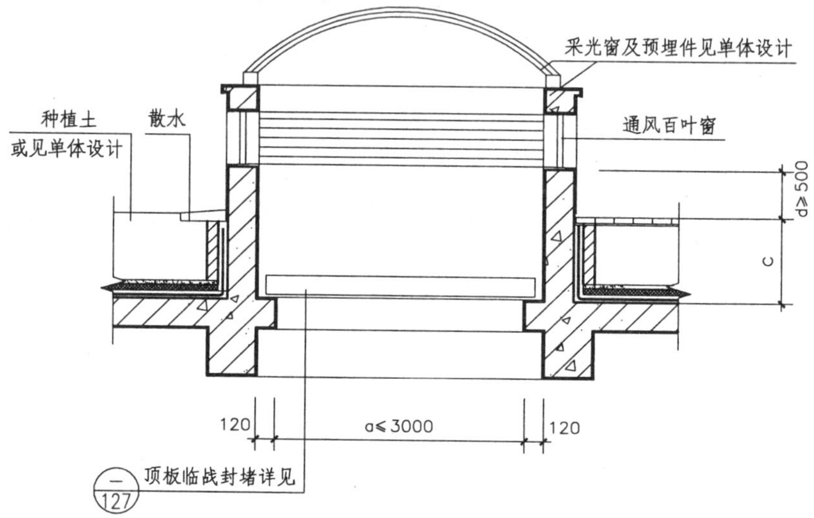

A—A

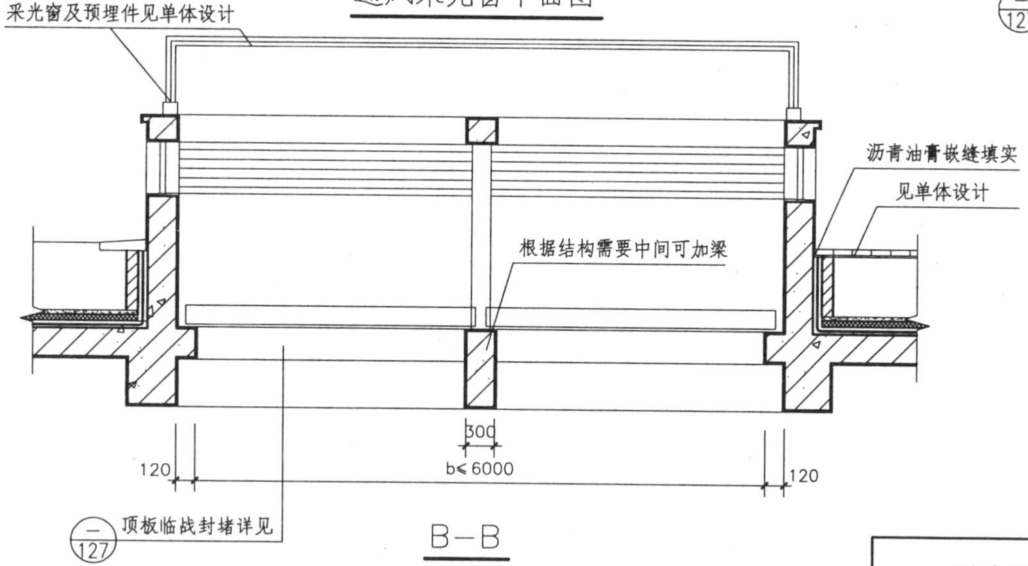

B—B

说明：

1.本图适用于地下车库中为平时通风排烟采光开设的通风采光井设计，宽度不宜大于6.0m。一个防护单元中合计不宜超过2个，并预留临战封堵措施。

2.本图中a、b、c、d尺寸由单体工程确定。

3.采光窗形式及材料由单体工程确定。

4.防水层及室外地面做法见单体设计。

5.保温型窗井做法见05J927－1第50页。

防空地下室顶板上通风采光窗井构造图							图集号	07FJ02
审核	陈宗耀	陈宗耀	校对	孙晓秋	孙晓秋	设计 沈志红 沈志红	页	132

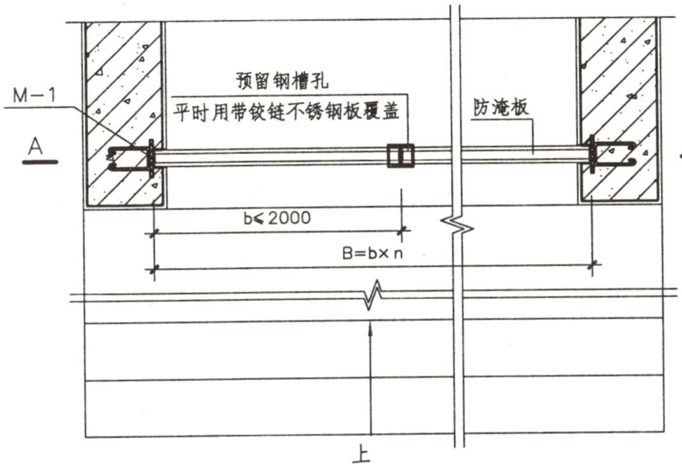

地面出入口平面图

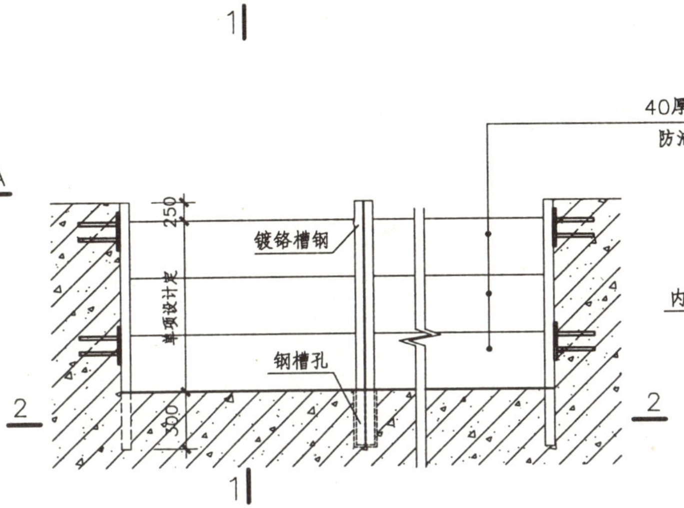

A－A剖视图

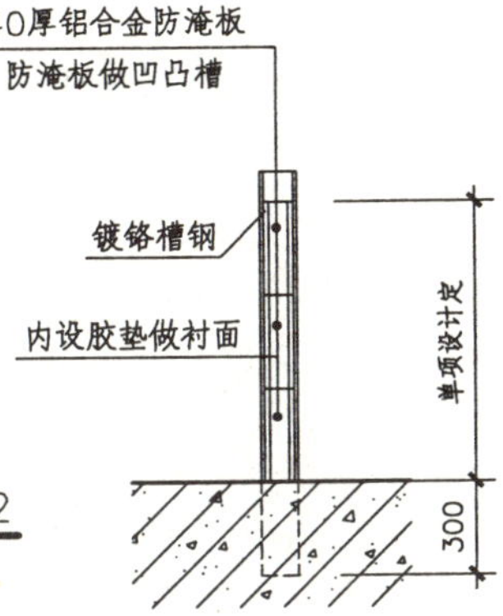

1－1剖面图

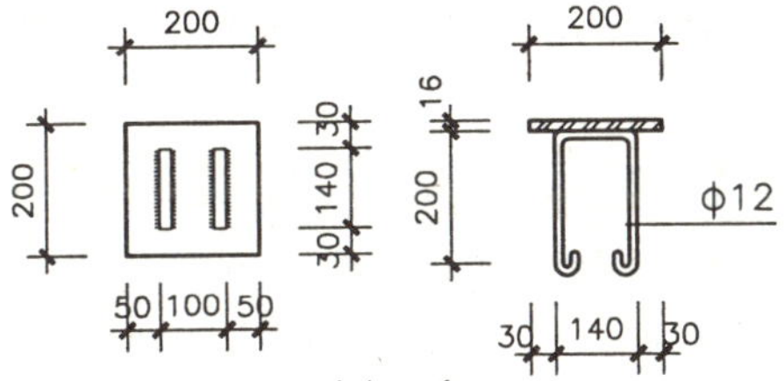

M－1

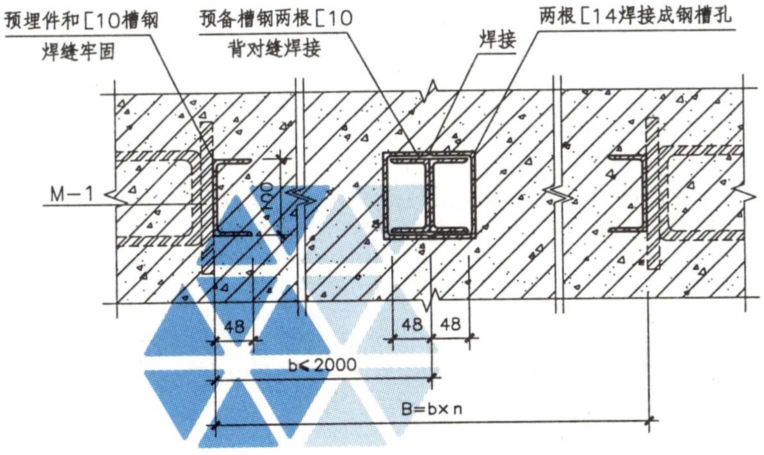

2－2剖面

说明：

1.B值确定后，在满足b≤2000mm情况下，n取最小自然数。

2.若B≤2000mm，则取消中央的预留洞和预备槽钢。

3.出入口防淹设施采用定型产品铝合金防淹板。若用其他板材替代时，应注意密封防水要求，可在挡板前采用沙包堆垒挡水措施。

4.防空地下室通往地面的各种孔口应按照所在地势采取相应的防雨水和地表水倒灌水措施，必要时可增设防雨水和地表水倒灌的防洪挡板。

防洪挡板构造图							图集号	07FJ02
审核	陈宗耀	陈宗耀	校对	孙晓秋	孙晓秋	设计	沈志红 沈志红	页	133

固斯特防水涂料相关技术资料

KOESTER(固斯特) NB 渗透结晶刚柔结合型防水涂料

KOESTER(固斯特) NB 渗透结晶刚柔结合型防水涂料集柔性及刚性材料的优点于一身，使水泥基材料在渗透结晶功能的基础上，具备柔性防水材料的特点，可用于迎水面和背水面。产品为双组合成分：NBI 渗透结晶防水砂浆及 SB 浓缩伴附乳液。经国家建筑材料测试中心检验，第一次抗渗压力（28d）0．9MPa，第二次抗渗压力（56d）0．7MPa。

1．固斯特 NB 渗透结晶防水砂浆：

NB 渗透结晶防水砂浆由水泥、石英砂、石英粉及矿物质核心母料组成。它以水为载体，经过混凝土等矿物质基材本身固有的化学游离离子群（如钙离子）的催化和激活，在毛细孔中生成不被水溶解的结晶体，达到防水防护功效。从而解决基面潮湿，阻止有压水以及无压水的侵入。

2．固斯特 SB 浓缩伴附乳液：

SB 浓缩伴附乳液其自身较高的常温柔性（700%）、较低的玻璃化温度（-17℃--8℃）、较高的伸长率、耐高低温等特点，为固斯特 NB 渗透结晶刚柔结合型防水涂料提供了断裂延伸率、低温柔性、韧性和弹性；SB 浓缩伴附乳液耐老化、耐腐蚀、无毒，同时能减弱材料的吸水性，这些特点提高了材料的抗霜冻、抗盐和其他腐蚀性物质的能力；SB 浓缩伴附乳液是一种结构中活性基因很少的聚合物，NB 渗透结晶防水砂浆水化反应生成的矿物质结晶体密集地填充于聚合物网络内。其防水功效不只是通过材料的渗透结晶，还是通过材料在基底上形成的错综复杂的网络结构交织层来实现。

3．固斯特 NB 渗透结晶刚柔结合型防水涂料的特性：

固斯特 NB 渗透结晶刚柔结合型防水涂料的韧性化解了由于水化反应过程中的混凝土收缩、机械振动、气温变化等因素带来的内应力；改善了防水层在基面上的附着力；无论天气如何变化，大风还是阳光直射都不能影响防水层的固化时间，阻止了材料中水分过快挥发而导致的涂层开裂；同样密封了地下的盐类物质和其它腐蚀性物质的析出。产品具有良好的渗透性、抗压及抗折强度。由于材料的断裂延伸率大于 8%（符合联邦德国关于弥合裂缝型防水砂浆的工业标准），弹性模量低于 10000MPa，所以该材料具有良好的动态抗裂性，从而弥补了刚性材料在力学性能上的种种不足。

4．使用范围及施工：

固斯特 NB 渗透结晶刚柔结合型防水材料能用于除石膏外的所有矿物质基底上；由于材料在基材内产生的晶体为不能被水分解的矿物质，其反应不影响基材的 PH 值，故性能非常稳定，对混凝土钢筋无腐蚀作用；其施工简单，无需作找平层，涂刷后无需洒水养护。由于 NB 具有优秀的防水以及抗酸碱腐蚀性能，因此，还可用于金属表面，防止金属（例如钢管）锈蚀。

主编单位、协编单位、联系人及电话

主编单位	中国建筑设计研究院建筑专业院	李宝明	010－68302234
	中国建筑标准设计研究院	王焕东	010－88361155－800
	上海市地下建筑设计研究院	沈志红	021－24028300－7697

以下企业作为本图集的协编单位，在本图集的编制过程中，提供了相关的技术资料，对图集的编制工作给予了很大支持，特表示感谢。

	北京固斯特国际化工有限公司	010－52059396

主管单位、联系人及电话

	中国建筑标准设计研究院	赵贵华	010－88361155－800

GUOJIAJIANZHUBIAOZHUNSHEJI 07FJ03

国家建筑标准设计图集 07FJ03

防空地下室防护设备选用

中国建筑标准设计研究院

防空地下室防护设备选用

批准部门	中华人民共和国建设部 国家人民防空办公室	批准文号	建质[2007]50号
主编单位	中国建筑标准设计研究院	统一编号	GJBT-992
实行日期	二〇〇七年五月一日	图集号	07FJ03

主编单位负责人	王?艳
主编单位技术负责人	王焕东
技术审定人	马?荣
设计负责人	江水德

目　　录

目录						图集号	07FJ03
审核	王焕东	校对	赵贵华	设计	张锦兵	页	1

编制说明

1 编制依据

本图集遵循下列国家现行规范：

《人民防空地下室设计规范》GB50038-2005

《混凝土结构设计规范》GB50010-2002

《钢结构设计规范》GB50017-2003

2 适用范围

2.1 本图集适用于下列防空地下室出入口、通风口、连通口的防护密闭门、密闭门、防爆波活门及扩散箱的选用：

2.1.1 核5级常5级、核6级常6级、核6B级常6级甲类防空地下室。

2.1.2 常5级、常6级乙类防空地下室。

2.2 居住小区内结合民用建筑易地修建的相应抗力级别的甲、乙类单建掘开式人防工程可参照本图集选用。

3 有关防护密闭门、防爆波活门设计压力值的规定

3.1 甲类防空地下室出入口、通风口防护密闭门、防爆波活门设计压力值应按表3.1确定。

3.2 甲类防空地下室相邻防护单元连通口防护密闭门设计压力值应按表3.2确定。

3.3 甲类防空地下室不相邻防护单元连通口防护密闭门设计压力值应按表3.3确定。

3.4 乙类防空地下室出入口、通风口防护密闭门、防爆波活门设计压力值应按表3.4确定。

表3.1 甲类防空地下室出入口、通风口防护密闭门、防爆波活门设计压力值（MPa）

出入口形式 \ 抗力级别		核5级常5级	核6级常6级	核6B级常6级
室外直通式出入口	L≤15m	0.30	0.15	0.15
	L>15m			0.10
室外单向式、穿廊式、楼梯式、竖井式出入口		0.30	0.15	0.10
室内出入口				
通风口				

注：L为通道长度，按有防护顶盖段通道中心线在平面上的投影长计。

表3.2 甲类防空地下室相邻防护单元连通口防护密闭门设计压力值（MPa）

相邻防护单元抗力级别		设计压力值（MPa）
核5级常5级与核5级常5级相邻		0.10
核6级常6级与核6级常6级相邻		0.05
核6B级常6级与核6B级常6级相邻		0.03
核5级常5级与核6级常6级相邻	核5级常5级一侧	0.05
	核6级常6级一侧	0.10
核5级常5级与核6B级常6级相邻	核5级常5级一侧	0.03
	核6B级常6级一侧	0.10
核6级常6级与核6B级常6级相邻	核6级常6级一侧	0.03
	核6B级常6级一侧	0.05

编制说明						图集号	07FJ03
审核 王焕东	王焕东	校对 赵贵华	赵贵华	设计 张锦兵	张锦兵	页	2

表3.3 甲类防空地下室不相邻防护单元连通口防护密闭门设计压力值（MPa）

两不相邻防护单元抗力级别		设计压力值（MPa）
核5级常5级与核5级常5级连通		0.10
核6级常6级与核6级常6级连通		0.05
核6B级常6级与核6B级常6级连通		0.03
核5级常5级与核6级常6级连通	核5级常5级一侧	0.10
	核6级常6级一侧	0.05
核5级常5级与核6B级常6级连通	核5级常5级一侧	0.10
	核6B级常6级一侧	0.03
核6级常6级与核6B级常6级连通	核6级常6级一侧	0.05
	核6B级常6级一侧	0.03

表3.4 乙类防空地下室出入口、通风口防护密闭门、防爆波活门设计压力值（MPa）

出入口形式 \ 抗力级别			常5级	常6级
室外出入口	直通式	通道长度≤15m	0.30	0.15
		通道长度>15m	0.20	0.10
	单向式、穿廊式、楼梯式、竖井式			
室内出入口				
通风口				

注：通道长度：直通式出入口按有防护顶盖段通道中心线在平面上的投影长计。

3.5 乙类防空地下室连通口防护密闭门设计压力值宜按0.03MPa采用。

4 防护密闭门、密闭门、防爆波活门型号含义

4.1 固定门槛钢筋混凝土防护密闭门

B FM 15 20－30

- B：中国建筑标准设计研究院产品标识
- FM：固定门槛钢筋混凝土防护密闭门
- 15：门洞净宽1.5m
- 20：门洞净高2.0m
- 30：门扇设计压力值0.30MPa

4.2 活门槛钢筋混凝土防护密闭门

B HFM 15 20－30

- B：中国建筑标准设计研究院产品标识
- HFM：活门槛钢筋混凝土防护密闭门
- 15：门洞净宽1.5m
- 20：战时门洞净高2.0m
- 30：门扇设计压力值0.30MPa

4.3 固定门槛钢筋混凝土密闭门

B M 15 20

- B：中国建筑标准设计研究院产品标识
- M：固定门槛钢筋混凝土密闭门
- 15：门洞净宽1.5m
- 20：门洞净高2.0m

4.4 活门槛钢筋混凝土密闭门

B HM 15 20

- B：中国建筑标准设计研究院产品标识
- HM：活门槛钢筋混凝土密闭门
- 15：门洞净宽1.5m
- 20：战时门洞净高2.0m

编制说明						图集号	07FJ03
审核 王焕东	王焕东	校对 赵贵华	赵贵华	设计 张锦兵	张锦兵	页	3

4.5 双扇无门槛钢结构防护密闭门

双扇无门槛钢结构防护密闭门 B GFM 40 22−30

- B：中国建筑标准设计研究院产品标识
- GFM：双扇无门槛钢结构防护密闭门
- 40：门洞净宽4.0m
- 22：门洞净高2.2m
- 30：门扇设计压力值0.30MPa

4.6 双扇无门槛钢结构密闭门

双扇无门槛钢结构密闭门 B GM 40 22

- B：中国建筑标准设计研究院产品标识
- GM：双扇无门槛钢结构密闭门
- 40：门洞净宽4.0m
- 22：门洞净高2.2m

4.7 防爆波活门

防爆波活门 B MH 5700−30

- B：中国建筑标准设计研究院产品标识
- MH：防爆波活门
- 5700：战时最大通风量5700m^3/h
- 30：门扇设计压力值0.30MPa

4.8 扩散箱

B KSX 2000

- B：中国建筑标准设计研究院产品标识
- KSX：扩散箱
- 2000：战时最大通风量2000m^3/h

5 防护密闭门、密闭门、防爆波活门选用规定

5.1 防护密闭门应根据门洞尺寸及设计压力值选用相应型号。

5.2 防护密闭门设计压力值为0.20MPa时，可选用设计压力值为0.30MPa的防护密闭门。

5.3 防护密闭门设计压力值为0.03MPa时，可选用设计压力值为0.05MPa的防护密闭门。

5.4 密闭门应根据洞口尺寸选用。

5.5 单扇固定门槛（活门槛）钢筋混凝土防护密闭门、密闭门的门扇以铰页为轴逆时针开启称为“反”门，顺时针开启为“正”门。采用时，应在图上注明开启方向，如“反BHFM1520−30”。

5.6 防爆波活门设计压力值为0.10MPa时，可选用设计压力值为0.15MPa的防爆波活门。

5.7 防爆波活门设计压力值为0.20MPa时，可选用设计压力值为0.30MPa的防爆波活门。

6 防护密闭门、密闭门、防爆波活门选用示例

6.1 某核5级常5级甲类一等人员掩蔽所主要出入口平面布置见下图，试选用防护密闭门、密闭门、防爆波活门。

6.1.1 人防门1的选用：

（1）本工程抗力级别为核5级常5级，出入口形式为室外单向式出入口，查表3.1可知防护密闭门设计压力值为0.30MPa。

（2）人防门1洞口宽为1500mm。

（3）根据工程使用条件确定是否需要设置活门槛，人防门1可选用正BFM1520−30或正BHFM1520−30。

6.1.2 人防门2、3、4的选用：

（1）人防门2、3洞口宽为1500mm，人防门4洞口宽为1000mm。

编制说明						图集号	07FJ03
审核 王焕东	王焕东	校对 赵贵华	赵贵华	设计 张锦兵	张锦兵	页	4

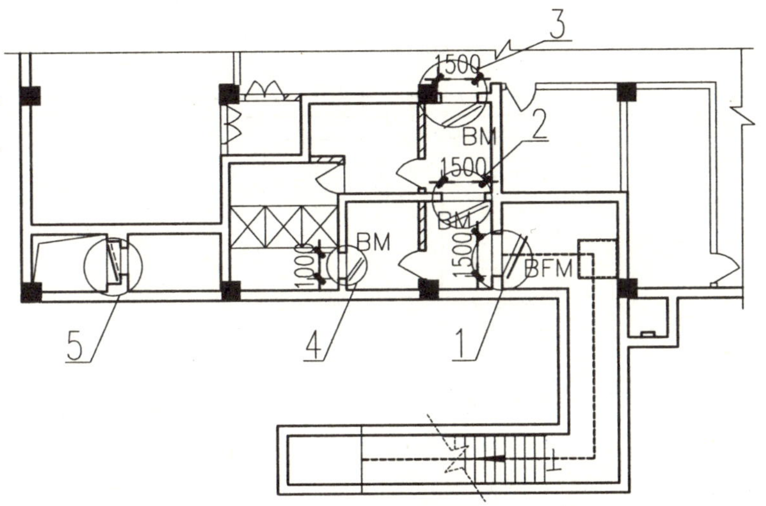

（注：该出入口通道长度>15m，标注略。）

（2）根据工程使用条件确定是否需要设置活门槛，人防门2、3可选用反BM1520或反BHM1520，人防门4可选用正BM1020或正BHM1020。

6.1.3 防爆波活门5的选用：

（1）本工程抗力级别为核5级常5级甲类防空地下室，查表3.1可知防爆波活门设计压力值为0.30MPa。

（2）战时最大通风量为8000（m^3/h），故防爆波活门5可选用BMH8000—30。

6.2 某常6级乙类二等人员掩蔽所主要出入口平面布置见右图，试选用防护密闭门、密闭门、悬板活门。

6.2.1 人防门1的选用：

（1）本工程抗力级别为常6级，出入口形式为室外直通式出入口，通道长度>15m，查表3.4可知防护密闭门设计压力值为0.10MPa。

（2）人防门1洞口宽为1500mm。

（3）根据工程使用条件确定是否需要设置活门槛，人防门1可选用正BFM1520—10或正BHFM1520—10。

6.2.2 人防门2的选用：

（1）人防门2洞口宽为1500mm。

（2）根据工程使用条件确定是否需要设置活门槛，人防门2可选用正BM1520或正BHM1520。

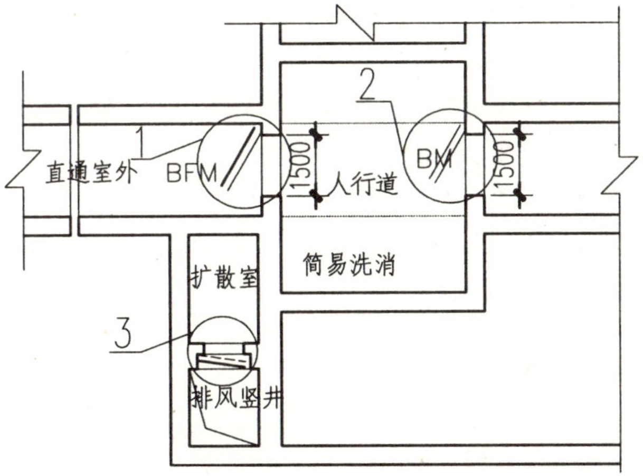

(注：室外直通式出入口的通道长度>15m。标注略)

编制说明						图集号	07FJ03
审核	王焕东	校对	赵贵华	设计	张锦兵	页	5

6.2.3 防爆波活门3的选用

（1）本工程抗力级别为常6级乙类防空地下室，查表3.5可知防爆波活门设计压力值为0.10MPa。

（2）战时最大通风量为5700（m^3/h），由于防爆波活门中尚无设计压力值为0.10MPa的定型产品，故防爆波活门3可选用BMH5700－15。

7 对防护密闭门、密闭门门槛的处理

为方便平时使用，对防护密闭门、密闭门门槛可按以下做法之一处理：

7.1 采用活门槛系列的防护密闭门、密闭门，平时不装门槛，临战时安装门槛。

7.2 采用固定门槛系列的防护密闭门、密闭门，将门扇开启范围内的地面下降150mm，做成凹槽（见右图），使得防护密闭门、密闭门的门槛顶面标高与室内地面完成面持平，平时防护密闭门、密闭门置于开启状态，用垫板将凹槽填平；战时将垫板撤掉，可使防护密闭门、密闭门恢复自由启闭。其中单扇门门前凹槽的最小宽度宜为门扇宽度加上200mm，双扇门门前凹槽的最小宽度宜为门扇宽度加上400mm。

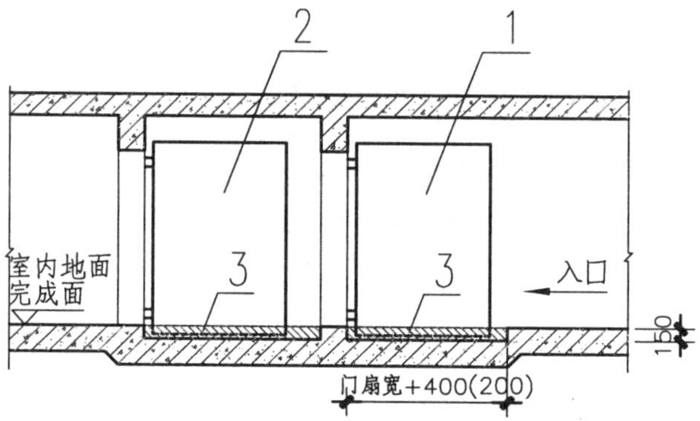

1—防护密闭门；2—密闭门；3—垫板

编制说明						图集号	07FJ03
审核 王焕东	王焕东	校对 赵贵华	赵贵华	设计 张锦兵	张锦兵	页	6

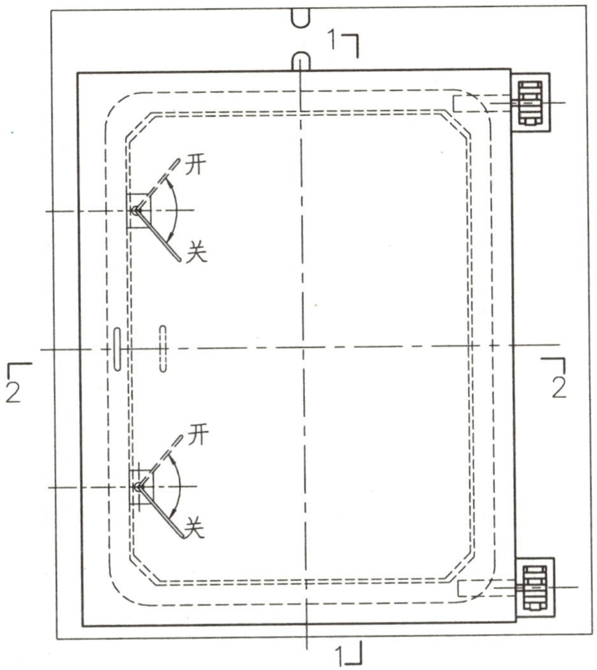

立面图

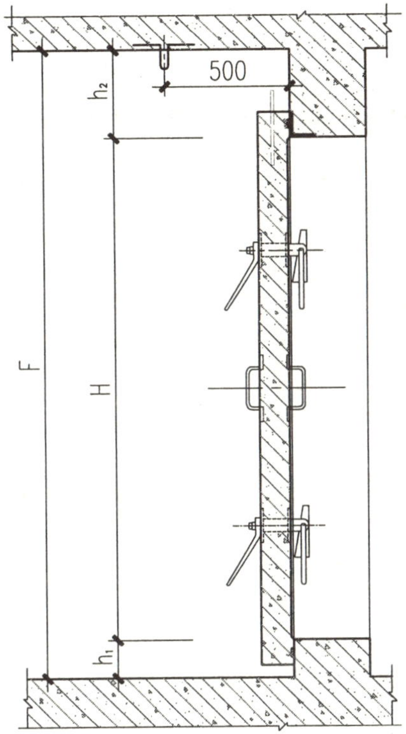

1—1

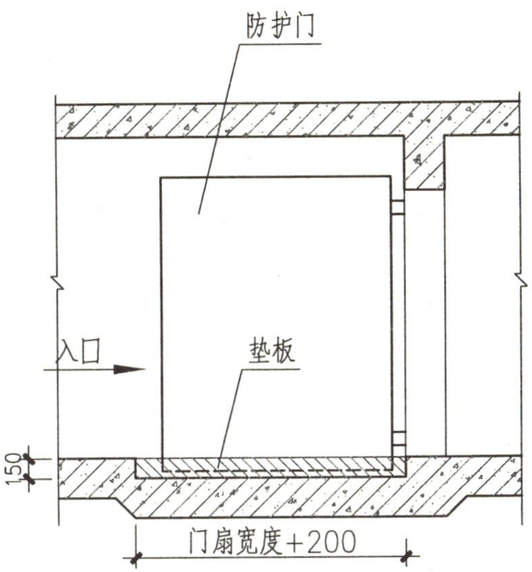

门前凹槽式做法示意

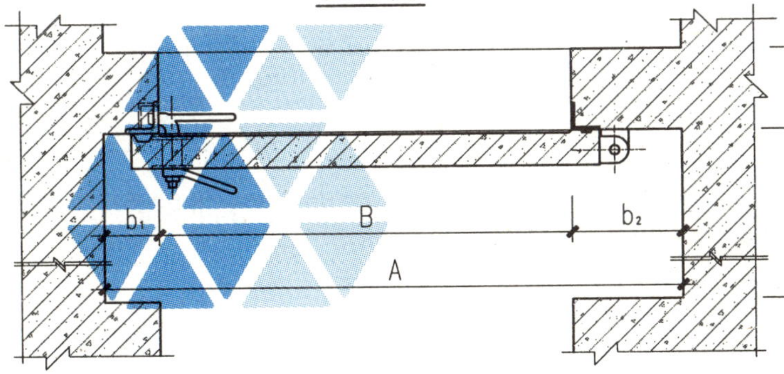

2—2

说明：1.门扇以铰页为轴逆时针开启称为“反”门，顺时针开启为“正”门。本图按“反”门绘制，若做“正”门时，则应以门扇中心线为轴，对称变动各零件位置。采用本图时，应在图上注明开启方向，如“反BFM1220—30”。

2.如平时使用不宜有门槛，除可选用活门槛防护门外，也可将门前的门扇开启范围内的地面下降，做成凹槽。平时门扇置于开启状态，用垫板将凹槽填平；战时将垫板撤掉，门扇便可自由开启。

单扇固定门槛钢筋混凝土防护密闭门						图集号	07FJ03
审核	王焕东	校对	赵贵华	设计	张锦兵	页	7

单扇固定门槛钢筋混凝土防护密闭门选用表

型 号	门洞 宽x高BxH (mm)	设计压力值 (MPa)	门前通道 最小宽度A (mm)	门前通道 最小高度F (mm)	门扇开启 最小长度L (mm)	闭锁侧门框墙 最小宽度b_1 (mm)	铰页侧门框墙 最小宽度b_2 (mm)	门槛高度h_1 (mm)	门扇上挡墙 最小高度h_2 (mm)	吊环直径 (mm)
BFM0608−10	600x800	0.10	1100	2000	1000	150	350	≥500	250	12
BFM0608−15	600x800	0.15	1100	2000	1000	150	350	≥500	250	12
BFM0608−30	600x800	0.30	1100	2000	1000	150	350	≥500	250	12
BFM0716−10	700x1600	0.10	1200	2000	1100	150	350	150	250	12
BFM0716−15	700x1600	0.15	1200	2000	1100	150	350	150	250	12
BFM0716−30	700x1600	0.30	1200	2000	1100	150	350	150	250	12
BFM0820−05	800x2000	0.05	1300	2400	1200	150	350	150	250	16
BFM0820−10	800x2000	0.10	1300	2400	1200	150	350	150	250	16
BFM0820−15	800x2000	0.15	1300	2400	1200	150	350	150	250	16
BFM0820−30	800x2000	0.30	1300	2400	1200	150	350	150	250	16
BFM1020−05	1000x2000	0.05	1500	2400	1400	150	350	150	250	16
BFM1020−10	1000x2000	0.10	1500	2400	1400	150	350	150	250	16
BFM1020−15	1000x2000	0.15	1500	2400	1400	150	350	150	250	16
BFM1020−30	1000x2000	0.30	1500	2400	1400	150	350	150	250	16

说明：门槛高度h_1指门扇开启侧的地面完成面至门槛上沿的尺寸。防护密闭门门框墙厚度C最小为300mm。

单扇固定门槛钢筋混凝土防护密闭门选用表							图集号	07FJ03
审核	王焕东	王焕东	校对	赵贵华	赵贵华	设计	张锦兵 张锦兵	页 8

续表

型 号	门洞 宽x高BxH (mm)	设计压力值 (MPa)	门前通道 最小宽度A (mm)	门前通道 最小高度F (mm)	门扇开启 最小长度L (mm)	闭锁侧门框墙 最小宽度b_1 (mm)	铰页侧门框墙 最小宽度b_2 (mm)	门槛高度h_1 (mm)	门扇上挡墙 最小高度h_2 (mm)	吊环直径 (mm)
BFM1220-05	1200x2000	0.05	1800	2400	1600	200	400	150	250	20
BFM1220-10	1200x2000	0.10	1800	2400	1600	200	400	150	250	20
BFM1220-15	1200x2000	0.15	1800	2400	1600	200	400	150	250	20
BFM1220-30	1200x2000	0.30	1800	2400	1600	200	400	150	250	20
BFM1320-05	1300x2000	0.05	1900	2400	1700	200	400	150	250	20
BFM1320-10	1300x2000	0.10	1900	2400	1700	200	400	150	250	20
BFM1320-15	1300x2000	0.15	1900	2400	1700	200	400	150	250	20
BFM1320-30	1300x2000	0.30	1900	2400	1700	200	400	150	250	20
BFM1520-05	1500x2000	0.05	2100	2400	1900	200	400	150	250	20
BFM1520-10	1500x2000	0.10	2100	2400	1900	200	400	150	250	20
BFM1520-15	1500x2000	0.15	2100	2400	1900	200	400	150	250	20
BFM1520-30	1500x2000	0.30	2100	2400	1900	200	400	150	250	20

说明：门槛高度h_1指门扇开启侧的地面完成面至门槛上沿的尺寸。防护密闭门门框墙厚度C最小为300mm。

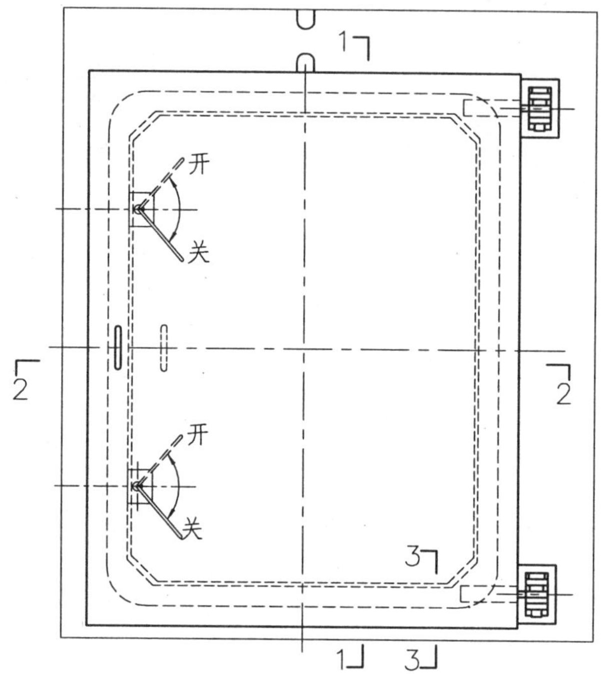

立面图

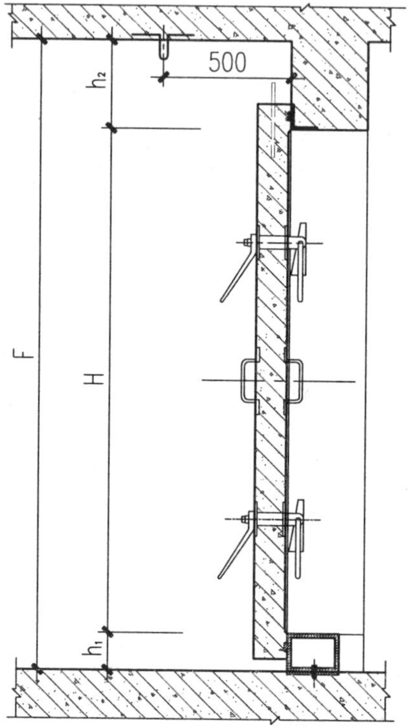

1—1

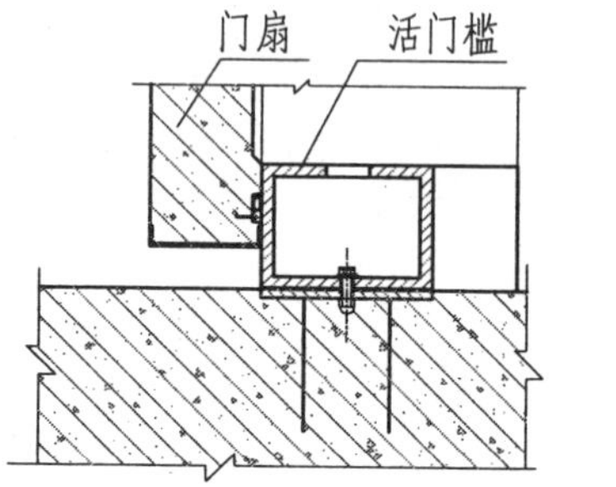

3—3(战时)

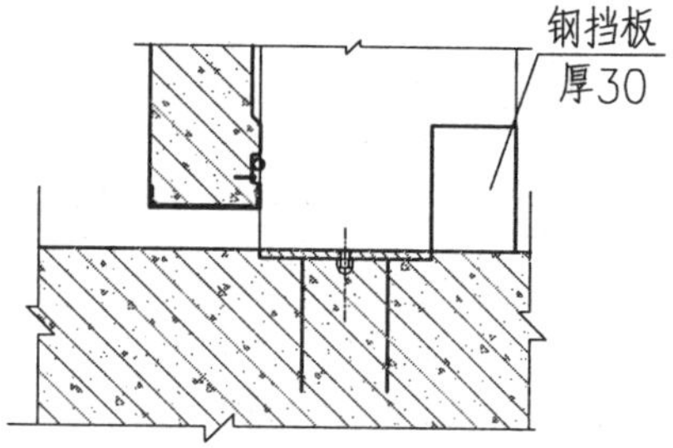

3—3(平时)

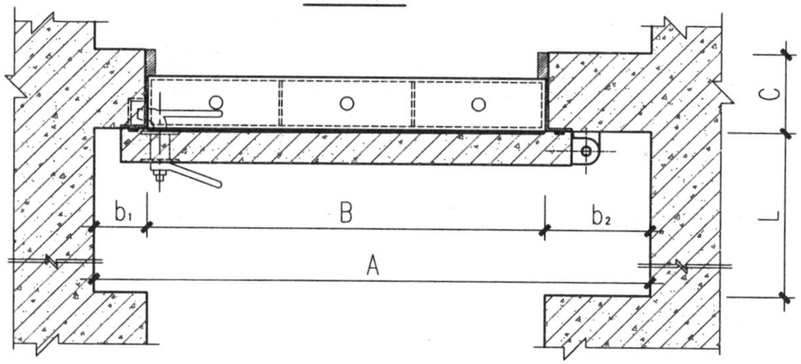

2—2

说明：1.门扇以铰页为轴逆时针开启称为“反”门，顺时针开启为“正”门。本图按“反”门绘制，若做“正”门时，则应以门扇中心线为轴，对称变动各零件位置。采用本图时,应在图上注明开启方向，如“反BHFM1220—30”。

2.为方便使用，活门槛平时不安装，临战时按图安装门槛。

3.本图不包含BHFM1520—30,该活门槛防护密闭门为三个铰页、三个闭锁，且其活门槛宽度为200mm，其余活门槛宽度均为150mm。

单扇活门槛钢筋混凝土防护密闭门							图集号	07FJ03
审核	王焕东	王焕东	校对	赵贵华	赵贵华	设计	张锦兵 张锦兵	页 10

单扇活门槛钢筋混凝土防护密闭门选用表

型 号	战时门洞宽x高BxH (mm)	平时门洞宽x高 (mm)	设计压力值 (MPa)	门前通道最小宽度A (mm)	门前通道最小高度F (mm)	门扇开启最小长度L (mm)	闭锁侧门框墙最小宽度b_1 (mm)	铰页侧门框墙最小宽度b_2 (mm)	战时门槛高度h_1(mm)	门扇上挡墙最小高度h_2 (mm)	吊环直径 (mm)
BHFM0820-05	800x2000	800x2150	0.05	1300	2400	1200	150	350	150	250	16
BHFM0820-10	800x2000	800x2150	0.10	1300	2400	1200	150	350	150	250	16
BHFM0820-15	800x2000	800x2150	0.15	1300	2400	1200	150	350	150	250	16
BHFM0820-30	800x2000	800x2150	0.30	1300	2400	1200	150	350	150	250	16
BHFM1020-05	1000x2000	1000x2150	0.05	1500	2400	1400	150	350	150	250	16
BHFM1020-10	1000x2000	1000x2150	0.10	1500	2400	1400	150	350	150	250	16
BHFM1020-15	1000x2000	1000x2150	0.15	1500	2400	1400	150	350	150	250	16
BHFM1020-30	1000x2000	1000x2150	0.30	1500	2400	1400	150	350	150	250	16
BHFM1220-05	1200x2000	1200x2150	0.05	1800	2400	1600	200	400	150	250	20
BHFM1220-10	1200x2000	1200x2150	0.10	1800	2400	1600	200	400	150	250	20
BHFM1220-15	1200x2000	1200x2150	0.15	1800	2400	1600	200	400	150	250	20
BHFM1220-30	1200x2000	1200x2150	0.30	1800	2400	1600	200	400	150	250	20

说明：1.门槛高度h_1指门扇开启侧的地面完成面至门槛上沿的尺寸。防护密闭门门框墙厚度C最小为300mm。

2.HFM1520-30的活门槛宽度为200mm，其余单扇活门槛钢筋混凝土防护密闭门的活门槛宽度均为150mm。

续表

型号	战时门洞宽x高 BxH(mm)	平时门洞宽x高 (mm)	设计压力值 (MPa)	门前通道最小宽度A (mm)	门前通道最小高度F (mm)	门扇开启最小长度L (mm)	闭锁侧门框墙最小宽度b_1 (mm)	铰页侧门框墙最小宽度b_2 (mm)	战时门槛高度h_1 (mm)	门扇上挡墙最小高度h_2 (mm)	吊环直径 (mm)
BHFM1320-05	1300x2000	1300x2150	0.05	1900	2400	1700	200	400	150	250	20
BHFM1320-10	1300x2000	1300x2150	0.10	1900	2400	1700	200	400	150	250	20
BHFM1320-15	1300x2000	1300x2150	0.15	1900	2400	1700	200	400	150	250	20
BHFM1320-30	1300x2000	1300x2150	0.30	1900	2400	1700	200	400	150	250	20
BHFM1520-05	1500x2000	1500x2150	0.05	2100	2400	1900	200	400	150	250	20
BHFM1520-10	1500x2000	1500x2150	0.10	2100	2400	1900	200	400	150	250	20
BHFM1520-15	1500x2000	1500x2150	0.15	2100	2400	1900	200	400	150	250	20
BHFM1520-30	1500x2000	1500x2150	0.30	2100	2400	1900	200	400	150	250	20

说明：1.门槛高度h_1指门扇开启侧的地面完成面至门槛上沿的尺寸。防护密闭门门框墙厚度C最小为300mm。

2.HFM1520-30的活门槛宽度为200mm，其余单扇活门槛钢筋混凝土防护密闭门的活门槛宽度均为150mm。

单扇活门槛钢筋混凝土防护密闭门选用表						图集号	07FJ03
审核	王焕东	校对	赵贵华	设计	张锦兵	页	12

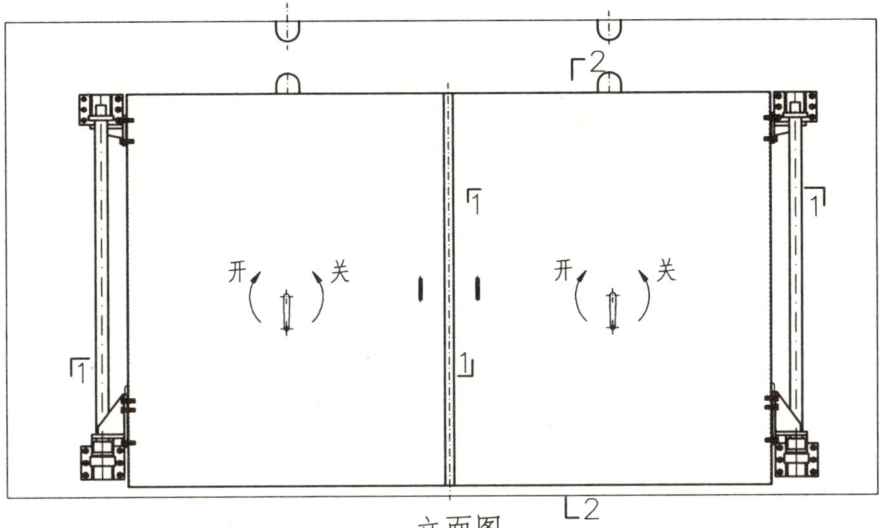

立面图

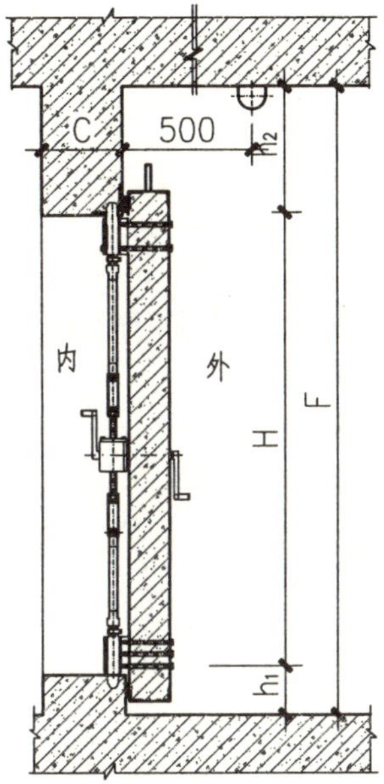

2—2

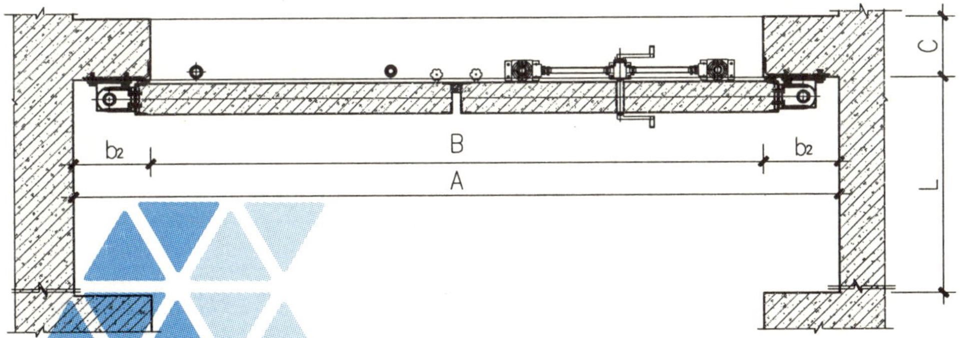

1—1

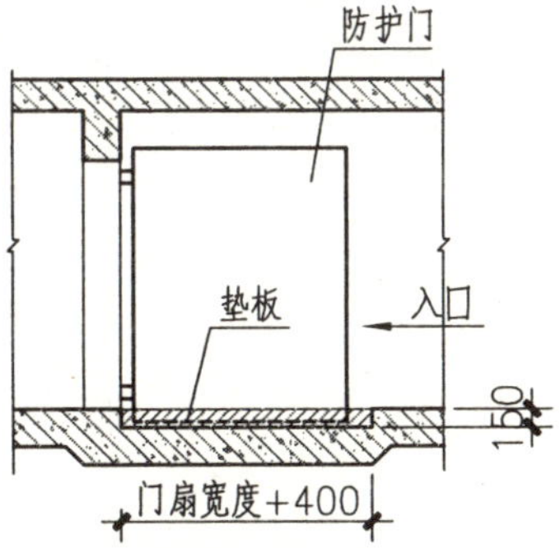

门前凹槽式做法示意

说明：如平时使用不宜有门槛，除可选用活门槛防护门外，也可将门前的门扇开启范围内的地面下降，做成凹槽。平时门扇置于开启状态，用垫板将凹槽填平；战时将垫板撤掉，门扇便可自由开启。

双扇固定门槛钢筋混凝土防护密闭门						图集号	07FJ03
审核	王焕东	校对	赵贵华	设计	张锦兵	页	13

双扇固定门槛钢筋混凝土防护密闭门选用表

型号	门洞 宽x高BxH (mm)	设计压力值 (MPa)	门前通道 最小宽度A (mm)	门前通道 最小高度F (mm)	门扇开启 最小长度L (mm)	门框墙 最小宽度 b_2(mm)	门槛高度 h_1(mm)	门扇上挡墙 最小高度 h_2(mm)	吊环直径 (mm)
BFM2020-05	2000x2000	0.05	2700	2400	1600	500	150	500	18(2个)
BFM2020-10	2000x2000	0.10	2700	2400	1600	500	150	500	18(2个)
BFM2020-15	2000x2000	0.15	2700	2400	1600	500	150	500	18(2个)
BFM2020-30	2000x2000	0.30	2700	2400	1600	500	150	500	18(2个)
BFM2525-05	2500x2500	0.05	3200	2900	1850	500	150	500	20(2个)
BFM2525-10	2500x2500	0.10	3200	2900	1850	500	150	500	20(2个)
BFM2525-15	2500x2500	0.15	3200	2900	1850	500	150	500	20(2个)
BFM2525-30	2500x2500	0.30	3200	2900	1850	500	150	500	20(2个)
BFM3025-05	3000x2500	0.05	3700	2900	2100	500	150	500	20(2个)
BFM3025-10	3000x2500	0.10	3700	2900	2100	500	150	500	20(2个)
BFM3025-15	3000x2500	0.15	3700	2900	2100	500	150	500	20(2个)
BFM4022-05	4000x2200	0.05	5000	2650	2600	500	150	500	20(2个)
BFM4022-10	4000x2200	0.10	5000	2650	2600	500	150	500	20(2个)
BFM4022-15	4000x2200	0.15	5000	2650	2600	500	150	500	20(2个)

说明：门槛高度h_1指门扇开启侧的地面完成面至门槛上沿的尺寸。防护密闭门门框墙厚度C最小为300mm。

续表

型 号	门洞 宽x高BxH (mm)	设计压力值 (MPa)	门前通道 最小宽度A (mm)	门前通道 最小高度F (mm)	门扇开启 最小长度L (mm)	门框墙 最小宽度 b_2(mm)	门槛高度 h_1(mm)	门扇上挡墙 最小高度 h_2(mm)	吊环直径 (mm)
BFM4025-05	4000x2500	0.05	5000	2950	2600	500	150	500	20(2个)
BFM4025-10	4000x2500	0.10	5000	2950	2600	500	150	500	20(2个)
BFM4025-15	4000x2500	0.15	5000	2950	2600	500	150	500	20(2个)
BFM5025-05	5000x2500	0.05	6000	2950	3100	500	150	500	20(2个)
BFM5025-10	5000x2500	0.10	6000	2950	3100	500	150	500	20(2个)
BFM5025-15	5000x2500	0.15	6000	2950	3100	500	150	500	20(2个)
BFM6022-05	6000x2200	0.05	7000	2650	3600	500	150	500	20(4个)
BFM6022-10	6000x2200	0.10	7000	2650	3600	500	150	500	20(4个)
BFM6022-15	6000x2200	0.15	7000	2650	3600	500	150	500	20(4个)
BFM6025-05	6000x2500	0.05	7000	2950	3600	500	150	500	20(4个)
BFM6025-10	6000x2500	0.10	7000	2950	3600	500	150	500	20(4个)
BFM6025-15	6000x2500	0.15	7000	2950	3600	500	150	500	20(4个)

说明：门槛高度h_1指门扇开启侧的地面完成面至门槛上沿的尺寸。防护密闭门门框墙厚度C最小为300mm。

双扇固定门槛钢筋混凝土防护密闭门选用表	图集号	07FJ03
审核 王焕东 王焕东 校对 赵贵华 赵贵华 设计 张锦兵 张锦兵	页	15

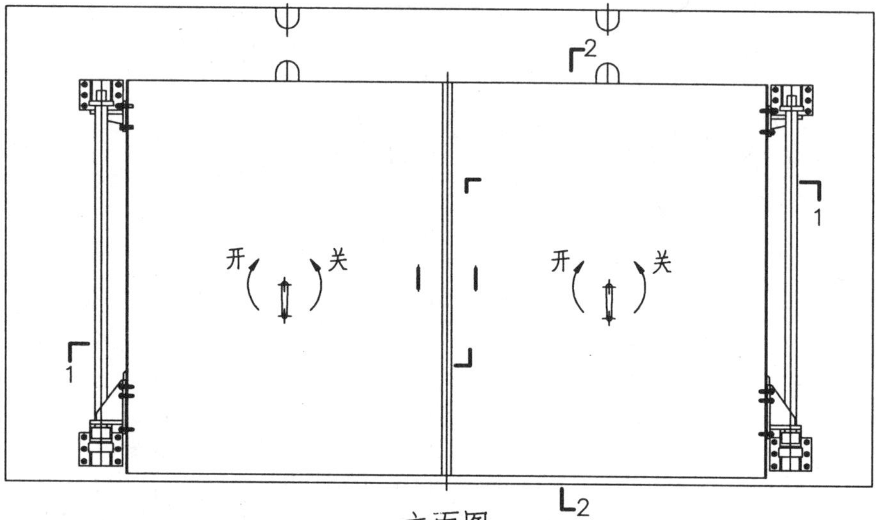

立面图

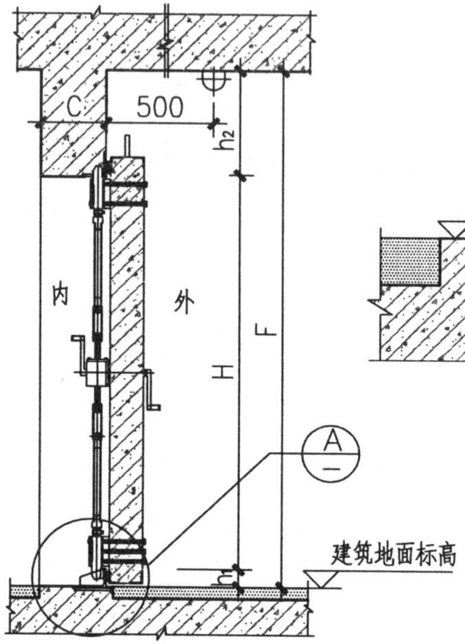

2－2

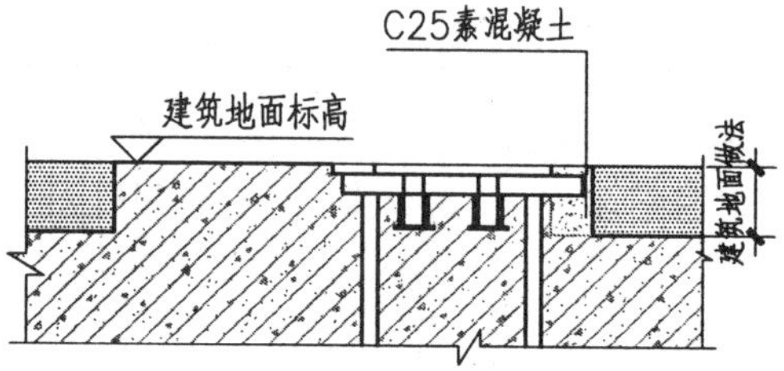

Ⓐ平时

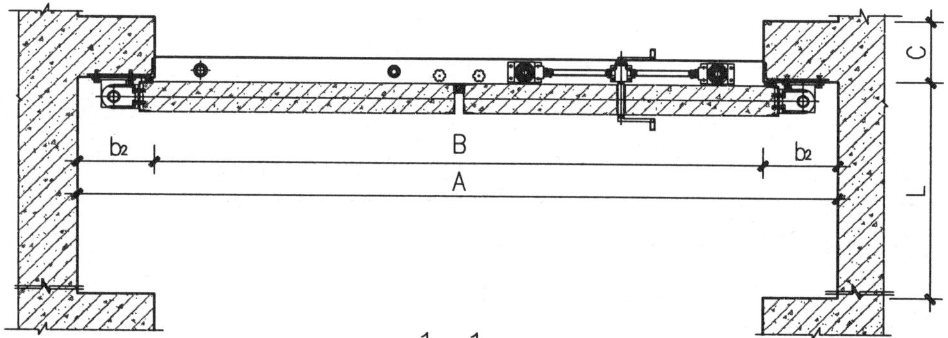

1－1

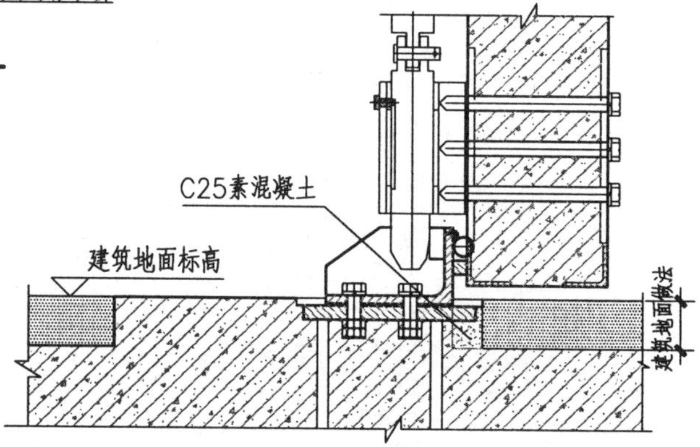

Ⓐ战时

说明：为方便使用，活门槛平时不安装，临战时按图安装门槛。

双扇活门槛钢筋混凝土防护密闭门								图集号	07FJ03
审核	王焕东	王焕东	校对	赵贵华	赵贵华	设计	张锦兵 张锦兵	页	16

双扇活门槛钢筋混凝土防护密闭门选用表

型号	战时门洞宽x高BxH (mm)	平时门洞宽x高 (mm)	设计压力值 (MPa)	门前通道最小宽度A (mm)	门前通道最小高度F (mm)	门扇开启最小长度L (mm)	门框墙最小宽度b_2 (mm)	战时门槛高度h_1 (mm)	门扇上挡墙最小高度h_2 (mm)	吊环直径 (mm)
BHFM2020-05	2000x1900	2000x2000	0.05	3000	2300	1600	500	100	500	18(2个)
BHFM2020-10	2000x1900	2000x2000	0.10	3000	2300	1600	500	100	500	18(2个)
BHFM2020-15	2000x1900	2000x2000	0.15	3000	2300	1600	500	100	500	18(2个)
BHFM2020-30	2000x1900	2000x2000	0.30	3000	2300	1600	500	100	500	18(2个)
BHFM2525-05	2500x2400	2500x2500	0.05	3500	2800	1850	500	100	500	20(2个)
BHFM2525-10	2500x2400	2500x2500	0.10	3500	2800	1850	500	100	500	20(2个)
BHFM2525-15	2500x2400	2500x2500	0.15	3500	2800	1850	500	100	500	20(2个)
BHFM2525-30	2500x2400	2500x2500	0.30	3500	2800	1850	500	100	500	20(2个)
BHFM3025-05	3000x2400	3000x2500	0.05	4000	2800	2100	500	100	500	20(2个)
BHFM3025-10	3000x2400	3000x2500	0.10	4000	2800	2100	500	100	500	20(2个)
BHFM3025-15	3000x2400	3000x2500	0.15	4000	2800	2100	500	100	500	20(2个)
BHFM4022-05	4000x2100	4000x2200	0.05	5000	2500	2600	500	100	500	20(2个)
BHFM4022-10	4000x2100	4000x2200	0.10	5000	2500	2600	500	100	500	20(2个)
BHFM4022-15	4000x2100	4000x2200	0.15	5000	2500	2600	500	100	500	20(2个)

说明：门槛高度h1指门扇开启侧的地面完成面至门槛上沿的尺寸。防护密闭门门框墙厚度C最小为300mm。

续表

型号	战时门洞宽x高BxH (mm)	平时门洞宽x高 (mm)	设计压力值 (MPa)	门前通道最小宽度A (mm)	门前通道最小高度F (mm)	门扇开启最小长度L (mm)	门框墙最小宽度b_2 (mm)	战时门槛高度h_1 (mm)	门扇上挡墙最小高度h_2 (mm)	吊环直径 (mm)
BHFM4025-05	4000x2400	4000x2500	0.05	5000	2800	2600	500	100	500	20(2个)
BHFM4025-10	4000x2400	4000x2500	0.10	5000	2800	2600	500	100	500	20(2个)
BHFM4025-15	4000x2400	4000x2500	0.15	5000	2800	2600	500	100	500	20(2个)
BHFM5025-05	5000x2400	5000x2500	0.05	6000	2800	3100	500	100	500	20(2个)
BHFM5025-10	5000x2400	5000x2500	0.10	6000	2800	3100	500	100	500	20(2个)
BHFM5025-15	5000x2400	5000x2500	0.15	6000	2800	3100	500	100	500	20(2个)
BHFM6022-05	6000x2100	6000x2200	0.05	7000	2500	3600	500	100	500	20(4个)
BHFM6022-10	6000x2100	6000x2200	0.10	7000	2500	3600	500	100	500	20(4个)
BHFM6022-15	6000x2100	6000x2200	0.15	7000	2500	3600	500	100	500	20(4个)
BHFM6025-05	6000x2400	6000x2500	0.05	7000	2800	3600	500	100	500	20(4个)
BHFM6025-10	6000x2400	6000x2500	0.10	7000	2800	3600	500	100	500	20(4个)
BHFM6025-15	6000x2400	6000x2500	0.15	7000	2800	3600	500	100	500	20(4个)

说明：门槛高度h_1指门扇开启侧的地面完成面至门槛上沿的尺寸。防护密闭门门框墙厚度C最小为300mm。

双扇活门槛钢筋混凝土防护密闭门选用表						图集号	07FJ03
审核 王焕东	王焕东	校对 赵贵华	赵贵华	设计 张锦兵	张锦兵	页	18

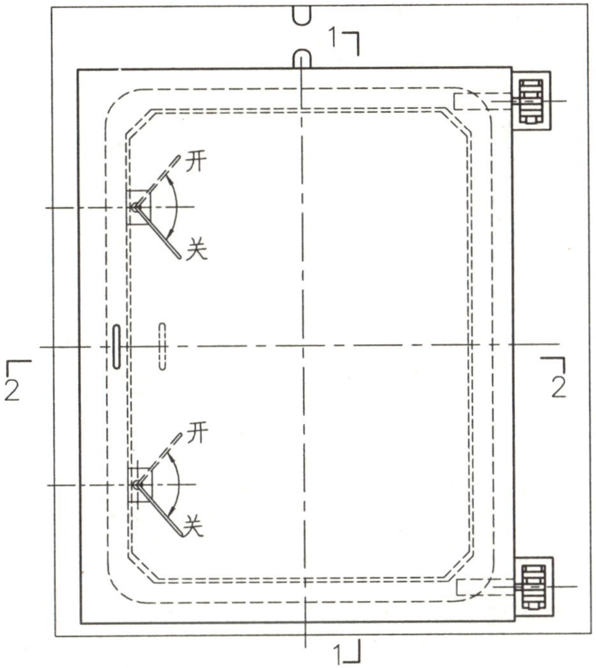

立面图

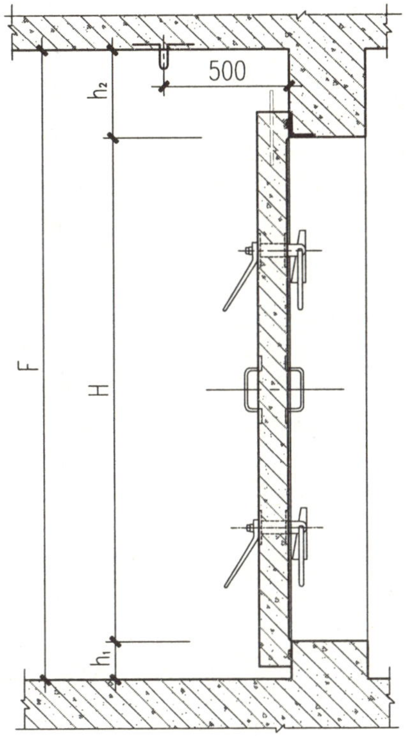

1—1

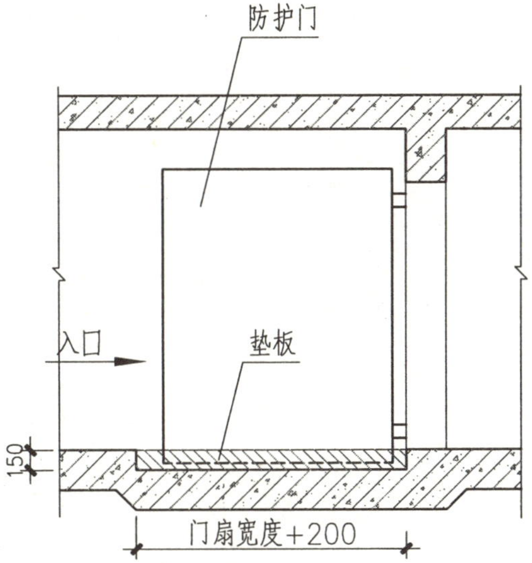

门前凹槽垫板做法

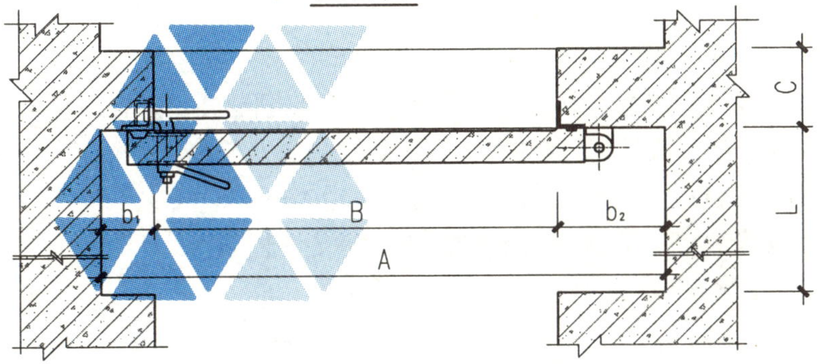

2—2

说明：1.门扇以铰页为轴逆时针开启称为"反"门，顺时针开启为"正"门。本图按"反"门绘制，若做"正"门时，则应以门扇中心线为轴，对称变动各零件位置。采用本图时，应在图上注明开启方向，如"反BM1220—30"。

2.如平时使用不宜有门槛，除可选用活门槛防护门外，也可将门前的门扇开启范围内的地面下降，做成凹槽。平时门扇置于开启状态，用垫板将凹槽填平；战时将垫板撤掉，门扇便可自由开启。

单扇固定门槛钢筋混凝土密闭门						图集号	07FJ03
审核 王焕东	王焕东	校对 赵贵华	赵贵华	设计 张锦兵	张锦兵	页	19

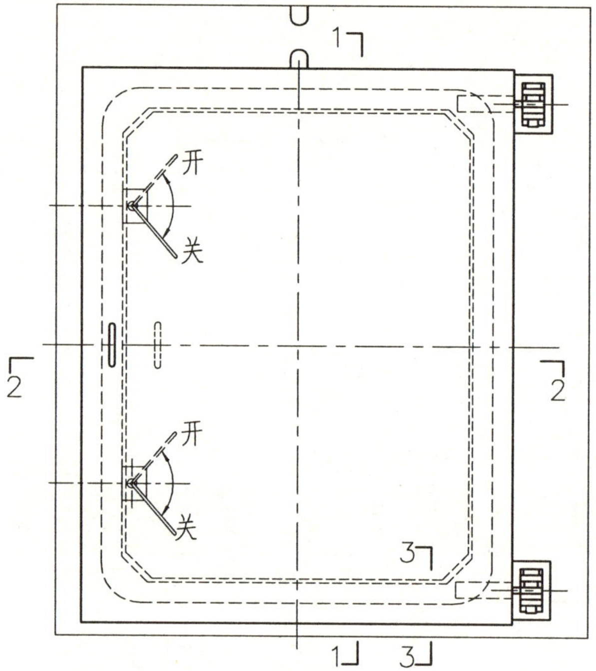

立面图

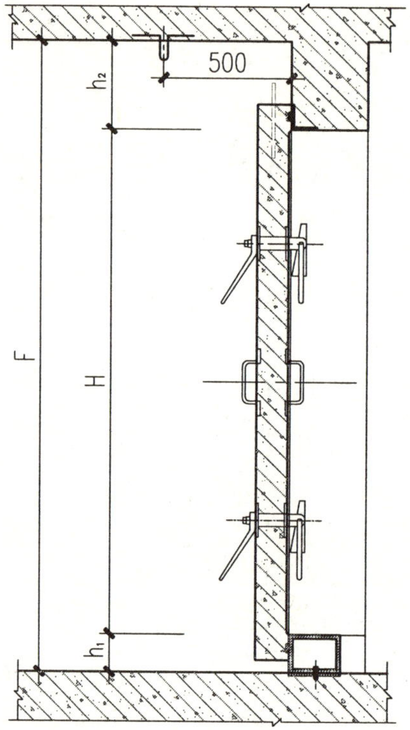

1—1

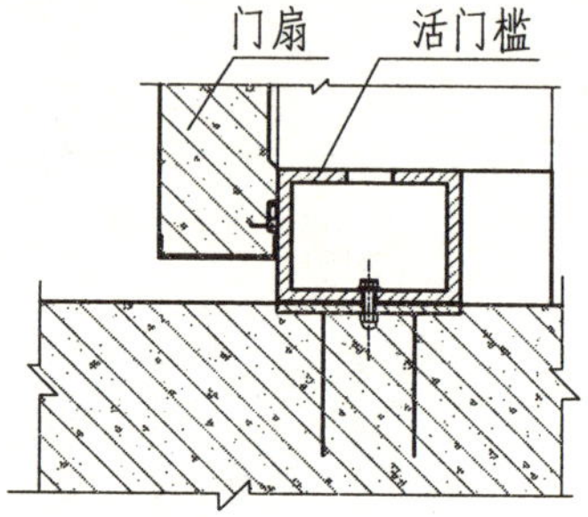

3—3(战时)

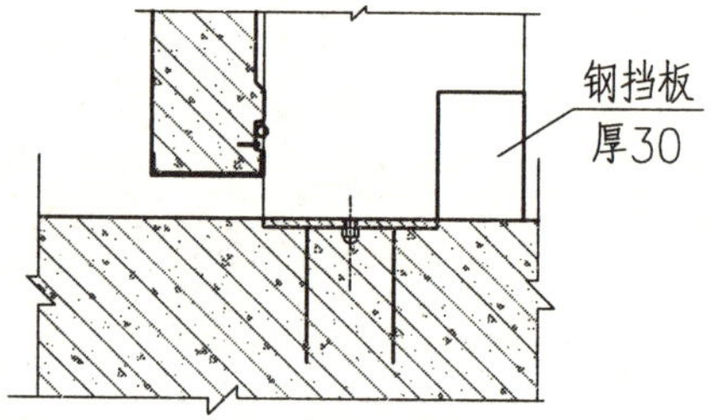

3—3(平时)

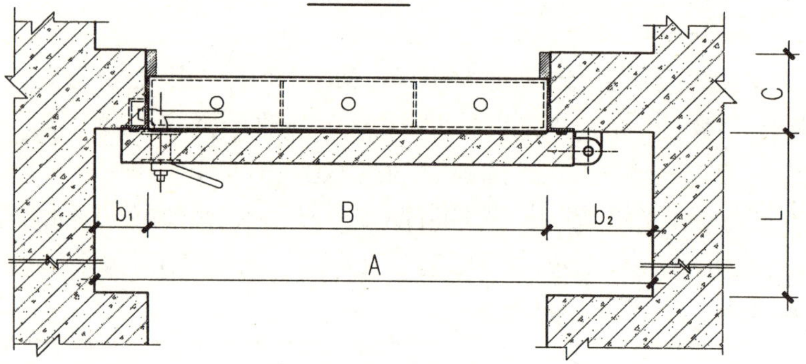

2—2

说明：1.门扇以铰页为轴逆时针开启称为“反”门，顺时针开启为“正”门。本图按“反”门绘制，若做“正”门时，则应以门扇中心线为轴，对称变动各零件位置。采用本图时，应在图上注明开启方向，如“反BHM1220—30”。

2.为方便使用，活门槛平时不安装，临战时按图安装门槛。

3.活门槛宽度均为150mm。

单扇活门槛钢筋混凝土密闭门						图集号	07FJ03
审核 王焕东	王焕东	校对	赵贵华	赵贵华	设计 张锦兵 张锦兵	页	20

单扇固定门槛钢筋混凝土密闭门选用表

型 号	门洞 宽x高BxH (mm)	门前通道 最小宽度A (mm)	门前通道 最小高度F (mm)	门扇开启 最小长度L (mm)	闭锁侧门框墙 最小宽度 b_1 (mm)	铰页侧门框墙 最小宽度 b_2 (mm)	门槛高度 h_1 (mm)	门扇上挡墙 最小高度 h_2 (mm)	吊环直径 (mm)
BM0716	700x1600	1200	2000	1100	150	350	150	250	12
BM0820	800x2000	1300	2400	1200	150	350	150	250	16
BM1020	1000x2000	1500	2400	1400	150	350	150	250	16
BM1220	1200x2000	1800	2400	1600	200	400	150	250	20
BM1320	1300x2000	1900	2400	1700	200	400	150	250	20
BM1520	1500x2000	2100	2400	1900	200	400	150	250	20

单扇活门槛钢筋混凝土密闭门选用表

型 号	战时门洞 宽x高BxH (mm)	平时 门洞宽x高 (mm)	门前通道 最小宽度A (mm)	门前通道 最小高度F (mm)	门扇开启 最小长度L (mm)	闭锁侧门框墙 最小宽度 b_1 (mm)	铰页侧门框墙 最小宽度 b_2 (mm)	战时 门槛高度 h_1 (mm)	门扇上挡墙 最小高度 h_2 (mm)	吊环直径 (mm)
BHM0820	800x2000	800x2150	1300	2400	1200	150	350	150	250	16
BHM1020	1000x2000	1000x2150	1500	2400	1400	150	350	150	250	16
BHM1220	1200x2000	1200x2150	1800	2400	1600	200	400	150	250	20
BHM1320	1300x2000	1300x2150	1900	2400	1700	200	400	150	250	20
BHM1520	1500x2000	1500x2150	2100	2400	1900	200	400	150	250	20

说明：1.门槛高度 h_1 指门扇开启侧的地面完成面至门槛上沿的尺寸。密闭门门框墙厚度C最小为250mm。
2.活门槛宽度均为150mm。

单扇钢筋混凝土密闭门选用表							图集号	07FJ03
审核	王焕东	王焕东	校对	赵贵华	赵贵华	设计	张锦兵 张锦兵	页 21

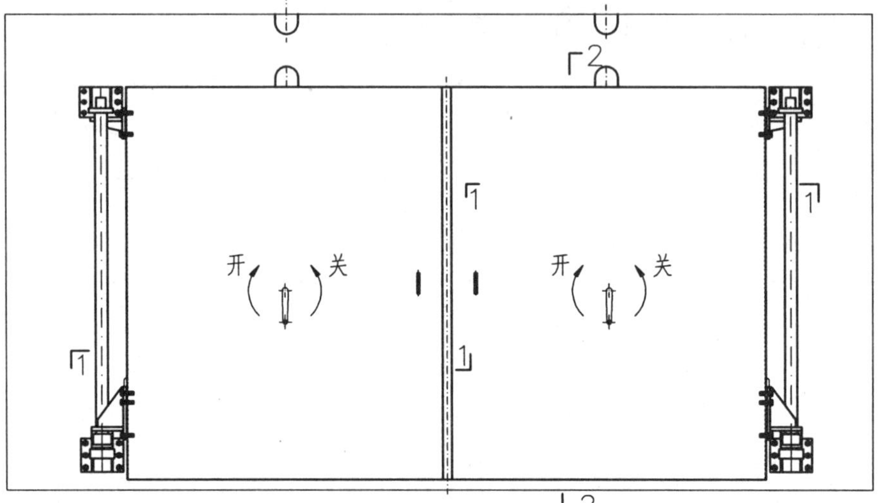

立面图

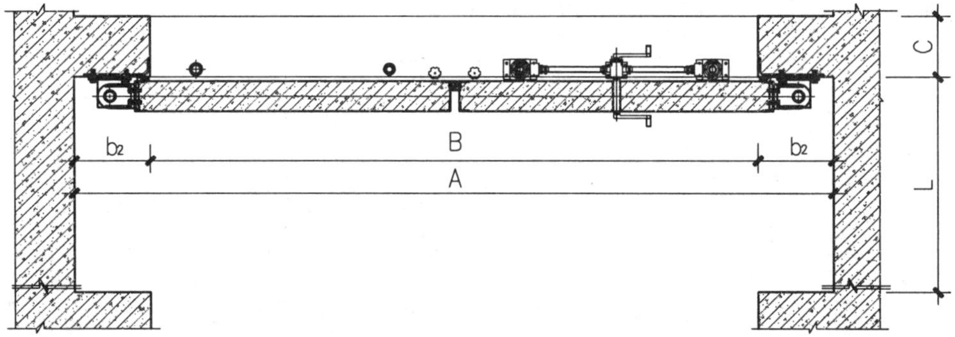

1—1

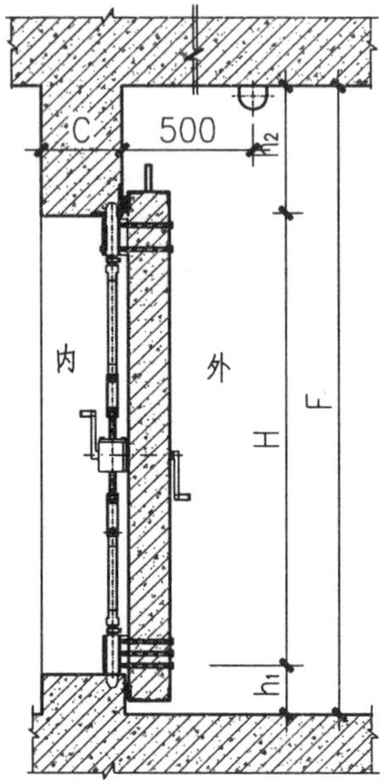

2—2

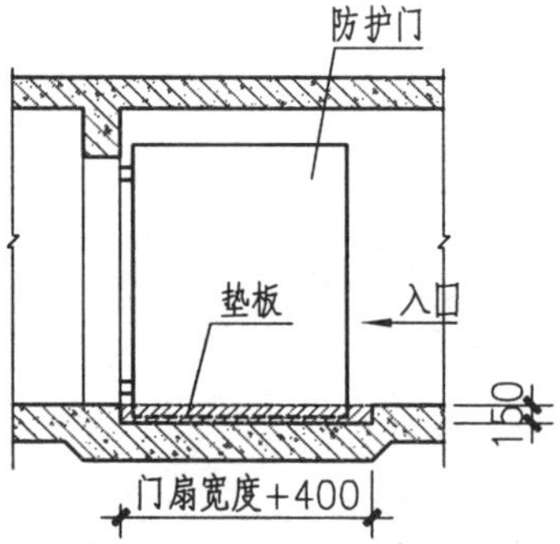

门前凹槽式做法示意

说明：如平时使用不宜有门槛，除可选用活门槛防护门外，也可将门前的门扇开启范围内的地面下降，做成凹槽。平时门扇置于开启状态，用垫板将凹槽填平；战时将垫板撤掉，门扇便可自由开启。

双扇固定门槛钢筋混凝土密闭门						图集号	07FJ03
审核	王焕东	校对	赵贵华	设计	张锦兵	页	22

双扇固定门槛钢筋混凝土密闭门选用表

型号	门洞宽x高BxH (mm)	门前通道最小宽度A (mm)	门前通道最小高度F (mm)	门扇开启最小长度L (mm)	门框墙最小宽度b_2 (mm)	门槛高度h_1 (mm)	门扇上挡墙最小高度h_2 (mm)	吊环直径 (mm)
BM2020	2000x2000	2700	2400	1600	500	150	500	18(2个)
BM2525	2500x2500	3200	2900	1850	500	150	500	18(2个)
BM3025	3000x2500	3700	2900	2100	500	150	500	18(2个)
BM4022	4000x2200	5000	2650	2600	500	150	500	18(2个)
BM4025	4000x2500	5000	2950	2600	500	150	500	18(2个)
BM5025	5000x2500	6000	2950	3100	500	150	500	18(2个)
BM6022	6000x2200	7000	2650	3600	500	150	500	18(2个)
BM6025	6000x2500	7000	2950	3600	500	150	500	18(2个)

说明：1.门槛高度h_1指门扇开启侧的地面完成面至门槛上沿的尺寸。密闭门门框墙厚度C最小为250mm。

2.活门槛宽度均为100mm。

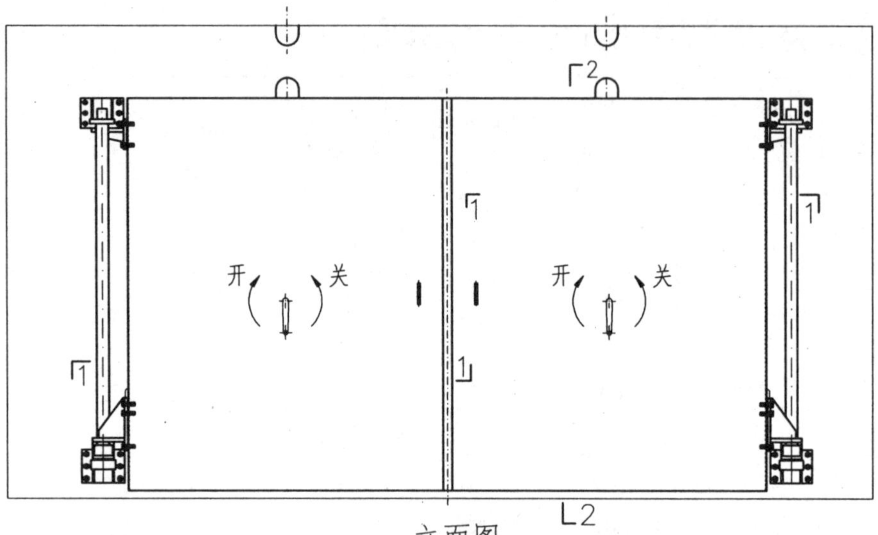

立面图

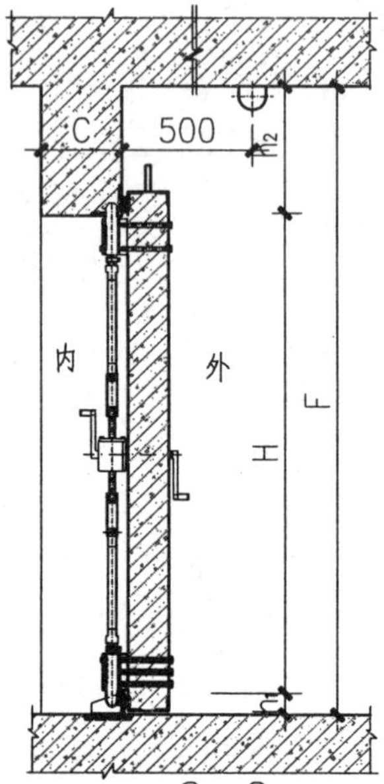

2—2

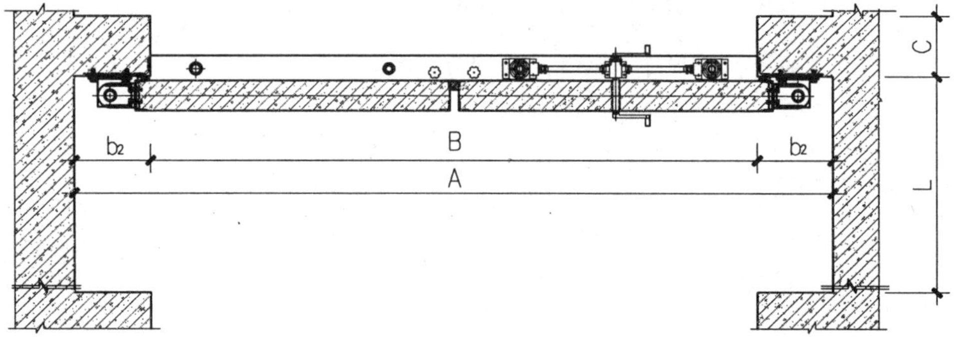

1—1

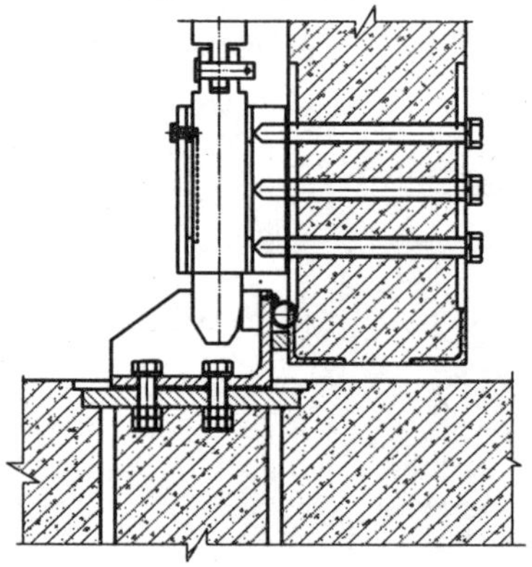
活门槛安装图

说明：为方便使用，活门槛平时不安装，临战时按图安装门槛。

双扇活门槛钢筋混凝土密闭门								图集号	07FJ03
审核	王焕东	王焕东	校对	赵贵华	赵贵华	设计	张锦兵	页	24

双扇活门槛钢筋混凝土密闭门选用表

型 号	战时门洞宽x高BxH (mm)	平时门洞宽x高 (mm)	门前通道最小宽度A (mm)	门前通道最小高度F (mm)	门扇开启最小长度L (mm)	门框墙最小宽度b_2 (mm)	战时门槛高度h_1 (mm)	门扇上挡墙最小高度h_2 (mm)	吊环直径 (mm)
BHM2020	2000x1900	2000x2000	3000	2300	1600	500	100	500	18(2个)
BHM2525	2500x2400	2500x2500	3500	2800	1850	500	100	500	18(2个)
BHM3025	3000x2400	3000x2500	4000	2800	2100	500	100	500	18(2个)
BHM4022	4000x2100	4000x2200	5000	2500	2600	500	100	500	18(2个)
BHM4025	4000x2400	4000x2500	5000	2800	2600	500	100	500	18(2个)
BHM5025	5000x2400	5000x2500	6000	2800	3100	500	100	500	18(2个)
BHM6022	6000x2100	6000x2200	7000	2500	3600	500	100	500	18(2个)
BHM6025	6000x2400	6000x2500	8000	2800	3600	500	100	500	18(2个)

说明：1.门槛高度h_1指门扇开启侧的地面完成面至门槛上沿的尺寸。密闭门门框墙厚度C最小为250mm。

2.活门槛宽度均为100mm。

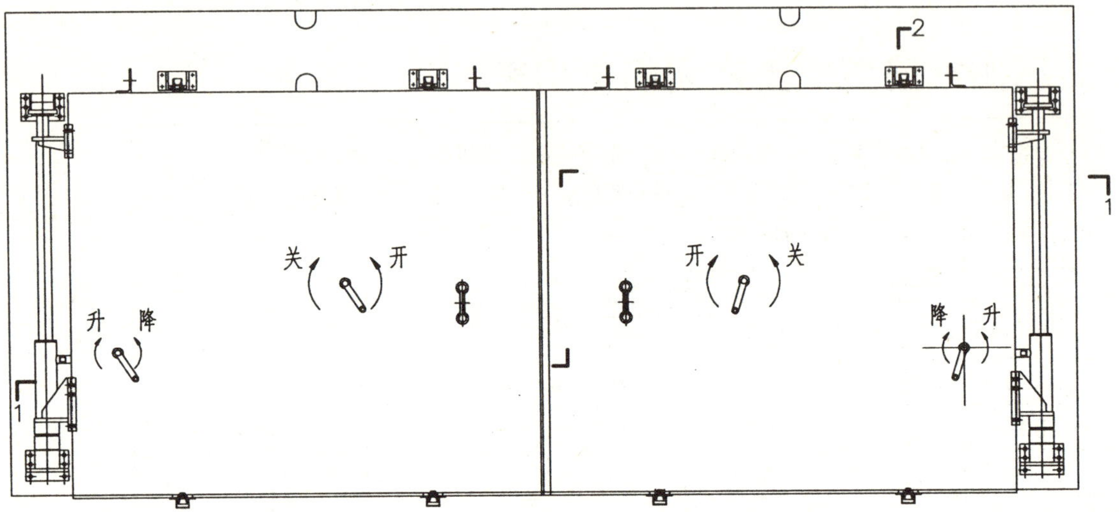

立面图

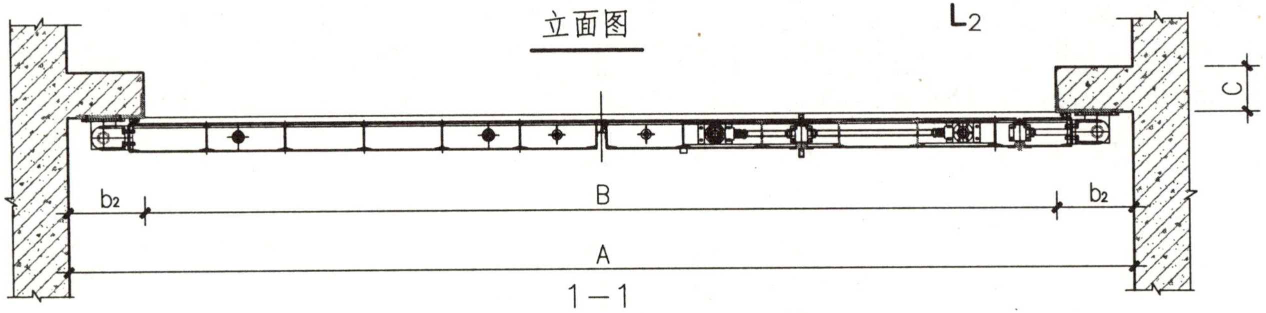

1—1

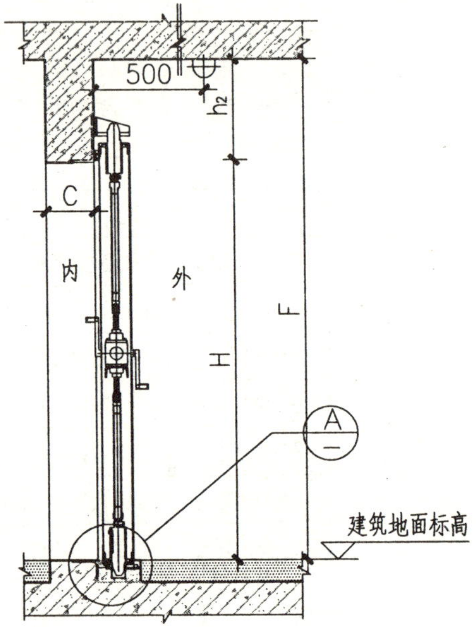

2—2

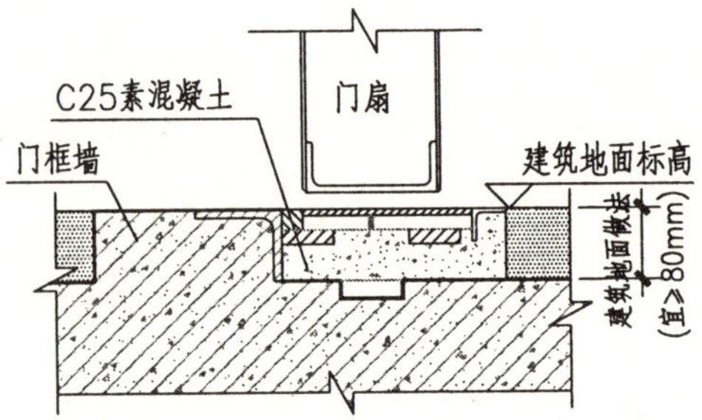

Ⓐ 平时

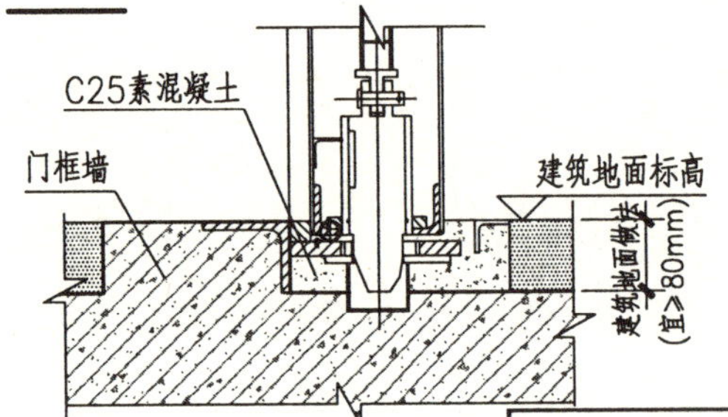

Ⓐ 战时

说明：通过升降摇柄门扇可升降，
开启时门扇升起，关闭时门扇落下。

双扇无门槛钢结构防护密闭门						图集号	07FJ03
审核	王焕东	校对	赵贵华	设计	张锦兵	页	26

双扇无门槛钢结构防护密闭门选用表

型 号	门洞宽x高BxH (mm)	设计压力值 (MPa)	门前通道最小宽度A (mm)	门前通道最小高度F (mm)	门扇开启最小长度L (mm)	门框墙最小宽度b_2 (mm)	门扇上挡墙最小高度h_2 (mm)	吊环直径 (mm)
BGFM4022-05	4000x2200	0.05	5000	2800	2600	500	600	20(2个)
BGFM4022-10	4000x2200	0.10	5000	2800	2600	500	600	20(2个)
BGFM4022-15	4000x2200	0.15	5000	2800	2600	500	600	20(2个)
BGFM4022-30	4000x2200	0.30	5000	2800	2600	500	600	20(2个)
BGFM4025-05	4000x2500	0.05	5000	3100	2600	500	600	20(2个)
BGFM4025-10	4000x2500	0.10	5000	3100	2600	500	600	20(2个)
BGFM4025-15	4000x2500	0.15	5000	3100	2600	500	600	20(2个)
BGFM4025-30	4000x2500	0.30	5000	3100	2600	500	600	20(2个)
BGFM4030-05	4000x3000	0.05	5000	3600	2600	500	600	20(2个)
BGFM4030-10	4000x3000	0.10	5000	3600	2600	500	600	20(2个)
BGFM4030-15	4000x3000	0.15	5000	3600	2600	500	600	20(2个)
BGFM4030-30	4000x3000	0.30	5000	3600	2600	500	600	20(2个)
BGFM5025-05	5000x2500	0.05	6000	3100	3100	500	600	20(2个)
BGFM5025-10	5000x2500	0.10	6000	3100	3100	500	600	20(2个)
BGFM5025-15	5000x2500	0.15	6000	3100	3100	500	600	20(2个)
BGFM5025-30	5000x2500	0.30	6000	3100	3100	500	600	20(2个)
BGFM6022-05	6000x2200	0.05	7000	2800	3600	500	600	20(4个)
BGFM6022-10	6000x2200	0.10	7000	2800	3600	500	600	20(4个)

说明：门槛高度h_1指门扇开启侧的地面完成面至门槛上沿的尺寸。防护密闭门门框墙厚度C最小为300mm。

双扇无门槛钢结构防护密闭门选用表						图集号	07FJ03
审核	王焕东	校对	赵贵华	设计	张锦兵	页	27

续表

型号	门洞宽x高BxH (mm)	设计压力值 (MPa)	门前通道最小宽度A (mm)	门前通道最小高度F (mm)	门扇开启最小长度L (mm)	门框墙最小宽度b_2 (mm)	门扇上挡墙最小高度h_2 (mm)	吊环直径 (mm)
BGFM6022-15	6000x2200	0.15	7000	2800	3600	500	600	20(4个)
BGFM6022-30	6000x2200	0.30	7000	2800	3600	500	600	20(4个)
BGFM6025-05	6000x2500	0.05	7000	3100	3600	500	600	20(4个)
BGFM6025-10	6000x2500	0.10	7000	3100	3600	500	600	20(4个)
BGFM6025-15	6000x2500	0.15	7000	3100	3600	500	600	20(4个)
BGFM6025-30	6000x2500	0.30	7000	3100	3600	500	600	20(4个)
BGFM6030-05	6000x3000	0.05	7000	3600	3600	500	600	20(4个)
BGFM6030-10	6000x3000	0.10	7000	3600	3600	500	600	20(4个)
BGFM6030-15	6000x3000	0.15	7000	3600	3600	500	600	20(4个)
BGFM6030-30	6000x3000	0.30	7000	3600	3600	500	600	20(4个)
BGFM7022-05	7000x2200	0.05	8000	2800	4100	500	600	20(4个)
BGFM7022-10	7000x2200	0.10	8000	2800	4100	500	600	20(4个)
BGFM7022-15	7000x2200	0.15	8000	2800	4100	500	600	20(4个)
BGFM7022-30	7000x2200	0.30	8000	2800	4100	500	600	20(4个)
BGFM7025-05	7000x2500	0.05	8000	3100	4100	500	600	20(4个)
BGFM7025-10	7000x2500	0.10	8000	3100	4100	500	600	20(4个)
BGFM7025-15	7000x2500	0.15	8000	3100	4100	500	600	20(4个)
BGFM7025-30	7000x2500	0.30	8000	3100	4100	500	600	20(4个)

说明：门槛高度h_1指门扇开启侧的地面完成面至门槛上沿的尺寸。

防护密闭门门框墙厚度C最小为300mm。

双扇无门槛钢结构防护密闭门选用表	图集号	07FJ03
审核 王焕东 王焕东 校对 赵贵华 赵贵华 设计 张锦兵 张锦兵	页	28

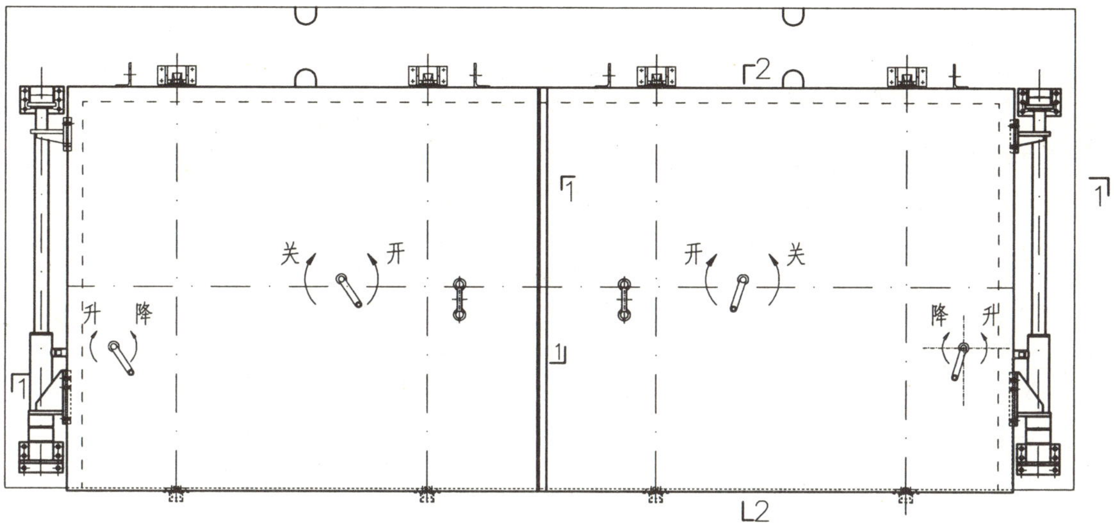

立面图

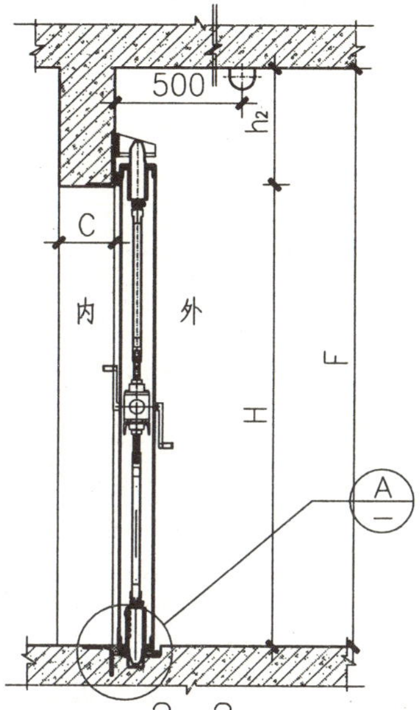

2－2

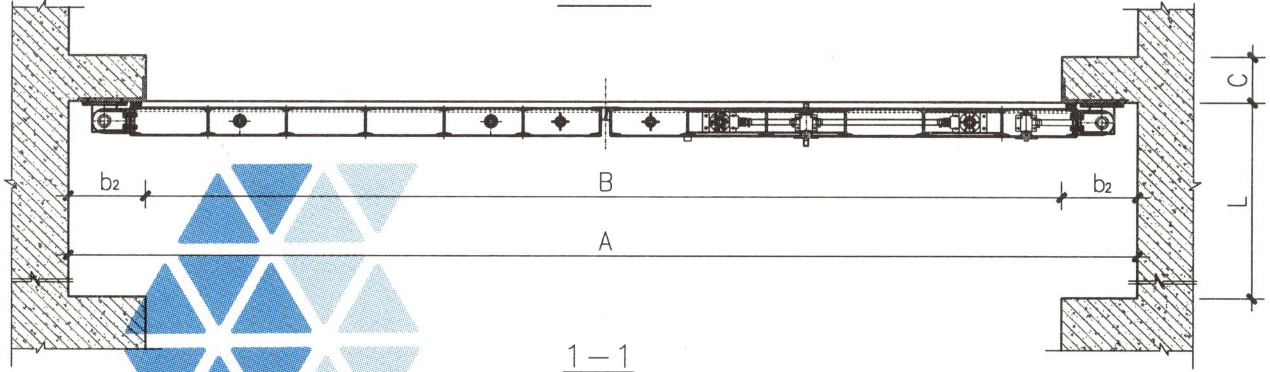

1－1

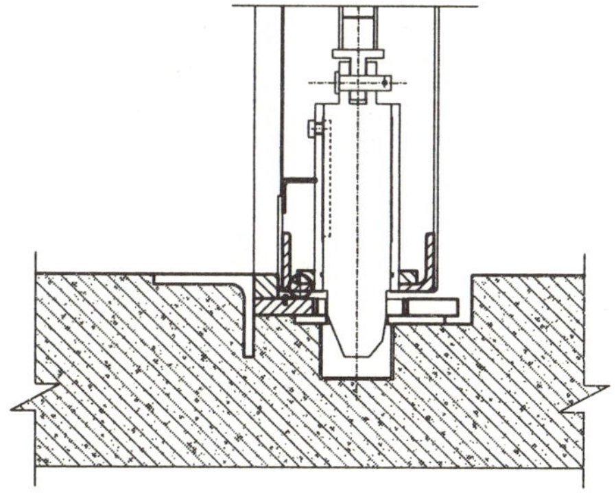

A

说明：通过升降摇柄门扇可升降，开启时门扇升起，关闭时门扇落下。

双扇无门槛钢结构密闭门						图集号	07FJ03
审核	王焕东	校对	赵贵华	设计	张锦兵	页	29

双扇无门槛钢结构密闭门选用表

型 号	门洞 宽x高BxH (mm)	门前通道 最小宽度A (mm)	门前通道 最小高度F (mm)	门扇开启 最小长度L (mm)	铰页侧门框墙 最小宽度b_2 (mm)	门扇上挡墙 最小高度h_2 (mm)	吊环直径 (mm)
BGM4022	4000x2200	5000	2800	2600	500	600	20(2个)
BGM4025	4000x2500	5000	3100	2600	500	600	20(2个)
BGM4030	4000x3000	5000	3600	2600	500	600	20(2个)
BGM5025	5000x2500	6000	3100	3100	500	600	20(2个)
BGM6022	6000x2200	7000	2800	3600	500	600	20(4个)
BGM6025	6000x2500	7000	3100	3600	500	600	20(4个)
BGM6030	6000x3000	7000	3600	3600	500	600	20(4个)
BGM7022	7000x2200	8000	2800	4100	500	600	20(4个)
BGM7025	7000x2500	8000	3100	4100	500	600	20(4个)

说明：密闭门门框墙厚度C最小为250mm。

悬板活门选用表

悬板活门型号		战时最大通风量(m^3/h)	门洞宽x高BxH(mm)	门前水平尺寸(mm)		门前竖向尺寸(mm)		嵌入墙内尺寸(mm)	
设计压力值 0.30MPa	设计压力值 0.15MPa			b_1	b_2	h_1	h_2	C	D
BMH2000-30	BMH2000-15	2000	500x800	150	350	150	150	200	300
BMH3600-30	BMH3600-15	3600	500x800						
BMH5700-30	BMH5700-15	5700	500x800						
BMH8000-30	BMH8000-15	8000	500x1250						
BMH11000-30	BMH11000-15	11000	600x1250						
BMH14500-30	BMH14500-15	14500	600x1700						

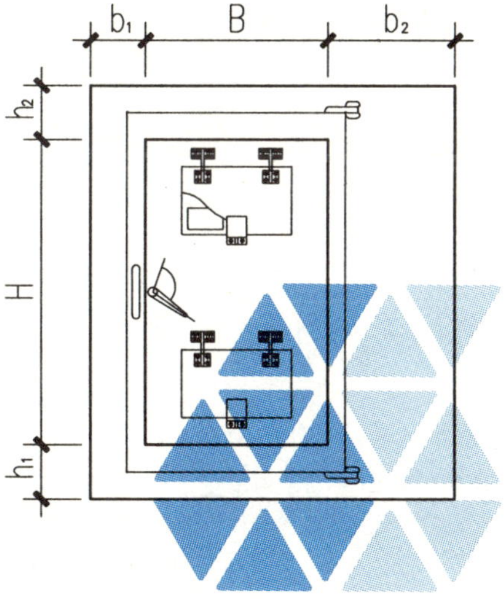

悬板活门安装尺寸示意图

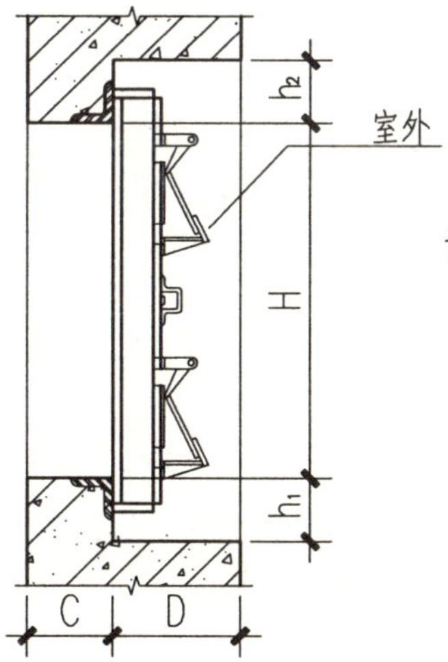

1—1

说明：1.防空地下室进风口、排风口应设门式悬板活门(简称悬板活门)。悬板活门应嵌入墙内,预埋件详见悬板活门的加工图。

2.战时最大风量不应超过上表的规定，否则悬板活门自动关闭。当平时使用时,可把悬板活门的底座打开，以增加通风面积，减少通风阻力,增加通风量。

3.悬板活门设计压力值根据本图集编制说明中表3.1、表3.4确定。

悬板活门及悬板活门选用表							图集号	07FJ03
审核	王焕东	王焕东	校对	赵贵华	赵贵华	设计 张锦兵 张锦兵	页	31

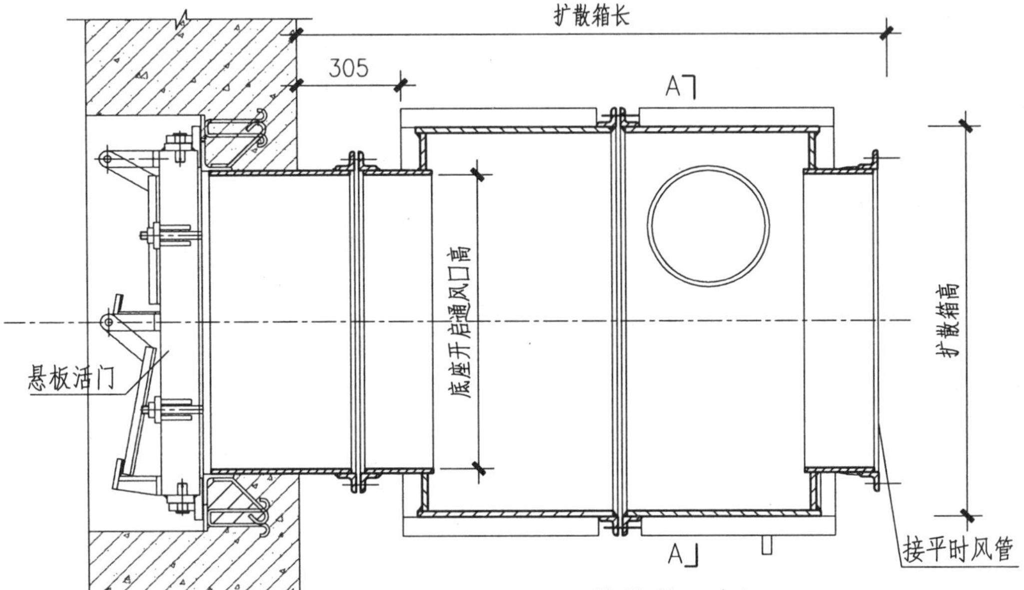

扩散箱示意图

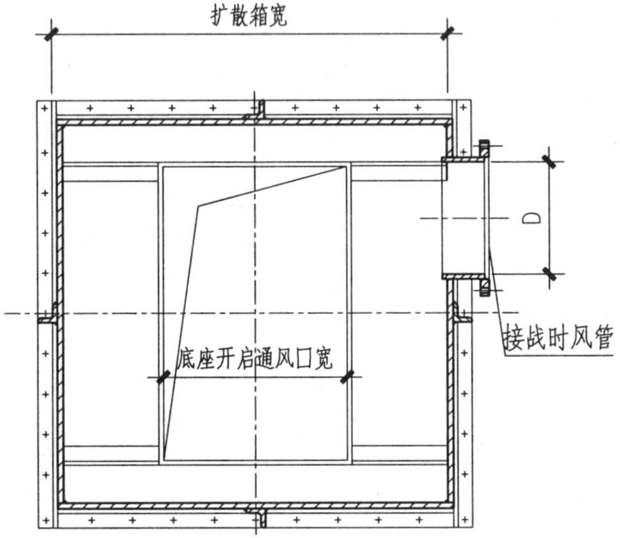

A—A

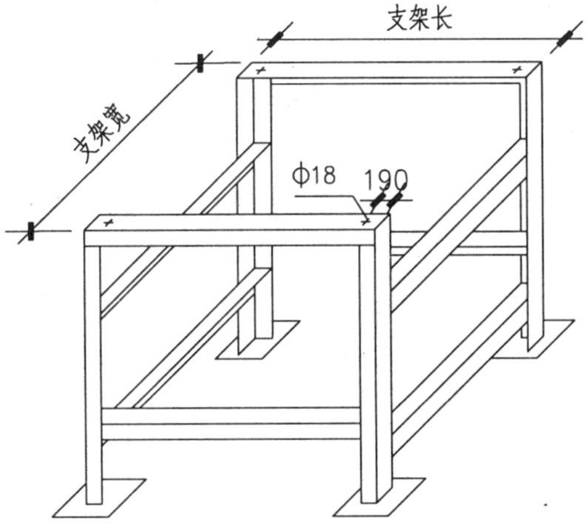

支架示意图

说明：1.扩散箱与通风量相同的悬板活门配合使用时，可起到活门+扩散室的消波作用。

2.扩散箱组装后，应做到箱体气密。

3.箱体内表面涂防锈漆两道；箱体外表面涂防锈漆两道，面漆一道。

4.扩散箱可根据所在位置，采用支架或吊挂安装，支架高度可根据实际工程确定。

扩散箱								图集号	07FJ03
审核	王焕东	王焕东	校对	赵贵华	赵贵华	设计	张锦兵	张锦兵	页	32

扩散箱选用表

扩散箱型号	战时通风量 (m^3/h)	平时通风量 (m^3/h)	配接风管直径 D(mm)	底座开启通风口宽x高(mm)	箱体轮廓长x宽x高 (mm)	支架长x宽 (mm)
BKSX2000	2000	11400	300	500x800	1491x1008x1008	1025x1008
BKSX3600	3600	11400	400	500x800	1691x1208x1208	1225x1208
BKSX5700	5700	11400	500	500x800	1896x1408x1408	1430x1408
BKSX8000	8000	17800	600	500x1250	2096x1608x1608	1630x1608
BKSX11000	11000	21300	700	600x1250	2296x1808x1808	1808x1808
BKSX14500	14500	29000	800	600x1700	2496x2008x2008	2030x1008

扩散箱选用表						图集号	07FJ03
审核	王焕东	校对	赵贵华	设计	张锦兵	页	33

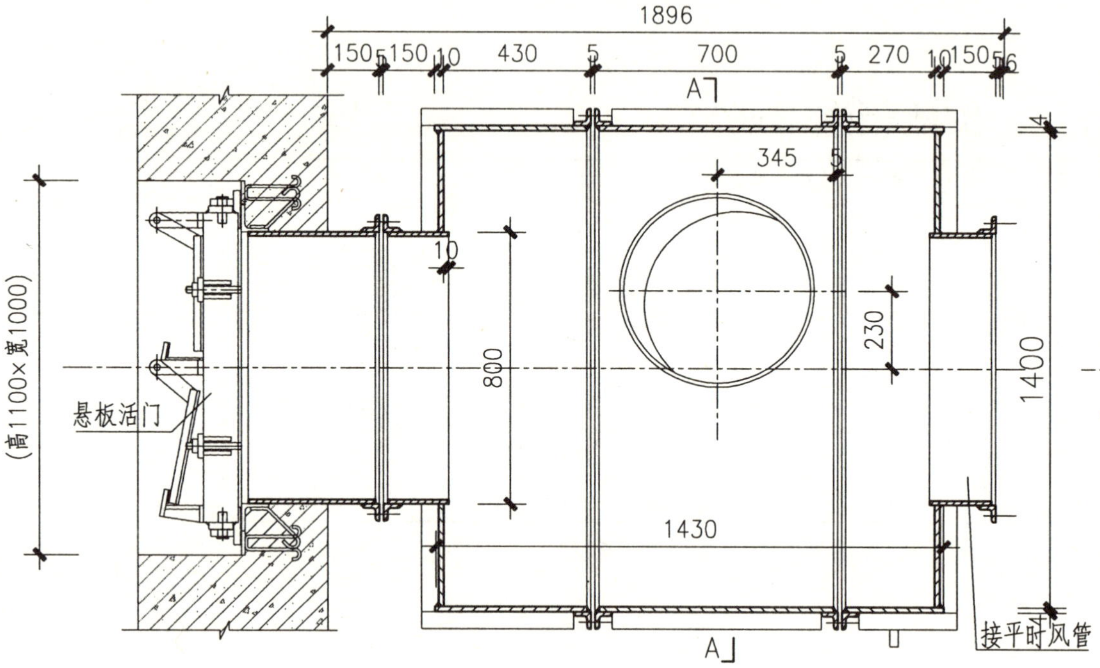

KSX5700

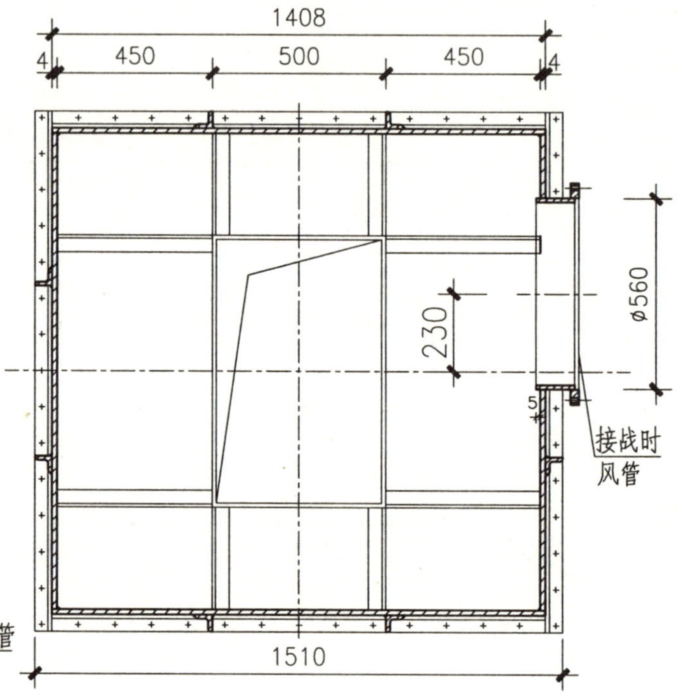

A—A

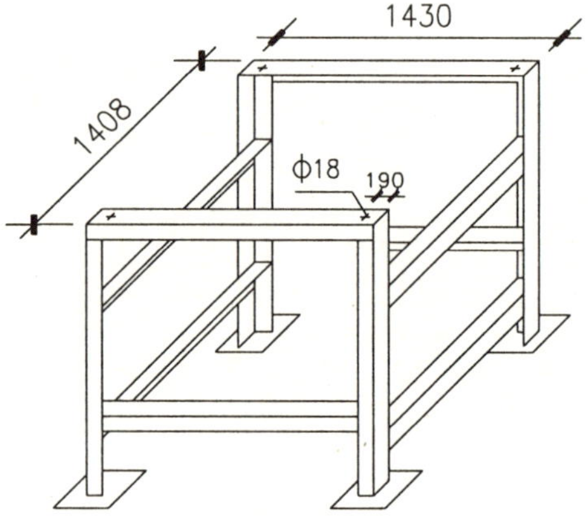

支架示意图

说明：1.本扩散箱设计通风量为5700m³/h,当与通风量相同的悬板活门配合使用时，可起到活门+扩散室的消波作用。箱体的圆接管可直接与公称直径为ϕ500mm的密闭阀门连接。平时风管最大通风量为11400m³/h。

2.扩散箱组装后，应做到箱体气密。

3.箱体内表面涂防锈漆两道；箱体外表面涂防锈漆两道，面漆一道。

4.扩散箱可根据所在位置，采用支架或吊挂安装，支架高度可根据实际工程确定。

扩散箱安装尺寸图								图集号	07FJ03
审核	王焕东	王焕东	校对	张锦兵	张锦兵	设计	赵贵华	页	34

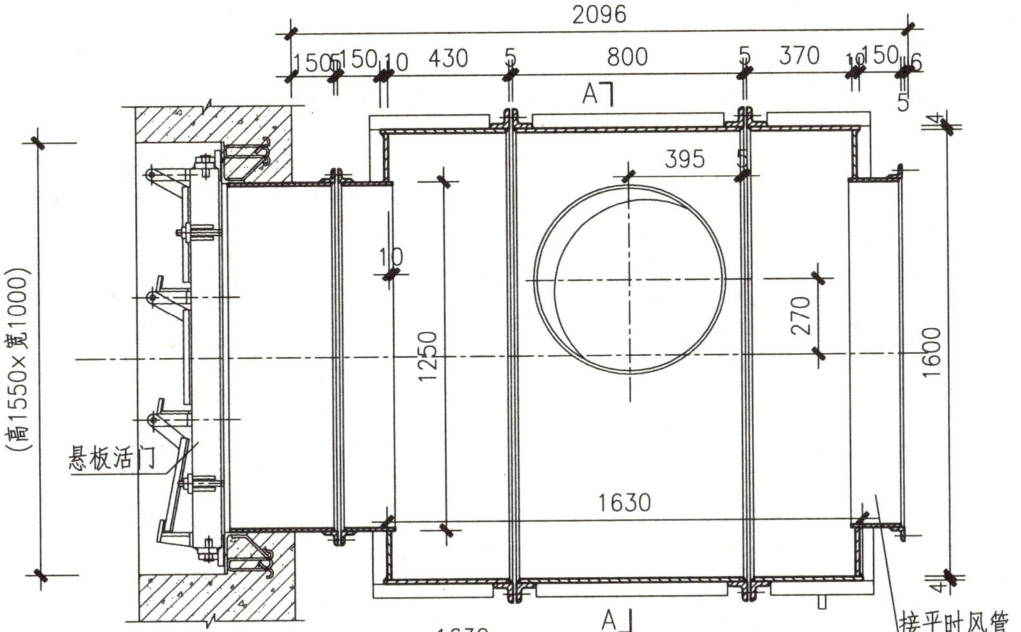

KSX8000

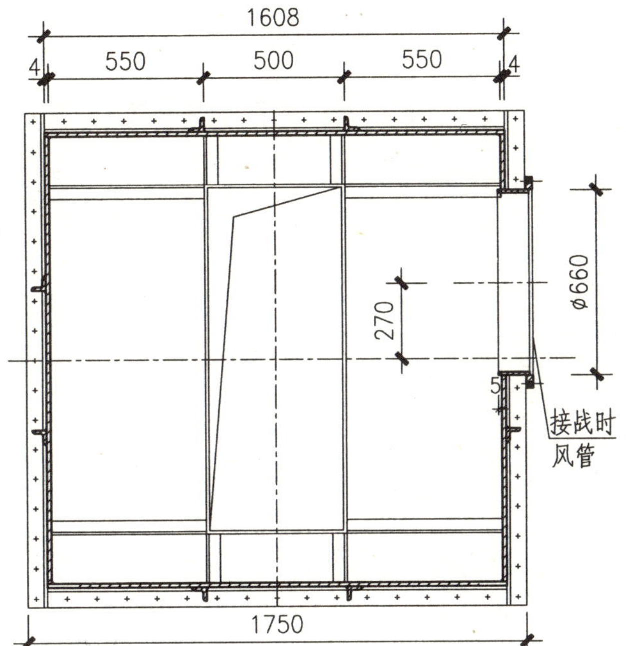

A—A

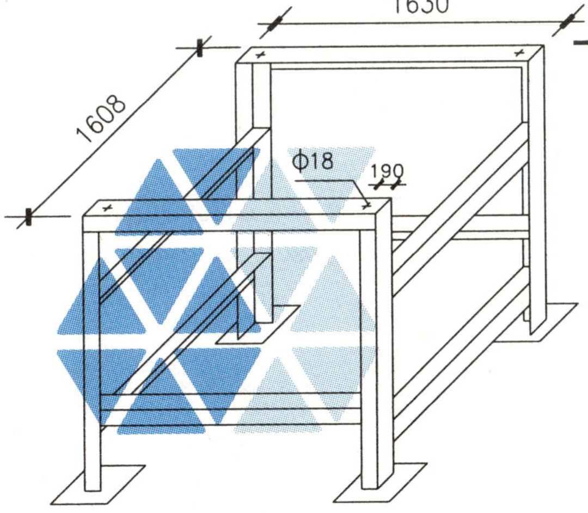

支架示意图

说明：1.本扩散箱设计通风量为8000m³/h,当与通风量相同的悬板活门配合使用时，可起到活门+扩散室的消波作用。箱体的圆接管可直接与公称直径为ø600mm的密闭阀门连接。平时风管最大通风量为17800m³/h。

2.扩散箱组装后，应做到箱体气密。

3.箱体内表面涂防锈漆两道；箱体外表面涂防锈漆两道，面漆一道。

4.扩散箱可根据所在位置，采用支架或吊挂安装，支架高度可根据实际工程确定。

扩散箱安装尺寸图								图集号	07FJ03
审核	王焕东	王焕东	校对	张锦兵	张锦兵	设计	赵贵华	页	35

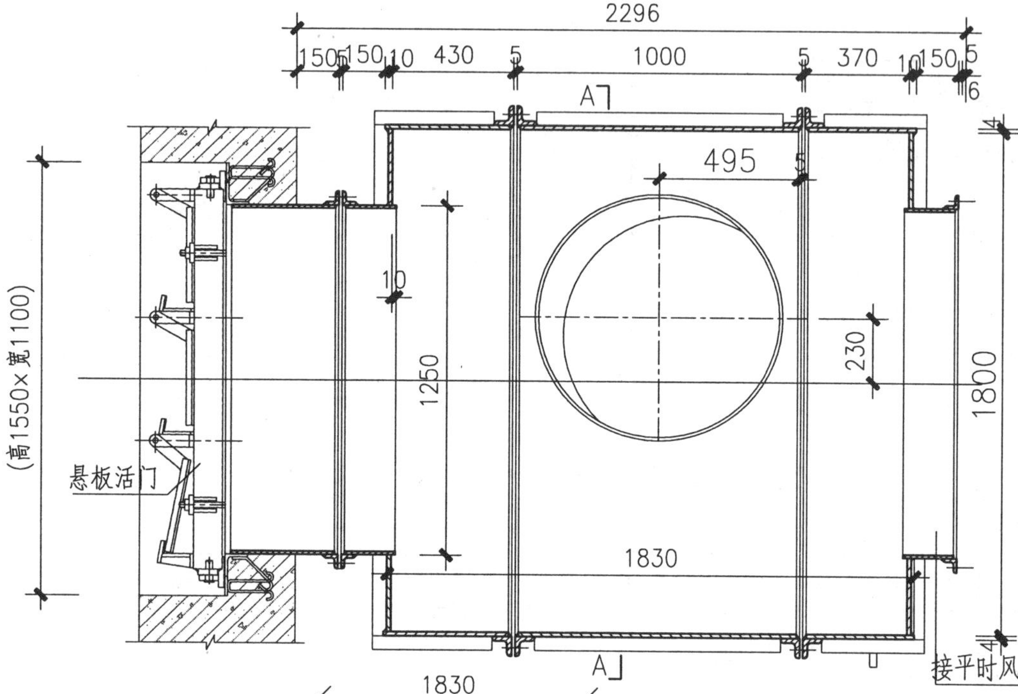

KSX11000

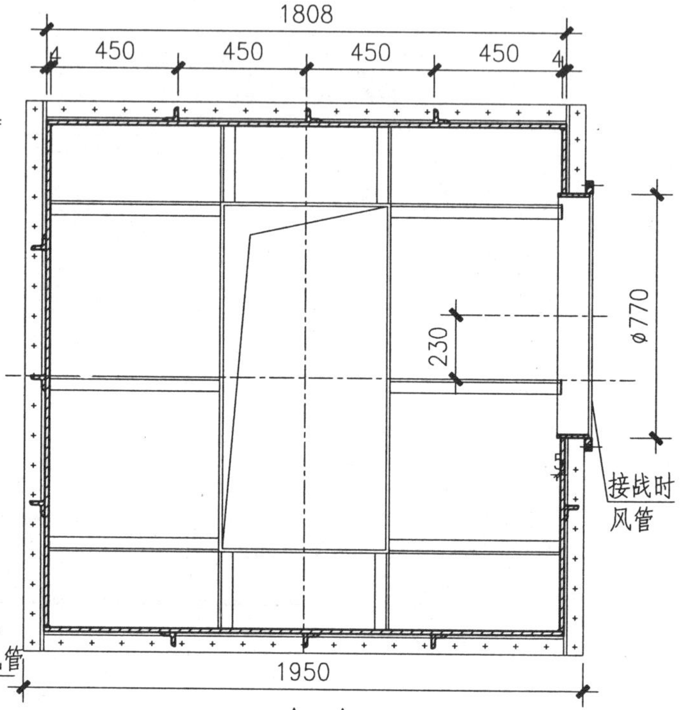

A—A

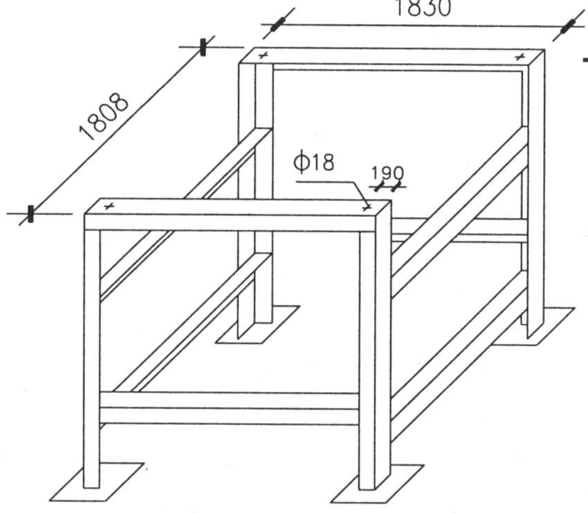

支架示意图

说明：1.本扩散箱设计通风量为11000m³/h，当与通风量相同的悬板活门配合使用时，可起到活门+扩散室的消波作用。箱体的圆接管可直接与公称直径为ϕ700mm的密闭阀门连接。平时风管最大通风量为21300m³/h。

2.扩散箱组装后，应做到箱体气密。

3.箱体内表面涂防锈漆两道；箱体外表面涂防锈漆两道，面漆一道。

4.扩散箱可根据所在位置，采用支架或吊挂安装，支架高度可根据实际工程确定。

扩散箱安装尺寸图								图集号	07FJ03
审核	王焕东	王焕东	校对	张锦兵	张锦兵	设计	赵贵华	页	36

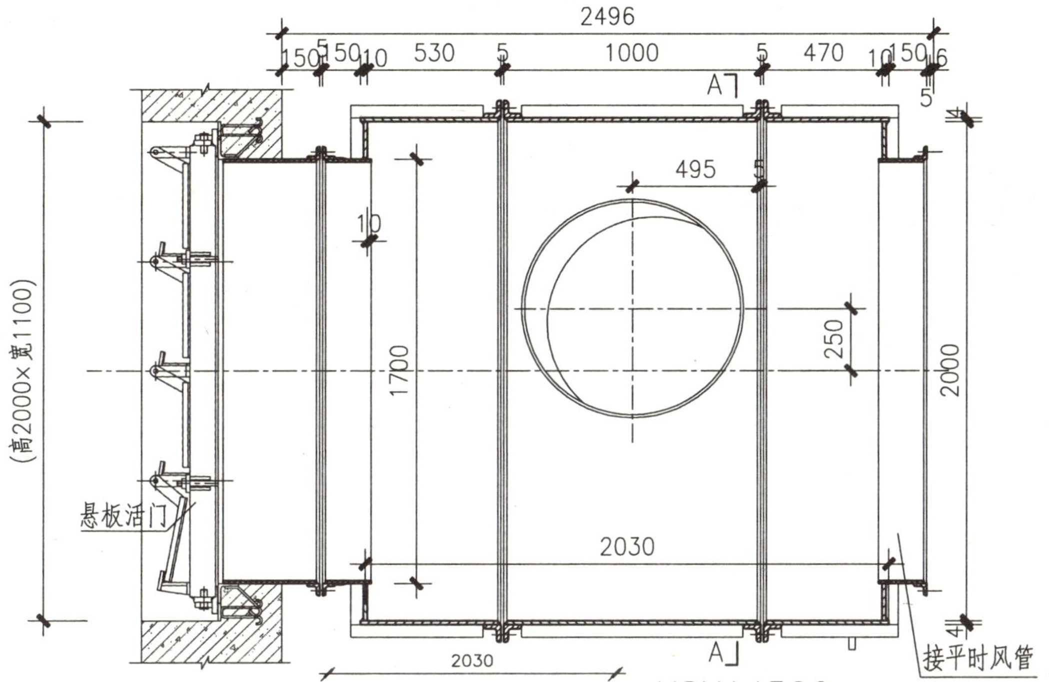

KSX14500

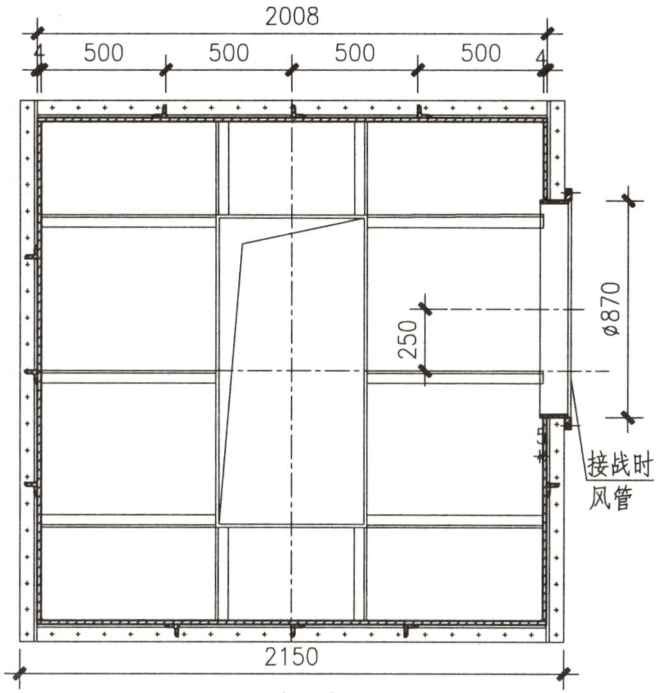

A—A

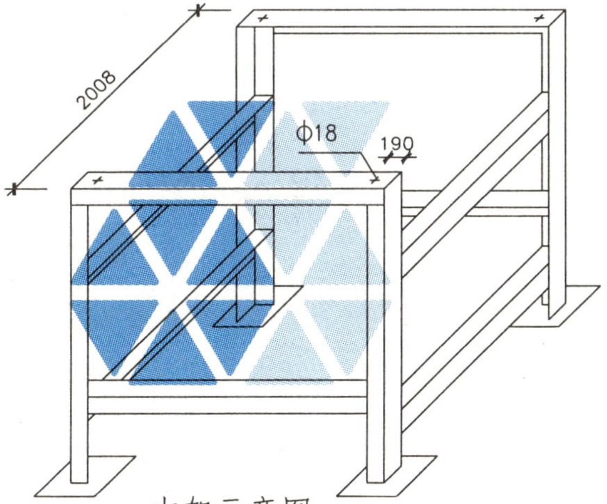

支架示意图

说明：1.本扩散箱设计通风量为14500m³/h,当与通风量相同的悬板活门配合使用时，可起到活门+扩散室的消波作用。箱体的圆接管可直接与公称直径为φ800mm的密闭阀门连接。平时风管最大通风量为29000m³/h。

2.扩散箱组装后，应做到箱体气密。

3.箱体内表面涂防锈漆两道；箱体外表面涂防锈漆两道，面漆一道。

4.扩散箱可根据所在位置，采用支架或吊挂安装，支架高度可根据实际工程确定。

扩散箱安装尺寸图						图集号	07FJ03
审核	王焕东	校对	张锦兵	设计	赵贵华	页	37

主编单位、联系人及电话

主编单位	中国建筑标准设计研究院	王焕东	010-88361155-800

主管单位、联系人及电话

	中国建筑标准设计研究院	张锦兵	010-88361155-800